Helmut Schneider

Nicht alles aus dem Allgäu ist Käse

Anekdoten und kuriose Geschichten

Mit Illustrationen von Tine Neubert

EDITION ALLGÄU
im Verlag HEPHAISTOS
Lachener Weg 2, D-87509 Immenstadt-Werdenstein
www.heimat-allgaeu.info

Herausgeber: Peter Elgaß
Titelfoto: Barbara Gleich
Zeichnungen: Tine Neubert
Satz: Bianca Elgaß

ISBN 978-3-931951-77-1

Für all jene, die sich mit mir freuen können,
aber auch für solche, die sich versehentlich
schon mal über mich geärgert haben.

Inhalt

Worte zum Geleit

Die Gefahr, die eigene angestammte Heimat durch die verklärend rosa Brille zu betrachten, ist bei Menschen, die sich kaum außerhalb der Heimatgrenzen bewegt haben, relativ groß und häufig zu beobachten.

Das andere Extrem, ihre Heimat in weniger gutem Licht erscheinen zu lassen, entdeckt man bisweilen bei Zeitgenossen, die aus unterschiedlichen Gründen den Plätzen ihrer Kinder- und Jugendzeit den Rücken gekehrt haben.

Natürlich gibt es auch solche, die nicht mehr in ihrer Heimat leben, aber aus einer gewissen Distanz Gefühle für diese hegen, die sich zwischen emotionaler Verbundenheit und kritischer Betrachtungsweise bewegen. So widmet sich zum Beispiel der bekannte Limerickdichter Dieter Höss, geboren in Immenstadt und lebend in Köln mit seinen Allgäuer Limericks in liebevoll ironischer Weise seiner Heimat. Ihnen ist die enge Verbundenheit und gleichzeitig die distanzierte vielleicht auch abgeklärte Betrachtungsweise des ehemaligen Insiders anzumerken.

Auch Helmut Schneider ist so einer: In Immenstadt geboren, aufgewachsen im Weiler Werdenstein bei Eckarts, verschlug es ihn nach seiner Kemptener Gymnasialzeit ins oberbayrische »Ausland«, wo er erst studierte, schließlich dort Frau und berufliche Stelle fand. Seit mehr als zwanzig Jahren lebt er mit seiner Frau in Holzkirchen.

Ihn mögen ähnlich ambivalente Gefühle geleitet haben, als er sich dazu entschloss, sein Buch »Nicht alles aus dem Allgäu ist Käse. Anekdoten und kuriose Geschichten« zu veröffentlichen. Wie der Blick durch ein Kaleidoskop gewährt es Einblicke in die Erinnerungen an seine Kinder- und Jugendzeit, in seinen Werdegang bis hin zu Szenen im gegenwärtigen Leben mit unverstelltem Blick und klarem Einschätzungsvermögen. Diese im Laufe zweier Jahre entstandenen kurzen Geschichten, Anekdoten, Verse und Limericks spiegeln die innere Verbundenheit zur ehemaligen Heimat wider. Und doch haftet ihnen so gar keine heimattümelnde Nostalgie an, sondern eher die augenzwinkernde Schlitzohrigkeit des echten Allgäuers, gepaart mit der distanzierten Beobachtung und Schilderung seiner Erinnerungen und Erlebnisse. Helmut Schneider gelangt so trotz, vielleicht auch wegen seiner Heimatverbundenheit zu einer Betrachtungsweise, die der Freiheitlichkeit des Abgewanderten und dem Freiheitsempfinden des Allgäuers entspringt.

Übrigens gibt es eine weitere Variante der Heimatbeobachtung: Ich begreife das Allgäu respektive das Oberallgäu – obwohl im Unterland aufgewachsen – als meine Heimat; immerhin wohne ich schon 40 Jahre hier. Dieser Umstand

gibt mir die Möglichkeit, gewissermaßen eine distanzierte Innensicht zu pflegen.
Hier ein erlebtes Beispiel:

Die Regionalbahn taucht im goldenen Winterdunst auf und fährt in den Immenstädter Bahnhof ein. In wenigen Minuten wird der Zug in Richtung München wieder abfahren.

Ich suche mir am Ende des Zuges einen freien Platz. Im Großabteil steuere ich einen Platz an einem Vierertisch an. Ein korpulenter Mensch mit markanten Gesichtszügen sitzt auf einem der vier Plätze am Fenster, die Bildzeitung auf der ganzen Tischfläche ausgebreitet.

Gut gelaunt sage ich »Guten Morgen« und nehme ihm schräg gegenüber – mein Gruß wurde nicht erwidert – Platz. Zunächst zögernd unterbricht er seine Kreuzworträtselarbeit, faltet finsteren Blicks die Bildzeitung so zusammen, dass etwa ein Viertel des Tisches frei wird und murmelt grollend: »Dees hodd ma gean!«– »Aha«, denke ich, »ein Einheimischer, wahrscheinlich aus Oberstdorf.« Auf meine vorsichtige Frage, wie das gemeint war, kommt die erschöpfende Antwort: »So hoalt!« Mein vorsichtiger Hinweis, dass hier für vier Leute Platz sei, wird nicht wahrgenommen, eher ignoriert.

Steile Stirnfalten bei meinem Vis-á-vis verraten, dass die letzten Lösungsfragen kombiniert mit meiner Unverfrorenheit, einfach einen freien Platz ihm gegenüber – auch noch ungefragt – einzunehmen, einen Sturm der Gefühle ausgelöst haben. Angestrengtes Nachdenken lässt diesen Menschen zur eindeutigen Problemlösung kommen: Die Bildzeitung wird gnadenlos auf DIN A6-Format zusammengefaltet und in die Jackentasche gestopft. Er reißt seinen »Schoobe« vom Haken, quält sich zwischen Tisch und Sitz heraus und stapft schnaubend zu einem Zweiersitz, in sicherer Entfernung von mir. Dort verbringt er noch fünf Minuten, bis er in Kempten aussteigt!

Mit Genuss habe ich im Manuskript von Helmut Schneider geschmökert und freue mich auf die Lektüre seines vollständigen Buches. Dies wird nach und nach geschehen, denn der Aufbau erlaubt jedem Leser, nach seinem Geschmack und seinen Lesegewohnheiten vorzugehen.

Ich wünsche allen Lesern, ob Allgäuer oder Nicht-Allgäuer, ob Ab- oder Zugewanderter, kurz jedem der hoffentlich zahlreichen Interessenten viel Spaß und Nachdenklichkeit damit. Besonders freue mich jetzt schon auf die Gelegenheit, das Buch zusammen mit seinem Autor Helmut Schneider in unserem Immenstädter Literaturhaus Allgäu vorstellen zu können.

Harald Dreher, Stadtrat und Kulturreferent der Stadt Immenstadt

Vorwort

Von Onkel und Tante drangsaliert, vom Pfarrer bloß gestellt, später in dessen Rolle geschlüpft, von einer Adeligen verstoßen, als richtiger Mann aufgetreten, von der Bundeswehr vergessen, mit einem Frauenmörder im Auto unterwegs, über die Alpen gewandert, einer rheinischen Frohnatur die Augen verdreht, beim Firmpaten von Franz Josef Strauß einquartiert, einem echten Königspaar begegnet, fast zum V-Mann avanciert, einen steilen Zahn verloren, eine schattige Kur lyrisch verewigt, Nachbarn, Kollegen und Geschäftsleute auf den Arm genommen, ferner mit einem Umweltpreis ausgezeichnet sowie als spitzzüngiger Leserbriefschreiber bekannt, gefürchtet, wenn nicht gar berüchtigt geworden.

Von solchen und noch vielen anderen Begegnungen und Ereignissen handeln die Anekdoten und Geschichten dieses Buches. Alle beschreiben wahre Begebenheiten aus meinem Leben. Es sind zumeist kuriose Geschichten, aber eben Geschichten, die ein Leben halt so schreibt. Angefangen von der Kindheit, über die Schulzeit, die Ministrantenkarriere, die Studienjahre bis hin zu Partnerschaft und Berufsleben, ferner von Erlebnissen mit Verwandten und Bekannten, von Abenteuern und Reisen, von diversen Wehwehchen, nicht zuletzt auch von Erfahrungen mit verschiedenen Formen politischen Engagements.

Zu jedem der fünfzehn Kapitel gibt es einen einleitenden Beitrag, der meine biografischen Stationen beschreibt und der den folgenden Geschichten einen angemessenen Rahmen gibt.

Ich bin im Allgäu geboren und aufgewachsen, dort gebildet, aber auch geprägt worden. Vielleicht neige ich auch deshalb etwas mehr als andere dazu, quer zu denken und auch so zu handeln. Ich lasse nicht selten meiner spitzen Zunge freien Lauf, wobei ich beispielsweise die Politik nicht durchwegs bierernst betrachte. Und ein gewisser Schalk soll mir angeblich auch im Nacken sitzen, denn immer wieder überrasche ich andere mit meinen Spitzbübereien.

Und da ich gerne formuliere, interessante Gedanken, Begegnungen und Ereignisse in Worten festhalte, verzichte ich lieber auf ein Nickerchen als auf eine Pointe oder auf eine dieser Geschichten mitten aus dem Leben.

Ich wünsche allen Leserinnen und Lesern unterhaltsame Stunden und viel Spaß, und zwar soviel Freude, wie mir das Schreiben dieser teils sehr kuriosen Geschichten gemacht hat.

Holzkirchen im Februar 2013   Helmut Schneider

Einmal Allgäuer, immer Allgäuer – ein Bekenntnis

Meine Heimat ist das Allgäu, genauer gesagt das »echte« Allgäu, das Oberallgäu. Hier bin ich geboren, aufgewachsen, zur Schule gegangen und in die Kirche, was damals mindestens genauso wichtig gewesen ist. Zunächst ein paar Jahre in Rottach, später in Eckarts, einem kleinen Bauerndorf unweit von Immenstadt, dem Städtle, wie es die Einheimischen so liebevoll nennen. Als erste Sprache habe ich natürlich Allgäuerisch gelernt. Und zwar in erster Linie von meiner Mutter, die immer Mundart gesprochen hat, und dies unverfälscht. Insofern ist das Allgäuerische im wahrsten Sinne des Wortes meine Muttersprache.

Wo sie leben ...

Das Allgäu ist nicht Etwas, was man abmessen, wiegen, zählen oder einzäunen kann. Geographisch lässt es sich eingrenzen, zumindest teilweise. Mit dem Lech im Osten, der Alpenkette im Süden und dem Bodensee im Westen existieren klare Grenzen, aber im Norden? Nördlich reicht das Allgäu bis weit über Kempten hinaus, dort beginnt für den Oberallgäuer das sogenannte Unterland, seit der Gebietsreform offiziell das Unterallgäu. Um das Allgäu umfassend zu beschreiben, ist es zu groß, zu vielfältig. Am ehesten begreift man diese kleinräumige Welt mit Bergen, Dörfern und Wiesen, mit eigenem Menschenschlag und unverwechselbarer Mundart, wenn man darin aufgewachsen ist, sie zur rechten Zeit verlassen hat und dennoch immer wieder gerne zurückkommt und in sie eintaucht. Selbst wenn ich dabei erkennen muss, dass ich nicht mehr dort hingehöre, wie es der Schriftsteller Gerhard Köpf einmal treffend formuliert hat.

Mir spricht der Allgäuer Liedermacher Werner Specht aus der Seele, wenn er singt: »I ka dean Fleacke nia vrgesse, was i alls gseah ho det als Kind. Fescht ho i dia Bildr in Gedanke, do wo se it zum Lösche sind«. Auch ich kann diesen Flecken Erde nicht vergessen, auch ich habe diese Bilder aus meiner Kindheit unlöschbar in meiner Erinnerung gespeichert.

Allerdings haben das Allgäu von einst und das von heute nicht mehr viel gemeinsam. Nein, mein Kindheits-Allgäu gibt es nicht mehr, sehe ich von den wenigen Bauernhöfen ab, wo Kühe noch Hörner tragen, Misthaufen noch dampfen, Hühner noch im Dreck scharren, von den wenigen sauren Wiesen oder von den noch nicht von einer Autobahn oder Schnellstraße durchtrennten Feldern, von Moos-Flecken, an denen es noch brodelt und nach Wasenbollen duftet. In den vergangenen Jahrzehnten haben viele, zu viele Bauern ihre kleinen Höfe aufgegeben, Felder und Wiesen verpachtet, die Häuser modernisiert sowie die Stallungen und Tennen anderweitiger Nutzung zugeführt. Dort, wo einst Eigensinn und Erfindergeist nisteten, steht heute nicht selten ein Leiterwagen voller Geranien vor dem Haus und auf großräumig gepflasterten Vorplätzen parken Autos. In Vielem ähnelt das heutige Allgäu einem Vorgärtchen einer schwäbischen oder fränkischen Großstadt, angebunden an das Autobahn- und Verkehrsnetz sowie an österreichische Skizirkus-Schaukeln.

Wie sie aussehen ...

Wer erstmals ins Allgäu kommt, dem könnte es so ergehen wie Petrus. Dieser sei, heißt es, einmal zusammen mit dem Herrgott durch das Allgäu gewandert. Nachdem sie mehreren Allgäuern begegnet sind, habe Petrus gefragt: »Ja, lieber Gott, was sind denn das für Leute hier?«. Daraufhin habe der liebe Gott den Finger an die Lippen gelegt und geflüstert: »Sei still, bitte, dia send mr vrgrote!« Auf Deutsch: Die sind mir missraten!

Nun ganz so schlimm steht es um den »Homo Allgovius«, also den Allgäuer, nicht, auch wenn sich seine Anatomie von der eines gewöhnlichen Menschen durchaus unterscheidet, zumindest sprachlich. Wo die Menschen ihren Kopf haben, da haben die Allgäuer ihren »Grind«, was derb klingt, manchmal aber auch so aussieht. Ist selbiger gar wüst, bezeichnet ihn der Allgäuer spöttisch als »Riibelesgrind« oder »Bilmes«. Denken die Einheimischen nach, was hin und wieder vorkommen soll, dann handeln sie keineswegs kopflos. Sie zerbrechen sich aber nicht, wie man meinen könnte, den »Grind«, sondern sie »verkobfen« sich. Die Allgäuer verfügen also durchaus über Köpfchen. Andererseits können sie sich auch als starrköpfig, oder wie es der Allgäuer nennt, als »gstärgrindig« erweisen.

Ein Stammeskennzeichen, das in der guten alten Zeit noch etwas galt und das jede aufrechte Allgäuerin beziehungsweise jeden vollwertigen Allgäuer zierte, ist inzwischen weitgehend aus dem öffentlichen Blickfeld verschwunden. Getragen wurde es vorne am Hals, der Kropf. Im Allgäu war dieses Abzeichen so verbreitet, dass ein Sommerfrischler, der vor hundert Jahren hierher reiste, ein Büblein aufschrecken ließ: »Vattr, guck doch gschwind, der Ma hot ja gar koin Kropf it!« Worauf der Vater seinen Buben beruhigt und gesagt haben soll: »Sei still, Bue, und dank Gott, dass du alle Glieder hosch!«

Kommen wir zu einem nicht weniger wichtigen Körperteil, dem Gesäß. Als »Fihdle« dem Allgäuer wohlbekannt und so geläufig, dass dieses sogar in eine Redewendung eingegangen ist. Taugt jemand wirklich zu gar nichts, sagt der Allgäuer: »Där isch vom Fihdle weg nix!« In diesem Zusammenhang erinnere mich noch gerne an eine Episode aus dem Elternhaus. Wenn mein Vater telefonierte und die Aussagen des Anrufers mit einem »Woll«, bestätigte, der knappsten Form des »Jawohl«, spotteten wir Kinder und riefen: »Woll, Woll hend d'Schoof am Fihdle!«, allgemein verständlich: Wolle, Wolle haben die Schafe am Hintern. Danach suchten wir meist das Weite, nahmen also die Füße in die Hände. Sagt der Allgäuer »d'Füeß«, gesprochen wird es »Pfieß«, meint er die Beine, und zwar von der Sohle bis hinauf zum Leib.

Wie sie schwätzen und wie sie halt so sind

Wenn sich der Allgäuer einmal in Bewegung setzt, dann wird es auch sprachlich wieder interessant. Denn, wenn der Allgäuer geht, dann »lauft« er. Und wenn er läuft, dann »springt« er. Falls er aber springt, dann »juckt« er. Und wenn es ihn juckt, so »beißt« es ihn. Alles paletti? – Ist er schließlich vom vielen Sporteln müde, dann »flaggt er si na und gruebet«, er legt sich hin und ruht sich aus. Und die anderen können ihm dann »zuloose« (zuhören), wie er »rueslet«, also schnarcht.

Neben diesen sprachlichen Eigenheiten gibt es in der Allgäuer Mundart noch eine Bezeichnung, die nicht ganz unwichtig ist. Wissen Sie, was eine »Föhl« oder »Fehl« ist? Nein, mit Fehler hat dieses Wort rein gar nichts zu tun; auch nicht mit Fohlen, wie mancher glauben mag. Das Wort kommt vielmehr vom lateinischen Wort »filia« (=Tochter). »Föhla« oder »Fehla« heißen im Allgäu demnach die Mädchen. Böse Zungen behaupten allerdings, das Allgäu beginne dort, wo die Kühe schöner seien als die »Föhla«, was ich so nicht bestätigen kann, da ich nicht alle Allgäuer Kühe kenne.

Dass die Allgäuer gerne lachen, liegt wohl daran, dass es eine Menge Sachen gibt, über die sie lachen können, auch über sich selbst. Allerdings kann man den Allgäuer Humor nicht mit dem Berliner oder dem rheinischen vergleichen. Der Allgäuer Humor ist eher still und leise und nicht verletzend, wie nachstehendes Beispiel unterstreicht.

Ein preußischer Staatsbeamter, ein Kölner Bankkaufmann und ein Allgäuer Viehhändler treffen sich in einem Wirtshaus. Je mehr sie trinken, umso mehr versuchen sie, einander zu übertrumpfen. Schließlich setzt der Kölner mit seinem Feuerzeug einen Zehn-Euro-Schein in Brand und zündet damit seine Zigarette an. Das lässt den Preußen nicht ruhen. Er nimmt für seine Zigarre einen Fünfzig-Euro-Schein. »Do lend mir eis it lumpe« (da lassen wir uns nicht lumpen), sagt darauf der Allgäuer, schreibt einen Scheck über hundert Euro aus, zündet ihn an und setzt damit seine Pfeife in Brand.

Und wie sind die Allgäuer sonst noch? »Wenn du hundert Allgäuer aufeinander legst«, so stellte Alfred Weitnauer, langjähriger Heimatpfleger und ein profunder Kenner des Allgäus, einmal fest, »ist der oberste grad so verdruckt wie der unterste.« Hat der Allgäuer beispielsweise besonderes Glück oder er wird von einem anderen ausgetrickst, so bewahrt er dennoch Haltung, auch wenn es in seinem Innern längst brodelt. Wer glaubt, der Allgäuer würde schon rechtzeitig zu erkennen geben, wenn ihn etwas besonders bewegt oder ihm etwas zuviel wird, der täuscht sich. Seine Stimmung kann deshalb so jäh wechseln wie das Wetter in dieser rauhen Gegend. Und wer einen solchen Wetterumsturz schon einmal erlebt hat, weiß, dass sich der Allgäuer dann nicht immer so fein ausdrückt und verhält wie Leute aus sanfteren Landschaften. Das soll nicht heißen, dass der Allgäuer nicht auch liebenswürdig sein kann, er wendet diese Kunstfertigkeit nur sehr bewusst an, kritische Geister sagen: sehr sparsam. Insofern lautet eine der gebräuchlichsten Lebensregeln der Allgäuer: Gib nach außen niemals zu erkennen, wer du bist und was du hast.

Dem kommt zugute, dass der Allgäuer von Haus aus als wortkarg gilt, er ist kein Schwätzer und mag solche auch nicht. Folgerichtig lautet ein weiterer allgäuerischer Leitsatz: "It g'schumpfe isch gnua globt", auf Hochdeutsch: "Nicht geschimpft ist genug des Lobes". Wenn der Allgäuer aber etwas sagt, dann drückt er sich klar und bildhaft aus, manchmal etwas derb, wenn ihm dies angezeigt erscheint, jedoch immer farbig und treffsicher.

Oft wird das vergessen, was vermeintlich vergangen ist, dem Allgäuer aber immer noch innewohnt: das Eigenbrötlerische, das Fürsichseinwollen und das Sture – alles Wesenszüge, die auch mir, zumindest teilweise, nachgesagt werden. Von sich selbst behauptet der Allgäuer gerne, er sei »wöhrle«, was ungefähr so viel bedeutet wie »wiif« oder »bschosse«. Um das zu verstehen, hilft weder eine gute Allgemeinbildung noch der Duden. Als »wöhrle« gelten jene Leute, die sehr rührig und geschäftstüchtig sind.

Das trifft keinesfalls auf alle Typen von Allgäuern zu, die man dort antreffen kann. So handelt es sich bei einem »Siech« im positiven Sinne um einen Schlingel oder Spaßvogel, im negativen um einen Lump, ein Schlitzohr oder einen Gauner. Ist jemand besonders temperamentlos, dann steht einem wohl ein »Läädsche« oder ein »Loimsiedr« gegenüber. Einen eher verträumten, grübelnden Menschen nennt man »Drimslr«. Durchaus anerkennend gemeint ist die Bezeichnung »Mächeler« für Männer, die gerne herumtüfteln. Weniger gut kommen dagegen diejenigen weg, die nicht besonders hell auf der Platte sind. Verhält sich einer ungeschickt oder er ist unbeholfen, dann nennt ihn der Allgäuer »an Lällebädschr«. Ein dummer Kerl ist für ihn ein »Kleschbes« und bei einem, der nichts richtig fertig bringt, kann es sich nur um einen »Pfrebfler« handeln.

Doch auch unterschiedliche Frauentypen werden im Allgäu sehr lautmalerisch beschrieben. Eine Klatschbase ist für den Allgäuer eine »Draadsch«; eine, die an allem herumnörgelt, nennt er eine »Dreiß«. Jammert eine Frau dauernd, ist es eine »Kneischd« und als »Randsch« wird jene bezeichnet, die dauernd unterwegs ist. Kann eine nichts für sich behalten, dann gilt sie als »Schnäddrbääs«. Und ein Mädchen, das besonders häufig kichert, ist es ein »Kiddrfihdle«.

In der Fremde erkennt man einen Allgäuer weder an seiner Kleidung, seinem »Hääs«, noch ist er rotbackig. Sobald er aber den Mund aufmacht und die dunklen Vokale hervorgurgeln, ist er selbst bei mühseliger Verleugnung des Dialekts eindeutig zu identifizieren. Das »Allgairische«, der Dialekt der Allgäuer, ist meistens gemütvoll und liebenswürdig. Dazu trägt neben der bedächtigen Aussprache vor allem die häufig gebrauchte Verkleinerungs-Endsilbe »le« bei, die viel weicher klingt als die im Hochdeutschen benützten Endungen »chen« und »lein«. Ein gutes Beispiel dafür ist das schöne Wort »fluigele«. Es beschreibt eine besondere Form des Schneefalls, wenn nämlich einzelne kleine Schneeflocken tanzenden Fliegen gleich langsam zur Erde schweben.

Die Allgäuer Mundart ist, wie so viele Dialekte, keine völlig einheitliche und entsprechend geschlossene Sprache. So unterscheidet sich der Oberallgäuer sprachlich deutlich vom Ostallgäuer und der Unterallgäuer wiederum kennt viele Wörter und Ausdrucksweisen des Westallgäuers nicht. Oft verändert sich die Aussprache von Wörtern schon von Ort zu Ort. Beispielsweise haben meine Eltern das Wort »Schnee« unterschiedlich ausgesprochen, obwohl sie nur knapp zwei Kilometer voneinander entfernt aufgewachsen sind. Trotz aller lokalen Unterschiede ist der Allgäuer Dialekt weitgehend aus der Stammessprache der zu den Westgermanen zählenden Alemannen hervorgegangen. Lediglich im östlichsten Bereich entlang des Lechs vermischt sich der Dialekt mit dem Bairischen.

Heimatliche Verbindungen

Obwohl ich nach dem Abitur zunächst ein Jahr in Augsburg, dann über zehn Jahre in München gelebt habe, danach zusammen mit meiner Frau etwas südlich davon, nach Holzkirchen gezogen bin und wir dort seit mehr als einem Vierteljahrhundert wohnen, pflege ich noch zahlreiche Verbindungen zu meiner alten Heimat: Wir suchen immer wieder jene Orte auf, wo ich mal »dahoim« (daheim) gewesen bin oder an die ich mich gerne erinnere. Auch wenn ich Allgäuer Lieder und Melodien höre oder Menschen allgäuerisch »schwätzet« (sprechen), weckt dies viele Erinnerungen an meine Kinder- und Jugendjahre, an meine Allgäuer Heimat.

Ein wohltuendes Bild sind grasende Kühe, das gleichmäßige Bimmeln und Klingen ihrer Glocken und Schellen – viele Sommer lang war dies allabendlich meine kleine Nachtmusik. Und dann habe ich im Allgäu noch Verwandte und alte Freunde, mit denen ich als Fahrschüler im Zug nach Kempten unterwegs gewesen bin, Schulen besucht, Berge bestiegen, die Alpen überquert oder viele Stunden in der Jugendgruppe verbracht habe.

Mehrmals im Jahr kommen wir nach Immenstadt. Wir besuchen das Grab der Eltern, bummeln durch's Städtle, über den Wochenmarkt oder kaufen gerade in der Vorweihnachtszeit in einer Bäckerei die typischen Allgäuer »Bierezälde«, Früchtebrote mit gedörrten Birnen, getrockneten Feigen und Rosinen. Ab und an werfen wir einen Blick in eine Töpferei, wo Geschirr noch handgetöpfert und mit schlichten Kuh-Motiven bemalt wird. Oder wir genießen ein Schmankerl aus der alljährlichen Kulturreihe »Immenstädter Sommer«, in der namhafte Kabarettisten und Liedermacher auftreten.

Das eine oder andere Mal schauen wir in Werdenstein vorbei. Unterhalb des »Schlosses« – so heißt die Anhöhe, der das einstige Schloss der Reichsritter von Werdenstein den Namen gab – steht das Elternhaus, das wir nach dem Tod der Eltern verkauft haben. Angesichts der vertrauten Häuser werden viele Geschichten aus den Jahren meiner Kindheit und Jugendzeit wieder lebendig. Meist führt unser Weg weiter über Eckarts, dem »Dörfle an der Halde«, wo ich fünf Jahre lang die Volksschule besucht habe. In der Pfarrkirche St. Peter und Paul, direkt daneben, habe ich eine klassische Ministrantenkarriere hingelegt. Vom Hilfsministranten bis zum Oberministranten, nicht ohne dabei wiederholt zu stolpern, und zwar sowohl bei den lateinischen Gebeten als auch bei den Messbuchtransporten.

Auf unseren Trips ins Allgäu machen wir häufig einen Abstecher nach Kempten, eine der ältesten Städte Deutschlands, wo ich im Allgäu-Gymnasium meine schulische »Reife« erlangt habe. Was uns als Schüler am alten Gebäude in der Salzstraße sehr gefallen hat, und was wir auch reichlich genutzt haben: Wir konnten aus den Fenstern des dritten Stockes auf die Köpfe von Passanten spucken, ohne erkannt zu werden.

Nicht entgehen lassen wir uns die Allgäuer Freilichtspiele in Altusried, wo auf einer Naturbühne – mit Wiese und Wald, Berg und Bächlein ein Ausschnitt aus der Allgäuer Voralpenlandschaft –, Stücke aufgeführt werden, die sich mit Themen wie Menschenwürde und Freiheit auseinandersetzen. Spiegelt sich darin die bäuerlich-allgäuerische Distanz gegenüber Mächtigen wider, die Lust der Alemannen, gegen Obrigkeiten aufzustehen und das Joch abzuwerfen? Auch ich spüre häufig so einen inneren Drang, mich gegen Ungerechtigkeiten zu wehren und gegen Autoritäten aufzubegehren. Wie dem auch sei, die Helden, die die Altusrieder in Szene setzen, kämpften in verschiedenen Regionen und zu unterschiedlichen Zeiten für Freiheit und Gerechtigkeit. Neben dem Bayerischen Hiasl, Andreas Hofer, Götz von Berlichingen, Wilhelm Tell, der Jungfrau von Orléans waren dies auch die Aufständischen im Allgäuer Bauernkrieg. Damals zogen Allgäuer Bauern auch vor das Schloss Werdenstein. Über diese Geschehnisse berichtet der damalige Schlossherr Ritter Georg von Werdenstein in seiner 1526 verfassten »Werdensteiner Chronik« wie folgt:

»Und am nachtz sind die pauren wider von Oberensonthofen gezogen und etwan bei 200 zue Werdenstein am schloß hingangen. [Sie haben] zeitlich (= von Zeit zu Zeit) geschreien: ‚Kum herab, du alter hund, wir wellend dier den bart heraußraufen‘, weiter hinaufgeschreien zu Madlenen von Laubenberg, dazuemal ein junckfraw gewesen, und zue meiner dochter Barblen, auch ein junckfraw gewesen: Jr jungen huren, wir wellend euch geheiien (= heiraten) und die alten kamerschellen (damit ist wohl die Gemahlin Georgs von Werdenstein gemeint) darnach nöten (= notzüchtigen). Sy haben auch hinauf geschreien: ‚Mir miessen wasser drincken, und sy wellen wein trincken, und mir miessen das eisserst mit negeln aus dem boden kratzen‘ und mit mer vil unzichtigen [Worten], nit not zue beschreiben, und mit dem sind sy also fürzogen one schaden.«

Ganz andere Saiten meiner Heimatgefühle bringt Werner Specht mit seinen Liedern, Gedichten und Bildern zum Schwingen. Besonders nahe geht mir sein Lied »Nimm mi mit«, worin er das Flehen einer alten Frau beschreibt, ihr gerade verstorbener Mann möge sie doch mitnehmen: »Des Wieb duet zum Vrbarme, as bettled: Kumm, i bitt’, lass mi it so alluinig, i bitt di, nimm mi mit!« Den Liedtext hatte mir eine Bekannte gegeben, nachdem meine Mutter meinem Vater im August 1992 nach nur zehn Tagen im Tod gefolgt war.

Spechts feinfühlige Texte und Melodien gehen mir unter die Haut, hat er doch ein feines Gespür für tägliche und jahreszeitliche Stimmungen, für Momente, für den Wechsel von Augenblicken, aber auch für jene Dinge, die inzwischen aus dem Alltag verbannt worden und nur noch in stillen Winkeln anzutreffen sind. In wenigen Zeilen charakterisiert er »Huimat« (Heimat) besser als andere mit hochgestochenen Worten: »Je wittr i vu Dahui aweg bi, um so diefr hocksch du i mir dinn, in am fremde Land, in vrlorene Däg, krieht deas Wort vo ‚Dahui‘ so viel Sinn.« Ins Hochdeutsche übertragen heißt dies: »Je weiter ich von Daheim weg bin, umso tiefer sitzt du in mir drin, in einem fremden Land, in verlorenen Tagen, bekommt das Wort ‚Daheim‘ so viel Sinn«.

Ein treuer Begleiter seit Ende meiner Schulzeit ist der Allgäuer Heimatkalender. Die Berichte, Erzählungen, Geschichten und Gedichte Allgäuer Autoren, manche in Mundart, halten meine Erinnerungen an das Allgäu und seine Bewohner wach. Nicht missen möchte ich die zahlreichen lustigen Anekdoten,

Kostproben des Allgäuer Humors wie diese: Ein Tourist im Allgäu wollte sich mit einem kleinen Buben einen Scherz erlauben und fragte ihn: »Ist es wahr, dass es hier so viel beschränkte Leute gibt?« Schlagfertig sagte der kleine Allgäuer: »Bloß in der Saison!«

Last but not least schätzen wir seit einigen Jahren einen Allgäuer besonders. »Klufti«, wie auch wir diesen kauzigen Kommissar Kluftinger aus Altusried nennen, löst mit seinem eigenwilligem Charme die kniffligsten Fälle in den Allgäu-Krimis. Für Wichtigtuer hat er so wenig übrig wie für überflüssige Anglizismen. Ansonsten verkörpert er den Parade-Allgäuer: Leicht übergewichtig, oft stur, manchmal ungesellig, und vor allem bodenständig. Ich finde diesen Kommissar gerade deswegen auch so sympathisch, weil er verschiedene Klischees eines Allgäuers erfüllt und nicht zuletzt, weil ich ähnliche Aversionen gegen Neunmalkluge habe wie er. Nicht zu vergessen: Klufti liebt neben seiner Frau auch Zwetschgendatschi und natürlich Kässpatzen.

Weil Liebe auch bei uns durch den Magen geht, noch ein paar Worte zu einer Töpferei und zu unserer Lieblingsspeise, den Allgäuer Kässpätzle. Es vergeht kaum eine Allgäu-Tour, wo wir nicht in der Keramikwerkstatt von Andrea und Peter in Weitnau vorbeischauen. Und meist verlassen wir sie auch nicht, ohne das eine oder andere schöne Stück zu erwerben, eine Tasse, eine Schale oder eine Schüssel.

Aber jetzt endlich zu den Kässpätzle. Eva, geborene Rheinländerin, kann diese inzwischen mindestens so gut zubereiten wie ich. Manche verwenden dazu neben dem Allgäuer Emmentaler oder Bergkäse auch etwas Weißlacker, ein Allgäuer Stinkkäse par excellence, mit dem sich ein überfülltes Zugabteil in kürzester Zeit räumen lässt. Dieser soll Kässpatzen einen besonders würzigen Geschmack verleihen. Einheimische schätzen diese Spätzle ja umso mehr, je länger sich die Käsefäden beim Essen ziehen lassen. Wie es in einem Kässpätzlelied heißt: »Dem Vattr hängt vom Käs a Fade, vom Mül (Mund) ra bis an Hoselade« (Hoselschlitz). Es soll Touristen geben, die beim Kässpätzleessen noch nicht einmal zusehen, geschweige denn mitessen können. Die Käsefäden erinnerten sie zu sehr an eine bestimmte Feuchtigkeit, die gewöhnlich aus den Nasenflügeln zu tropfen pflegt.

Alles in allem lässt sich eines festhalten: Es ist nicht alles Käse, auch wenn es aus dem Allgäu kommt.

Aus meinen Kindertagen

Zwei Dinge weiß ich, bezogen auf meine Geburt, ganz genau. Ich bin bereits damals aufgefallen, und zwar positiv. Zum einen durch meine »clerical correctness«, denn ich habe das Licht der Welt den kirchlicher Normen entsprechend erblickt. Hier der eindeutige Beweis: Mitte Oktober 1948 haben meine Eltern geheiratet und ich bin am 29. Juli 1949 geboren worden, also gut neun Monate später. Und zum andern, auch da gibt es keinen Zweifel, bin ich der Einzige in der Familie, der im »Städtle« auf die Welt gekommen ist. Ich bin also ein waschechter Immenstädter.

Ansonsten lässt sich über diesen Tag nichts Besonderes sagen. Es war wohl ein sonniger Freitagmittag, als ich im Immenstädter Entbindungs- und Säuglingsheim Marianum meinen ersten Schrei ausgestoßen habe. Warum ich gleich mit soviel Getöse losgelegt habe? Wahrscheinlich ging es mir wie Karl Valentin, dessen erster Eindruck vom Leben auch schockierend gewesen sein soll, hatte doch auch er diese eine Frau, also die Hebamme, in seinem ganzen Leben noch nicht einmal gesehen.

Wenige Tage danach ging es nach Hause, in die elterliche Wohnung im kleinen Dorf Rottach.

Im mütterlichen Elternhaus, einem Bauernhof, der von ihrem Bruder und dessen Frau bewirtschaftet wurde, durften wir drei Zimmer bewohnen, und zwar unentgeltlich. Meine Mutter hatte dafür das Nießrecht. Und das war wichtig für uns, denn unsere finanziellen Verhältnisse waren damals sehr bescheiden. Der Lohn, den mein Vater für seine Arbeit in den Hanfwerken erhielt, reichte zum Leben, zu mehr aber auch nicht.

Ob es letztlich dieses Nießrecht war oder meine Anwesenheit, die Frau meines Onkels konnte nämlich keine Kinder gebären, weiß ich nicht, jedenfalls kam es zwischen meinen Eltern und den Bauersleuten, also meinem Onkel und meiner Tante, immer häufiger zu Konflikten. Unsere Wohnung mussten wir über die Tenne betreten, wir durften weder den Hauseingang noch den großen Garten am Hof benutzen. Meine Eltern pachteten deshalb eine Parzelle im sogenannten Flüchtlingsgarten am Rande des Dorfes. Auch frische Milch bekamen wir nicht vom Hof, wir mussten diese bei einem etwas weiter entfernten Bauern holen. Nicht selten führten schon geringste Anlässe zu heftigsten verbalen Auseinandersetzungen. Nachbarskinder, die zu mir zum Spielen kommen wollten, wurden von meiner Tante mit Schokolade beschenkt, wenn sie gleich wieder nach Hause gingen. Es war nicht angenehm für mich, es war wirklich höllisch. Deshalb spielte ich viel alleine oder mit meinen Eltern, soweit sie Zeit hatten. Dass ich damals äußerst schüchtern war, versteht sich unter diesen Umständen fast von selbst. Es war keine schöne Zeit, weder für mich, noch für meine Eltern. Das sah letztendlich wohl auch mein Onkel so, denn auf dem Sterbebett bat er meine Mutter noch um Verzeihung für alles, was er mir damals angetan hatte.

Umso glücklicher war ich, als es mir schließlich gelang, den Storch mit einem Stück Zucker dazu zu bewegen, mir ein Geschwisterchen zu bringen. Anfang Oktober 1954 kam meine Schwester auf die Welt, und zwar zu Hause. Mein Vater und ich, wir waren »zufällig« nicht daheim, sondern gerade bei jenen Bauersleuten zu Besuch, wo wir immer die Milch holten. Niemals werde ich vergessen, wie die Bäuerin versuchte, mich zum Sprechen zu bewegen. Sie nahm kein Blatt vor den Mund, sie war offen und »grad raus«, und ihr war eine gewisse Bauernschläue eigen. Wenn sie jemanden laut grüßte und dieser grüßte nicht zurück, ließ sie ein deutliches »Arschloch« vernehmen und schob dann unmittelbar nach: »Hast du meinen Gruß nicht gehört, hörst du das auch nicht!«

Ein Jahr später, inzwischen war ich in die Schule gekommen, konnten wir endlich diese Rottacher »Hölle« verlassen. Meine Eltern hatten auf der anderen Seite der Iller, unterhalb des Dorfes Eckarts, im Örtchen Werdenstein ein kleines, ehemaliges Sennereigebäude erworben. Hier konnten wir Kinder das genießen, was uns bisher weitgehend verwehrt geblieben war, eine unbeschwerte, glückliche Kindheit.

Zahlreiche Spielkameraden in der Nachbarschaft, ein Sägewerk mit Baum- und Bretterlagern sowie eine Hühnerfarm mit Ententeich, Bächen und Wiesen, alles verfügbare Spielflächen, die wir ausgiebig nutzten. Wir hatten keine »Angst vorm schwarzen Mann«, wir spielten Fangen und Verstecken, im Winter drehten wir auf dem zugefrorenen Entenweiher unsere Runden. Kurzum, es war immer viel los in der »Fleschermühle«, wie der Ort wegen der früheren Mühle hier auch genannt wird.

Was gegenüber früher unverändert blieb, war die familiäre Haushaltslage. Mein Vater arbeitete zwar jetzt in einem Immenstädter Lebensmittelvertrieb, aber sein Verdienst als einfacher Angestellter war bescheiden. Auch das Zubrot durch unsere Bierniederlage, heute heißt so etwas Getränkevertrieb, meine Eltern hatten sie mit dem Hauskauf übernommen, blieb überschaubar, besonders wenn dann noch außergewöhnliche Wetterlagen auftraten.

Sternstunde für ein Christbäumchen

Ein Weihnachtsfest ohne geschmückten Christbaum, das war für uns in den 50er-Jahren unvorstellbar. Allerdings wurden damals selbstverständlich keine Nordmanntannen aufgestellt, die gab es schlichtweg gar nicht, sondern die bevorzugten Christbäume waren Fichtenbäumchen. Es war in jenen Jahren auch üblich, sich den Weihnachtsbaum selbst aus dem Wald zu holen. Natürlich war das verboten, also Diebstahl, und die Förster waren in den Wochen vor Weihnachten immer besonders wachsam, wenn sie im Wald umherpirschten. Dennoch war die Wahrscheinlichkeit, beim unrechtmäßigen Abtransport erwischt zu werden, nicht sehr groß.

Deshalb sondiert mein Vater bei unseren sonntäglichen Waldspaziergängen im Spätherbst die Christbaum-Marktlage sehr genau. Gesucht wird immer ein Bäumchen mit schönem Wuchs: die Äste gleichmäßig verteilt, von oben nach unten kürzer werdend und mit genügend Abstand, damit der Baumschmuck, also Kugeln und Lametta gut angehängt werden können.

Hat mein Vater ein solches Exemplar ausfindig gemacht, gilt es nur noch, sich die entsprechende Stelle im Wald bis zum Ernstfall zu merken. Dann heißt es warten, bis das Weihnachtsfest näher und näher rückt.

Eines frühen Morgens macht sich Vater im Schutze der Dämmerung auf den Weg. Doch welch eine Überraschung. Als er am vermeintlichen Tatort ankommt, findet er nur noch den Stumpf des vom ihm auserwählten Christbäumchens vor.

Da hatte wohl ein anderer denselben Geschmack wie er und war schneller gewesen. Mein Vater ist enttäuscht, aber gibt deswegen nicht auf.

Er macht sich sofort auf die Suche nach einem Ersatz. Plötzlich sieht er einen Nachbarn durch's Unterholz davonschleichen, unter dem Arm ein frisch geschlagenes Bäumchen. »Halt – stehen bleiben!«, ruft mein Vater mit verstellter Stimme. Der Nachbar erschrickt zutiefst, wirft sein Bäumchen in den Schnee und macht sich fluchtartig aus dem Staub, ohne auch nur einen Blick zurückzuwerfen. Zum Glück, sonst hätte er meinen Vater erkannt.

Als mein Vater dieses jäh weggeworfene Bäumchen so einsam im Schnee liegen sieht, überkommt ihn tiefes Mitgefühl. Er kann nicht anders, als sich dieses armen Bäumchens anzunehmen. Und weil der Morgen frostig ist, sogar sehr frostig, trägt er das Bäumchen in die nächstliegende warme Stube. Rein zufällig befindet sich diese bei uns zu Hause, wo beide, Vater und Bäumchen, von meiner Mutter und mir freudig empfangen werden.

Am folgenden Heiligabend strahlen nicht nur meine Augen besonders hell. Und dies nicht nur der Geschenke wegen. Wir alle sind glückselig, haben wir doch einem verstoßenen Bäumchen zu Weihnacht eine neue Heimstatt gegeben. Jetzt steht dieses bei uns in der Wohnung, festlich geschmückt mit silberner Christbaumspitze, silbernen Kugeln und silbern glänzendem Lametta. Rote Kerzen, gleichmäßig über das grüne Nadelkleid verteilt, brennen und mein Herz hüpft vor Freude. Für einen Moment glaube ich gar, gesehen zu haben, wie das Christbäumchen meinem Vater dankbar zugenickt hat.

Schwätz oder scheiß Buchstaben!

Wenn Kinder anfangen, fremden Personen, Männern eher als Frauen, Bärtigen eher als Rasierten, Erwachsenen eher als Kindern, mit starkem Misstrauen, Abneigung oder Angst zu begegnen, bezeichnet man dieses Verhalten als Fremdeln. Ich war in meinen frühen Kinderjahren ein Experte auf diesem Gebiet.

Nun gehörte frische Milch von der Kuh in der Kindheit zu meinem täglichen Ernährungsprogramm. Kein Problem, könnte man meinen, wenn man als Kind in einem beschaulichen Allgäuer Dörfchen aufwächst. Stimmt, aber in meinem Fall, kommt die Milch eben nicht von dem Bauernhof, in dem wir damals wohnen, sondern von den Kühen eines weiter entfernt liegenden Hofes.

Warum dies so ist, ist schnell erzählt. Meine Mutter hatte nach dem Tod ihrer Eltern im elterlichen Bauernhof ein Nießrecht. Wir durften folglich zwei Zimmer in diesem Hof bewohnen. Zusätzlich noch das Zimmer eines Bruders meiner Mutter, der dafür ein Nießrecht hatte.

Ob allein deswegen oder auch andere Gründe eine Rolle spielten, weiß ich nicht. Jedenfalls war das Verhältnis zwischen meinen Eltern und dem Bruder meiner Mutter, der den Bauernhof bewirtschaftete und bewohnte, nach der Heirat meiner Eltern nicht nur gestört, sondern zerrüttet und zwar total. Wir lebten in innigster Feindschaft, es herrschte gleichsam Krieg. Beschimpfungen und Streitereien waren an der Tagesordnung. Dazu gab es laufend irgendwelche Verbote und Gehässigkeiten, auch mir gegenüber. So versuchte die Tante, die böse Tante, häufig andere Kinder, die zu mir zum Spielen kommen wollten, mit irgendwelchen Geschenken oder Versprechungen von mir fernzuhalten. Schön waren diese Jahre weder für mich noch für meine Eltern.

Um frische Milch zu bekommen, gehen wir, meist mein Vater und ich, alle paar Tage zu Bauersleuten, die unterhalb des Ortes ihren Hof haben. Mein Vater kennt die Bauersfamilie schon lange sehr gut, denn sie sind Nachbarn seines Bruders. Sie mögen ihn, behandeln ihn fast wie einen Sohn, nicht zuletzt deshalb, weil sie ihren einzigen Sohn im Krieg verloren haben.

Immer wenn wir abends bei ihnen vorbeikommen, freuen sich die Bauersleute riesig. Der Bauer ist ein gutmütiger, recht ruhiger, älterer Mann mit weißem Rauschebart, so ein Gärtner-Pötschke-Typ. Sie ist eine leutselige Bäuerin, wohlgenährt und mit sehr listig blitzelnden Äuglein. Es wird viel geratscht und gelacht. Ich stehe dabei, mit offenen Ohren und meistens ebensolchem Mund. Nur kommt aus letzterem nichts, kein einziges Wort. Und weil ich, gleichsam dem kleinen Männlein im Walde still und stumm dastehe, beugt sich die alte Bäuerin mehrfach zu mir herunter und gibt mir den gut gemeinten Rat: »Schwätz oder scheiß Buchstaben!« – Doch auch das bleibt ohne nachhaltige Wirkung. Also nicht ganz. Ich schalte vielmehr meine »Ampel« auf Rot, das heißt ich bekomme einen roten Kopf und sage weiterhin nichts.

Obwohl ich in jenen Jahren gerne Buchstabensuppe esse, ist mir in der Öffentlichkeit kein Wort zu entlocken. Meine Eltern waren damals sehr beunruhigt. Ob ich dieses Defizit jemals würde ausgleichen können?

Inzwischen kann ich diese Frage bejahen. Und rot werde ich heute auch nicht mehr, höchstens die anderen. Aus dem einst stummen Fisch ist zwischenzeitlich ein redseliger Plauderer geworden, und dies nicht immer zur Freude meiner Frau. Und ich rede nicht nur sehr gerne, ich »scheiße« inzwischen, wie man hier sehen kann, auch Buchstaben.

Abc-Schützen im Einsatz

Jene, die bei uns Abc-Schützen heißen, sind im Rheinland die i-Dötzchen und in Österreich die Tafelklassler. Den Begriff »Abc-Schütze« gibt es schon seit der zweiten Hälfte des 16. Jahrhunderts, wobei »Abc« für Fibel steht, und das Wort »Schütze« in der damaligen Zeit für einen Anfänger (Rekruten). Das rheinländische i-Dötzchen leitet sich ab vom Dotz oder Dötzken für ein kleines Kind und vom Buchstaben »i«, der Erstklässlern früher als erster gelehrt wurde.

Wie hat mein »diensthabender Vorgesetzter« während meiner pädagogischen Grundausbildung geheißen, also mein Lehrer in der Volksschule? Pfaffinger? Doch, doch, Pfaffinger hat er geheißen.

Im September 1955 werde ich eingeschult. Ich freue mich darauf, obwohl ich in der Folgezeit an allen Schultagen in der Volksschule Rottach »einrücken« muss, da ich wie alle anderen Schülerinnen und Schüler Heimschläfer bin.

Rita, Rosemarie, Albert, Andreas und ich, wir sind die diesjährigen Abc-Schützen. Wir sollen von nun an ausgebildet werden, im Kampf um Anerkennung, gute Noten und korrektes Verhalten. Entsprechend ausgerüstet erscheinen wir zum ersten Date: Schulranzen mit Schiefertafel und heraushängendem Trockenläppchen, dazu Schwammdose und Griffelschachtel mit diesen harten Schiefergriffeln, die beim Schreiben so unsäglich schrill quietschen. Und last but not least die obligatorischen Hausschuhe, denn von Nässe und Straßendreck befreit bleiben soll der Parkettboden unseres Schulraumes.

Meine »Dienstuniform« besteht aus Hemd, kurzer Stoffhose, Jäckchen, von meiner Mutter selbst gestrickt, Strümpfen und schwarzen Gummistiefeln. Befürchten meine Eltern, dass es im schulischen Bereich zu Schlammschlachten kommen könnte? – Sicherlich nicht, aber Gummistiefel sind einfach billiger.

Ich gehe gerne in die Schule. Mir macht das Lernen Spaß und mit dem dort geltenden Verhaltenskodex komme ich gut zurecht, denn ich bin sehr brav, zumindest innerhalb der Lehranstalt. Insofern muss ich drohende Strafen wie Tatzen und Schläge mit dem Rohrstock nie am eigenen Leibe erleiden, sondern kenne sie nur vom Zuschauen. Zum Beispiel, wenn Karli, ein rotzfrecher Schüler der zweiten Klasse wieder mal nach vorne kommen und vor Herrn Pfaffinger treten muss. Dann die rechte Hand nach vorne gestreckt, die Innenseite der Hand nach oben gedreht und schon saust der Tatzenstecken mit Pfaffingers ganzer Kraft hernieder und lässt Karlis Finger schnell erröten. Der Rohrstock kommt nie zum Einsatz, lehnt aber drohend in der Ecke des Schulraumes.

Angesichts solcher Folterungen ziehen Andreas und ich es vor, bestimmte Manöver erst nach Unterrichtsschluss und diese dann auch außerhalb des Schulgeländes durchzuführen. Wir wollen die Flugeigenschaften von Schuhen testen und haben dafür die Hausschuhe von Rosemarie auserkoren, allerdings ohne deren Zustimmung. Die weiten Flugkurven der Schuhe verfolgen wir höchst erfreut. Rosemarie jedoch, weitgehend passive Beobachterin des Geschehens, ist tieftraurig und rennt heulend nach Hause. Jetzt ist Gefahr im Verzug. Wir brechen die Testreihe unvermittelt ab und begeben uns in Deckung, also in heimische Gefilde.

Am frühen Nachmittag spitzt sich unsere Lage unerwartet zu. Andreas und ich spielen draußen vor dem Haus, während plötzlich aus der Dorfmitte unsere Klassenkameradin Rosemarie mit ihrem »Stubenältesten«, ihrem kriegsblinden Vater an der Hand, gegen unsere »Festung« vorrückt.

Wir nützen die letzten verbleibenden Minuten zur Flucht, und zwar auf das Gelände eines benachbarten Bauernhofes. Dort hält meine Mutter gerade ein Schwätzchen mit der Bäuerin. Wir verweilen nicht lange bei den beiden, verduften recht schnell hinter einer Scheune und harren der Dinge, die da auf uns zurollen.

Nach kurzer Zeit erscheint Rosemarie mit Vater. Letzterer ist sehr erzürnt, berichtet meiner Mutter von diesem dummen Streich und schimpft heftig auf uns Lausbuben. Dann ziehen sich die »feindlichen Kräfte« wieder zurück.

Mir ist an diesem Abend, nachdem mein Vater nach Hause gekommen ist und ich zum Rapport gebeten werde, nicht mehr ganz wohl zumute. Wenn ich meines Vaters Worte richtig verstehe, laut genug sind sie ja, haben wir, Andreas und ich, wohl keine Heldentat vollbracht. Was folgt, ist ein mehrtägiger Stubenarrest, der mich von weiteren solchen Flugmanövern abhält.

Erst viele Jahre später, dann bereits in Werdenstein wohnend, lasse ich mich wieder zu irgendwelchen Flugversuchen verleiten. Es gibt dort eine sehr aktive Modellfliegergruppe, die auch mich dazu bewegt, ein solches Flugzeug zu bauen. Mit dem »Kleinen Uhu«, dem Basismodell für alle Modellflieger, mache ich meine ersten Modellbau- und nach einem Absturz mit Totalschaden allerdings auch meine letzten Flugerfahrungen.

Leicht verwirrter Sankt Nikolaus

Bekannt und gefürchtet ist der Nikolausabend im Allgäu vor allem eines alten Brauches wegen, dem Klausentreiben. An den Abenden des fünften und sechsten Dezembers verkleiden sich ledige Burschen mit Fellen und Tierhäuten, setzen einen fellbedeckten Helm mit Hörnern auf, binden sich Ketten, Schellen und Kuhglocken um den Leib, ziehen lärmend und polternd durch Straßen und Orte und jagen den Menschen, insbesondere jungen Mädchen, gehörig Angst und Schrecken ein. Mit dem guten Sankt Nikolaus hat dieser Brauch nur soviel gemein, dass die Bezeichnung Klausentreiben eindeutig von Nikolaus abgeleitet ist.

Ob allein deswegen der Nikolaus immer der bessere ist, daran zweifelt auch der Kabarettist Gerhard Polt. In seinem Beitrag über seine erste »Revolution« schreibt Polt, dass es manchmal doch eine geraume Zeit dauere, bis man erkenne, dass es sich beim Nikolaus um keinen Heiligen, sondern um einen Menschen handele, und dass der Krampus ein Arschloch sei. Genau bei mir hat es länger gedauert, bis auch ich zu zweifeln begonnen habe.

Wir wohnen bereits einige Jahre in Werdenstein, aber noch immer kommt jedes Jahr der Nikolaus zu uns Kindern, also zu meiner Schwester und mir. Mal erscheint ein schön gekleideter Sankt Nikolaus mit einem sozial verträglichen, weil sich zurückhaltenden Knecht Rupprecht, dann mal ein notdürftig verkleideter Nachbarsbursche, den Bart bis fast zu den Augen hinaufgezogen, damit wir ihn nicht erkennen können. Und ein andermal rumpelt eine Nachbarin nur an die Haustüre und brummt irgendetwas Nikolausiges. Wir, meine Schwester und ich sitzen bibbernd im Wohnzimmer, haben mehr oder weniger leichtes Fracksausen. Dabei hat sich die Nachbarin, wie wir später erfahren, noch nicht einmal verkleidet.

In einem der folgenden Jahre besucht uns Sankt Nikolaus wieder, dieses Mal in edlem Bischofsgewande und mit goldenem Buch, in dem sie drinstehen, unsere Wohl- und unsere Missetaten. Knecht Rupprecht ist auch dabei, hält sich aber vornehm zurück. Unsere Augen sind respektvoll auf den Heiligen und seinen Begleiter gerichtet, vor allem auf das dicke Buch, unser Hoffen gilt dem Inhalt des mitgebrachten Säckchens.

Dann werden uns die Leviten gelesen. Wir gelten gemeinhin als brave und fleißige Kinder, natürlich mit Entwicklungspotential nach oben. Doch was muss ich da hören? Ich solle ein bisschen fleißiger sein, etwas mehr lernen und immer die Hausaufgaben machen. Was? Wie? Ich bin tief verunsichert, total unglücklich. Was dieser Heilige da vor sich hinbrummelt und mir dabei tief in meine traurigen Augen blickt, stimmt hinten und vorne nicht. Ich weiß, dass ich ein guter, ein sehr guter Schüler bin, und meine Hausaufgaben mache ich auch immer und Lernen macht mir richtig Spaß.

Aber schon wenige Augenblicke, nachdem mir dieser Nikolaus sein Säckchen übergeben hat, ist diese Enttäuschung wie weggeflogen.

Erst viele Wochen später klärt mich mein Vater auf. Der Nikolaus, ein Bekannter aus dem Dorf, habe ihn wohl im Vorgespräch total missverstanden. Er habe diesem überwiegend Gutes über mich berichtet.

Insofern trifft die Poltsche Erkenntnis durchaus zu, dass der Nikolaus, ob mit Mitra oder mit Mütze eben doch nur ein Mensch ist, manchmal auch ein etwas verwirrter. Dass der Krampus allerdings ein Arschloch ist, wie es Polt so deklaratorisch behauptet hat, kann ich aus eigener Erfahrung nicht bestätigen.

Naturnah hergestelltes Fruchteis

Wenn Witterungslagen von bisher gemessenen Durchschnittswerten besonders stark abweichen, beispielsweise durch gewaltige Schneemengen oder durch extreme Temperaturen, dann sprechen die Medien gerne von Jahrhundertphänomenen. Auch die kalten Wintermonate Anfang 1956 werden als solch ein Jahrhundertwinter geführt. Nicht ganz zu unrecht, denn dieser Februar gilt als kältester Einzelmonat im 20. Jahrhundert. Über einen längeren Zeitraum sank die Quecksilbersäule in der Bundesrepublik auf Werte zwischen – 27,4° und – 34° Celsius.

Auch im Allgäu werden damals solche Tiefsttemperaturen gemessen. Weil wir in Werdenstein den ersten Stock eines alten Hauses bewohnen, ein ehemaliges Sennereigebäude, das nicht unterkellert, geschweige denn irgendwie isoliert ist, bekommen wir diese Eiseskälte deutlich zu spüren. Selbst im Wohnzimmer, wo ein alter Sägemehlofen zumindest für ein paar Stunden für etwas Wärme sorgt, tauen die Fensterscheiben sogar tagsüber nicht auf. Das Schlafzimmer ist natürlich ungeheizt, das einzige Fenster undicht und die Scheiben sind dick mit Eisblumen überzogen.

Deshalb schlagen die Schneiders ihr nächtliches Schlaflager für einige Tage in der kleinen Küche auf. Weil der Herd tagsüber stundenlang befeuert wird, ist die Küche auch nachts etwas »verschlagen«, so dass wir hier zumindest nicht bibbern müssen. Vater, Mutter, Schwester und ich liegen auf Wolldecken, eng aneinandergeschmiegt, auf dem Boden, zwischen Schlupfkamin und Küchenbuffet. Und wer ist mit dabei? Mullar, unsere betagte Katzendame, meist etwas eigenwillig, aber im Winter sehr anhänglich. Sie verkriecht sich hinter den Kamin, wo sie auf alten Zeitungen tief und vor allem lange schläft.

Einen Stock tiefer, im Erdgeschoss lagern ein paar Dutzend Getränkekisten: Bier und Limonade, Helles und Dunkles, Zitronen- und Orangenlimonade. Nicht weil wir so durstig sind, sondern weil meine Eltern mit dem Erwerb dieses Hauses eine Bierniederlage, also einen kleinen Getränkevertrieb, als willkommenes Zubrot übernommen haben.

Woran in diesen Februartagen niemand denkt, auch Getränkeflaschen kann es, obwohl sie Kühle durchaus zu schätzen wissen, kalt werden. Sehr kalt sogar. Und was passiert dann? Richtig, die Flüssigkeit gefriert, dehnt sich aus, bis die Flaschen platzen. So geschehen in diesen extrem kalten Tagen, zum Leidwesen meiner Eltern und zur großen Freude von uns Kindern. Denn jetzt bekommen wir etwas gratis, und zwar frei Haus, was wir normalerweise nur an heißen Sommertagen und selbst dann nur höchst selten genießen dürfen. Köstliches Fruchteis, das eine mit Zitronen-, das andere mit Orangengeschmack. Und das Ganze auf natürlichste Art und Weise hergestellt, gleichsam naturgefrostet.

Eine weitere Lieferung gibt es leider nicht mehr, denn die Eltern halten wenig von Fruchteis in dieser kalten Jahreszeit. In den folgenden Nächten werden auch die Getränkekisten in Decken gehüllt, so dass die Fruchteisherstellung nicht mehr funktioniert. Wir können diese Entscheidung überhaupt nicht nachvollziehen, wo doch die Nachfrage nach diesem Produkt, insbesondere in der eisumsatzschwachen Phase offensichtlich vorhanden ist. Man hätte nur uns, meine Schwester und mich fragen sollen.

Uns wundert es nicht, dass Firmen wie Jopa damals ihr Speiseeis für die kühlsten Tage wärmstens empfehlen. Laut Jopa-Werbung schmeckten die kalten Schleckereien im Winter genauso gut wie im Sommer. Eine Erfahrung, die wir nicht bestätigen können, weil wir dieses teure Eis nur in den Sommermonaten und auch dann nur wenige Male schlecken dürfen.

Weil es halt so Brauch ist

Auch im Allgäu wird während meiner Kinderjahre der Brauch gepflegt, am Neujahrsmorgen oder an den folgenden Tagen Verwandte, Bekannte und Freunde zu besuchen und ihnen persönlich ein »Gutes Neues Jahr« zu wünschen. Die Kinder wünschen ihren Großeltern und Paten mit einem eingeübten Spruch viel Glück und Gesundheit für das neue Jahr.

Meine Großeltern leben nicht mehr. Meine Taufpatin, Tante Ida wohnt in München und so bleiben für mich vor allem meine Großtante Anna sowie mein

Onkel Otto, mein späterer Firmpate, und Tante Resi. Sie wohnen alle in Gindels, im Elternhaus meines Vaters.

Weil auch meine Eltern zeigen wollen, wie gut sie ihren Sohn erzogen haben, muss ich mich jedes Jahr kurz nach Neujahr von Werdenstein aus auf den Weg machen. Ein weitgehend einsamer Weg, über Seifen, durch die Auen der Iller, auf schmalem Steg über den Fluss und dann noch weitere vier Kilometer, dazwischen nur ein paar kleine Ortschaften. Weil ich in jenen Jahren ein ausgesprochener »Schisser« bin, hält sich meine Freude in Grenzen, obwohl ich weiß, dass ich von den Wunschempfängern immer einen Glückwunsch-Obolus für die Spardose erhalte. Für mich ist das eher Schmerzensgeld beziehungsweise eine finanzielle Aufwandsentschädigung.

In Gindels angekommen besuche ich zunächst Onkel Otto und Tante Resi, die einen Bauernhof bewirtschaften. Ich sondere meine traditionellen Neujahrswünsche ab. Beide freuen sich riesig, fragen mich etwas über die Schule aus. Von Tante Resi, einer herzensguten Frau, bekomme ich ein Glas Limo und Onkel Otto drückt mir schließlich noch ein paar Geldstücke in die Hand.

Dann gehe ich nach oben, in den ersten Stock. Dort wohnt Großtante Anna, inzwischen über 90 Jahre alt, und seit ein paar Jahren Witwe. Mit ihrem Mann Otto hat sie viele Jahre in München gelebt, wo dieser als Schreiner gearbeitet hat. Weil die beiden bei der Bombardierung Münchens ihr ganzes Hab und Gut verloren haben, sind sie nach Kriegsende in das Haus ihres Neffen gezogen, also zu meinem Firmpaten, der auch Otto heißt. Mein Großonkel, ich erinnere mich noch gut, war ein stattlicher Mann. Selbst im hohen Alter von über 80 Jahren hat er täglich gearbeitet und dazu stets seine blaue Arbeitsschürze getragen.

Meine Großtante Anna ist nicht groß. Sie ist hager, wirkt fast zerbrechlich, aber sie versteht sich zu pflegen und immer fein zu kleiden, eben eine alte Dame aus der Großstadt. Dass ich sie besuche, freut sie über alle Maßen. Sie serviert mir heißen Kakao, dazu gibt es ein Stück Kuchen. Nun beginnt das übliche Frage-und-Antwort-Spiel. Sie fragt, ich antworte. Über meine Schwester, die Eltern, die Schule – die Zeit vergeht sehr langsam, viel zu langsam. Endlich steht sie vom Tisch auf, geht zum Küchenschrank, öffnet eine Schublade und holt ihre Geldbörse raus. Sofort löst sich meine Spannung etwas. Auch sie drückt mir ein paar Münzen in die Hand. Ich danke laut und deutlich, wie anerzogen. Sie lächelt, geht noch einmal zum Küchenschrank.

Ich weiß es, jetzt kommt das, was ich alljährlich so fürchte, wovor mir jedes Mal graust. Denn wieder öffnet die Großtante ein Türchen des Küchenschrankes.

Doch was dahinter verborgen liegt, zählt nicht zu meinem Freundeskreis. Sie greift nach einer Flasche Likör und schenkt mir ein Gläschen ein. Sie will mir wohl zeigen, dass sie mich schon als jungen, als richtigen Mann ansieht. Am liebsten würde ich jetzt fliehen, mag ich doch solche scharfen Sachen überhaupt nicht. Aber ich bringe auch dies mit Anstand hinter mich, verziehe keine Miene, während das süße Gesöff brennend durch meine Kehle rinnt. Dann ist die Zeit zum Aufbruch gekommen. Ich bedanke mich noch einmal herzlich. Sie dankt für den Besuch, gibt mir Grüße an die Eltern mit auf den Weg.

Auf dem ganzen Heimweg freue ich mich darauf, abends meine Spardose füttern zu können. Gleichzeitig denke ich mit Schrecken schon an die nächsten Neujahrstage, wo mich Großtante Anna sicher wieder verwöhnen will.

Heutzutage sähe ich solch einer flüssigen Liebkosung wohlwollender entgegen, frei nach Wilhelm Busch, der einmal gesagt hat: »Es ist ein Brauch von alters her: Wer Sorgen hat, hat auch Likör. Doch wer zufrieden und vergnügt, sieht zu, dass er auch welchen kriegt.«

Aus der Schule geplaudert

NON SCHOLAE SED VITAE DISCIMUS

»An diesem fleißigen und ordentlichen Schüler kann man nur seine Freude haben.« Oder: »Der sehr begabte Schüler hat außerordentliche Leistungen erzielt. Sein Betragen ist mustergültig.« Wer jetzt glaubt, hier handele es sich um Bemerkungen im Zeugnis eines Musterknaben, den muss ich enttäuschen. Diese Lobhudeleien zierten mein Halbjahres- und mein Jahreszeugnis in der dritten Klasse Volksschule, wo ich in allen Fächern die Note eins bekommen hatte.

Schon sechs Monate später geriet diese heile Welt etwas in Unordnung. Im Fach Religion bekam ich eine Drei ins Halbjahreszeugnis, meine schlechteste Religionsnote während meiner gesamten Schulzeit.

Ansonsten waren meine Jahre in der Volksschule eine unvergesslich schöne Zeit. Insgesamt waren wir 24 Schüler in acht Klassen und alle wurden in einem Raum unterrichtet. So bekamen wir Kleinen immer etwas davon mit, was der Lehrer den Älteren beizubringen versuchte, also dem Steda, dem Pfuhle oder wie diese alle mit ihren Spitznahmen hießen. Auch ich sollte einen bekommen, aber »Hemmele« setzte sich nicht durch, einfach zu lang. In meiner Klasse, wir waren zu siebt, war ich der einzige Junge. Mit meinem dunklen Anzug sah ich bei der Feier der Erstkommunion aus wie ein schwarzes Schaf unter lauter weißen Lämmern. Ein Jahr später, ein weiterer großer Augenblick. Zur Firmung bekam ich von meinem Firmpaten eine Uhr, nicht irgendeine, sondern eine vergoldete Armbanduhr, die ich übrigens noch immer besitze.

Weil ich ein sehr guter Schüler war, wechselte ich auf Anraten meines Lehrers nach der fünften Klasse Volksschule auf eine Höhere Schule, auf die Oberrealschule, das spätere Allgäu-Gymnasium in Kempten. In der ersten Klasse waren wir 37 Schüler, knapp die Hälfte davon Fahrschüler. Damals fuhr ich noch täglich gegen Viertel vor sieben mit der Dampfeisenbahn von Seifen nach Kempten und mittags wieder zurück. Dieser lange Schulweg bot eine Reihe großer Vorteile wie Hausaufgaben machen, Stoff lernen, Karten spielen, Schundhefte lesen und so weiter.

In den ersten Jahren erzielte ich noch sehr gute Leistungen, später ließ ich mich dann etwas zurückfallen und galt fürderhin als unauffälliger Mitläufer. Vor allem mit dem Englischen konnte ich mich nur schwer anfreunden. Diese Sprache wurde zu meiner schulischen Achillesferse, gefährdete mehrfach mein Vorrücken in die nächst höhere Klasse. Natürlich hatte ich es in der Höheren Schule ungleich schwerer als manche meiner Klassenkameraden, denn meine Eltern konnten mir aufgrund ihrer schulischen Bildung kaum helfen. Aber sie haben mir den nötigen Rückhalt gegeben und dass sie mir diesen Schulbesuch überhaupt ermöglicht haben, dafür bin ich ihnen heute noch dankbar. Denn es war damals alles andere als selbstverständlich, dass Kinder aus Arbeiterfamilien eine höhere Schule besuchen durften. Auch mein Vater musste erleben, wie ein Bauer auf einer Bürgerversammlung lauthals kundtat, dass er nicht einsehe, dass für Arbeiterkinder weiterführende Schulen gebaut würden.

Dass die Schule einen idealen Raum für das Spielen von Streichen bot, versteht sich von selbst. Und dass wir dabei oft wesentlich kreativer waren als im

Kunstunterricht, will ich auch nicht leugnen. Papierflieger aus den Fenstern des dritten Stockwerkes fliegen zu lassen, auf die Köpfe von Passanten zu spucken, das alles war selbstverständlich streng verboten, aber genau das machte besonderen Spaß. Heimlich auf der Toilette rauchen, mit Wasserspritzpistolen Duelle austragen, Kameraden mittels Blasrohren mit Reiskörnern beschießen, schlüpfrige Zeichnungen unter der Bank herumreichen – all dies war nicht erlaubt, wurde mit Verweisen bestraft.

Es gab einige Lehrer, die ließen jeglichen Humor vermissen, entlarvten sich als richtige Spielverderber. So zum Beispiel jener Griesgram, der Hans, einem Klassenkameraden, wegen angeblichen Fehlverhaltens einen Verweis erteilen wollte. Hans musste das entsprechende Formblatt im Direktorat holen, das er dann diesem Lehrer übergab. Als dieser ihn nach dem Namen seines Vaters fragte, antwortete Hans: »Josef«. Und fügte dann noch hinzu: »Und meine Mutter Josefine«. »Patsch«, schon hatte ihm der Lehrer eine knallende Ohrfeige verpasst. Er hatte sich veräppelt gefühlt, allerdings völlig zu Unrecht, denn Hans' Mutter hieß tatsächlich Josefine.

Neben humorlosen und schlagkräftigen Typen wie diesem gab es in der Lehrerschaft aber auch die Nachsichtigen, die Gutmütigen, ferner die Strengen sowie die Schwachen. Gerade letztere hatten bei uns wenig zu lachen. Schüler können ja so gnadenlos sein.

Zu den Höhepunkten meines Schülerlebens zählten die Reise nach Glasgow im Rahmen eines Schüleraustausches, der erfolgreiche Besuch einer Tanzschule, und nicht zuletzt die beiden Klassenfahrten nach Berlin und Wien.

Um meine finanziellen Spielräume etwas zu erweitern, denn Taschengeld habe ich nie bekommen, nahm ich wiederholt Ferienjobs an. Der härteste war die Arbeit im Umschlaglager einer Kemptener Spedition, Nachtschicht für 4,20 Mark die Stunde.

Erfreulicher fand ich, dass ich in den 14 Jahren, die ich in Schulen zubrachte, nie eine Ehrenrunde drehen musste. 1969, das Jahr, in dem eine Klassenkameradin aus der Volksschule bereits im Hafen der Ehe landete, habe ich dann meine Reifeprüfung abgelegt, das Abitur, mit einem Notendurchschnitt von 2,5, also gar nicht so schlecht.

Schaue ich auf meine Schulkarriere zurück, so kann ich dem römischen Philosophen Seneca nur zustimmen, dessen häufig zitierter Spruch korrekt wiedergegeben so lautet: »Non vitae, sed scholae discimus«, also: Nicht für das Leben, sondern für die Schule lernen wir.« Damit hatte er in der Antike die römischen

Philosophenschulen kritisiert, für mich beschreibt dieser Satz eher mein damaliges Lernverhalten.

Die besondere Sonntagspredigt

Es gibt solche Tage, wo die einen mit dem linken Fuß aufstehen, während andere auch ohne diesen fatalen Schritt mental nicht gut drauf sind, also geistig mit angezogener Handbremse unterwegs sind. Schwierig, ja geradezu kompliziert wird es, wenn zwei solche in einer Extremsituation aufeinander treffen, vielmehr aufeinander stoßen. Bei dem einen handelt es sich in diesem Fall um einen besonderen Mann, vom Wuchs her eher ein Männlein, leicht erregbar, aber mit besonderer Weihe ausgestattet. Vom Dorfpfarrer ist hier die Rede. Der andere ist Schüler, ein kleines, schüchternes, leicht errötendes, aber nicht ganz dummes Bürschchen. Das bin ich.

Januar 1958. Ein kalter Wintertag, ein Schultag in der Dorfschule von Eckarts. Kein gewöhnlicher, stehen doch in wenigen Wochen die Zwischenzeugnisse an. Und dafür braucht es Noten, auch im Fach Religion. Aus diesem Grund muss der Dorfpfarrer seine wöchentliche Religionsstunde dieses Mal dazu verwenden, uns zu examinieren. Ein Frage- und Antwort-Spiel, das schließlich zur Religionsnote fürs Zeugnis führen soll.

Wie schon angedeutet, bin ich mental an besagtem Tage nicht hellwach, und mein Gegenüber, der Pfarrer wirkt emotional irgendwie nicht ausgeglichen. So kommt es, wie es wohl kommen muss. Er, der Dorfpfarrer, ruft mich auf, stellt mir mehrere Fragen, die ich mehr oder weniger, wohl eher etwas weniger beantworten kann. Er wird dabei immer lauter, seine Gesichtsfarbe immer roter. Ich werde immer kleiner, unsicherer und stiller. Und am Ende lautet sein Urteil: Von 20 Fragen hätte ich nur drei beantwortet, ich bekäme eine Fünf. – Eine Fünf in Religion, für mich, der ich im letzten Zeugnis in allen Fächern nur Einser gehabt habe, ein Tiefschlag. Übrigens die schlechteste Religionsnote während meiner ganzen Schulzeit.

Auch meine Mitschüler sind schockiert, denn so schlecht ist meine Leistung an diesem Tage wirklich nicht gewesen. Nicht auszuschließen, dass manche Schulkameraden auch ein wenig schadenfroh sind, natürlich ohne dies offen zu zeigen. Für mich ist es der »Hammer«, bin ich doch seit Jahren ein sehr guter Schüler, immer einer der Besten. Und jetzt soll in meinem Zwischenzeugnis eine Fünf prangen, noch dazu in Religion. So etwas spricht sich schnell rum in dem kleinen Dorf. Umso unglücklicher bin ich. Ich fühle mich ungerecht, unfair behandelt, und berichte dies alles ausführlich zu Hause.

Wenige Tage später besucht mein Vater den Pfarrer, um aus dessem Munde zu erfahren, wie es dazu gekommen ist, und um mich letztendlich vor der schlimmen Fünf im Zeugnis zu bewahren. Doch seine Mission bleibt ohne durchschlagenden Erfolg. Der Pfarrer beharrt auf seiner Entscheidung: Wenn einer von 20 Fragen nur drei richtig beantworten könne, dann sei das eben eine Fünf.

Das Gespräch zwischen meinem Vater und dem Pfarrer muss wohl nicht sehr harmonisch verlaufen sein. Denn was jetzt folgt, kommt im Hause Schneider einer Sensation gleich. »Du gehst am Sonntag nicht in die Kirche!«, entscheidet mein Vater. Und dies, obwohl die sonntäglichen Gottesdienstbesuche seit Jahren zum Pflichtprogramm der ganzen Familie gehören. Auch Vater, Mutter und Schwester bleiben am Sonntag zu Hause.

Am Sonntagmittag, gleich nach dem Gottesdienst und dem anschließenden Stammtisch, besucht uns ein Nachbar, der Ohrenzeuge der heutigen Sonntagspredigt gewesen ist, wohlgemerkt einer besonderen. Demnach ist dieses Spektakel in etwa so abgelaufen:

»Wer Ohren hat zu hören, der höre ...« – so leitet der Dorfpfarrer seine mahnenden Worte an die Gläubigen ein. Wie meistens spricht er vor ausverkauftem Hause, also in der Kirche voll treu ergebener Schäflein. Und heute hat er besonders Interessantes mitzuteilen. Es ist mucksmäuschenstill im Kirchenraum. Er berichtet in wohl formulierten Worten, dass ihn in den vergangenen Tagen ein Vater aufgesucht habe, um für seinen Sohn eine bessere Note zu erbitten. Was dann folgt, von Herrn Hochwürden sehr emotional geschildert, stellenweise hart kommentiert, ohne einen Namen zu nennen, wohl ahnend, dass nahezu jeder der hier Versammelten schon wisse, um wen es dabei gehe, ist seine Darstellung der Causa Schneider. Am Ende seiner Predigt setzt der gute Hirte noch eins drauf, indem er süffisant anmerkt: »Und das Schönste an allem: Heute sind Vater und Sohn noch nicht einmal in der Kirche!«

Übrigens: In meinem Zwischenzeugnis stand im Fach Religion dann eine Drei. Nicht weil Hochwürden mir gegenüber ein- oder gar nachsichtig geworden ist. Nein, der Lehrer, der große Stücke auf mich hält, hat interveniert und so größeren seelischen Schaden von mir abgewendet. Dafür sei ihm hier posthum nochmals gedankt.

Goldiges nach einer Watschn

Ältere Schüler versuchten uns Jüngere des Öfteren einzuschüchtern. So ließen sie uns wissen, dass die Firmlinge bei der Firmung vom Bischof eine Watschn bekämen.

Und deshalb sah ich diesem Tag mit gemischten Gefühlen entgegen. Freudig, weil ich meine erste Armbanduhr bekommen würde, ein wenig angespannt, weil ich immer wieder an die Watschn denken musste. Als Firmpate zur Seite stand mir bei diesem Zeremoniell ein älterer Bruder meines Vaters, Onkel Otto. Dieser willigte sofort ein, als ihm dieses Ehrenamt angetragen worden war.

Am Morgen des Firmungstages ist im Hause Schneider eine leichte Anspannung zu spüren. Nicht der Kleidung wegen, denn im Gegensatz zu Karl Valentins Firmling habe ich einen passenden Kommunionanzug, aber meine Eltern sind ob der Würde des Tages ein wenig besorgt. Sie hoffen, dass alles glatt läuft und ich, ich muss unablässig an die angekündigte Watschn denken.

Onkel Otto holt uns, meinen Vater und mich, in Werdenstein ab. In seinem weißen Ford Taunus fahren wir nach Immenstadt, wo in der Pfarrkirche St. Nikolaus über hundert Schülerinnen und Schüler gefirmt werden sollen. Einige Firmlinge wirken angespannt, nervös. Ich bin es auch. Andere können und wollen ihre Vorfreude auf die Firmungsgeschenke nicht verbergen. Die Kirche ist proppenvoll, sie ist feierlich geschmückt. Dann erklingt Orgelmusik. Es geht los.

Bischof Josef Freundorfer von Augsburg, begleitet vom Immenstädter Stadtpfarrer und weiteren Priestern sowie von zahlreichen Ministranten, tritt in den Altarraum. Es wird viel gebetet, die Firmlinge erneuern ihr Taufversprechen, und es wird viel gesungen.

Dann kommt der große Moment, die Firmungszeremonie. Wie jeder Firmling schreite ich, begleitet von meinem Paten, nach vorne, und knie vor dem Bischof nieder. Onkel Otto legt mir als Zeichen seiner Unterstützung firmpatenmäßig die Hand auf die rechte Schulter. Danach legt der Bischof die rechte Hand auf meinen Kopf und zeichnet mir mit Chrisam, einem gesalbtem Öl, ein Kreuz auf die Stirn. Und dann? Jetzt muss sie wohl kommen, diese obligatorische Watschn. Meine Augen weiten sich. Der Bischof jedoch bleibt ganz ruhig. Statt einer schmerzenden Ohrfeige streicht er mit seiner Hand sanft über meine linke Wange, ein angedeuteter Backenstreich als Symbol der Stärkung. Auf dem Rückweg in die Kirchenbänke sprechen meine Gesichtszüge Bände: Entspannung, Freude, Glück.

Der Rest der Messe vergeht wie im Flug. Danach folgt der eigentliche Höhepunkt dieses Festtages. Wir, also Onkel Otto, mein Vater und ich gehen zum Essen, in den nahen Gasthof Goldener Adler. Bei uns am Tisch nehmen auch ein Nachbar meines Onkels und dessen Firmling Platz. Zum Glück wählen wir unser Essen anhand der Speisekarte aus und nicht wie Karl Valentins Firmling anhand der Weinkarte. So bleibt uns der »Affenthaler«, der vermeintliche Käse in der Flasche, erspart. Ich bekomme stattdessen ein Wiener Schnitzel und als Getränk eine Cola. Beide schmecken wunderbar.

Dann, endlich folgt des Tages letzter, aber größter Akt. Onkel Otto übergibt mir sein Firmungsgeschenk, eine goldene Armbanduhr mit einem vergoldeten Gliederarmband. Meine erste Armbanduhr, und dann gleich eine goldene. Er streift sie mir übers linke Handgelenk. Ich betrachte sie immer wieder, meine Augen leuchten, ich bin glückselig. Ich freue mich riesig, denn der andere Firmling am Tisch erhält von seinem Firmpaten zwar auch eine Armbanduhr, aber halt nur eine silberne.

In den folgenden Jahren bekomme ich von meinem Firmpaten zu Weihnachten mehrere Male blecherne Spielzeugpanzer geschenkt. Diese kann ich aufziehen, dann rollen sie vorwärts, immer wieder die Richtung wechselnd, während gleichzeitig Funken aus dem Kanonenrohr sprühen. Wieso er mir Kriegsspielzeug schenkt, kann ich nicht nachvollziehen. Vielleicht kommt er damit einer seiner geheimen Sehnsüchte nach, denn er ist weder im Krieg noch irgendwann bei der Reichswehr gewesen. Mich interessiert Kriegsspielzeug allerdings überhaupt nicht, geschweige denn, dass es mich fasziniert.

Genauso wenig passend empfinde ich sein Weihnachtsgeschenk in dem Jahr, in dem ich 16 Jahre alt geworden bin. Er überrascht mich mit einem goldfarbenen Aschenbecher, so einem Druckaschenbecher mit Drehteller. Vielleicht will er mir zeigen, dass er mich schon für einen richtigen Mann hält, einen, der kämpft, raucht und dabei natürlich immer wieder auf seine Firmungsuhr schaut.

Letzteres tue ich auch heute noch ab und zu, denn ich besitze sie noch immer, meine goldene Firmungsuhr von Onkel Otto.

Richt'ge Männer sind wir

In einem Geschichtle aus dem Allgäu wird berichtet, wie ein Herr Inspektor Lutz von Rettenberg einmal spazieren gegangen ist. Vor dem Dorf hat er ein Büble getroffen, das ganz tapfer eine Zigarre geraucht hat. Der Inspektor ist entsetzt:

»Um Gotteswillen, Kind, du gehst noch nicht in die Schule und rauchst schon!« – »Woll, Herr Inspektor«, sagt das Büble, »was bi n is a bizle am Ma ischt, dea röicht, süft und hot a Mensch«. Auf Deutsch: Wer bei uns ein richtiger Mann ist, der raucht, säuft und hat eine Freundin.

Nun die beiden letzteren Verhaltensweisen finden wir, mein Schulfreund Ludwig und ich, beide gerade mal um die zwölf Jahre alt, noch nicht so wichtig. Aber Peter Stuyvesants Duft der großen weiten Welt zu inhalieren oder so ein richtiger Marlboro-Mann zu sein? Das hatte schon seinen Reiz. Ich glaube, wir wären damals auch meilenweit für eine Camel Filter gegangen. Aber wie sollen wir in unserem Alter an Zigaretten kommen? Außerdem ist Rauchen für uns ein absolutes Tabu. Nicht auszudenken, was passieren würde, wenn uns jemand beim heimlichen Rauchen erwischte.

Zum Glück hat Ludwig eine Tante, die eine Tankstelle betreibt. Gelegentlich hilft er dort am Wochenende aus. Dabei muss er nicht nur die Kasse bedienen, sondern ab und zu auch den Zigarettenautomaten nachfüllen. Dass dabei schon mal eine Schachtel Zigaretten auf Abwege gerät, liegt fast auf der Hand.

An einem Sonntagnachmittag liegen sie dann in unseren Händen, die ersehnten Glimmstengel. Erst radeln Ludwig und ich auf einem Feldweg bis zu einem einsamen Holzstadel. Dort tut sich für uns das Tor zur großen weiten Welt auf. Wir stecken uns eine an, ziehen am Glimmstengel, blasen den Rauch in Wölkchen in die Luft – Genuss pur, und verboten obendrein. Helden sind wir. Na ja, Helden vielleicht nicht gerade, aber richt'ge Männer schon. Leider vergeht diese Zeit wahren Glücks viel zu schnell.

Schon warten die Herausforderungen des Alltags wieder auf uns. So gilt es, die restlichen Zigaretten zu deponieren, also sicher zu verstecken. Aber wo? Da kommt uns der rettende Gedanke: im Scheinwerfer meines Fahrrades. Aufgeklappt, Schachtel rein und wieder zugeklappt. Bis zum nächsten Ausflug in die große weite Welt.

Tage später, mein Licht am Fahrrad, mit dem ich täglich am frühen Morgen zum Bahnhof fahre, funktioniert plötzlich nicht mehr. Völlig gedankenlos bitte ich abends meinen Vater, mal nachzuschauen. Und das tut er gleich, und zwar gründlich.

Er kontrolliert die Kabelverbindungen, auch den Scheinwerfer, öffnet diesen, und … entdeckt die Zigarettenschachtel. Als wir uns danach begegnen, wirkt er not amused. Ich kann mir seine finstere Miene zunächst nicht erklären, brauche allerdings nicht lange auf eine Erklärung zu warten. Unmissverständlich lässt er mich wissen, was er von meiner Heldentat hält. Seine Worte klingen schrill und sehr laut. Am liebsten würde ich darauf mit dem allseits bekannten Werbespruch antworten: »Wer wird denn gleich in die Luft geh'n, greife lieber zur HB!« Doch aus mir, diesem richtigen Mann jenes Sonntagnachmittags ist soeben ein ängstliches Würstchen geworden, dem der Angstschweiß ausgebrochen ist.

Ich vernehme die letzte Warnung meines Vaters: Absolutes Rauchverbot! Und ich beteuere in diesem Moment: Nie wieder!

Danach schneller Rückzug, leichte Resignation, große logistische Probleme. Ludwig und ich müssen in den folgenden Tagen viel nachdenken. Viele geheime Treffen sind notwendig, bis wir eine political korrekte Lösung finden, die wir auch akzeptieren können, ohne unser Gesicht zu verlieren.

Doch richt'ge Männer wie wir überspringen auch diese Hürde. Wir müssen, soviel sei hier erstmals verraten, keine einzige Zigarette vernichten oder verschenken.

Handschrift eines Oberstdorfers

Wir sind schon ein großer Haufen, die Klasse 2a der Oberrealschule Kempten im Allgäu. 38 Jungen, alle katholisch, die Hälfe davon Fahrschüler, aus Dietmannsried, Obergünzburg, Wertach oder der Nähe von Immenstadt kommend, und ein Schüler aus dem Internat. Unsere Väter sind Beamte, Handwerksmeister, Kaufleute und Hilfsarbeiter, wie Ungelernte früher bezeichnet wurden. Die Klasse leitet ein junger Studienrat, Lehrer für Wirtschaftslehre und Erdkunde. Uns unterrichtet er in Mathe. Er entstammt einer alten Oberstdorfer Familie. Also ein echtes Oberallgäuer Gwachs (Gewächs), ein kerniger Typ, nicht besonders groß, Bürstenhaarschnitt, meist relativ cool, nur in besonderen Fällen kann er sich aufführen wie ein sagenumwobenes »Wildes Männle«.

In Erinnerung an solche Gestalten, die auf die Zeit der Kelten zurückgehen, wird in Oberstdorf alle fünf Jahre der Wilde-Männle-Tanz gezeigt. Dabei vollführen dreizehn gestandene Mannsbilder, urig und furchteinflößend wie Waldgeister aussehend, begleitet von eintönigen, rhythmischen Klängen verschiedene Kulttänze. So geheimnisvoll wie die Tänze ist auch deren Kleidung, deren Häs, wie die Allgäuer sagen. Sie tragen einen komplett mit Moosflechten bedeckten Overall, der nur die Augen frei lässt. Um die Hüfte einen aus jungen Tannenzweigen geflochtenen Gürtel und auf dem Kopf ein Kranz aus Blättern des Stechholders.

Dergestalt verkleidet tritt unser Klassleiter in der Schule natürlich nicht auf, auch wenn er sich ab und zu ganz ähnlich aufführt. Das passiert besonders dann, wenn ein Schüler disziplinarisch aus der Reihe fällt. Unser Klassenkamerad Koller, er dreht bereits in der zweiten Klasse eine Ehrenrunde, gehört diesbezüglich zu unseren Favoriten. Koller, wir werden von den Lehrern immer mit Familiennamen angesprochen, ist dunkelhaarig, ein schlaksiger und vor allem sportlicher Typ, und er sieht gut aus. Er fühlt sich und gibt sich gerne wie ein Weiberheld. Er spielt Fußball beim TSV Kottern und glänzt in der Klasse weniger durch schulische Leistungen als durch freches Auftreten und rotzige Bemerkungen gegenüber Lehrern. Vor allem gegenüber unseren Lehrerinnen in Deutsch und Englisch, zwei älteren jungfräulichen Damen erweist er sich als sehr uncharmant.

Als Koller sein freches Mundwerk auch mal während einer Mathestunde spazieren führt, reißt unserem Klassleiter, dem »wilden Männle« aus Oberstdorf, der Geduldsfaden. Seine Gesichtsfarbe wechselt blitzschnell auf Rot. Er saust zu Koller und brüllt ihn an: »Steh auf!« Dieser erhebt sich, provozierend langsam, grinst lässig in die Runde, er scheint den stummen Beifall von uns Klassenkameraden zu genießen. »So eine Frechheit, so geht das nicht«, schreit unser Herr Studienrat. »Du kannst wählen: Entweder einen Verweis, eine Strafarbeit – eine solche ist bei unserem Klassleiter nicht von schlechten Eltern – oder eine Watschn«? Koller bleibt einen Moment stumm. Dann sagt er kurz und knapp: »Watschn«. Jetzt grinst er allerdings nicht mehr. Unser »wildes Männle« aus Oberstdorf holt mit seiner rechten Hand aus, und »patsch« knallt sie ungebremst auf Kollers linke Wange. Es klatscht richtig laut. Koller setzt sich, getroffen von der Hand unseres Klasslehrers und sichtbar betroffen. Auf Kollers linker Backe zeigen sich die Abdrücke mehrerer Finger, ein harter Schlag, unübersehbar. Man kann schon sagen: Diese Klatsche war nicht von schlechten Eltern.

Ob Kollers Rechnung aufgegangen ist, ob er mit solch einer beeindruckenden Schlagkraft dieses wehrhaften Oberstdorfer Studienrates gerechnet hat, weiß ich nicht. Aber die Handschrift des Junglehrers aus dem hintersten Oberallgäu hat sichtbare Spuren beim schnoddrigen Spund aus Kottern hinterlassen. Ganz sicher verrechnet hat sich Koller, bei seinen Rechenkünsten allerdings nicht weiter verwunderlich, bezüglich seiner schulischen Karriere. Er gehört im folgenden Schuljahr nicht nur nicht mehr unserer Klasse an, er schmeißt sogar die Schule und kehrt in alte Gefilde zurück.

Geschichten aus dem Wienerwald

Geschichten aus dem Wiener Wald heißt das bekannteste Theaterstück des Schriftstellers Ödon von Horváth. Darin demaskiert er das Klischee von der Wiener Gemütlichkeit und stellt deren Verlogenheit zur Schau. Dass auch im »Wienerwald« in Kempten, also in diesem Restaurant gleichen Namens, nicht immer die reine Harmonie vorgeherrscht hat, habe ich einmal selbst erfahren. Dazu muss ich noch Folgendes vorausschicken.

Latein ist meine zweite Fremdsprache, mit der ich mich an der Oberrealschule einige Jahre lang herumschlagen darf. Ich habe den neusprachlichen Zweig gewählt, wo nach Englisch ab der ersten Klasse, Latein ab der dritten auch noch Französisch ab der fünften auf dem Lehrplan steht.

Mein erster Lateinlehrer geht am Stock, nicht weil ihn die Schüler fertig gemacht haben, sondern wegen eines versteiften Beines, Folge einer Kriegsverletzung. Wir mögen diesen Lehrer, denn er ist kein strenger, schon eher ein kumpelhafter Typ. Wir nennen ihn deshalb liebevoll Lupo, nach dem Namen dieser sympathischen Comicfigur aus den Fix-und-Foxi-Heftchen. Besonders schätzen wir ihn, weil er immer Verständnis zeigt für uns und unsere Schwächen, insbesondere dann, wenn unsere Motivation wieder mal, aus welchen Gründen auch immer, etwas durchhängt. Und nicht zuletzt genießen wir seine fesselnden Abenteuergeschichten vom Krieg, die er meist in der letzten Lateinstunde vor den Ferien zum Besten gibt. Wir spitzen unsere Ohren mehr als in jeder anderen Lateinstunde, wenn er voller Begeisterung schildert, wie er und seine Kameraden den Gegner ausgetrickst und dann letztlich überwältigt haben. Demgegenüber verblassen sogar die trivialen Kriegs- und Heldengeschichten aus den Landser-Heftchen, die damals unter uns häufig die Runde machen.

Insofern betrachten wir es als besonderen Glücksfall, dass bei einem Wandertag im Sommer unser Klasslehrer plötzlich erkrankt und Lupo unsere Klasse übernehmen muss. Zum einen erspart uns dies eine lange Wanderung, sein steifes Bein lässt dies nicht zu. Zum anderen hat er eine Überraschung für uns parat. Er schlägt vor, dass wir nach einer kurzen Wanderung zum Mariaberg den Tag mit einem Besuch des »Wienerwaldes« ausklingen lassen.

Seit ein paar Jahren gibt es auch in Kempten so ein Restaurant, damals das In-Lokal schlechthin. Fast jeder kennt den Werbeslogan: »Heute bleibt die Küche kalt, wir gehen in den Wienerwald«. Dieses ist deswegen so beliebt, weil es dort diese leckeren, goldbraunen Grillhendl gibt, und diese zu einem erschwinglichen Preis.

Auch wir bestellen uns im »Wienerwald« ein halbes Grillhendl, und dazu, heute sind wir mal richtige Männer, noch ein Glas Bier. Unsere Stimmung wird immer besser, wir werden immer lauter. Das scheint anderen Gästen weniger zu gefallen. Sie bitten uns zunächst, etwas leiser zu sein. Lupo beruhigt die Damen und Herren, mahnt uns zur Mäßigung. Doch schon nach wenigen Minuten erreicht unser Stimmungsbarometer den nächsten Höhepunkt. Wir schreien herum, reißen Witze, lachen laut, sehr laut, singen Sauflieder. Es ist schon eher ein Grölen.

Das geht so lange, bis plötzlich ein Polizeiauto mit blinkendem Blaulicht vor dem Lokal vorfährt. Zwei Polizeibeamte erscheinen im Restaurant, kommen an unseren Tisch. Unsere fröhliche Stimmung ebbt blitzartig ab. Die Uniformierten teilen uns mit, sie seien gerufen worden, weil wir im Lokal herumgrölten. Außerdem tränken wir Alkohol, ein Blick auf unseren Tisch bestätigt dies, obwohl das doch Jugendlichen unter 16 Jahren in der Öffentlichkeit verboten sei. Sie wenden sich unserem Lehrer zu, erinnern ihn an seine Aufsichtspflicht. Lupo erklärt die missliche Lage kurz und schlüssig als Ausnahmesituation. Er entschuldigt sich für unsere Ausgelassenheit und kündigt an, dass wir gleich bezahlen und anschließend das Lokal verlassen werden. Und so geht unser Ausflug in den »Wienerwald« jäh und frühzeitig zu Ende. Was bleibt, ist ein großes Fragezeichen. Wird dieser Vorfall für uns und für Lupo, unseren geschätzten Lehrer, noch ein Nachspiel haben?

Nein, zum Glück hat unser Verhalten keine negativen Konsequenzen, weder für uns noch für Lupo. Wir alle sind aber um eine Geschichte aus dem »Wienerwald« reicher.

Ein Lehrer mit zwei Gesichtern

Es ist mucksmäuschenstill im Klassenzimmer, so still, dass man eine Stecknadel fallen hören könnte. 35 Jungen schauen angespannt vor sich hin. Jetzt bloß nicht hüsteln, keine falsche Bewegung und möglichst keinen Blickkontakt mit jenem Mann, der vor ihnen steht. Ein Herr im weißen Arbeitsmantel, mittleren Alters, schwarzes Schnauzbärtchen, seine listigen Äuglein mustern durch eine Brille die vor ihm Sitzenden. Gleichzeitig blättert er in einem Büchlein mit rotem Einband, seinem Notenbuch. Unser Erdkundelehrer wählt jenen Schüler aus, den er über den Stoff der vergangenen Stunde ausfragen wird, wofür es natürlich Noten gibt. Selten ist es in der Klasse 5c so ruhig wie jetzt. »Bogner!« Alle Schüler bis auf Bogner atmen fast hörbar auf. Der Lehrer geht ein paar Schritte auf ihn zu, stellt seine erste Frage. Bogner antwortet zögerlich, es fällt ihm nicht allzu viel ein. Schon ertönt der Warnruf des Lehrers. »Da sind wir gleich fertig!« Noch zwei weitere Fragen, die er auch nur völlig unbefriedigend beantworten kann, dann folgt das gnadenlose Urteil:»Danke, das genügt, setzen, sechs!« Des Lehrers blitzende Äuglein lassen keine Entspannung im Klassenzimmer aufkommen. Zwei weitere Kandidaten müssen sich noch seinen Fragen stellen. Zum Glück sind sie besser vorbereitet. Dann endlich kann der informative Teil des Unterrichts beginnen.

Die Erdkundestunden sind immer sehr interessant und spannend. Dieser Lehrer weiß nicht nur sehr viel, er bringt sein Wissen auch gut rüber. Viele Länder kennt er aus eigener Anschauung. In manche Regionen reist er immer wieder, wie zum Beispiel auf die Liparischen Inseln. Er berichtet, wie er nächtens auf dem Kraterrand der Insel Stromboli gezeltet und den Feuer speienden Vulkan beobachtet hat. Um uns die Schönheiten von Landschaften und Städten bildhaft zu vermitteln, hängt er zahlreiche Fotos und Illustrationen aus Fachzeitschriften an den Wänden des Klassenzimmers auf.

Das ist nicht ungefährlich, befinden sich diese Bilder doch in unserem Kampfgebiet, dem Klassenzimmer, und dann auch noch ungeschützt. Gerade in jener Zeit sind Wasserspritzpistolen bei uns sehr begehrt. Wir führen damit unter und über den Bänken kleinere Schlachten durch. Bis einige auf die Idee kommen, sich mit haushaltstypischen Wasserwerfern, ausgedienten Prilflaschen aufzurüsten. Diese verfügen über weit größere Wassertanks und haben eine durchwegs mächtigere Strahlkraft. Dass bei solchen Kampfeshandlungen Kollateralschäden nahezu unvermeidlich sind, wird wohl jedermann leicht nachvollziehen können. Dass dabei ungeschützte Objekte durchaus in Mitleidenschaft gezogen werden können, also meist schwer betroffen sind, dürfte auch nicht weiter verwundern.

Die Folgen sind klar. Angesichts schwer beschädigter, teils ruinierter Bilder und Fotos kommt es in der nächsten Erdkundestunde zu einer weiteren Konfrontation, doch dieses Mal nicht zwischen uns Schülern, sondern zwischen Lehrer und Schüler.

Das schwarze Schnauzbärtchen unseres Oberstudienrates zuckt, während aus seinem Munde wahre Salven verbaler Bezichtigungen und Verunglimpfungen über unsere Köpfe hinweg donnern. Die Lage ist äußerst angespannt. Nur mit Mühe gelingt es uns, die Wogen wieder zu glätten. Wir entschuldigen uns und versprechen zwar Besserung, doch die Wände unseres Klassenzimmers bleiben zukünftig leer. Unsere Einsicht kommt halt zu spät. Insofern verstehen wir die Reaktion unseres Lehrers durchaus.

Wochen später treffe ich den Erdkundelehrer außerhalb der Schule und zwar in Niedersonthofen. Ich bin dorthin geradelt, um beim Hausarzt Medikamente für meine Mutter zu holen. Er ist da, weil er mit seiner Frau die dortige Pfarrkirche besichtigt hat. Sie laden mich spontan ins Gasthaus ein, bestellen für mich ein Wurstbrot und unterhalten sich ausgiebig mit mir. Was ich nun erlebe, überrascht mich. Ein völlig anderer Erdkundelehrer sitzt mir gegenüber. In der Schule zeigt er sich als strenger Typ, der hohe Anforderungen stellt, im Kunstunterricht ist er auch noch als äußerst penibel gefürchtet. Verfehlungen tadelt er mit dem Ausspruch »Du Schweinderl, ich werd' Dir helfen«. Doch diese Hilfe beschränkt sich auf einen negativen Vermerk in seinem Notenbüchlein. Hier in der Gaststube zeigt dieser gestrenge Lehrer ein völlig anderes Gesicht. Entspannt, freundlich plaudert er, häufig lächelt er sogar. Er lobt mich dafür, dass ich soweit radle, um meiner Mutter Medikamente zu besorgen. Er gibt sich richtig warmherzig. Auch seine Frau unterhält sich herzlich mit mir.

Wie es ans Zahlen geht, erkenne ich, wer von den beiden die Hosen anhat. Seine Frau bittet um die Rechnung und sie bezahlt auch. Dann verabschieden wir uns, machen uns auf die Heimwege. Die beiden mit dem Auto nach Kempten, ich mit dem Fahrrad nach Werdenstein. Neben dem spendierten Wurstbrot habe ich neue Wesenszüge meines Erdkundelehrers kennengelernt. Und darüber freue ich mich.

Kernige Sprüche auf großer Fahrt

Der internationale Jugendaustausch eröffnet jungen Leuten nicht nur Gelegenheiten, anderen Menschen und Kulturen zu begegnen, sondern auch sich selbst in einem anderen kulturellen Umfeld zu erfahren.

Seit 1958 findet alljährlich zwischen der schottischen Stadt Glasgow und der Allgäu-Metropole Kempten ein Schüleraustausch statt, an dem sich alle einschlägigen Schulen Kemptens beteiligen. Weil viele Schüler wohl glauben, ihr Bonnie läge over the ocean, melden sich im Jahre 1965 nicht weniger als 22 Oberrealschüler für diesen Austausch an. Darunter auch ich, damals Schüler in der Klasse 5c. Für mich wird das meine erste große Reise. Und so freue ich mich riesig darauf. Es ist einfach toll, dass ich trotz unserer bescheidenen Haushaltslage an dieser Reise und diesem Aufenthalt teilnehmen darf.

Zuvor muss mein Vater für mich noch einen Kinderausweis beantragen. Er geht deshalb in die Gemeindekanzlei in Eckarts, wo der ehrenamtliche Bürgermeister, ein älteres Bäuerchen mit Schnauzbart und Ärmelschonern, seinen Amtsaufgaben nachkommt. Als mein Vater seinen Wunsch vorträgt, äußert dieser Gemeindevorsteher sein Unverständnis: »Was muess denn Dei Bue in dem Alter scho ins Ausland?« Mein Vater schluckt. Nicht zum ersten Mal hört er aus dem Munde eines Bauern so einen Vorwurf. Um jede weitere Diskussion abzublocken, erwidert er kurz und entschieden, das dies andere wohl nichts angehe.

In den Wochen vor der Reise nach Schottland läuft eine ganze Reihe von Vorbereitungen. Unter anderem üben wir, angeleitet von einem Lehrer, einige Liedchen ein, darunter das traditionelle schottische Volkslied »My Bonnie lies over the ocean«. Und weil wir in Glasgow auch heimisches Kulturgut präsentieren sollen, studieren wir ebenfalls ein paar Allgäuer Liedle ein.

Höchst feinfühlig für schottische Ohren muss sich der Text des Scherzliedes »Hoppdrihopp drei Nuss im Sack« anhören, dessen nächste Zeilen wie folgt lauten: »Hoppdrihopp drei Kearne, wo ma gfuchsed Föhla hot, do braucht ma koi Latearne«. Was übersetzt soviel heißt wie, wo es rothaarige Mädchen gibt, da braucht man keine Laterne. Dieses Lied sollen wir vor schottischen Schülern, Eltern und Lehrern singen, in dem Land mit der höchsten Dichte an rothaarigen Menschen. Wahrscheinlich soll dies besonders witzig sein. Zum Glück singen wir so schräg und undeutlich, dass wohl kaum jemand diesen Text verstehen dürfte, selbst wenn er Allgäuerisch verstehen würde.

Am Abend des 15. Juli geht es los. Wir steigen am Kemptener Hauptbahnhof in den Eilzug nach Ulm. Begleitet werden wir von vier Lehrkräften anderer Schulen, darunter eine Realschullehrerin mit dem Spitznamen »Maunzerle«. Sie trägt meist ein blaues Kostüm, ist relativ groß, schwarzhaarig und »chicken-breasted«, also flachbrüstig. Wir bezeichnen sie deshalb treffend und allgäuerisch liebevoll als »Nudelbrett«. Chef unserer Reisegruppe ist ein Volksschulrektor. Weiter mit dabei ein Volksschullehrer und ein Lehrer einer Kemptener Realschule.

In Ulm steigen wir in den Fernzug um, der uns über Brüssel nach Ostende bringen soll. Die Stimmung in unserem Abteil ist ausgelassen, die Spannung auf das Kommende riesengroß. Auf der weiteren Fahrt kommt der Schaffner auch in unser Abteil: »Fahrkartenkontrolle!« Auf seine Frage nach unserem Chief ruft Fluschi, so heißt unser Schulkamerad Peter mit Spitznamen, vorlaut: »We have no cheese!« – Schaffner lacht, auch wir müssen ob dieses ungewollten Versprechers lachen.

Allerdings ist es ein typisch allgäuerischer, denn wo und wann auch immer ein Allgäuer unterwegs ist, seinen Käse scheint er niemals und nirgends zu vergessen.

Ärgernisse am laufenden Band

Tanzstunden bieten Jungen, ob wilden oder halbwilden, ob mit Pickeln oder ohne, willkommene Gelegenheiten, der holden Weiblichkeit etwas näher, vielmehr ganz nah auf den Pelz zu rücken, beziehungsweise darauf, was sich darunter befindet.

Über mehrere Wochen, immer an einem bestimmten Abend treffen sich junge Damen und Herren in der Kemptener Tanzschule Huber, um bestimmte Tänze, natürlich die »Stand-artigen« – sorry, es muss natürlich heißen, die Standardtänze – aber auch lateinamerikanische zu lernen und die entsprechenden Schrittfolgen zu üben und stetig zu verbessern.

Mehr oder weniger dem Zufall ist es zuzuschreiben, dass ich, Gymnasiast aus dem früheren Hoheitsgebiet der Reichsritter von Werdenstein kommend, dort auf eine Adelige treffe, Clärchen von Hundbiss. Nein, bissig ist sie nicht, zumindest vorerst nicht. Warum auch? Denn auch ihrer Familie, also den Hundbissen, scheint im Laufe der Geschichte viel von den einstigen Privilegien weggebröselt zu sein. Diese zählt zwar weiter zum Adel, aber wohl mehr zum vielzitierten verarmten Landadel. Clärchen, vom Wesen her eher zurückhaltend und unauffällig, besucht das Hildegardis-Gymnasium. Sie ist meine Partnerin beim Zwischenball der Tanzschule, ein sehr unterhaltsamer und angenehmer Abend.

Danach folgen weitere Übungsstunden in gemeinsamer Runde, schöne Stunden, mal flott drehend, mal langsam walzend, aber immer taktvoll, insbesondere bei den Tango-Rhythmen. Doch dann geschieht es, das Ernüchternde und Erschütternde. An einem lauen Sommerabend erklärt mir dieses adlige Fräulein völlig unerwartet, dass sie lieber mit einem anderen Partner den Abschlussball verbringen wolle. Ach so, aha! Und warum? Habe ich mich vielleicht zu wenig ritterlich gegeben? Sie bleibt mir eine Antwort schuldig, diese Schnepfe, diese hundselendige!

Der Stachel der Enttäuschung sitzt tief, sehr tief, er tut entsprechend weh. Ernüchtert, betrübt, ja geradezu traurig fahre ich an diesem Abend heim, kurz nach 22:00 Uhr mit dem Zug von Kempten nach Seifen. Mit dabei dieser schwere Korb, den ich mir heute eingefangen habe. Vom Bahnhof in Seifen habe ich noch einen guten Kilometer bis nach Hause. Nie war eine Nacht dunkler als die heutige: keine Tanzpartnerin für den Abschlussball, kein leuchtender Mond, keine funkelnden Sterne, nur tiefschwarze Nacht. Da passt es irgendwie, dass auch mein Fahrradlicht wieder mal defekt ist. Aber ich kenne diesen Fuß- und Radweg in- und auswendig, fahre ich ihn doch seit Jahren täglich zweimal.

Auf halber Strecke führt eine kleine Brücke über einen Bach. In düstere Gedanken versunken trete ich vor mich hin. Plötzlich, unmittelbar vor mir, ja, jetzt kann ich es in der Dunkelheit erkennen, zwar nur schemenhaft, geht eine Person. Rumms – da ist es schon zu spät. Ich fahre sie von hinten an, also voll in ihr Hinterteil. Sie springt zur Seite, flucht. Es ist die Stimme eines Mannes, den ich aber ich nicht erkenne. Er ist wütend, schimpft, will mich vom Fahrrad ziehen und mir eine Watschen verpassen. Ich renne davon, schiebe das Fahrrad neben mir her und suche das Weite. Und ich finde es, zum Glück. Nachdem ich aus der Gefahrenzone bin, schwinge ich mich wieder in den Sattel und radle heim.

In dieser Nacht falle ich noch lange nicht in meinen gewohnt tiefen Schlaf. Und dies wegen der Ärgernisse am laufenden Band. Erst diese Hundbiss, dann diese Finsternis und schließlich dieser lautstarke Anschiss. All dieses nächtliche Geschisse nur wegen dieses einen Bisschens dieser adeligen »Hündin«!

Es versteht sich wohl von selbst, dass ich meinen Eltern von meinem mitternächtlichen Tête-à-tête auf dem Radweg erst viel später erzählt habe. Mit wem ich allerdings diese unfreiwillige und unsanfte Begegnung mitten in der Nacht hatte, habe ich auch später nie mehr erfahren. Macht aber gar nichts!

Kühler Empfang nach heißer Bar

Als Berlin noch geteilt war, warb der westliche Teil der Stadt um Besucher mit dem Slogan: »Berlin ist eine Reise wert«. Schandmäuler fügten damals garstig hinzu: »Aber auch nur eine.« Uns Gymnasiasten konnte dieser Warnruf nicht schrecken.

Berlin, hurra, wir fahren nach Berlin. Die Freude bei uns in der Klasse 12c des Allgäu-Gymnasiums ist groß, als wir erfahren, dass unsere Studienreise nach Berlin, in die größte deutsche Stadt gehen soll.

Untergebracht sind wir in einem Jugendgästehaus, so einer Art Jugendherberge, in Berlin-Moabit. In Berlin besichtigen wir verschiedene Kirchen und Museen, ferner die Gedenkstätte Plötzensee. Wir machen einen Abstecher in den Osten der Stadt. Auch eine Opernaufführung steht auf unserem Programm:

Aida, auf Italienisch, gute drei Stunden lang. Sehr ermüdend, besonders am Ende eines anstrengenden Tages. Und so schlafe ich, wie viele andere Schulkameraden relativ schnell ein, dann tief und fest, also während dieser langen Aufführung in der Deutschen Oper – kurzum ein wunderschöner und wirklich sehr erholsamer Opernabend.

Hellwach sind wir dagegen am folgenden Abend, der uns zur freien Verfügung steht. Um 22:00 Uhr müssen alle wieder zurück im Jugendgästehaus sein, so lautet die verpflichtende Ansage unseres Mathelehrers und Klassleiters, ein noch relativ junger Studienrat. Wir teilen uns in Grüppchen auf. Zu unserer Clique zählen nebst anderen Edgar, Franz, Walter und ich.

Erst schlendern wir jungen Allgäuer über den quirligen Ku'damm, also den Kurfürstendamm, wo das Leben der Großstadt am heftigsten pulsiert: Hotels, Shops, Restaurants, Cafés und Bars reihen sich lückenlos aneinander. Wir, Landeier aus dem tiefsten Allgäu, saugen die Atmosphäre dieser Weltstadt mit geweiteten Augen und offenen Ohren ein.

Da macht Edgar einen kecken Vorschlag. Wir könnten doch etwas unternehmen, was im biederen Kempten nicht möglich ist, zum Beispiel eine Stripteasebar besuchen. Unsere finanziellen Mittel sind zwar bescheiden, aber der Reiz des Verruchten, des Unerlaubten, des Sexuellen ist stärker.

Eine Stunde später sitzen wir im rötlichen Dämmerschein einer Strípteasebar, nuckeln an einer Cola – sechs Mark fünfzig das Glas – und warten mit feuchten Händen auf die reizenden Damen. Es dauert bis 22:00 Uhr, ehe die erste Tänzerin auf der Bühne erscheint. Der Countdown im Jugendgästehaus in Berlin-Moabit ist zwischenzeitlich längst abgelaufen, aber was interessiert uns dies in diesen Augenblicken, wo sich eine junge Stripperin vor unseren Augen aus ihren spärlichen Fetzen schält.

»Wenig Holz vor der Hütte«, denke ich, aber eben nackt. Dann heißt es wieder warten. Die Augen des Obers verfolgen uns inständig. Man glaubt dessen Gedanken lesen zu können: Wollen diese Grünschnäbel aus dem Süden der Republik, gemeint sind wir Allgäuer Gymnasiasten, denn nicht endlich wieder einmal etwas bestellen?

Eine halbe Stunde später tritt die nächste Stripperin ins Bühnenlicht, deutlich älter und verdammt füllig. Oje! Die hat gleich mehrere »Zentner Holz vor ihrer Hütte«! Kein besonders genüsslicher Anblick. Dann müssen wir zahlen und schnellstens aufbrechen. Ab und zurück geht es ins Jugendgästehaus.

Mit der S-Bahn zuckeln wir stadtauswärts, kommen gegen 0:30 Uhr im Moabiter Gästehaus an, wo wir bereits erwartet werden. Der Herr Studienrat steht auf der Treppe vom ersten Stock ins Erdgeschoß, im gestreiften Schlafanzug, seinen Kopf auf den abgewinkelten linken Arm gestützt. Irgendwie sieht er aus wie die von ihm so häufig zitierte »irgendeine Zahl X«, wobei wir nicht wissen, was sich heute hinter dieser Unbekannten verbirgt. Eines ist jedoch sicher: Er sieht nicht gerade froh und entspannt drein. Wir geben uns zerknirscht, sehr zerknirscht, haben halt die rechtzeitige Rückfahrt verpasst und … und … und. – Jetzt aber schnellstens ins Bett, morgen soll dann die Abrechnung erfolgen: Sofortige Abreise wird angedroht, aber nicht vollzogen.

Unsere Erinnerungen an diese Berlinreise sind durchgehend positiv. Von unserem besonderen Abenteuer aber berichten wir Mitschülern nach unserer Rückkehr ins Allgäu, wo die Welt noch immer in Ordnung ist, wohlweislich nur hinter vorgehaltener Hand. Zu Hause erzähle ich aus guten Gründen davon überhaupt nichts.

Spontane Leistungsexplosionen

Wer diese Überschrift liest, denkt unweigerlich an ein brisantes Thema: Doping im Sport. Keine Sorge, für solche leistungssteigernden Mittel hatten wir früher wirklich kein Geld, geschweige einen Zugang dazu. Außerdem träumte ich selten vom Gewinn irgendeiner Sportmeisterschaft. Dazu reichte mein Leistungsvermögen bei weitem nicht aus. Dennoch verstanden wir Gymnasiasten es, mit unseren Mitteln, also mit Kreativität und einer gewissen Kessheit, unsere sportlichen Leistungen zu steigern, und zwar erheblich.

Ohne die Schüler am Anfang eines Schuljahres zu vermessen und zu wiegen, kann unser Turnlehrer offensichtlich keinen Sportunterricht durchführen. Dieser alte Haudegen trägt seine Haare immer akkurat gescheitelt, seitlich sehr kurz, und seine Ansagen klingen wie militärische Befehle. Was Wunder, hat er doch bei der Organisation der Olympischen Spiele 1936 mitgewirkt und auch sonst scheint ihm altes Gedankengut noch sehr vertraut zu sein. Eine Turnstunde bei ihm läuft immer nach demselben Muster ab. Er stellt sich mitten in die Turnhalle, wir müssen der Größe nach antreten, wobei ich über den drittletzten Platz nie hinauskomme. Dann heißt es: »Durchzählen«. Der erste Schüler schreit: »Eins«, wendet den Kopf nach links, der zweite »Zwei«, Kopf nach links, der dritte »Drei« … und so weiter. Danach müssen wir uns in Viererreihen aufstellen und marschieren: »Links, zwei, drei, vier – links, zwei, drei, vier«.

Nach einigen Runden geht es an die Geräte. Kletterstangen – da kann ich mithalten, auch wenn ich aufgrund meiner Größe natürlich nicht als Schnellster oben bin. Reck – auch da bin ich dabei, schaffe sogar eine Felge. Barren – nach Absturz bei einem Schulterstand, die Hilfestellung hat geschlafen, bin ich ängstlich, traue mich nicht mehr. Pferdsprung – meist lande ich mitten drauf oder, was weh tut, ich stupse mit dem Hintern gerade noch drauf. Bodenturnen – Handstand kann ich nicht, nur einen unästhetischen Kopfstand, dafür schaffe ich aber eine Bodenfelge. Geräteturnen macht mir keinen besonderen Spaß, den meisten Klassenkameraden auch nicht. Leichtathletik gefällt mir schon eher.

Neue Impulse im Unterricht, auch im Sportunterricht, setzen vor allem jüngere Lehrer. Ein solcher, ein Lehramtsassessor unterrichtet uns Jahre später in Sport und Sozialkunde. Er trägt Brille, da kurzsichtig und er agiert noch sehr unsicher. Äußeres Zeichen dafür: Er bekommt schnell einen roten Kopf. Für uns das Signal für einige besondere Späße.

Leichtathletik findet für uns auf dem Jahn-Sportplatz statt. Dafür hatschen wir in einer der Pausen quer durch die Stadt. In der Umkleidekabine dann das obligatorische »Geruchskino«. Von Deodorants wissen wir damals noch nichts, so dass sich Wohlgerüche nie gegen ihre natürlichen Konkurrenten durchsetzen können. Danach endlich wieder raus an die frische Luft. Wir versammeln uns am Startplatz zum 100-Meter-Lauf, 21 Jungen in kurzen Sporthosen und Unterhemden, an den Füßen tragen wir einfache Segeltuch-Turnschuhe. Nur ein paar besonders Ambitionierte haben Laufschuhe mit Spikes. Vor uns liegen 100 Meter Aschenbahn. Gestartet wird aus Startlöchern, kleinen Einbuchtungen in der Bahn. Unser Sportlehrer stellt sich als Zeitnehmer ans Ziel des Hundert-Meter-Laufes. Da hat einer meiner Klassenkameraden die glänzende Idee, wie wir kurzfristig unsere Laufleistungen verbessern können, und zwar ohne Einsatz von Dopingmitteln. Wir verlegen kurzerhand die Startlinie um fünf Meter nach vorne. Unser kurzsichtiger Sportlehrer bekommt davon nichts mit, wundert sich nur über die breite Leistungsexplosion bei diesem 100-Meter-Lauf. Doch damit nicht genug.

Beim folgenden Weitsprung erzielen wir gleichfalls durchwegs größere Weiten. Auch hier ist Doping nicht im Spiel. Nur einer der Weitenmesser wendet einen kleinen Trick an. Gemessen wird ja die Sprungweite, also die Strecke zwischen Absprungbalken und letztem Abdruck des Springers in der Sandgrube. Als Weitenmesser fungieren der Lehrer, der am Absprungbalken die Weite auf dem Maßband abliest, und ein Schüler, der den Anfang des Maßbandes an die

Abdruckstelle hält. So weit, so gut. Nur dass der Schüler das Maßband zweimal um die Finger wickelt und dies natürlich verdeckt. Aus diesem Grund springen wir alle gut 30 Zentimeter weiter als bei den letzten Wettkämpfen. Der Lehrer ist beeindruckt, wir sind stolz auf unsere Leistungssteigerung.

Längst wissen wir, dass sich dieser Lehrer gegen uns nicht durchsetzen kann. Und das nützen wir gnadenlos aus. Wochen später will er in Sozialkunde eine Ex schreiben, uns also schriftlich befragen. Er hat dies vorher nicht angedeutet, was er auch nicht muss, aber so sind wir eben nicht genügend vorbereitet. Deshalb beschließen wir kurzerhand, diese Ex nicht zu schreiben. Wir sammeln die vom Lehrer ausgeteilten Blätter wieder ein und geben sie ihm zurück. Er ist irritiert, total verunsichert, sein Gesicht gerötet, seine Ohren glühen. Er weiß sich nicht anders zu helfen, als aufzugeben. Er schafft es einfach nicht, sich durchzusetzen. Und weil auch Schüler nach Möglichkeiten suchen, ihren Frust abzubauen, haben solche Lehrer sehr schlechte Karten.

Deshalb will ich allen Lehramtsanwärtern diesen einen Rat geben: Drum prüfe, wer sich lebenslang als Lehrer bindet, ob er bei sich die nötigen Kompetenzen findet.

Immer diese langsamen Schritte

Eine Zeitungsmeldung hat mich letztens etwas irritiert. Demnach klagen zunehmend mehr Spediteure über Fahrermangel, denn die guten Fahrer seien im Job, die anderen fahren uns die Lastwagen kaputt oder beschädigen die Ladung. Dadurch müssten immer häufiger LKWs in ihren Depots bleiben und die Versorgung von Industrie und Verbrauchern gerate ins Stocken. Die Frage, warum mich das überhaupt beschäftigt, ist schnell beantwortet. Auch ich habe schon mal meine wertvolle Arbeitskraft einer Spedition zur Verfügung gestellt, und zwar vor vielen, vielen Jahren.

Ich besuchte damals, anno 1968, noch das Allgäu-Gymnasium in Kempten und hatte soeben die 12. Klasse abgeschlossen. In den Sommerferien wollte ich mir ein paar Mark dazu verdienen, denn Taschengeld gab es von den Eltern nicht. Geld bekam ich nur nach begründetem Bedarf.

Von einem Nachbarn erfahre ich, dass eine große Kemptener Spedition Leute für die Arbeit in einer Umschlaghalle sucht. Und zwar für die Nachtschicht, von spätnachmittags halb fünf bis fünf Uhr morgens, Stundenlohn ganze 4,20 Mark. Nicht üppig für diese Arbeitszeiten, aber im Moment finde ich nichts anderes.

So fahre ich täglich nachmittags mit dem Fahrrad zum Bahnhof in Seifen, mit dem Zug nach Kempten, vom dortigen Bahnhof mit einem Fahrrad in den Stadtteil Oberwang, zu meinem lukrativen Arbeitsplatz. Meinen Vater sehe ich in dieser Zeit immer nur am Morgen. Wenn ich müde von der Nachtschicht heimkomme, stärkt er sich gerade am Frühstückstisch für des Tages Mühen.

In der Umschlaghalle der Spedition werde ich dem Tor 17 zugewiesen. Dort muss ich dem Tormeister, einem schlaksigen, schnauzbärtigen und finster dreinblickenden Mittvierziger zuarbeiten. Das heißt, dieser kontrolliert anhand der Frachtpapiere die eintreffenden sowie die abgehenden Lieferungen auf Vollständigkeit. Er sagt mir, wo ich die Waren zu lagern oder abzuholen habe. Sein Ton ist scharf, geradezu bellend, besonders seit er gemerkt hat, dass einer der hier Arbeitenden wiederholt Waren mitgehen lässt. Mich wundert das nicht, denn unter den Kollegen gibt es nicht wenige halbscharige Typen, Gestalten, denen man nächtens nirgends begegnen wollte, und die wiederholt schon »gesiebte Luft« eingeatmet haben.

Die Arbeit ist für mich, vom Führen eines Füllhalters oder Bleistiftes nicht gerade mit Muskelpaketen gesegnet, hart und anstrengend, besonders wenn mehrere Sattelzüge hintereinander an diesem Tor abgefertigt werden müssen. Ich bin dann oft stundenlang ohne Pause unterwegs, transportiere Waren mit Sackkarre oder Hubwagen vom Tor 17 zu den Lagerflächen, die teils am anderen Ende der Halle liegen. Angstschweiß überströmt mein Gesicht immer dann, wenn ich Ballen mit gepressten Ziegenfellen zu bewegen habe. Diese Ballen sind mehrere Zentner schwer. Dementsprechend anstrengend ist es, sie mit der Sackkarre durch die Halle zu schieben. Und wehe, die Sackkarre kippt oder fällt dir entgegen. Dann rettet dich nur ein schnelles Loslassen der Griffe oder ein Sprung zur Seite vor schlimmen Verletzungen. Weniger stressig, aber auch sehr kräftezehrend ist das Entladen eines LKWs voller Butter- und Käsepakete. Immer in gebückter Haltung nehme ich die gar nicht leichten Kartons auf und staple sie auf eine Palette. Dann ziehe ich die hoch bepackte Palette mit einem Hubwagen zum ausgewiesenen Lagerplatz.

Da passiert es schon das eine oder andere Mal, dass meine Beine im Laufe der Nacht langsamer werden. Allerdings nicht sehr lange, denn meist ertönt sofort ein schriller Pfiff meines Tormeisters, gefolgt von einem seiner Standardsätze, die ihn nicht nur bei mir unbeliebt machen. »Die Spedition zahlt die langsamen Schritte nicht!« – In diesen Momenten könnte ihn erwürgen. Und ich bin mir sicher, alle anderen wären dankbar, würden tief durchatmen und weiterarbeiten.

Weitaus angenehmer und auch rentabler sind für mich ein paar Sonderein-
sätze. Einmal arbeite ich einen ganzen Tag lang im Reitstall der Juniorchefin.
Eine Ladung Strohballen gilt es abzuladen. Eine Arbeit, die zwar staubig, aber
nicht allzu schwer ist. Dafür erhalte ich ein ansehnliches Trinkgeld und anschließend bringt mich die flotte Blondine in ihrem roten Porsche wieder zurück zur
Spedition. Das allein ist schon etwas Besonderes für mich, also dieser flotte Flit-
zer. Nein, ich meine nicht diese junge Frau, sondern das Auto.

Nach solchen Erlebnissen verflüchtigt sich mein aufgestauter Frust zumindest
für einige Stunden. Doch nach vierzehn Tagen vielmehr vierzehn harten Nächten
werfe ich das Handtuch. Ich steige aus, nicht weil ich schon genügend Geld verdient habe, sondern weil mir diese Arbeit einfach zu anstrengend ist. Und dazu
kommt noch dieser weite tägliche Weg zur Arbeit.

Endlich darf ich auch wieder langsamer gehen, ohne dass mich gleich jemand
auf das Schärfste zur Ordnung ruft.

Weinselige Stunden in Wien

Wien ist weltweit die einzige Metropole, die innerhalb der Stadtgrenzen nen-
nenswerten Weinbau betreibt. Und der echte Wiener Heurige ist so bekannt wie
das Riesenrad, Schloss Schönbrunn, die Sängerknaben oder die Lippizaner.

Als Ziel für unsere Studien- und Abiturfahrt im März 1969 haben wir uns,
die Schüler der Klasse 13c, Wien ausgesucht. Bereits bei der Anreise lässt sich
unser Busfahrer einen besonderen Gag einfallen. Er legt eine Kassette ein, schon
trällert Peter Alexander weinselig: »Heut kommen d'Engerln auf Urlaub nach
Wean«. Aber zum einen handelt es sich bei dieser Fahrt keinesfalls um eine Ur-
laubsreise und zum anderen sind wir alles andere als Engerl. Wir sehen uns als
nahezu reife junge Männer aus dem Oberallgäu.

Auf der Fahrt in die Donaustadt besichtigen wir die Barockstifte St. Florian
und Melk. In Wien gehören Stephansdom, Hofburg, Prater, Spanische Hofreit-
schule, Naturhistorisches und Kunsthistorisches Museum ebenso zum Pflichtprogramm wie Schloss Schönbrunn. Auch den eigentümlichen Wiener Schmäh
und die besondere Atmosphäre Wiener Auktionshäuser lernen wir kennen. Zu
den kulturellen Glanzlichtern unserer Reise zählen das Stück »Der jüngste Tag«
von Ödön von Horvath im Burgtheater und eine Aufführung des »Rosenkava-
liers« in der Staatsoper, mit Anneliese Rothenberger und Claire Watson in den
Hauptrollen.

Geplant ist ferner eine Exkursion ins Burgenland, an den Neusiedler See mit seiner einzigartigen Vogelwelt. Doch strömender Regen lässt eine ornithologische Wanderung nicht zu. Gesucht wird ein Alternativprogramm, und wir finden eines. Eine Weinprobe bei den Winzern von Rust, der Stadt der Störche und des edlen Weines. Unsere Kurzbesuche laufen alle nach einem gut durchdachten Schema ab. Wir kehren ein, verkosten verschiedene Weine, jüngere und ältere, dann kauft einer oder kaufen zwei von uns ein paar Flaschen. Schon geht es weiter zum nächsten Winzer. Unsere Zungen lösen sich mehr und mehr, unsere Stimmung wird immer besser. Woran das wohl liegen mag?

Wieder im Bus deponieren viele ihre kostbaren Weinflaschen in den Gepäcknetzen über den Sitzen. Ich auch. Dann geht es zurück nach Wien. Manche dösen vor sich hin, andere tun singend kund, dass sie jetzt »no a Flascherl Wein« trinken wollten. Womit der Busfahrer überhaupt nicht rechnet: An irgendeiner Kreuzung schaltet die Ampel tatsächlich auf Rot. Sofort tritt er, auch etwas Wein erprobt, voll auf die Bremse. In den Gepäcknetzen beginnen einige der Flaschen zu tanzen, fallen herunter und zerbersten. Edle Tropfen ergießen sich auf den Boden. Die Folge: ein jäher Stimmungsabbruch bei den Betroffenen. Klassenkamerad Wolfgang hingegen freut sich über alle Maßen, denn seine Flaschen, auf dem Sitz liegend, bleiben bei diesem abrupten Stopp heil.

Zurück in der Jugendherberge. Alles muss schnell gehen: Zunächst die unversehrten Weinflaschen gut verstauen, Wolfgang legt seine beiden unter die Wolldecke seines Stockbettes, dann den Wasserhaushalt ausgleichen und sich etwas frisch machen.

Nach dem Abendessen bummeln wir durch die Stadt, trinken noch den einen oder anderen Schoppen. Spätabends kehren wir in die Jugendherberge zurück, weinselig und nicht mehr ganz nüchtern. Wolfgang ist immer noch total happy, weil seine Flaschen ganz geblieben sind. »Ha, ha!«, ruft er und schlägt in voller Wucht mit der rechten Hand auf seine Bettdecke. Zu spät fallen sie ihm ein, seine Weinflaschen. Glas splittert, Wein ergießt sich über Wolldecke und Bett, im Schlafraum riecht es nach kurzer Zeit wie in einem Weinkeller. Jetzt erreicht die Stimmung der anderen ihren Höhepunkt. Wir sind richtig schadenfroh, werden jedoch bald von einer tiefen Müdigkeit übermannt.

Am letzten Tag unserer Studienreise geht es erst auf den Kahlenberg, dann nach Grinzing. Beim »Heurigen« laben wir uns erneut an jungen Weinen und einer Brettljausen. Wir vergessen ganz schnell unser Malheur vom Vortag. Bevor wir aufbrechen und das letzte Mal die Jugendherberge ansteuern, erklingt aus

21 Allgäuer Kehlen das bekannte Wiener Lied: »Sag beim Abschied leise Servus«. Ich muss allerdings gestehen, leise gelingt uns dies nicht mehr!

Wenn's schon morgens knallt

Während sich die einen noch in Schulen quälen, um für's Leben zu lernen, stehen andere schon mitten im Leben, so weit, dass sie bereits wieder anderen ein solches schenken können. Wer diesen letzten Satz nicht auf Anhieb versteht, dem kann ich es auch einfacher erklären, mit folgender Episode aus dem Allgäu. Demnach soll ein Allgäuer Mädle einem Leutnant, mit dem es eine schöne Nacht verbracht hat, sein kleines Kind gebracht und dann gesagt haben: »Da hast Du Dein ‚Iduedrnix' (Ich tue dir nichts)«.

So oder so ähnlich wird es wohl der Theres, meiner Klassenkameradin aus der Volksschule, auch gegangen sein. Nur dass sie keinem Leutnant über den Weg gelaufen ist, sondern einem Bäckersohn. Während ich noch auf das Gymnasium gehe, ist sie schon einen Schritt weiter, will an diesem Samstag im Mai 1969 heiraten. Das ruft uns, einige Jugendliche aus der Jugendgruppe auf den Plan. Einem alten Brauch gemäß wollen wir diese Hochzeit anschießen.

Am Hochzeitsmorgen fahren wir erst zu einem Baugeschäft, wo wir 24 Luftballons mit explosivem Gas befüllen. Danach geht es, fünf Jugendliche zusammen mit zwei Dutzend gasbefüllten Luftballons in einem alten VW Käfer, ein bodenloser Leichtsinn, zum Hause der Braut. Die Kirchturmuhr schlägt halb fünf, als wir im Schutz der Dunkelheit dreimal je vier Ballons zusammenschnüren und diese Bündel am Gartenzaun anbinden. Mit einer Kerze auf einer Stange werden die Ballons entzündet. Es knallt zum Gotterbarmen laut, drei Mal, denn diese Zahl steht für das Abgeschlossene, das Vollendete und das Vollständige. Sofort geht im Schlafzimmer der Braut das Licht an. Wir, die Hochzeitsschießer werden zu einem kurzen Umtrunk ins Haus gebeten.

Dann geht es sofort weiter, zur zweiten Station, dem Haus des Bräutigams. Auch der soll ja geweckt, vielmehr aus dem Schlaf gerissen werden. Dort läuft alles genauso wie eben ab. Drei gewaltige Donnerschläge wecken nicht nur den Bräutigam, sondern alle, die in einem Umkreis von einigen Hundert Metern noch in den Betten liegen. Es dauert auch hier nicht lange, bis der angehende Ehemann in der Tür erscheint und uns hereinbittet, in die Küche, wo uns eine herzhafte Brotzeit erwartet. Es gibt frischen Kaffee, resche Semmeln, dazu Marmelade, Honig, Käse und Wurst, später noch das eine oder andere Weißbier gegen den Durst und einige Stamperl Schnaps zu Ehren des Tages. Die Stimmung könnte nicht besser sein. Herrenwitze und dumme Sprüche wechseln einander ab.

In einem wird von einem Bauernburschen aus dem Allgäu berichtet. Dieser stellt einem seiner besten Freunde seine junge Frau vor, worauf dieser voller Anerkennung meint: »Do hosch dr aber a netts Fraule rausgsuecht!«– »Ha, warum hätt i solle a wüeste neahme?«, sagt der stolze Ehemann, »a schöne frisst au it meh.« Allgemeines Gelächter, dazwischen ein mehrfaches Hoch auf den Bräutigam. Letzterer wirft nach eineinhalb Stunden einen besorgten Blick auf die Uhr. In ein paar Stunden wird er vor den Traualtar treten, aber jetzt traut er sich nicht, uns zum Gehen aufzufordern.

Da ertönt die Haustürglocke. Welch eine Überraschung! Mein Vater will mich sprechen. Er sieht irgendwie finster drein, unverständlich, wo doch an diesem Maimorgen die ganze Welt himmelblau ist. Mein Vater redet von Schulbesuch und Unterricht und das klingt gar nicht wohlwollend, eher ärgerlich. Er erinnert mich unmissverständlich an meine heutige Schulpflicht. Ich kann ihm jedoch beim besten Willen nicht beipflichten, da ich mich von Sternchen umzingelt sehe.

Obwohl es meinem Vater so gar nicht in den Kram passt, muss er seinen Sohn, also mich, wegen kurzzeitiger Unpässlichkeit vom Schulunterricht abmelden. Diesen Ausfall als klassischen Kollateralschaden eines alten Brauches zu bezeichnen, dazu kann sich mein Vater nicht durchringen, obwohl ich mich durch meinen Einsatz, bei höchstem Risiko für Leib und Leben, um den Erhalt echten Brauchtums verdient gemacht habe. Allerdings kann er mich auch nicht davon überzeugen, dass der regelmäßige Schulbesuch, und dies nicht nur aus Gründen familiärer Imagepflege, weit wichtiger sei als die Pflege althergebrachter Hochzeitsbräuche.

Ich nütze die wenigen bis zur Hochzeitsmesse verbleibenden Stunden, um zum einen für ein spannungsfreies Klima zu Hause zu sorgen, um eben diese unplanmäßige Eintrübung der Vater-Sohn-Beziehung wieder aufzuhellen. Und zum anderen lasse ich nichts unversucht, um meine gefühlten Turbulenzen im Kopf irgendwie zu entwirren und wieder einen klaren Kopf zu bekommen. Beides übrigens mit Erfolg: Mein Vater verzeiht mir schließlich diesen brot- oder hochzeitsbedingten Schwächeanfall und mein Kopf tut mir irgendwann auch nicht mehr weh.

Als Lausbub Gottes im Einsatz

Was für Lausbuben wir doch waren! Es fällt mir schwer, nicht zu spöttisch zu grinsen, wenn ich an die sechs Jahre zurückdenke, in denen ich in der Eckartser Pfarrkirche St. Peter und Paul sämtliche Stationen einer ordentlichen Ministrantenkarriere durchlaufen habe. Erst als Kerzenträger, danach als »normaler« Messdiener. Später trug ich bei feierlichen Gottesdiensten zunächst das Schiffchen, jenes schiffförmige Gefäß mit Weihrauch, dann schwang ich das Rauchfass, eine besonders verantwortungsvolle Aufgabe. Gekrönt wurde meine Karriere, als ich schließlich als Oberministrant mit weißem Chorrock zeitweise sogar die »Oberherrschaft« über andere Messdiener erhalten habe.

Für diesen Dienst am Altar waren damals nur Jungen zugelassen, für uns eine Ehre, die wir zu schätzen wussten. Jeder wollte bei Gottesdiensten und Andachten, bei religiösen Zeremonien wie Beerdigungen, Hochzeiten oder bei Prozessionen mit dabei sein. Brennende Kerzen im Altarraum, Pfarrer und Ministranten in liturgischen Gewändern und wir, die Messdiener durften dem Pfarrer bei seinen Handlungen assistieren. Die Musik wechselte zwischen Orgelspiel und Chorgesang. Der Pfarrer sprach lateinische Gebete, die wir nicht verstanden. Alles, was sich im Altarraum abspielte, wirkte würdevoll und feierlich. Und nicht zuletzt: Das gemeine Volk stand hinten, und schaute auf uns.

Damals wurden Gottesdienste noch am Hochaltar gefeiert. Priester und Messdiener waren diesem zugewandt und nicht dem Volke, wie nach der Liturgiereform durch das Zweite Vatikanische Konzil. Während der Heiligen Messe mussten wir Ministranten das schwere, schräg auf einem Gestell liegende Messbuch mehrfach von einer Altarseite auf die andere tragen. Und da ich klein von Wuchs, mein Ministrantenrock aber lang war, trat ich häufiger auf denselben, stolperte wiederholt und dann passierte es halt. Das Messbuch kam ins Rutschen, ich ins Schwitzen. Nur mit größter Mühe brachte ich das halb von seinem Gestell herabhängende Buch an den gewünschten Platz. Meine Ministrantenkollegen grinsten, wahrscheinlich auch etliche Gottesdienstbesucher. Mir stieg die Schamesröte ins Gesicht.

Außerdem mussten wir mehrere Gebete auswendig sprechen, und zwar auf Lateinisch. Eine Sprache, die wir nicht konnten und auch nicht verstanden. So leierten wir unsere Gebete halt irgendwie runter, darunter das lange, gefürchtete Confiteor, das Schuldbekenntnis. Auf dem Boden kniend, tief nach vorne gebückt, legten wir los: »Confiteor Deo omnipotenti ...« und schon wechselten unsere Stimmen in ein unverständliches Gemurmel, das nur von einem wieder laut und deutlich gesprochenen »Mea culpa, mea culpa, mea maxima culpa« kurzzeitig unterbrochen wurde. Das funktionierte lange Zeit gut, bis eines Tages unser Chef, der Pfarrer, klein von Gestalt, aber äußerst impulsiv, wohl genau hinhörte und glaubte, bei uns gewisse Textlücken entdeckt zu haben. Was folgte, war nicht schön, denn er stauchte uns hinterher richtig zusammen. Wir mussten nachlegen, also die Texte komplett lernen und wurden danach von ihm abgehört. Erst dann kehrte wieder Frieden zwischen uns Ministranten und dem Pfarrer ein.

Unser Pfarrer wohnte in der Nachbargemeinde Niedersonthofen, hatte aber unsere Pfarrei mitzubetreuen. Zu den sonntäglichen Gottesdiensten, die immer früh angesetzt waren, kam er mit dem Auto. Das wussten wir genussvoll auszunützen. Wir dosierten die für die Eucharistie vorgesehene Menge Messwein so großzügig, dass er von diesen leckeren Tröpfchen immer etwas übrig lassen musste. Und diesen Rest durften wir dann verkosten. Woher wir dessen Geschmack kannten? Ganz einfach. Um den hohen Anforderungen eines Ministrantendienstes stets gewachsen zu sein, genehmigten wir uns, sofern es der Augenblick erlaubte, schon mal einen Schluck aus der Pulle, also aus der Messweinflasche. Und dieser Messwein schmeckte vorzüglich.

Wiederholt ernteten wir, mein Schulfreund Ludwig und ich, viel Lob, besonders von älteren Frauen. Sie meinten, wir harmonierten sehr gut beim Altardienst, bewegten uns geradezu synchron und außerdem sehr würdevoll. Ludwig hielt das Schiffchen, ich schwenkte das Weihrauchfass. Erst wenn der Altarraum richtig eingenebelt war, uns das Volk hinten in den Bänken nur noch schemenhaft wahrnehmen konnte, und immer häufiger gehüstelt wurde, waren wir zufrieden. Um solche Erfolge sicherzustellen, taten wir ein Übriges. Bereits in der Sakristei legten wir etwas Weihrauch auf die glühende Holzkohle. Das Hüsteln wollte anschließend kein Ende mehr nehmen, wir freuten uns darüber.

So ein Kirchenjahr bot uns Ministranten eine Reihe von Höhepunkten. In der Adventszeit durften wir zusammen mit dem Mesner die Christbäume in der Kirche schmücken. Diese war allerdings ungeheizt, so dass wir uns immer wieder am bollernden Holzofen in der Sakristei die Hände aufwärmen mussten. Unvergesslich die feierlichen Christmetten, mitten in der Nacht, in der von Kerzen erleuchteten Kirche oder die Liturgie der Karwoche, wo wir von Karfreitag bis zur Osternacht in der Kirche statt klingend zu schellen, nur hölzern klappern durften. Angeblich weil die Glocken nach Rom geflogen seien. Und dann die nicht enden wollende Osternacht mit der Entzündung der Osterkerze, den Lesungen, der Tauf- und der Eucharistiefeier, wo wir fürchteten, das Osterfrühstück vor Hunger gar nicht mehr zu erleben.

Reizvoll waren für uns Lausbuben Gottes auch die abendlichen Maiandachten. Auf dem Heimweg, zwischenzeitlich war es meist dunkel geworden, versteckten wir uns in Gräben oder hinter Büschen. Kamen die alten Frauen auf ihrem Nachhauseweg näher, sprangen wir schreiend hervor, so dass diese fürchterlich erschraken. Die Worte, mit denen sie uns bedachten, ließen sich mit den würdevollen Andachten zu Ehren der Mutter Gottes nur schwer in Einklang bringen.

Worauf wir uns auch alljährlich freuten, war der Feiertag Fronleichnam, wo die Gläubigen in einer Prozession durchs Dorf ziehen. Voneweg die Fahnenträger, dahinter die Jungen und die Mädchen, die Vereine, die Ministranten, Kerzen haltend oder Rauchfass schwingend, der Pfarrer mit Monstranz, unter einem Stoffbaldachin schreitend, und dahinter die restlichen Gläubigen. An vier Stationen, Altären mit Blumenteppichen, wurde gebetet und der Segen erteilt, ehe es zurück in die Kirche ging, wo die Prozession mit dem gemeinsam gesungenen Te Deum, der Organist zog extra ein paar Register mehr, endete.

Nicht zuletzt waren uns Ministranten Hochzeitsmessen und Beerdigungen höchst willkommen, denn da gab es »außertarifliches« Salär. In Ausnahmefällen wurden wir sogar zum anschließenden Hochzeitsmahl oder Leichenschmaus eingeladen. Bei beiden kam der Humor oft nicht zu kurz.

Kirche en miniature

Alte Kirchen, auch wenn sie klein sind wie jene von Eckarts, beeindrucken Menschen jeglichen Alters. Kunstvoll gestaltete Altäre, große und kleine Engel, Figuren von gemarterten Heiligen, Bilder mit biblischen Szenen an Decken und Wänden, viele Kerzen und ein immer brennendes Lichtlein, das Ewige Licht. Und irgendwo am Rande ein hölzerner Beichtstuhl, wo man angeblich seine Sünden abladen kann, leider nicht anonym.

Für Kinder viel spannender sind die kirchlichen Aufführungen: Brennende Kerzen, Ministranten in festlichen Gewändern, der Pfarrer manchmal sogar in golden verzierten, Gerätschaften wie Kelche und Monstranz in funkelndem Gold, lateinisch gesungene Gebete, lautes Orgelspiel und mehrstimmige Gesänge, der Kirchenraum erfüllt von wohlriechendem Weihrauchduft, Andacht und frömmelnde Inbrunst im Wechselspiel.

Auch mich, damals bereits Ministrant, faszinieren diese kirchlichen Zeremonien über alle Maßen. Deshalb versuche ich, diese daheim nachzuspielen. Ein Kindertisch mit Tischdecke dient als Altar, Kerzen gibt es bei uns zu Hause immer, das Tischkreuz stammt aus der elterlichen Versehgarnitur – diese wurde früher für Krankensalbungen gebraucht –, der Kelch, ein großes Weinglas mit langem Stiel. Sonstige liturgische Geräte wie Messkännchen und Monstranz hat mir meine Mutter in Miniaturausführung aus einem Altöttinger Lädchen für Devotionalien mitgebracht.

In unserer »Kirche en miniature« verkörpere ich den Pfarrer, ein Amt, das mir als Ministrant besonders liegt und niemand streitig macht. Als Messgewand benütze ich eine Wolldecke und als Ministrantinnen, wir sind fortschrittlicher als die damalige Amtskirche, stehen mir meine Schwester und ihre Freundin zur Seite.

Wir feiern wiederholt Messen in einer Abstellkammer, aber auch schon mal im Garten. Nur anderen die Beichte abzunehmen, das will und will mir nicht gelingen. Meine beiden Messdienerinnen scheinen wohl zu fürchten, ich wahrte das Beichtgeheimnis nicht oder legte ihnen eine zu strenge Buße auf. Doch gerade deren Schandtaten würden mich brennend interessieren.

Neben mehreren Tier-Bestattungen, wobei mir Spielkameraden als Messdiener zur Hand gehen, planen wir auch eine Fronleichnamsprozession. Dazu bedarf es allerdings einiger Vorbereitungen. Putzbürsten, über die alte Hemden gezogen werden, dienen als Fahnen. Eine leere Konservendose ohne Deckel, vier Löcher rein und Stricke darin befestigt, schon ist das Weihrauchfass fertig.

Dann ziehen wir los, die Fahnenträger voraus, dahinter die Ministranten mit Kerzen und dampfendem Weihrauchfass – Holzkohlenglut aus dem Küchenherd und Weihrauch sind bei uns immer vorhanden –, danach schreitet Hochwürden mit Rauchmantel einher, also meine Wenigkeit mit umgehängter Wolldecke, und Mini-Monstranz und am Schluss folgt das gemeine Volk, die ganze Kinderschar aus der Nachbarschaft. So ziehen wir an einem Sonntagnachmittag in feierlicher Prozession durch Werdenstein. Das Ganze macht uns Riesenspaß. Nachbarn bleiben stehen oder lehnen sich aus dem Fenster, schauen zu, begleiten unsere Zeremonie mit einem verständnisvollen Lächeln. Aber dann ändert sich das Schauspiel schlagartig.

Ein alter Junggeselle erscheint auf der »Bühne«. Das heißt, er fährt, durch ein Holzbein stark behindert, daher immer mit Moped unterwegs, an uns vorbei. Und was muss er da sehen? Kinder, die mit großer Freude in aller Öffentlichkeit Pfarrer und Kirche spielen! Das ist zuviel für dieses gottesgläubige ältere Bäuerchen.

Weil dieses aber nicht irgendjemand ist, sondern der Bürgermeister von Eckarts, wird unser Spiel zum öffentlichen Ärgernis. Er nennt das gar Gotteslästerung, was wir da öffentlich vollführen.

Unsere Eltern sehen das Ganze zum Glück völlig anders, nämlich als frohes Kinderspiel. Wir freuen uns und feiern auch weiterhin unsere »Messen« beziehungsweise führen unsere würdevollen Froschbestattungen durch.

Feierliche Bestattungsriten

Mit Geburt und Tod wurden wir Kinder auf dem Dorf weit direkter konfrontiert, als man sich das heutzutage vorzustellen vermag. Die Bauersfrauen brachten ihre Kinder nicht selten zu Hause auf die Welt. Zum Glück machten die Nachbarn deswegen nicht so »a fiechtigs Gfrett« (= ein schreckliches Getue) wie heutzutage. Damals wurden weder Blechdosen entlang des Weges zum Bauernhof verteilt, noch so feinsinnige Hinweisschilder wie »Zur Büchsenmacherei« aufgestellt. Stattdessen besuchten Verwandte, Nachbarn und Bekannte die glückliche Mutter, oder wie es im Allgäu hieß: Sie gingen zum Weisen, um das Butzele, das Kindchen anzuschauen und ihr »Weisat«, ein kleines Geschenk abzugeben.

Auch den Tod bekamen wir Kinder früher viel direkter mit. Starb jemand, wurde er zumeist zu Hause aufgebahrt, dann wurde der Sarg im von Pferden gezogenen Leichenwagen vom Sterbehaus zum Friedhof gebracht.

Es ist wahrlich kein schöner Anblick, besonders nicht für uns Kinder auf dem täglichen Schulweg. Mir und meinen Schulkameraden aus Werdenstein widerfährt dies in den Frühlingswochen häufig, wenn wir morgens auf dem Weg zur Schule in Eckarts unterwegs sind. Da liegen sie, auf oder neben der Straße, platte, zerfetzte Leichen. Tote Erdkröten und Grasfrösche, die in der Nacht oder in den Morgenstunden von Autos überfahren worden sind.

Weil wir wissen, wie man Tote würdevoll bestattet, einige von uns sind Messdiener, wir sagen Ministranten, laufen bei uns sofort die Vorbereitungen für die Bestattungen an. Bei Xaver, dem Sohn eines Sägewerkmeisters, geben wir noch an Ort und Stelle einen Holzsarg in Auftrag. Dann legen wir die Toten geschützt am Straßenrand ab, um sie mittags auf dem Rückweg von der Schule mitzunehmen, oder sie am Nachmittag mit einer speziell angefertigten Tragbahre abzuholen. Unmittelbar danach erfolgt die Einsargung der Toten. Sie werden in einen mit einem schwarz bemalten Kreuzchen verzierten Sarg, ein Holzkistchen gelegt.

Anschließend findet im Garten meines Elternhauses die feierliche Beerdigung statt. Dafür heben wir ein kleines Grab aus. Hernach geleiten die beiden Sargträger, der Hochwürdige Herr Pfarrer, meine Wenigkeit, und die Messdiener, zwei Spielkameraden, den Sarg zum offenen Grab. Dort wird der Verstorbene feierlich bestattet. Angehörige der Verstorbenen sind bei dieser Trauerfeier übrigens nicht zugelassen. Die Riten gleichen denen der katholischen Kirche, denn als Messdiener kennen wir die Abläufe von Beerdigungen sehr genau, wissen also, was zu tun ist. Nach dem Zufüllen des Grabes wird noch ein kleines Kreuz aufgestellt, versehen mit dem Sterbedatum des Toten.

Wochenlang haben meine Eltern diese Spiele geduldet, das Anlegen von Frosch- und Krötengräbern im Garten erlaubt, unser spielerisches Verhalten auch belächelt. Als wir aber einen neuen Plan schmieden, nämlich im Garten meiner Eltern eine kleine Leichenhalle für verunglückte Frösche und Kröten zu bauen, zieht meine Mutter die Notbremse. Verständlicherweise, denn beim Blick aus dem elterlichen Schlafzimmer hätte sie direkt auf die Leichenhalle mit den dort aufgebahrten, tödlich zerfetzten oder geplätteten Amphibien schauen müssen. Deshalb müssen unsere Bestattungen auch zukünftig schnell durchgeführt werden. Denn von Feuerbestattungen wussten wir Kinder damals zum Glück meiner Eltern noch gar nichts.

Ungewöhnlicher Osterbrauch

Während für viele am Aschermittwoch alles vorbei ist, geht es für uns Messdiener jetzt erst richtig los. In der Kirche werden an diesem Tag alle Kreuze verhüllt, als Symbol der beginnenden 40-tägigen Fastenzeit.

Auch wir, meine Schwester und ich, fasten in dieser Zeit, verzichten freiwillig, fast freiwillig, also von den Eltern mehr oder weniger gezwungen, auf den Verzehr von Süßigkeiten. Eine harte Probe, bekommen wir doch von unserem Onkel Alfons, der jede Woche einmal zu Besuch kommt, immer Süßes, in der vorösterlichen Zeit bevorzugt bunte Zuckereierchen oder leckere Schokoeier. All diese guten Gaben horten wir in einer großen Plastiktüte, die wir erst an Ostern plündern dürfen.

Mit dem Palmsonntag beginnt die letzte Phase der Passionszeit, die Karwoche. Für uns Ministranten eine abwechslungsreiche, aber auch anstrengende Zeit. Los geht es am Palmsonntag mit viel feierlichem Brimborium: Weihe der Palmbuschen, Palmprozession und einer langen Passionsgeschichte. Ruhig, zumindest in der Kirche, wird es am Gründonnerstag. Während der Feier des letzten Abendmahles verstummen Glocken und Orgel. Von jetzt ab schweigen sie bis zur Osternacht.

Richtig still wird es dann am Karfreitag, dem Tag, an dem einst Jesus gekreuzigt, gestorben und begraben worden ist. Schon vormittags müssen wir in die Kirche. Vor den Stationen des Kreuzweges wird die Kreuzwegandacht gebetet. In der nachmittäglichen Liturgie, die Fenster der Kirche sind dunkel verhängt, gedenken die Gläubigen des Leidens Jesu Christi. Wieder wird eine Passionsgeschichte verlesen, wieder dauert sie ewig lang. Danach wird im Altarraum ein verhülltes Kreuz enthüllt und auf den Boden gelegt. Die feierliche Kreuzverehrung beginnt. Als Form strenger Buße schreiten Pfarrer und Ministranten, alle in schwarzen Strümpfen unterwegs, einzeln durch den Mittelgang zum Kreuz, knien nieder und küssen die Fußwunde des Gekreuzigten. Für viele, Erwachsene und Kinder, ein besonderes Schauspiel. Sie berichten uns später, von wem die Socken wohl schon vorher gelitten haben müssen.

Am nächsten Tag, Karsamstag, können wir etwas durchatmen, denn es finden tagsüber keine liturgischen Feiern statt. Dennoch gehen wir in die Kirche. Wir besichtigen das Heilige Grab mit dem aufgebahrten Leichnam Jesu. Faszinierend schön, diese bunten Lichter, die das symbolische Grab erhellen.

Am späten Abend, um 21 Uhr wird in der Kirche die Osternacht, die Auferstehung des Herrn gefeiert. Für uns Messdiener, die wir heute in voller Mannschaftsstärke auflaufen, eine echte Herausforderung, zieht sich diese Feier doch immer sehr lange hin. Zunächst wird in der Nähe der Kirche das Osterfeuer entfacht, geweiht und die große Osterkerze daran entzündet. Dann ziehen die Gläubigen, allen voran Pfarrer mit brennender Osterkerze und Ministranten, in feierlicher Prozession in die dunkle Kirche ein, mehrmals unterbrochen vom Ruf »Lumen Christi«. Dort angekommen, wird das Osterlicht weitergereicht, bis alle Kerzen in den Händen der Gläubigen entzündet sind. Es folgen unzählige Gebete und Lesungen. Allmählich beginnen meine Beine weh zu tun. Dann ein weiterer Höhepunkt: Beim Gloria setzt erstmals wieder die Orgel ein und alle Kirchenglocken beginnen zu läuten. Danach wieder Gebete, Singsang, Segnung des Osterwassers, Erneuerung des Taufversprechens und so weiter. Ja, will diese Feier denn gar kein Ende nehmen? Die Gesichter von uns Ministranten werden immer länger. Immer öfter müssen wir gähnen. Schließlich geht dieser Gottesdienst mit feierlichem Segen und viel Halleluja nach mehr als drei Stunden zu Ende. Wir fallen todmüde in die Betten.

Am Ostersonntagmorgen sind wir wieder früh auf den Beinen. Heute steht ein alter Brauch auf dem Programm. Wir dürfen ein Körbchen, gefüllt mit bunten Ostereiern und einem gebackenen Osterlämmchen, in die Kirche tragen, wo diese Osterspeisen gesegnet werden. Nach altem Volksglauben muss man Geweihtes nüchtern essen, damit der Segen wirkt. Also verzichten wir auf ein Frühstück, tragen vielmehr unsere hübsch dekorierten Weihekörbchen vorsichtig in die Kirche. Erneut brennende Kerzen, duftender Weihrauch, laute Orgelmusik und vielstimmiger Chorgesang. Wir messdienern wieder, hochkonzentriert, fast zwei Stunden lang. Ab und zu knurrt hörbar ein Magen. Dann ein letztes österliches Halleluja – und Schluss, endlich.

Wir legen ganz schnell unsere Ministrantengewänder ab, schnappen unsere Weihekörbchen, freuen uns auf das anschließende Frühstück daheim. Nur noch ein prüfender Blick auf die Körbchen der Kameraden: Wie viele Ostereier? Welche Farben? Wie groß das Osterlamm?

Plötzlich beugt sich mein Freund über mein Körbchen. Zack, da ist es passiert. Ein schneller Biss, und mein Osterlamm ist nicht mehr komplett. Ihm fehlt der Kopf. Abgebissen! Jetzt folgt ein österlicher Wettkampf unter uns Ministranten. Nach wenigen Minuten gibt es kein Osterlämmchen mehr mit Kopf. Wir lachen, scherzen, ohne in diesem Augenblick zu wissen, ob und wie unser neuer Brauch beim gemeinen Volk, also daheim, ankommen wird. Doch alles ist halb so schlimm. Auch zu Hause wird über unseren Lausbubenstreich herzlich gelacht.

Dürstende Seelen

In Eckarts, wo ich seit ein paar Jahren mit großer Begeisterung Ministrant bin, hat der zuständige Pfarrer, offiziell auch Seelsorger genannt, gut 300 Seelen zu betreuen, also Personen jeglichen Alters, die sich zum katholischen Glauben bekennen, einige mehr, andere weniger. Doch auch des Pfarrers Seele braucht immer wieder Beistand, sucht Trost und Hilfe. Aber warum braucht er das und wo findet er diese?

Der Grund dafür liegt in seinem beruflichen Werdegang. Er gehört weniger zu den Berufenen, als vielmehr zu den Auserwählten. Allerdings nicht zu den vom lieben Gott auserwählten, sondern zu jenen, die von den Eltern in diesen Beruf gedrängt worden sind. Diese, gottesfürchtige Bauersleute im westlichen Allgäu, hatten sehr viele Kinder, und deshalb sahen sie es als ihre christliche Pflicht an, eines für den Dienst in der Kirche bereitzustellen. Und wen hat es getroffen? Unseren Pfarrer, diesen »abgebrochenen Riesen« von gut 1,60 Meter, ein schmächtiges Männchen, das aber früher in der Schule wohl mit sehr guten Leistungen geglänzt hat. Nach dem Studium der Theologie, der Weihe zum Priester und einigen Jahren als Kaplan ist er als Pfarrer nach Niedersonthofen, in die Nachbargemeinde gekommen. Und weil Eckarts keinen eigenen Pfarrer mehr hat, muss er auch diese Pfarrei noch mitbetreuen. Es lastet also wirklich viel Arbeit auf ihm.

Als Sohn eines Bauern weiß er natürlich, wo er viel über das Heil von Männerseelen erfahren kann, insbesondere das der Bauern von Eckarts. Im Gasthaus Rössle, gleich nach der Sonntagsmesse, beim Stammtisch, wo sich die Männer zum Ratschen und vor allem zum Schafkopfen treffen. Und wer mischt dabei nicht selten mit? Unser Pfarrer und sein bester Freund, der Lehrer. Beide pflegen nicht nur dieses gesellige Kartenspiel, sondern laben sich auch genüsslich, manchmal gar etwas übermäßig, am köstlichen Gerstensafte. Wenn wundert's, dass die beiden je nach Kartenglück mehrmals still das Stoßgebet »Hopfen und Malz, Gott erhalt's!« nach oben schicken. Das kostet Zeit und so kommt es schon mal vor, dass die sonntägliche Flädlesuppe der Pfarrersköchin oder der Schweinsbraten der Lehrersgattin bereits erkaltet sind, noch ehe der Hausherr am heimischen Tisch erscheint.

Ein sonniger Sonntag im Mai muss ein solcher Tag gewesen sein. Als unser Pfarrer abends die Sakristei betritt, um sich für die anschließende Maiandacht liturgisch zu kleiden, ahnen wir Ministranten bereits etwas. Das heißt, wir riechen etwas. Des Pfarrers Odem kündet weniger von göttlichen Eingebungen als vielmehr von weltlichen Verlockungen, denen er im Laufe eines langen Sonntages wohl nicht widerstehen konnte.

Wir schauen uns an, grinsen verschmitzt. Dann beginnt die feierliche Maiandacht. Pfarrer und Ministranten ziehen zum Maialtar, einem festlich geschmückten Seitenaltar, an dem die Gottesmutter Maria mit verschiedenen Gebeten und Gesängen verehrt wird. Sowohl beim Sprechen als auch beim Singen fällt es dem Pfarrer schwer, eine bestimmte Stimmlage zu halten. Ferner stützt er sich mehrere Male, fast ein wenig schwerfällig, am Altar ab.

Dann, nach kaum fünfzehn Minuten, geht alles sehr schnell. Er stimmt plötzlich das Schlusslied an, die Gläubigen singen »Meerstern, ich dich grüße! O Maria hilf!«. Sie scheint ihm allerdings kurzfristig wohl nicht helfen zu können. Er erteilt den Segen und ab geht's zurück in die Sakristei. Diese Maiandacht ist eine wahre Blitzandacht, normalerweise dauert sie doppelt so lang. Schon nach kurzer Zeit verlässt der Pfarrer eilenden Schrittes seine Arbeitsstätte. Wir grinsen schelmisch, reden nicht lange um den Brei herum. »Der isch bsoffe« lautet unser Urteil, knapp aber treffend. Ehe wir uns auf den Heimweg begeben, bittet uns der Mesner noch um öffentliche Zurückhaltung.

Was aber letztlich das vorzeitige Ende dieser Maiandacht herbeigeführt hat, bleibt unbeantwortet. Ob es der Druck auf Pfarrers Blase war oder ob er statt des vielbesungenen Meersterns einfach nur zu viele Sterne gesehen und dadurch die Orientierung verloren hat, werden wir nie erfahren.

Studiert und allerhand ausprobiert

Mit dem Abitur in der Tasche fühlten wir uns reif, nicht für die Insel, sondern für das Leben, das uns weitgehend offen stand. Doch zunächst mussten die meisten erst ihren Grundwehrdienst ableisten, ehe sie ihr Studium beginnen konnten. Ich musste glücklicherweise nicht zur Bundeswehr, ein mutiger Dorf-Bürgermeister verhinderte das.

Eigentlich wollte ich Lehrer werden, ein Beruf, für den ich mich schon frühzeitig begeistert hatte. Nachdem ich als Kind mal zu Weihnachten eine kleine Schultafel erhalten hatte, spielten wir zu Hause häufig Schule, wobei ich der Lehrer und meine Schwester und deren Freundin meine Schülerinnen waren. Doch diese Erfahrungen reichten nicht aus. Weil ich kein Instrument spielen konnte, blieb mir der Zugang zur Pädagogischen Hochschule verwehrt.

So entschied ich mich für eine Ausbildung zum Bibliothekar, konkret für den gehobenen Dienst an wissenschaftlichen Bibliotheken. Zunächst absolvierte ich ein zehnmonatiges Praktikum an der Staats- und Stadtbibliothek Augsburg. Logiert habe ich damals bei einem alten Ehepaar in der nördlichen Jakobervorstadt, im Lauterlech, kein vornehmes Viertel, eher ein Ort, von dem ich glaubte, dort würden sich Fuchs und Hase Gute Nacht sagen. Doch weit gefehlt. Statt der Füchse schlichen des Nachts meist ältere Hasenfüße durch die Straßen des Viertels, bevor sie von flotten Häschen in einer schummrigen Gasse zu einem Schäferstündchen empfangen wurden.

Auch ich konnte mich für scharfe Sachen begeistern. Diese wurden jedoch in einem Kochkurs an der Volkshochschule zubereitet, zu dem mich zwei ältere Damen, eine Kollegin aus der Staatsbibliothek und deren Schwester, eine Kulturjournalistin bei der Augsburger Allgemeinen, überredet hatten.

Auf Augsburg folgte in München, an der Bibliotheksschule der Bayerischen Staatsbibliothek, die theoretische Ausbildung. Ich konnte in der Zeit bei Verwandten unterkommen, die in Untergiesing eine Wäscherei und eine Wohnung hatten. Prima, hier ein billiges Zimmer und nicht weit davon entfernt das Stadion an der Grünwalder Straße. Nichts lag da näher, als wiederholt zu Bundesligaspielen auf Giesings Höhen zu pilgern, zumal ich mich damals sehr für Fußball interessierte. Und warum nicht auch mal Toto spielen, vielleicht reichte es ja einmal zu einem Gewinn? Also füllte ich hin und wieder einen Tippschein für die Elferwette aus. Von den Wettfolgen wurde ich dann nicht weniger überrascht als von jenem Unbekannten, der eines Nachts plötzlich in meinem Zimmer stand.

Die Prüfung zum Diplom-Bibliothekar verlief weniger spannend. Ich absolvierte sie mit großem Erfolg, hatte jedoch längst entschieden, nicht als Bibliothekar zu arbeiten, sondern nochmals zu studieren, was meinen Vater nicht freute. Mit dem Studium der Politischen Wissenschaften und der Neueren Geschichte wollte ich das Fundament für eine spätere journalistische Laufbahn legen. Um die Bedenken meines Vaters zumindest ein wenig zu entkräften, übernahm ich in den Semesterferien und auch neben dem Studium verschiedene Jobs. Einmal als Hilfskraft im Arbeitsamt Kempten, im Sachgebiet für Arbeitslosengeld, ein andermal wertete ich fast ein Jahr lang im Auftrag eines Journalisten fünf Münchner Tageszeitungen aus, nicht ahnend, auf welche Fährte ich mich dabei begeben hatte.

Mein Studium an der Ludwig-Maximilians-Universität München, das muss ich eingestehen, litt etwas darunter, dass linke Studentengruppierungen damals ein attraktives Alternativprogramm anboten, das mich faszinierte und mehr als die reine Lehre interessierte. Als dann auch noch meine Hoffnung auf ein Zeitungs-Volontariat in München schwand, mein Frust entsprechend groß war, kam mir wieder einmal Kollege Zufall zu Hilfe.

Anfang März 1973 weilte ich genau an jenem Wochenende bei meinen Eltern im Allgäu, wo die Jugendgruppe am Eckartser »Hahnenkamm« ein maskiertes Faschingstreiben mit Gaudi-Skispringen veranstaltete. Ich durfte dabei kurzfristig als Sprecher einspringen, kam gut an und schon wenige Wochen später stand ich bei einem Theaterabend der Jugendgruppe mit auf der Bühne. Die Lunte war gelegt. Jetzt ging es Schlag auf Schlag. Ich übernahm die Leitung der Gruppe. Es folgten gemeinsame Wanderungen, Fußball- und Tischtennisturniere, Gruppenreisen und eine große Wohltätigkeitsveranstaltung zugunsten der Aktion Sorgenkind, mit einem erzielten Erlös von über 10.000 Mark. Wir gestalteten Gottesdienste als Jazz-Messen, und führten verschiedene Umweltschutzaktionen durch. Diese Arbeit mit Jugendlichen machte mir riesigen Spaß. Eine weitere Kehrtwende war die Folge.

Ich brach mein Uni-Studium ab, überzeugt davon, die Gesellschaft nur von der Basis her umgestalten zu können. Das Studium der Sozialpädagogik bot dafür gute, ein praxisnahes Studium an einer Fachhochschule beste Voraussetzungen. Also absolvierte ich ein mehrwöchiges Praktikum im Immenstädter Altersheim und wechselte im Herbst 1974 an die Katholische Stiftungsfachhochschule in München.

In den folgenden vier Jahren zog ich mehrmals um, zuletzt wohnte ich bei einem Ehepaar in Schwabing zur Untermiete. Auch in dieser Zeit blieben Überraschungen nicht aus. Einmal, als mich ein Schulfreund in seinem Auto mit ins Allgäu nahm und wir auf der Strecke einen Tramper zusteigen ließen, ein anderes Mal, als das Publikum bei einem Volksmusikabend in Eckarts, bei dem ich als Sprecher mitwirkte, an einer wichtigen Stelle schwieg, statt Beifall zu klatschen.

Die größte und schönste Überraschung bescherten mir aber die beiden Praxissemester, die ich in der Jugendbildungsstätte »Haus Hohebuchen« in Berchtesgaden-Oberau absolvierte. Dort lernte ich viel über Bildungsarbeit mit unterschiedlichen Gruppen, aber das Wichtigere, dort begegnete ich Eva, meiner späteren Frau. Dass ich mein Sozialpädagogik-Studium danach erfolgreich abschloss, sei hier nur der Vollständigkeit halber erwähnt. Endlich konnten auch meine Eltern auf- und durchatmen. Zum einen hatte ich mein anvisiertes Berufsziel erreicht und zum anderen die Frau fürs Leben gefunden.

Da stinkt doch etwas

Durst ist für manche Menschen schlimmer als Heimweh. Eine Redensart, die auf einen unserer Nachbarn in Werdenstein wie der Nagel auf den Kopf zugetroffen hat, war er doch eine besonders durstige Seele und heimwärts schien ihn wenig zu drängen. Von Beruf war er Bauer, was die Größe seines Hofes betrifft eher ein Bäuerchen, und gleichzeitig verdiente er sich ein Zubrot als Schreiner. Er war so eine Art Dorfschreiner. Deshalb sah man ihn fast immer mit blauer Arbeitsschürze und mit beiger Schiebermütze. Er war hager von Statur, gut 1,90 Meter groß, glich irgendwie einer Bohnenstange.

Es verging kaum ein Tag, egal ob Werk-, Sonn- oder Feiertag, ob wir Besuch hatten oder nicht, wo er nicht einmal, manchmal auch mehrmals bei uns vorbeischaute. Sein Fahrrad lehnte er an die Wand neben der Haustüre, dann stieg er über die Treppe hoch in den ersten Stock, wo wir wohnten. Wir erkannten ihn bereits am Tritt. Es klopfte, wir blickten uns an, Freude sieht anders aus. Er betrat grüßend das Wohnzimmer, nahm am Tisch Platz, wo er in aller Seelenruhe die eine oder andere Halbe trank. Diese allerdings aus der Flasche, denn meine Eltern hatten zwar ein Bierdepot, aber keine Ausschanklizenz.

Im Allgemeinen wurden Neuigkeiten aus dem Dorf ausgetauscht oder über Allerweltsthemen gesprochen. Eher selten ging es dabei um die Kinder, also um uns oder um seine. Noch seltener, aber es kam durchaus vor, ließ er dann ein paar spitze Bemerkungen in meine Richtung los. Es ärgerte ihn wohl, dass sein Sohn eine Lehre machte, während ich, der »Bue« eines gewöhnlichen Arbeiters eine höhere Schule besuchte.

»Helmut, bring mir no a Fläschle!« – Ich höre diesen Auftrag an diesem Sommerabend Anfang der 70er-Jahre nicht zum ersten Mal, spüre deswegen eine leichte Wut in mir aufsteigen. Drei Halbe hat er schon intus, aber das ist unserem Nachbarn an diesem Abend immer noch nicht genug. Uns reicht es längst, denn nach einigen Bieren kann er schon mal etwas kratzbürstig werden. Ich hole das gewünschte vierte Fläschle, öffne es und stelle es ihm hin.

Irgendwie kommt er im Gespräch plötzlich auf seinen Buben zu sprechen. Er erzählt, dass sein »Bue« in Kürze zur Bundeswehr müsse, während ich, obwohl zwei Jahre älter, immer noch nicht gemustert worden sei. Er blickt erst mich an, dann meinen Vater. »Do schtinkt ebbas«, sagt er, und seine Stimme klingt ärgerlich. Dann schiebt er nochmals nach, diesmal deutlich schroffer: »Also, do schtinkt ebbas«. Er drückt damit seinen Verdacht aus, dass da wohl nicht alles mit rechten Dingen zugehen würde.

Weil mein Vater seit Jahren bei der Bundeswehr arbeitet, als Hausmeister in der Kemptener Prinz-Franz-Kaserne, scheint unser Nachbar zu glauben, er hätte da bestimmte Kontakte zu meinen Gunsten genutzt. Deswegen müsse ich eben nicht einrücken, sein »Bue« aber schon. Mein Vater weist dies als absurd zurück. Ich glaube nicht, dass er mir hätte den Wehrdienst ersparen wollen. Unseren angeheiterten Nachbarn kann er an diesem Abend allerdings nicht überzeugen, dieser beharrt auf seiner Vermutung.

Ich muss gestehen, auch ich finde diese Tatsache, dass ich in all den Jahren nie zur Musterung einbestellt worden bin, sehr ungewöhnlich. Zumal auch ich schon vor Jahren von der zuständigen Behörde als wehrpflichtig erfasst worden bin. Dass ich mit meiner Lage sehr zufrieden war, dürfte jedermann verstehen. Und dass ich dies nicht laut in die Welt hinausposaunt habe, wahrscheinlich auch.

Jahre gehen ins Land, glücklicherweise durchwegs barrasfreie. Inzwischen studiere ich in München, leite parallel dazu die Jugendgruppe in Eckarts. Auf einer Jugendparty erfahre ich zu später Stunde, längst hat der Alkohol die Zungen gelöst, vom Sohn eines ehemaligen Bürgermeisters die Lösung des jahrelangen Rätsels meiner Nichteinberufung.

Wie er mir berichtet, ist es wegen meiner Wehrerfassung, damals war Eckarts noch eine selbstständige Gemeinde, zu Unstimmigkeiten zwischen der Gemeindeverwaltung als Erfassungsbehörde und der Bundeswehrverwaltung gekommen. Angeblich sind bestimmte Formulare, da unzureichend ausgefüllt, mehrmals an die Gemeinde zurückgeschickt worden. Dies habe seinen Vater letztlich so geärgert, dass er den ganzen Schriftverkehr genommen, zerrissen und in den Papierkorb geworfen habe.

Auf diese wunderbare Weise bin ich für immer aus den Akten der Bundeswehrverwaltung verschwunden. Für diese mutige Tat und diesen beispielgebenden Akt christlicher Nächstenliebe spreche ich diesem Allgäuer Dorfbürgermeister nachträglich meinen Dank aus.

Mehr als ein Gute-Nacht-Ort

Ein Ort, der weit abgelegen, also fern einer Stadt oder eines Zentrums liegt, wird gerne als Ort bezeichnet, wo sich Fuchs und Hase Gute Nacht sagen. Nun wird wohl niemand glauben, dass sich Füchse die Nacht einfach um die Ohren schlagen, ist das doch die Zeit, wo sie besonders in städtischen Gebieten auf der Suche nach Nahrung unterwegs sind. Auch Hasen sind nachtaktiv, manche Häschen mehr, manche weniger.

Von einem besonderen Biotop in der Metropole der Datschiburger, also in Augsburg, ist nachstehend die Rede. Dort treffen sich nächtens, wie ich erfahren habe, nicht nur Füchse und Hasen, sondern auch bestimmte Bienen, Schwalben und Böcke.

Im Herbst 1969 beginne ich als reifer junger Mann in Augsburg, zumindest besitze ich ein Reifezeugnis, ein zehnmonatiges Praktikum an der Staats- und Stadtbibliothek, denn ich will wissenschaftlicher Bibliothekar werden. Doch vorher heißt es für mich, in dieser Stadt ein preislich erschwingliches Zimmer zu finden. Auf meine Suchanzeige in der Augsburger Allgemeinen erhalte ich das Angebot einer, der Schrift nach zu schließen, älteren Dame.

Ich fahre mit dem Zug nach Augsburg, um mir dieses Zimmer anzuschauen. Am Bahnhof steige ich in ein Taxi, gebe als Fahrtziel »Santerleck« an, doch der Taxifahrer versteht mich nicht, schaut mich fragend an. Diese Straße kenne er nicht. Ich zeige ihm die Postkarte der Frau. Er entziffert den Namen der Straße schnell als »Lauterlech«. Wir fahren hin, erst an der Fuggerei, dann am Jakobertor vorbei, in die Jakobervorstadt. Wirklich kein Nobelviertel, früher vorwiegend das Viertel der kleinen Leute und Proletarier. Bertolt Brecht ist da zur Welt gekommen und hat hier seine ersten beiden Lebensjahre verbracht.

Die Wohnung der Zimmervermieterin, sie bewohnt sie mit ihrem halbseitig gelähmten Mann, liegt in Parterre, direkt neben einem metallverarbeitenden Betrieb. Das angebotene Zimmer hat alles Notwendige: Schrank, Tisch und Stühle, eine Klappbett zum Schlafen und ein Waschbecken für die tägliche Hygiene, und vor allem ist die Miete günstig. Die beiden älteren Leute, sie eine hagere, freundliche Frau, er korpulent, Kettenraucher, und wegen eines Schlaganfalls sprachgestört, sind mir durchaus sympathisch. Ich ihnen wohl auch und so ziehe ich wenige Wochen später dort ein.

Als ich meinen Kolleginnen in der Bibliothek berichte, wo ich wohne, reagieren diese zurückhaltend. Warum, weiß ich nicht, vorerst zumindest nicht. Ansonsten lässt sich das Praktikum gut an. Ich komme mit den Kollegen und Kolleginnen bestens zurecht, meine neuen Tätigkeiten machen mir Spaß, in meinem Zimmer fühle ich mich wohl, mit den Vermietern verstehe ich mich auch, und wenn ich was zum Essen und Trinken brauche, gehe ich in den Tante-Emma-Laden beziehungsweise in die Metzgerei gleich auf der anderen

Straßenseite. In letzterer bedient mich wiederholt die Chefin, eine jüngere Frau, deren linkes Auge ab und zu ein Veilchen schmückt. Dass das nicht von einem Sturz herrührt, verrät mir meine Vermieterin. Der Metzger sei ein rabiater Mann, der würde seiner Frau wiederholt eine verpassen, daher das blaue Auge.

Nun ist die vermöbelte Metzgersfrau nicht die einzige Person, die mir in diesem Viertel auffällt. An manchen Tagen, meist wenn ich abends von der Bibliothek heimkomme, stolzieren aufgetakelte, stark geschminkte und kurzberockte Blondinen Richtung Jägergässchen, ein Gässchen, das direkt gegenüber meiner Bleibe abzweigt. Einige Male kreuzen dort auch, ich sehe es durchs Fenster meines Zimmers, rassige Sportwagen auf. Hinter dem Steuer meist bodygebildete Männer mit sonnenbraunem Teint. Und aus diesen Flitzern hüpfen dann wieder solche blondierten Damen.

Schulkameraden, die in Augsburg auf Lehramt studieren, klären mich schließlich auf. Bei diesen flotten Hasen, die in diesem Viertel häufig unterwegs sind, handele es sich nicht um irgendwelche Püppchen einer Modeagentur, nein, diese Damen seien zwar auch gewerbsmäßig tätig, aber eben in einem anderen Milieu. Dann grinsen sie hämisch.

Da sie mir zeigen wollen, wo diese Nachtschwärmerinnen arbeiten, schlendern wir drei eines Abends durch das Jägergässchen, an der Kneipe »Roter Hahn« vorbei, weiter in die Hasengasse. Eine kleine Gasse, nicht viel los an diesem Abend, ein paar schlichte, mehrstöckige Wohnhäuser, die Hauseingänge mit roten Lichtern geschmückt, obwohl nicht Advent ist, davor einige dieser vermeintlichen Damen. Ihr Fell tragen diese »Häschen« sehr kurz, sie zeigen also viel Haut. Sie stehen zusammen, rauchen und kichern ab und zu. Sie scheinen auf Gäste zu warten, halten jedenfalls Ausschau danach.

Jetzt wird mir augenblicklich und auch augenscheinlich klar, dass es sich bei der Hasengasse nicht um ein Wildbiotop handelt, auch wenn es hier manchmal recht wild zugeht, sogar Schüsse fallen. Es sind auch keine schlauen Füchse, die mir des Öfteren spätabends, an den Hausmauern entlang schleichend, den Kopf nach unten gerichtet, begegnen. Vielmehr sind es Männer jeglichen Alters, wohl geile Böcke, die heißen Bienen und Bordscheinschwalben nachjagen.

Ich glaube allerdings, auch wenn meine Ansicht vielen gegen den Strich gehen mag, dass es sich dabei vor allem um Kunden oder Mitarbeiter einer deutschlandweit bekannten Elektromarktkette handelt. Denn für diese ist, einem ihrer Werbeslogans zufolge, sogar geil geil.

Eine Zwei statt einer Eins

Noch bis Mitte der 60er-Jahre träumte ich davon, später mal Sportjournalist oder gar Sportreporter zu werden. Deshalb verschlang ich sämtliche Sportnachrichten, las den »Kicker« und hing am Radiogerät, sobald im Bayerischen Rundfunk die Sendung »Heute im Stadion« über den Äther ging. Mich begeisterten so bekannte Sportjournalisten wie Oskar Klose, Hajo Rauschenbach oder Ludwig Maibohm. Deren Fabulierkünste, deren Metaphern gefielen mir, deren Emotionalität fesselte mich.

Einmal ärgerte sich Maibohm so über einen Schiedsrichter, dass er ihn in seiner Live-Reportage als »alten Schrumpfgermanen« bezeichnete. Eine Wortwahl, die nicht ohne Folgen bleiben sollte. Nach einem Rüffel durch die BR-Redaktion musste er sich bei der nächsten Einblendung dafür entschuldigen. Er tat dies hörbar widerwillig.

Als ich später, Anfang der 70er-Jahre in München-Untergiesing wohne, dort habe ich ein Zimmer bei Verwandten, steige ich samstags wiederholt auf Giesings Höhen, ins Stadion an der Grünwalder Straße. Ich schätze die dortige Atmosphäre, wo man eng zusammensteht, seinen Verein lauthals anfeuert und bis zur letzten Minute mit den Akteuren auf dem Rasen mitfiebert. Besondere Höhepunkte sind natürlich die Derbys zwischen den Sechzgern und den Bayern, meinem Lieblingsverein.

Und bei so einem Spiel passiert es dann. Das Stadion rappelvoll, die Fans beider Teams stehen dicht an dicht, und ich mitten drin. Als die Bayern ein Tor schießen, kennt meine Begeisterung keine Grenzen, bis mich plötzlich jemand von hinten am Kragen packt. »Bürscherl, hoit di zruck!« vernehme ich eine Männerstimme. Sie gibt mir zu verstehen, welchem Verein die Sympathien der Umstehenden gehören. Offensichtlich bin ich von Fans der Weiß-Blauen umringt, stehe also völlig falsch, mitten im feindlichen Lager, und muss deshalb sehr aufpassen. So freue ich mich mehr innerlich über den Sieg »meiner« Bayern.

Weil ich damals überzeugt bin, dass ich von Fußball etwas verstehe und die Leistungen der Vereine gut einschätzen kann, wage ich mich auf das dünne Eis einer Sportwette, des Fußball-Totos. Natürlich in der Hoffung, mein bescheidenes BAföG-Einkommen damit ein wenig aufbessern zu können. Ich spiele die sogenannte Elferwette. Dabei müssen die Sieger von elf Fußballspielen des nächsten Wochenendes getippt werden. Erwartet man einen Sieg der Heimmannschaft, kreuzt man auf dem Tippschein die Ziffer 1 an; die Ziffer 2 dagegen, wenn man auf die Gastmannschaft setzt. Geht man aber von einem Unentschieden aus, wird die Ziffer 0 angekreuzt. Den höchsten Gewinn bekommt jener Totospieler, der alle Partien richtig tippt, also elfmal die richtige Ziffer ankreuzt. Aber auch jene, die nur zehn oder neun Partien richtig tippen, erhalten Gewinne, wobei die Quoten auch von der Anzahl der Gewinner insgesamt abhängen. Sie können deshalb recht unterschiedlich ausfallen.

Ein Wochenende im Herbst, ein sonniges und hoffnungsvolles. Ich fahre zu meinen Eltern ins Allgäu. Meinen Tippschein habe ich bereits vorher abgegeben. Erst am späten Sonntagnachmittag, als ich auf dem Bahnhof in Seifen auf den Zug nach Kempten warten muss, finde ich Zeit, meinen Tippschein zu kontrollieren. Wie? Was? Das gibt es doch gar nicht. Nochmal und nochmal überprüfe ich meinen Tippschein. Es stimmt schon. Ich habe zehn Partien richtig getippt. Das heißt, ich habe gewonnen, zweithöchster Gewinnrang. Ich bin total aus dem Häuschen.

Auf der gesamten Zugfahrt, von Seifen bis Kempten bummelnd und von dort D-Zug-schnell weiter nach München, kreisen meine Gedanken nur noch um diesen Gewinn. Ich bin Toto-Gewinner, ich, der finanzschwache Student aus Werdenstein. Nur einmal liege ich daneben, habe auf einen Sieg der Auswärtsmannschaft getippt, also eine Zwei statt einer Eins angekreuzt. Sonst, ja sonst hätte ich den höchsten Gewinnrang erreicht.

Kaum in meiner Studentenbude angekommen, krame ich in alten Zeitungen. Ich will wissen, wie hoch so ein Gewinn ausfallen kann. In der letzten Dienstagausgabe der Süddeutschen Zeitung finde ich die Quoten der Vorwoche. Für zehn Richtige in der Elferwette hat es damals über 2.200 Mark gegeben. Über 2000 Mark! Aber vielleicht haben gerade diese Woche mehr Spieler zehn Richtige, so dass es nur tausend Mark gibt? – Ja und! Tausend Mark! Damit lassen sich einige Wünsche erfüllen. Aber welche? Ich kann es noch immer kaum glauben.

Die folgende Nacht schlafe ich nicht so entspannt wie die letzte. Und dann am nächsten Abend, nach einem ewig langen Tag, am Ende der Rundfunknachrichten um 21 Uhr, das weiß ich genau, werden die Gewinnquoten durchgegeben. Ich sitze am Radio, jetzt ... ich spitze die Ohren ... Elferwette ... Zweiter Rang: 114, 40 Mark. Es verschlägt mir die Sprache. Nur 114, 40 Mark. Ich bin enttäuscht, tief enttäuscht, ärgere mich richtig. Genau dieses Mal gibt es nur 114,40 Mark. Das Leben ist einfach ungerecht.

Eine Woche später in der Lotto-Annahmestelle. Ich lege meinen Tippschein, meinen Gewinnschein vor, der Chef greift in die Kasse und reicht mir über den

Tresen 114, 40 Mark in Scheinen und Münzen. Um mich herum staunende Gesichter, durchwegs neidvolle. Auch diese Umstehenden sind Gewinner, Lottospieler mit drei Richtigen. Aber sie müssen sich mit 3,80 Mark begnügen. Jetzt kommt doch noch Freude bei mir auf. Ich verlasse glückselig und zufrieden die kleine Annahmestelle.

Noch ein weiteres Mal freue ich mich über diesen Gewinn. Wochen später, als ich mir mit diesem schnell verdienten Geld eine neue Hose kaufe, meine »Winner«-Hose.

Nachts, wenn es zwölfe schlägt

Mitternacht, diese Stunde zwischen null und ein Uhr ist tatsächlich die dunkelste Stunde der Nacht, da zu diesem Zeitpunkt die Sonne den tiefsten Punkt ihrer täglichen Ellipse um die Erde erreicht. Viele Legenden und Mythen kreisen um diese dunkelste Stunde der Nacht, die Geisterstunde. Wie es der Name schon sagt, sind zu dieser Zeit, insbesondere in Schlössern und auf Friedhöfen, Geister von Toten, mit Vorliebe von Mördern, Selbstmördern oder Ermordeten unterwegs, aber auch Hexen und Teufel treiben in dieser Stunde gerne ihr Unwesen.

Andere dagegen verknüpfen mit der Geisterstunde positive Erwartungen. So wird Kräutern, die zu dieser Zeit gesammelt werden, eine verstärkte Wirkung nachgesagt. Bestimmte Schätze sollen nur um Mitternacht zu finden sein und auch für die Erlösung armer Seelen gilt diese Stunde als richtiger Zeitpunkt. Nie hätte ich mir träumen lassen, dass mir einmal kurz nach Mitternacht ein leibhaftiger »Geist« erscheinen sollte.

Anfang der 70er-Jahre komme ich nach München, um den theoretischen Teil meiner Bibliothekarsausbildung zu absolvieren. Auch schon damals ist es nicht einfach gewesen, in der Landeshauptstadt ein preislich günstiges Zimmer zu finden. Ich freue mich deshalb sehr, dass mir Tante und Onkel, die in Untergiesing eine Wäscherei betreiben, in ihrem Haus ein Zimmer zum Nulltarif anbieten. Es liegt in der Oefelestraße in einem Hintergebäude, im ersten Stock, direkt über den Räumen der Wäscherei. Früher war dieses Zimmer das Schlafzimmer meiner Verwandten. Jetzt darf ich darin residieren. Vielleicht ist residieren ein wenig übertrieben, hausen trifft es schon eher.

Da ich gerne Fruchtsäfte und Mineralwasser trinke, habe ich immer einen gewissen Vorrat an solchen Flaschen in meinem Zimmer stehen. Leider haben diese keine Beine, sonst könnten sie, nachdem sie leer getrunken sind, selbstständig in den Getränkemarkt zurückwandern. So müssen sie halt warten, bis ein völlig überlasteter, nicht überforderter, Student wie ich, sich herablässt, also bückt, die Flaschen in Plastiktüten steckt und sie dann beim Getränkemarkt meist gegen eine größere Summe Flaschenpfand eintauscht.

Nun soll niemand glauben, diese leeren Flaschen hätten den Aufstand geprobt oder um die Mitternachtsstunde begonnen zu tanzen oder ein wenig zu klirren. Mitnichten. In jeder Nacht, wenn die Turmuhr der Mariahilfkirche zwölfe schlägt, bleibt es in meinem Zimmer mucksmäuschenstill, so dass ich stets ungestört und erholsam in den Morgen hineinschlummern kann. Also fast immer, genauer gesagt, bis auf eine Nacht.

Es wird für mich ein langer Freitagabend, nicht des Studiums wegen, sondern weil wir uns, ich sitze mit Kommilitonen in einem Stübchen zusammen, noch Hochgeistiges einverleiben. Aus diesem Grund komme ich erst kurz nach zehn Uhr heim, wie man zurecht annehmen darf, mit einem nicht mehr ganz leichten Kopf. Deswegen freut sich dieser, dass er sich jetzt ausruhen darf. Ich gehe zu Bett, knipse das Licht aus und schon nach wenigen Minuten falle ich in einen tiefen Schlaf, der nur noch mit ein paar ebenso tiefen Schnarchern garniert wird.

Ich höre keine Turmuhr schlagen, wie auch in keiner anderen Nacht zuvor. Doch plötzlich schrecke ich hoch. In Sekundenschnelle bin ich hellwach. Jemand hat die Zimmertür aufgemacht. Im Raum ist es stockdunkel. Nur das grelle Licht einer Taschenlampe trifft mich mitten ins Gesicht. Es blendet. Ich bin vor Schreck wie gelähmt. Im Türrahmen nehme ich einen dunklen Schatten wahr. Ein Geist? Natürlich nicht. Ein Einbrecher, denke ich, halte die Luft an, rechne mit dem Schlimmsten. Dann vernehme ich eine Männerstimme: »Ich bin der Nachtwächter. Ich wollte nur sagen, dass die Haustüre noch nicht abgesperrt ist.« Danach macht er die Zimmertür wieder zu und stapft die Treppe hinunter.

Nur langsam erhole ich mich von diesem Schrecken. Ich knipse das Licht an, krabbele aus dem Bett, meine Knie zittern leicht. Ich steige die Treppe hinab und schließe die Haustüre zu. Zweimal drücke ich auf die Klinke, dann bin ich mir sicher. Ja, sie ist wirklich abgeschlossen. In dieser Nacht höre ich erstmals die Turmuhr von Mariahilf schlagen. Ein Uhr. Gott sei Dank, nun ist dieser Spuk endgültig vorbei.

Am nächsten Morgen erzähle ich meiner Tante von meinem Erlebnis in der vergangenen Nacht, in der Geisterstunde. Sie muss herzhaft lachen, immer wieder stößt sie einen Lacher aus.

Wie sich später herausstellt, hatte eine Wäschereiangestellte, die auch ein Zimmer im Hinterhaus bewohnt, Besuch von ihrem Freund. Und nachdem dieser spätabends wieder gegangen war, hat die junge Frau vergessen, die Haustüre abzuschließen.

Weil mein Onkel seit Jahren den Wach- und Schließdienst beauftragt hatte, bei seiner Wäscherei des Nächtens nach dem Rechten zu sehen, kam jede Nacht ein Nachtwächter vorbei. Und da es wohl nicht zum erstem Mal passierte, dass die Haustüre spätnachts noch unversperrt war, tat der Nachtwächter das, was er auch früher immer getan hatte. Er stieg die Treppe hoch, und weil er zu wissen glaubte, wo Onkel und Tante ihr Schlafzimmer haben, suchte er dieses Zimmer auch letzte Nacht auf, um dem Hausherrn Bescheid zu geben. Was der Nachtwächter nicht wusste, zwischenzeitlich wohnten Onkel und Tante nicht mehr in diesem Hinterhaus, sondern in der Nähe des Starnberger Sees. Stattdessen hatte ich nun diese verantwortungsvolle Bettstelle inne.

Zu meiner Ehrenrettung sei gesagt, dass ich zuvor weder über den Nachtwächter noch über diese verantwortungsvolle Zusatzaufgabe informiert worden bin.

Wieder dieser unbekannte Käfer

Im weltbekannten Roman »Der Spion, der aus der Kälte kam« zeichnet John le Carré ein dunkles, grausames Bild von Geheimdiensten, die vor keinem Mittel zurückschreckten, um ihre Ziele zu erreichen. Der geschilderte Spionagefall spielt kurz nach dem Bau der Berliner Mauer, also zu Zeiten des Kalten Krieges. Und die Hauptfigur nimmt nach ihrer Entlassung aus dem britischen Geheimdienst mehrere Jobs an, darunter einen in einer Bibliothek. Das sind wohl die einzigen Parallelen zu jenem Fall, über den ich jetzt berichten will.

München, Anfang der 70er-Jahre, ich studiere an der Ludwig-Maximilians-Universität Politische Wissenschaften und Neuere Geschichte. Eines Tages entdecke ich in einer Münchner Tageszeitung eine Anzeige. Sie interessiert mich, denn darin wird ein Student für Dokumentationsaufgaben gesucht. Ich melde mich, und kurze Zeit später treffe ich mich mit einem Journalisten, einem älteren Herrn, im Westen Schwabings, im Café Fischer am Hohenzollernplatz. Er erläutert mir in knappen Worten meinen Auftrag. Fünf Münchner Tageszeitungen, die zwei großen, den Münchner Merkur und die Süddeutsche Zeitung, sowie die Boulevardblätter Abendzeitung, Bild und tz müsse ich täglich durchsehen. Ihn interessierten alle Artikel und Beiträge, die sich auf das deutsche Ost-West-

Verhältnis beziehen würden. Diese müsse ich ausschneiden und nach Zeitungen und Datum geordnet auf DIN-A4-Blätter kleben. Mein Honorar, ich muss gestehen, es ist relativ bescheiden, bekäme ich, wenn ich ihm diese Blätter übergäbe. Etwa alle vier Wochen könnten wir uns in diesem Café treffen, um das Geschäft abzuwickeln. Da ich jegliches finanzielles Zubrot in diesen Jahren gut gebrauchen kann, willige ich ein.

Ich kann nicht behaupten, dass ich mich über sein Interessensgebiet wundere, befinden wir uns damals doch inmitten des Kalten Krieges, also jenes Konfliktes zwischen den Westmächten und dem Ostblock. Und Zeitungen nach bestimmten thematischen Beiträgen zu sichten, ist für mich als Bibliothekar wahrlich keine Herausforderung, zumal ich genaues Arbeiten gewohnt bin. Also kaufe ich täglich meine fünf Zeitungen, sichte, schneide aus, klebe und beschrifte, was die Blätter hergeben. Dann wieder ein kurzes Date im Café, eine Tasse Kaffee, Übergabe der Auftragsarbeit gegen Honorar. So läuft das über viele Wochen und Monate völlig reibungslos.

Eines Tages, bei einem unserer Arbeitstreffen, unterbreitet mir dieser ältere Herr ein neues Angebot. Ich könne mir zusätzlich ein paar Mark hinzuverdienen, wenn ich denn wolle. Ich bräuchte ihm nur Flugzettel, Infoblätter oder aktuelle Pamphlete von linken Studentengruppen mitbringen. Diese Materialien würden in der Uni verteilt oder den Studenten auf dem Unigelände in die Hand gedrückt. Überhaupt kein Problem, zumal ich solchen roten Kommilitonen mit größter Sympathie begegne.

Beim nächsten Treffen übergebe ich ihm ein Bündel solcher Pamphlete und bekomme dafür gutes Geld. Auch dieses Zusatzgeschäft läuft eine ganze Weile recht ordentlich. Ich liefere das Gewünschte und bekomme dafür reichlich Geld. So zählen jene Wochen zu den Phasen meines Studiums, in denen es mir finanziell recht gut geht.

Während der Semesterferien, ich jobbe für ein paar Wochen beim Arbeitsamt in Kempten, erhalte ich einen Anruf dieses Journalisten. Ich bin leicht irritiert. Ist er plötzlich mit meinen Leistungen nicht mehr zufrieden? Keineswegs, er hat mir vielmehr etwas Neues zu bieten. Kurz und knapp lässt er mich wissen, dass mich ein Mann vom Bayerischen Verfassungsschutz treffen möchte. Dieser Unbekannte, er nennt nur dessen Decknamen, schätze meine bisherige Arbeit sehr. Jetzt hätte dieser einen besonders lukrativen Auftrag für mich.

Ich bin völlig überrascht, geradezu perplex. Das kann doch alles gar nicht wahr sein. Monatelang habe ich bereits dem Bayerischen Verfassungsschutz zugearbeitet, ohne etwas zu ahnen, geschweige denn zu wissen. Bin ich so naiv? Ich bin mir total unschlüssig, wie ich mich verhalten soll, will aber auch nicht gleich passen. Wir vereinbaren schließlich ein Treffen in Kempten.

Eine Woche später in einem kleinen Kemptener Café unweit des alten Bahnhofs. Mir gegenüber sitzt dieser Unbekannte, der sich nur mit Decknamen vorstellt. Er dürfte wohl Mitte 40 sein, wirkt nicht unsympathisch, ein unscheinbarer Typ. Schon nach dem ersten Schluck Kaffee kommt er zur Sache. Ich könne ein Vielfaches verdienen, wenn ich nicht nur solche Pamphlete linker Gruppen sammelte, sondern wenn ich bereit wäre, als V-Mann des Verfassungsschutzes in solchen Gruppierungen zu agieren. Wenn ich beispielsweise darin irgendeine Funktion übernähme und das daraus resultierende Insiderwissen in Form von Berichten an ihn weiterleitete.

Mir wird ganz anders. Ich spüre, wie meine Knie zu schlottern beginnen. Ich soll meine Kommilitoninnen und Kommilitonen bespitzeln, aushorchen, letztlich an den Verfassungsschutz verraten? Ich kommentiere dieses Angebot nicht weiter, bitte aber um ein paar Wochen Bedenkzeit.

Schon nach kurzem Nachdenken steht mein Entschluss fest. Nie und nimmer werde ich jene Kumpels verraten, deren politische Ideen und Ziele, und seien sie noch so utopisch, ich teile, mit denen ich sympathisiere. Ich breche die Kontakte zu den beiden Herren ab, sowohl zu dem älteren als auch zu diesem Mister Nobody. Und was passiert dann?

In der Münchner Hörwarthstraße, dort liegt mein Studentenzimmer, fällt mir ein VW Käfer auf. Er steht eine ganze Woche lang tagsüber am Straßenrand, nicht allzu weit entfernt von dem Haus, in dem ich wohne. Und im Auto sitzt ein Mann, der sich irgendwie unscheinbar verhält. Ob jetzt ich beobachtet werde, ich, der Student, der kein V-Mann, geschweige denn ein Spitzel werden will, schon gar nicht ein Spion, der aus dem Allgäu kommt?

Oh when the saints

Nein, Heilige kommen einem nicht unmittelbar in den Sinn, wenn man sie sich vor Augen führt, die Mitglieder der Eckartser Jugendgruppe. Diese setzen sich zwar durchaus hin und wieder mit religiösen Themen auseinander, diskutieren über Gott und Kirche und gestalten auch mal Gottesdienste. Aber weltliche Genüsse verabscheuen sie keineswegs. Zumindest lassen ihre lautstarken Gesänge auf nächtlichen Heimwegen dies vermuten. Obwohl ich die Gruppe seit ein paar

Monaten leite, kann und will ich dies nicht unterbinden. Nicht zuletzt deswegen, weil auch ich wiederholt diesem Chor jugendlicher Nachtigallen angehöre.

Im Rahmen eines Gesprächs, zu dem wir Eltern und Interessierte einladen, stellen wir unser neues Vorhaben vor. Wir wollen in der Eckartser Pfarrkirche einen Gottesdienst modern gestalten, jugendgemäß, als Messe mit rhythmischen Liedern.

In den folgenden Wochen und Monaten wählen wir passende Lieder aus und studieren sie mühevoll ein. Unsere Begeisterung lässt dennoch nicht nach. Weil wir wissen, dass unser Pfarrer unsere Ambitionen kritisch beäugt, wir aber keinen Eklat bei der Aufführung riskieren wollen, laden wir ihn zur Generalprobe ein.

Es ist Samstagnachmittag. Die Kirche erstrahlt bereits im Festtagsschmuck, Blumen in allen Farben. Gottfried, unser Vorsänger, sitzt an der Hammondorgel, daneben Peter mit der Gitarre und Biba am Schlagzeug. Die übrigen, also der Chor, stehen vor dem linken Seitenaltar. Wir beginnen die Hauptprobe mit dem Eingangslied »O Herr, wir rufen alle zu dir«. Weil es nicht auf Anhieb klappt, wiederholen wir dieses Lied zwei, drei Mal.

Plötzlich geht die dicke Holztüre am Ende des Kirchenschiffes auf, unser Pfarrer erscheint. Jetzt sind wir gespannt, wie er reagieren wird. Und er enttäuscht uns nicht. Kopfschüttelnd schreitet er langsam nach vorne. Sein erster Kommentar: »Viel zu laut!« Die Musiker dämpfen ihren Sound ein wenig. Als nächstes passt ihm bei einem Lied der Takt nicht. Die Probe entwickelt sich zu einer echten Herausforderung.

Irgendwann ist auch er zufrieden. Er verabschiedet sich. Wir atmen auf und durch. Aber es dauert gar nicht lange, dann kommt er eilends zurück. Sofort steuert er auf mich zu. »Helmut, was habt Ihr mir da angetan?«, fragt er mich. Er ist entsetzt, sichtlich erregt. »Ich kann mich ja bei den übrigen Geistlichen gar nicht mehr sehen lassen.« Der Grund für seine Aufregung: Unser grell buntes Plakat auf einer Anschlagtafel an der nahe liegenden Schule. Dort kündigen wir in großen Lettern diesen Gottesdienst als »Jazz-Messe« an. Mit viel gutem Zureden gelingt es mir schließlich, ihn zu beruhigen. Dennoch sehen wir dem folgenden Tag mit gemischten Gefühlen entgegen.

Sonntag – der Rahmen passt. Die Kirche ist brechend voll. Wir sind angespannt, aber hochkonzentriert bei der Sache. Rhythmische Lieder, instrumentelle Begleitung, auch Lesungen und Sprechchöre, alles klappt wie am Schnürchen. Und was macht unser Pfarrer? Er überrascht uns ein weiteres Mal. Er lobt unser Engagement, unsere Auswahl der Lieder und unsere Gestaltung des Gottesdiens-

tes. Er lädt uns sogar ein, diese Messe in der Niedersonthofener Pfarrkirche aufzuführen. Auch den Gläubigen gefällt unsere Darbietung. Bereits bei der ersten
Strophe des Schlussliedes »Danke« stimmen sie mit ein. Nach dem Gottesdienst
ernten wir von vielen Besuchern Lob und Anerkennung, nicht zuletzt für den
Mut, auf dem Lande neue Wege einzuschlagen.

Wir freuen uns riesig, sind glücklich und zufrieden, denn wir dürfen diese
reißerisch angekündigte »Jazz-Messe« schließlich nicht nur in Niedersonthofen,
sondern auch noch in einer weiteren Kirche aufführen, und zwar in Memhölz.

Leichenfunde zur Mittagsstunde

Um Sperrmüll zu entsorgen, bedurfte es früher keiner Müllabfuhr. Man nutzte
Mulden im Wald oder Aushublöcher auf Feldern und kippte seinen Müll einfach
hinein. So unkompliziert, allerdings auch unverantwortlich handelte man damals. Für uns Kinder waren solche wilden Mülldeponien wahre Abenteuerspiel-
plätze. Immer fanden wir dort interessante Dinge zum Spielen, Basteln oder Wei-
terverwenden.

Später, in der Zeit, in der ich die Jugendgruppe Eckarts leite, engagieren wir
uns auch für den Erhalt einer intakten Umwelt. Als wir zusammen mit 14 anderen Organisationen und Vereinen der Bürgerinitiative gegen den geplanten
Bau eines Appartementhotels am Ostufer des Großen Alpsees beitreten, erregen
wir erstmals Aufsehen. Viele stimmen uns bereitwillig zu, wenige kritisieren uns
aber umso heftiger. Besonders weil wir die einzige Landjugendgruppe sind, die
öffentlich gegen dieses Vorhaben Position bezieht. Dies missfällt vor allem den
Vertretern der Mehrheitsfraktion im Stadtrat sehr.

Einige Monate später, im Herbst planen wir eine Aufräumaktion unter dem
Motto »Saubere Landschaft«. Wir wollen den westlichen Ortsrand von Eckarts
von Müll und Unrat befreien, insbesondere Straßenränder und Wanderwege,
und in einem Waldstück soll eine wilde Müllkippe beseitigt werden.

Einen ganzen Samstagvormittag lang schuften wir zu fünfzehnt, sammeln
weggeworfene Flaschen, Dosen, Plastiktüten und anderen Müll ein. Und unser
Einsatz lohnt sich. Am Ende der Aktion sind zwei Schlepperwagen voll mit
Wohlstandsmüll, der von gedankenlosen Menschen einfach in die Landschaft
geworfen worden war.

Während wir die Müllkippe auf einer Waldlichtung unweit der Straße nach
Freibrechts abräumen, halten wir plötzlich inne. Unter Hausmüll leicht versteckt

stoßen wir auf Tierkadaver, zwei bereits halb verweste Kälber, vermutlich Totgeburten. Da Kälber normalerweise auch im Allgäu nicht als Haustiere in Wohnungen gehalten werden, müssen sie wohl von einem Bauern stammen. Was ist jetzt zu tun? Die Polizei verständigen? Oder die Kadaver wieder eingraben, also alles wieder gut zudecken?

Da uns dieser Umweltfrevel mächtig stinkt, im wahrsten Sinne des Wortes, rufen wir die Polizei an. Eine halbe Stunde später treffen zwei Beamte am Fundort ein und inspizieren die Lage. Die Kadaver packen wir in Müllsäcke, damit sie die Polizisten mitnehmen können.

Anschließend fahren die Polizisten mit mir zum zuständigen Jagdpächter, einem Bauern. Dieser war früher Bürgermeister von Eckarts. Jetzt, seit der Gebietsreform 1972 gehört Eckarts zu Immenstadt, ist er Stadtrat und zuständiger Ortsteilsprecher.

Als wir mit dem Polizeiauto vorfahren, steht er gerade im Hof. Er wirkt überrascht, scheint sich darüber wenig zu freuen. Nachdem er von den Polizisten den Anlass unseres Besuches erfährt, verfinstert sich seine Miene deutlich. »Dös war halt a bissle ungschickt«, grummelt er, wobei nicht deutlich wird, wen oder was er damit meint. Das Handeln dieses Umweltsünders, wahrscheinlich ein Bauer aus der näheren Umgebung, oder das von uns Jugendlichen, weil wir deswegen gleich die Polizei eingeschaltet und Anzeige gegen Unbekannt erstattet haben. Die Polizisten bitten ihn, soweit er später noch irgendwelche Angaben zur Ermittlung des Umweltfrevlers machen könne, mit ihnen Kontakt aufzunehmen.

Ganz anders, äußerst positiv fällt dagegen die öffentliche Resonanz auf unser Handeln aus. Die Heimatzeitung berichtet nicht nur über unsere Säuberungsaktion und diesen Umweltfrevel, der Chefredakteur kommentiert dies auch noch. Er dankt uns für das große Engagement und lobt uns besonders dafür, dass wir uns nicht scheuten, den Dreck anderer wegzuräumen.

Der stille Tramper

Bei den Vermietern von Zimmern für Studenten waren Wochenendheimfahrer seit jeher sehr beliebt, denn dann hatten die Vermieter wenigstens am Wochenende ihre Ruhe. Auch ich bewohnte ein Zimmer, das ich nur unter der Woche belegen durfte.

Früher Freitagabend an einem der ersten Wochenenden im Dezember, Anfang der 70er-Jahre. Der Himmel ist wolkenverhangen, es schneit sehr nass. Ich, damals

Student der Geschichte und Politischen Wissenschaften, habe mich mit meinem früheren Klassenkameraden Hans-Peter, der in München Architektur studiert, verabredet. Wir wollen gemeinsam heimfahren ins Allgäu. Hans-Peter besitzt einen VW Käfer, schon ein älteres Semester, mit der einen oder anderen Macke: Mal müssen die Mitfahrer die Beifahrertür während der Fahrt festhalten, heute müssen wir immer wieder die Windschutzscheibe vom Nassschnee frei räumen. Die Scheibenwischer sind nicht gut drauf und verweigern häufig ihren Dienst.

Wir rollen im abendlichen Verkehr auf der B 12 südwärts aus der Stadt hinaus Richtung Landsberg am Lech. Am Stadtausgang, kurz hinter München-Pasing sehen wir am Straßenrand einen Anhalter stehen, ein unscheinbarer Typ mittleren Alters mit einer Reisetasche. Weil das Wetter garstig ist und wir ein Herz für Tramper haben, halten wir an. Ich frage ihn, wohin er denn wolle. Er nuschelt irgendwas von Bodensee, schwer verständlich, er scheint einen Sprachfehler zu haben.

Wir lassen ihn zusteigen, auf dem Rücksitz Platz nehmen und fahren weiter. In größeren Abständen, es schneit ununterbrochen, so alle 20 Kilometer machen wir einen kurzen Stopp, wo Hans-Peter und ich abwechselnd die Scheiben von Schnee befreien. Unser Anhalter sitzt auf einem der Rücksitze, schweigt vor sich hin. Auch wir haben keine große Lust auf Konversation. So geht es recht ruhig dahin, in geradezu adventlicher Stille. Weil wir uns nicht ganz sicher über das Reiseziel unseres stillen Fahrgastes sind, frage ich nochmals nach. »Nach Oberstdorf«, verstehen wir jetzt, wundern uns ein wenig, ohne darüber aber einen weiteren Gedanken zu vergeuden.

Als Hans-Peter einige Kilometer nach Landsberg den Blinker setzt, der ist übrigens gerade intakt, weil er von der B 12 auf die B 19 Richtung Kaufbeuren/Kempten abbiegen will, wird unser stiller Mitfahrer hektisch. Er möchte sofort aussteigen. Wir halten an, etwas verständnislos, fahren wir doch Richtung Oberallgäu, an dessen südlichstem Ende Oberstdorf liegt. Aber letztlich sind wir ganz froh, diesen sonderbaren Fahrgast wieder loszuwerden.

Wir scherzen danach noch, wir hätten mit diesem Typen doch auch zur Polizei fahren können, so unentschlossen und merkwürdig wie der sich verhalten habe. Dann schalten wir wieder auf den normalen Rhythmus: Fahren, ratschen, anhalten, Scheiben frei räumen. So geht das stundenlang dahin.

Als ich abends zu Hause mit den Eltern die Nachrichten der Tagesschau verfolge, werde ich plötzlich hellhörig: »Und jetzt bittet die Kriminalpolizei um Ihre Mithilfe. Seit gestern Abend ist ein 34-Jähriger aus dem Raum Frankfurt flüchtig. Er wird dringend der Tat verdächtigt, am Donnerstagabend in Frankfurt eine

Prostituierte erwürgt zu haben. Vermutlich ist der Gesuchte in Südbayern unterwegs, eventuell auch als Anhalter. Sachdienliche Hinweise bitte an die Kripo Telefonnummer oder an die nächste Polizeidienststelle.« Ich sehe das Fahndungsfoto und zweifele keinen Augenblick. Der Tramper, den wir heute Abend mitgenommen haben, ist der gesuchte Frauenmörder.

Eine halbe Stunde später im elterlichen Wohnzimmer: Mir sitzen zwei Kripobeamte gegenüber, die meine spärlichen Informationen mühsam in ihre Schreibmaschine hacken. Viel kann ich nicht sagen, war es doch recht finster, zudem saß der Typ hinter mir, eine gute Armlänge entfernt, und von sich gegeben hat er so gut wie nichts.

An diesem Abend schaue ich mir im Fernsehen keinen Krimi mehr an, bevor ich zu Bett gehe. Ich betrachte vielmehr meinen wohlbehaltenen Hals mehrmals im Badezimmerspiegel und freue mich geradezu mörderisch, dass meine Gurgel an diesem Abend unversehrt geblieben ist.

Schweigsames Publikum

Wenn mir früher jemand gesagt hätte, dass ich einmal als Ansager bei einem Volksmusikabend auftreten würde, den hätte ich für verrückt gehalten. Als Jugendlicher waren mir jede Tracht, jede Zither und jedes Volksliedchen mehr als suspekt. Ich konnte dieser Form von Traditionspflege und Volksmusik nichts abgewinnen. Lieber wäre ich wahrscheinlich nackt durch die Straßen gelaufen, als eine Lederhose oder ein Trachtenhemd anzuziehen. Doch dann kam es eben doch anders.

Die Volksmusikgruppe Eckarts, erst vor ein paar Jahren vom Lehrer Harald Dreher gegründet, veranstaltet im Mai 1975 den ersten Eckartser Volksmusikabend. Der Saal der Schule ist bis auf den letzten Platz besetzt. Ich darf die Gäste durch das Programm führen, spreche verbindende Worte zwischen den Liedern und Stücken der Musikanten und singenden Gruppen.

Nachdem die Eckartser Mädle das humorvolle Lied »Wenn dr Guggar schreit« (Wenn der Kuckuck ruft) heiter und beschwingt vorgetragen haben, will ich das begeisterte Publikum froh gestimmt in die Pause entlassen. Dazu erzähle ich folgenden Witz: »Ein Vater und sein Bub gehen spazieren. Da treffen sie einen älteren Herrn. Der Bub grüßt den Herrn recht freundlich. Nach einer Weile fragt der Vater den Buben: »Ja kennst Du denn diesen Mann?« – »Ich schon – sogar sehr gut!« »Ja, wie das denn?« fragt der Vater. Darauf sagt der Bub:

»Jeden Tag, wenn Du zur Arbeit gegangen bist, läutet es bei uns an der Tür; dann fragt dieser Mann immer die Mutter: Ist die Luft rein?«

Aber hoppla – was ist das denn? Statt eines rauschenden Applauses verlieren sich ein paar vereinzelte Lacher im Raum. Ich bin nicht nur überrascht, sondern total verunsichert. Ich drehe mich zu den Sängern und Musikanten auf der Bühne um, und blicke auch da nur in fragende, irritierte Gesichter. Was ist geschehen?

In der Pause finde ich schnell des Rätsels Lösung. Beim Blick in meine Unterlagen fällt es mir wie Schuppen von den Augen. Ich habe einen wichtigen Satz dieses Witzes vergessen und damit die Pointe total versemmelt.

Mit einem entschuldigenden Lächeln und ein paar Worten erkläre ich nach der Pause meinen Aussetzer. Dann erzähle ich den verpatzten Witz nochmals, diesmal hoch konzentriert und vor allem vollständig.

»Ein Vater und sein Bub gehen spazieren. Da treffen sie einen älteren Herrn. Der Bub grüßt den Herrn recht freundlich. Nach einer Weile fragt der Vater den Buben: »Ja kennst Du denn diesen Mann?« – »Ich schon – sogar sehr gut! Der muss vom Umweltschutz sein!«– »Ja, wie das denn?« fragt der Vater. Darauf sagt der Bub: »Jeden Tag, wenn Du zur Arbeit gegangen bist, läutet es bei uns an der Tür; dann fragt dieser Mann immer die Mutter: Ist die Luft rein?«

Jetzt lachen die Zuhörer schallend. Und ich bekomme den verdienten Applaus. Die viel gepriesene ländliche Welt, zumindest meine Welt ist jetzt wieder in Ordnung. Danach geht es musikalisch heiter und beschwingt weiter, unter anderem mit der Frauensinggruppe, die erstmals das Eckartser Heimatlied zum Besten gibt. Darin heißt es: »In am Dörfle an ar Holde, an am schöne grüne Rui, stoht mei Haus, mei liebe Huimat, dötta bin i ganz dahui. Ringsum Wiesa, grüne Felder, muntre Bächle, Tannewälder und es Kirchle a dr Höh, i meim Eckarts ischt es schö!«

Nein, selbst bei soviel Naturverbundenheit und Heimatgefühlen wird es mir nicht flau im Magen. Dennoch empfinde die Stimmung bei diesem ersten Eckartser Volksmusikabend als wunderschön. Sang und Klang der jungen und alten Sänger und Musikanten sind wirklich ein Erlebnis.

Lange Gesichter am Sonntag

Während meiner Studienjahre wohnte ich in München in verschiedenen Stadtteilen. Eines meiner Studentenzimmer lag in der Oefelestraße, eines in der Reisinger Straße, unweit des Sendlinger Tor-Platzes, ein anderes im westlichen

Schwabing, in der Jakob-Klar-Straße und zuletzt bin ich Untermieter in der Hörwarthstraße 42, in der Nähe des Schwabinger Krankenhauses. Dort, im Erdgeschoss, habe ich ein kleines Zimmer in der Fünf-Zimmer-Wohnung eines Rentnerehepaares. Ich darf dessen Bad benutzen und im Kühlschrank wird mir ein Plätzchen zugestanden, das gerade für eine Plastikdose reicht, um darin Käse, Wurst oder Ähnliches aufzubewahren. Getränkeflaschen kann ich nur in meinem Zimmer lagern. Grundsätzlich nehmen die älteren Herrschaften nur Wochenendheimfahrer, neben mir noch einen Studenten aus Ingolstadt.

Der ältere Herr, ein ehemaliger Versicherungs-Vertreter, nennt seine Frau liebevoll »Puppe«. Für sie ist er der »Hase«, wobei dieser manchmal sehr bissig sein kann. So macht er seiner »Puppe« eine Riesenszene, nachdem er von dieser nach einem kurzen Aufenthalt im Krankenhaus nicht direkt dort abgeholt wird. »Du musstest wohl noch schnell Deinen Hausfreund hinauskomplimentieren, was?« lautet sein plumper, etwas laut geratener Vorwurf, als er nach Hause zurückkehrt.

Da ich auch in den heißen Wochen des Sommers 1976 meine Getränke nicht in den Kühlschrank stellen darf, lagere ich meine Saftflaschen zwangsläufig in meinem Zimmer. Und dann passiert Folgendes.

Ein besonders heißes Wochenende, tropische Temperaturen in der Stadt. Ich fahre nach Hause ins Allgäu. Als ich Sonntagabend zurückkomme, sehe ich zahlreiche kleine Glassplitter im Zimmer verstreut herumliegen. Selbst unter dem Schreibtisch befinden sich welche. Des Rätsels Lösung folgt am nächsten Tag.

»Puppe« berichtet mir, dass sie am Samstag für ihren »Hasen« einen Sonntagskuchen gebacken und diesen zum Abkühlen in mein Zimmer gestellt habe. Und zwar direkt neben eine Saftflasche. Aufgrund der hochsommerlichen Temperaturen, auch in der Wohnung ist es sehr warm, hat der Saft in der Flasche zu gären angefangen – und irgendwann ist die Flasche explodiert. Unzählige kleine Glassplitter sind nicht nur bis in die hintersten Winkel des Zimmers geflogen, sie haben sich auch in den frisch gebackenen Sonntagskuchen für »Hase« gebohrt.

Sicherheitshalber darf der arme »Hase« kein einziges Stück dieses gespickten Sonntagskuchens probieren. Armer, armer »Hase«! Jetzt gibt es wegen dieses blöden Studenten an diesem Sonntag keinen Kuchen, nur lange Gesichter, und zwar richtig lange. Denn dieses Paar heißt mit Familiennamen tatsächlich Lange.

Ja, wer den Schaden hat, braucht für den Spott nicht zu sorgen. Das gilt in diesem Fall auch für »Hase«. Ich gestehe, ich bin schadenfroh, gerade weil sich dieser ältere Herr auch mir gegenüber des Öfteren sehr patzig verhält.

Einmal liegt meine Miete am Achten eines Monats noch nicht auf seinem Konto, ich absolviere gerade ein Praxissemester in einer Jugendbildungsstätte in Berchtesgaden, schon schreibt er mir einen rotzigen Brief:

»Ebenso ist die Miete bis heute noch nicht überwiesen; auch wir brauchen am Ersten das Geld und Sie sind bis jetzt der erste, wo wir mahnen müssen – leider. Ich bitte, in Zukunft das Geld am Ersten zu zahlen.«

Unser Verhältnis bleibt weiterhin kühl und distanziert. Aus diesem Grunde überraschen mich weder »Hase« noch »Puppe«, als ich am Tag meines Auszugs die Wohnungsschlüssel bei der Hausmeisterin abgeben muss. Die beiden sind, wie ich von der Hausmeisterin erfahre, an diesem Tage ganztägig außer Hause, rein zufällig, versteht sich.

Als Fernwanderer unterwegs

Viele Jahre hatte mich das Bergwandern wenig interessiert, geschweige denn, dass ich mich dafür begeistern konnte. Nur die Allgäuer Vorberge wie beispielsweise den Grünten, den Wächter des Allgäus, hatte ich bis dahin bestiegen. Mitte der 70er-Jahre änderte sich das gravierend. Zusammen mit meiner Schwester und Freunden ging es jetzt auf viele bekannte Gipfel und über einige Höhenwege der Allgäuer Alpen wie den Großen Daumen, das Nebelhorn, den Großen Widderstein, den Hochvogel, den Hohen Ifen sowie den Heilbronner und den Jubiläumsweg.

Als ich dann im Herbst 1975, mehr oder weniger zufällig, in einer Buchhandlung auf den Führer zum Europäischen Fernwanderweg 5 (E 5) stieß, war meine Begeisterung für diesen Weg quer über die Alpen geweckt. Schnell waren Mitwanderer gefunden, wichtige Informationen vom Verfasser dieses Wanderführers, Hans Schmidt aus Sonthofen, eingeholt. Und schon im folgenden Sommer wagten wir uns an diese große Tour.

Bei etwas durchwachsenem Wetter machten wir uns am 29. Juli 1976 auf den Weg: Karl und Willy, beide Schüler, Sepp und Martin, angehende Landwirte, und ich, Student und Leiter der Gruppe. Es war kein alltäglicher Weg, den wir uns ausgesucht hatten, sondern der Europäische Fernwanderweg 5, ganze 520 Kilometer lang, von Oberstdorf nach Venedig, quer über die Alpen. Weil wir drei Wochen unterwegs sein wollten, waren unsere großen Rucksäcke voll gepackt. Gut 15 Kilo lasteten auf unseren Schultern.

»Wenn ma frünar weggoht, ka ma frünar Brotzeit mache« – dieses Motto machten wir uns zu eigen und brachen jeden Morgen frühzeitig auf, um 4 oder 5 Uhr. An den 21 Wandertagen, wo es Stunden lang teils steil bergauf, dann wieder flott bergab ging, erlebten wir Vieles: Wetterkapriolen wie anhaltenden Schneefall beim Abstieg vom Venetberg (2.513 m) am ersten Sonntag im August, und natürlich zahlreiche landschaftliche Höhepunkte wie die Überquerung der 2.599 Meter hohen Seescharte, des Madatschjoches (3.010 m) und des Pitztaler Jöchls (2.995 m), die Besteigung des Hirzers (2.781 m) am Ostrand des Etschtales, die Erdpyramiden von Segonzano, hohe, zu Stein verfestigte Erdsäulen, bedeckt von wetterfesten Steinplatten, die Durchquerung der Pasubio-Hochfläche, ein Gebiet, in dem sich österreichisch-ungarische und italienische Truppen im Ersten Weltkrieg erbittert bekämpft haben, die Besteigung des Monte Cornetto (1.900 m) und der Cima Carega (2.259 m) sowie die unzähligen Kanäle, Brücken, Kirchen und Paläste in der alten Lagunen- und Seestadt Venedig.

Nicht zu vergessen die teils überraschenden, teils außergewöhnlichen Begegnungen mit Menschen und Tieren, so die zufällige Bekanntschaft mit dem Ziegenbock »Goggl«, unsere Späße mit Wanderern auf der Pfandler Alm, unsere großzügige Beschenkung einer Ansbacher Mädchengruppe, die unerwartete Ehrung auf der Piazza von Luserna im Rahmen des vierten Zimbrischen Marsches, unseren Ausbruch aus einem Albergo auf dem Coepass sowie unsere unterhaltsamen Begegnungen mit einer venezianischen Padrona.

Die letzten Eintragungen in meinem Tagebuch am Montag, 23. August, unserem letzten Reisetag, lauten: »Ein Abenteuer, an das wir alle gerne zurückdenken und dabei ins Schwärmen geraten werden. Dazu hat ein Großteil beigetragen, dass wir uns glänzend verstanden haben, nie ein böses Wort oder gar ein Streit aufgekommen ist. ... Der Abend ist hereingebrochen, die Bahnhofsuhr in Seifen zeigt 19:47 Uhr, als wir wieder Oberallgäuer Boden unter den Füßen haben – wir sind wieder in unserer Heimat.« Dieses Gefühl des wieder in die Heimat Zurückkehrens fasst der Allgäuer so zusammen: »'S hoimelet oin glei me aa!«

Auf unserem Weg über die Alpen waren wir auch dem »Vater« des Europäischen Fernwanderweges 5, Hans Schmidt, begegnet. Später lud er mich ein, im Team der Wegpaten für die Europäischen Fernwanderwege 4 und 5 mitzuarbeiten. Und so betreute ich einige Jahre lang zwei Tagesetappen des E 4, den Wegabschnitt von Tegernsee bis Brannenburg am Fuße des Wendelsteins.

Einmal jährlich treffen sich die Wegpaten an einem Ort, der auf einem dieser Wege liegt, um Fragen zu klären, Probleme zu besprechen, Erfahrungen auszutauschen und die Gemeinschaft zu pflegen. Ich war mehrmals dabei, so auch beim Jubiläumstreffen – 15 Jahre Europäischer Fernwanderweg 5 und 10 Jahre Wegpatenschaften – im idyllisch gelegenen Dörfchen Rabenstein im Passeiertal.

Null Bock auf Freundschaft

Man kann einen Bock schießen oder auch den Bock zum Gärtner machen. Man kann die Böcke von den Schafen trennen oder etwas aus Bock tun. Man kann aber nicht jeden Tag Bock auf alles haben. Dass Schüler nicht immer Lust auf Schule oder Auszubildende auf Ausbildung haben, ist leicht nachvollziehbar. Aber auch Bergwanderer, die schwer bepackt sind und größere Touren vor sich haben, freuen sich nicht immer über neue Freunde, zumal wenn sich diese gleich von Anfang sehr aufdrängen.

Nach einem schnellen Frühstück beim Friseur Oberkofler in Zams in Tirol erklimmen wir mit der Venetbahn den Krahberg (2.240 m), wo uns der Wettergott mit Schneefällen empfängt. Etwas überrascht sind wir schon, denn das Kalenderblatt zeigt den ersten August 1976. Wir stapfen zwei Stunden hinauf zum Gipfel des Venetberges, auf 2.471 Metern Höhe. Nebelschwaden erschweren oben die Orientierung. Prompt schlagen wir zunächst einen falschen Weg ein, bemerken dies aber recht schnell, kehren um und finden schließlich den richtigen.

Verschwitzt und hungrig kommen wir nach kurzer Zeit auf der Gogglesalm an. In der von einem alten Kachelofen gewärmten Stube lassen wir uns nieder, ratschen mit den Almleuten, machen ausgiebig Brotzeit, ehe wir frisch gestärkt wieder zum Aufbruch drängen.

Draußen in der Nähe der Alm grast ein Ziegenbock, der wohl an diesem Morgen auf sein »Eau de Cologne« verzichtet hat. Zunächst freuen wir uns, dass uns dieser Geißbock begleitet. Wir nennen ihn Goggl, nach dem Namen der Alm. Schnell ein Erinnerungsfoto, »Gruppenbild mit Bock«, dann gehen wir zügig weiter. Doch solange wir auch absteigen, immer klebt dieser Stinkadores an unseren Fersen. Wir jagen ihn einige Meter bergauf, doch kaum halten wir an, um wieder abzusteigen, schon trabt er erneut an unserer Seite. Mal neben uns, mal vor uns, mal hinter uns, gleich bleibend stinkend trottet dieses gehörnte Alpenunikum mit uns talwärts.

Als wir einen Zaun aus Natursteinen passieren, hoffen wir, unsere Freundschaft nähme ein Ende. Goggl, von uns hinter dem Zaun zurückgelassen, findet allerdings sehr schnell einen Übergang und schon riecht es wieder etwas strenger in unserer Nähe. Wir beschließen, ihn bis zum nächsten Bauernhof mitzunehmen und dort abzugeben. Martin startet jedoch noch einen allerletzten Versuch, uns von diesem Gast zu befreien. Er jagt Goggl einige hundert Meter zurück. Wir steigen währenddessen weiter ab und warten versteckt auf Martin. Wenige Minuten später fällt uns ein Stein vom Herzen. Martin ruft uns und Goggl ist nicht mehr an seiner Seite. Es ist geschafft – denken wir.

Ein paar Kurven weiter werden wir eines Besseren belehrt. Wir kommen an einer Heuhütte inmitten einer umzäunten Wiese vorbei, und wer steht suchend und Ausschau haltend hinter den Zaunlatten? Goggl. Es dauert nicht lange, bis er seine neuen Freunde erspäht hat. Dann geht es weiter, jetzt wieder gemeinsam. Wenn wir Himbeeren am Wegesrand futtern, lässt es sich Goggl auch schmecken. Immer wartet er geduldig, bis wir weiterziehen.

Plötzlich hören wir Stimmen. Bergwanderer, die von unten kommen, also bergan steigen. Rettung naht, vielleicht unsere letzte Chance, denken wir. Wir steigen einen Hang hinauf und pflücken Himbeeren. Goggl wartet unterdessen wie immer am Wegesrand auf seine Freunde. Die Wanderergruppe kommt näher. Goggl sieht sie, findet sie interessant. Wir verhalten uns still und abgelenkt. Und Goggl enttäuscht uns dieses Mal nicht. Er schließt sich diesen Wanderern an.

Wir blicken ihnen noch lange nach, dankbar und befreit. Auch unsere Nasen genießen wieder den Duft der großen weiten Natur. Wie begonnen so zerronnen. So schnell kann auch eine noch so innige Freundschaft ein jähes, aber freudiges Ende finden.

Auf der Alm gibt's Spaßvögel

Du bist vielleicht ein Spaßvogel! Bei diesem Kompliment kommt es sehr auf die Betonung an, um dessen Botschaft richtig zu interpretieren. Andererseits erntet jemand, der stets zu einem Späßchen aufgelegt ist, nicht immer ungeteilten Beifall. Das haben wir auf unserer langen Wanderung über die Alpen auch einige Male erfahren.

Der Weg hinauf zum Timmelsjoch schlaucht uns, Nebel, Regen und dazu die harte Teerstraße mit Autoverkehr. In der Dunkelheit verpassen wir den Einstieg in den Wanderweg, und so müssen wir jetzt kilometerweit auf der Autostraße bergan latschen. Kehre um Kehre hinauf. Was für ein Joch! Oben, kurz nach der Passhöhe endlich Sonne und es geht wieder abwärts. Auf steinigen Wanderwegen ins Passeiertal, erst durch das idyllische Dörfchen Rabenstein, dann weiter nach Moos, wo wir in einem Gasthof übernachten.

Kaum hat der Glöckner von Moos am nächsten Tag zum Morgengebet gerufen, brechen wir auf. Heute liegt nur eine kurze Wanderstrecke vor uns. Bereits gegen halb elf kommen wir auf der Pfandler-Alm-Hütte (1.350 m) an, dem Ort, wo einst der Tiroler Freiheitskämpfer Andreas Hofer gefangen genommen worden ist. Wir essen gut und reichlich, sprechen dabei süffigem Weine zu, vielleicht etwas zu viel. Auf alle Fälle verbringen wir lustige und abwechslungsreiche Stunden auf dieser Alm.

Erst gewinne ich eine Wette, einen Liter Wein, weil ich im eiskalten Wasser eines Holzschaffes ein Nacktbad nehme. Dann gönnen wir uns oberhalb der Hütte ein Sonnenbad, dösen im Gras, wenn wir nicht gerade irgendwelche Späße treiben.

Im Laufe des Nachmittags kehren wiederholt Wanderer auf der Alm ein, ohne Schlimmes zu ahnen. So auch eine fränkische Familie. Ihr Oberhaupt, schon etwas abgekämpft, seine glühende »Birne« verrät es, will mit uns wetten, dass sein krummhaxiger Dackel schneller laufen würde als einer von uns. Mein Wettangebot, eine Portion Spaghetti, schlägt er zu meinem großen Bedauern aus. Für uns Anlass genug, ihn zu frotzeln. Der Familienvater scheint nicht gerade eine besondere Spaßkanone zu sein. Sein Ton wird aggressiver bis hin zu dem Ausspruch: »Junge Leute würden nun einmal leicht angeben« – »Und alte klopfen große Sprüche« schallt es von uns prompt zurück. Selbst Frau und Töchterchen dieses gereizten Franken können sich ob unserer Schlagfertigkeit ein Grinsen nicht verkneifen.

Danach unterhalten wir uns doch noch sehr entspannt, bis die Familie zum Abstieg rüstet. Es dauert nicht lange, schon erscheinen neue Opfer für uns Spaßvögel. Eine Familie aus Köln tritt in die gute Stube der Pfandler Alm, wo sich Mann und Frau mit der Almmutter unterhalten, unter anderem auch über uns fünf, die wir uns hier seit Stunden vergnügen. Unsere Essensportionen sind ebenso Gesprächsthema wie unser überdurchschnittlicher Weinkonsum. »Dat büüßt man dann am nächsten Taach doppelt«, lautet ihr Kommentar, den wir mitkriegen und mit großem Gelächter beantworten. Als die Gäste wieder aufbrechen, drängt es uns nach Versöhnung. »Wir wollen niemals auseinander gehn«, krächzen wir, nicht ohne dabei spöttisch zu grinsen.

Aber all das hilft letztendlich nichts. Auch unsere Wege trennen sich, und zwar für immer. Die rheinländischen Almplauderer ziehen weiter, wir Allgäuer Spaßvögel treffen noch die Vorbereitungen für den nächsten Wandertag.

Dann ziehen wir uns, inzwischen reichlich müde, nicht zuletzt vom Lachen, in den Schlafraum der gemütlichen Alm zurück. Aus diesem ist schon bald ein wohliges, aber ohrenbetäubendes fünfstimmiges Schnarchen zu vernehmen. Wo auf einer Alm so gesägt wird, da gibt's bestimmt kei Sünd'!

Alles Gute kommt von unten

Eigentlich heißt das Sprichwort ja »Alles Gute kommt von oben« und es geht auf die Bibel zurück. Dort ist mit »oben« Gott gemeint. Logischerweise müsste dann »unten« die Hölle bedeuten beziehungsweise der Teufel sein. Und von diesem soll alles Gute kommen? Das müsste fürwahr mit dem Teufel zugehen.

Wir schreiben Sonntag, den achten August 1976, bereits der elfte Tag unserer Alpenüberquerung. Nach einer lauten Nacht, unser Quartier liegt direkt an einer der Hauptverkehrsstraßen Bozens, statten wir dem Bauernmarkt einen Besuch ab. Wir kaufen Verpflegung für die kommenden Tage ein. Frisches Obst, das die Bauern immer hinter den glänzenden Obstbergen hervorholen, wo die nicht ganz so fitten Äpfel und Birnen auf Kunden, auf Touristen wie uns, warten. Und geräucherte Würste. Wir entscheiden uns für die preiswerten Kilometerwürste. Ihre Bezeichnung ist für uns Fernwanderer geradezu kaufverpflichtend. Bereits am Abend riechen diese Würste nicht mehr ganz frisch und ihr äußerer Rand sieht bräunlich aus. Deshalb will keiner einen Bissen davon probieren. Auch am nächsten und am übernächsten Tag bleiben die Würste unberührt, wobei deren Qualität riechbar abzunehmen scheint. Was tun? – Wegwerfen? Nein, das sind doch Lebensmittel, und die haben auch Geld gekostet. Also schleppen wir sie weiter mit.

Doch dann, am Mittwochmorgen bewahrheitet sich wieder mal der Spruch »Unverhofft kommt oft«. Wir stehen gemäß unserem Leitspruch früh auf. Heute rasten wir bereits früh am Vormittag, im Garten einer Gastwirtschaft in Trodena (Truden). Wir nehmen an Tisch und Bänken Platz, lassen es uns schmecken. Nur die Kilometerwürste haben weiterhin Rucksackarrest. Unser herzhaftes Zubeißen und unser sanftes Schmatzen wird von jungen Mädchen wahrgenommen. Sie blicken aus den Fenstern der oberen Stockwerke auf uns herab. Und wer uns zuschaut, muss einfach Hunger bekommen. Würziger Speck, wohlriechender Käse, geräucherte Fische und reifes Obst liegen auf unserem Tisch.

Es dauert nicht lange, schon rufen uns die hungrigen Mädchen zu. Sie wollen an unserem Schlaraffenland teilhaben. Zunächst ignorieren wir Allgäuer, knausrig wie wir sind, deren Gelüste. Wir wollen nicht einen Brocken von unserem reich gedeckten Tisch abgeben. Dann, endlich fällt der Groschen, nicht von oben, sondern bei uns.

Wir packen unsere vernächlässigten Kilometerwürste aus und werfen sie nach oben, in die Fenster des ersten und zweiten Stockwerkes. Die Mädchen, gierig wie hungrige Täubchen, fangen sie auf. Dann ziehen sie sich in die Zimmer zurück, überwältigt von der Großzügig- und Mildtätigkeit dieser Allgäuer Burschen. Unten im Garten sitzen wir, grinsen, können unsere Schadenfreude kaum verbergen. Wir lachen hell auf, als wir aus dem Munde der Mädchen die ersten Lobeshymnen vernehmen, wie gut doch diese Würste mundeten.

Dreieinhalb Ringe Kilometerwurst wechseln innerhalb weniger Minuten ihre Besitzer, zur Freude dieser jungen Gourmets aus Ansbach und zur noch größeren Freude von uns ach so großzügigen Wandergesellen aus dem Allgäu.

Überraschender Medaillenregen

Dass es in den Alpen mal regnet, ist nichts Außergewöhnliches. Das haben wir auf unserer Tour schon einige Male erlebt. Mal war es ein leichter Regen, mal ein Platzregen, ein andermal sogar Schneeregen. Doch heute sollten wir noch einen anderen, einen ganz besonderen Regen kennenlernen.

Wieder ein sonniger Morgen in den Alpen, ein Sonntag Mitte August. Auf unserer heutigen Etappe wollen wir nicht auf dem Normalweg wandern. Wir entscheiden uns für eine Variante, den Klettersteig durch die Val-Scura-Schlucht.

Doch das Schild »Gesperrt« durchkreuzt unseren Plan, weist uns auf die normale Route zurück.

Bereits am frühen Vormittag erreichen wir das Örtchen Luserna, idyllisch gelegen und überragt von einer stattlichen Kirche. Lusern, wie der Ort auf Deutsch heißt, ist eine der dreizehn Gemeinden im Trentino, in denen noch zimbrisch, ein deutscher Dialekt aus dem Mittelalter, gesprochen wird.

Viele Menschen schreiten gerade zum sonntäglichen Gottesdienst. Uns begegnen sie mit freundlichen Blicken. Auf der Piazza herrscht hektisches Treiben. Alte und Junge huschen über den Platz. Sie erwarten die Läufer des vierten Zimbrischen Feldmarsches, des »Marcia Cimbra«, zehn Kilometer von Roana nach Luserna. Kaum nehmen sie uns wahr, kommen sie auf uns zu, umlagern uns, umgarnen uns mit neugierigen Blicken. Sie fragen, wo wir herkommen. »Aus Deutschland! Und wohin wollt ihr? Bis nach Venedig!«– Staunen, Bewunderung, Anerkennung ist in alten, runzligen und braungebrannten Gesichtern zu lesen. Junge Menschen klopfen uns aufmunternd auf die Schultern, schütteln uns die Hände. Es herrscht eine ausgelassene Stimmung auf dem Platze. Alle wirken freundlich und froh. Wir scheinen irgendwie zu einer Attraktion dieses norditalienischen Ortes geworden zu sein.

Am Ziel des »Marcia Cimbra«, an der Ostseite des Hauptplatzes, wartet auf einem Tischchen bereits eine Garde glänzender Pokale auf die Sieger des Laufes. Es dauert nicht lange, kommen Offizielle auf uns zu und hängen uns silbern glänzende Medaillen um. Dazu ein herzliches »multo bene«. Dies alles in Anerkennung unserer enormen Wanderleistung. Dafür müssen die Teilnehmer des Zimbernlaufes erst mal einige anstrengende Kilometer hinter sich bringen.

Kurze Zeit später hampelt ein Italiener um uns herum. Klein von Statur, im blauen Trainingsanzug und mit Schirmmütze. Er schießt ein paar Fotos von uns, wofür wir uns in Positur stellen müssen. Minuten später werden wir fünf Allgäuer Alpenüberquerer von einem Offiziellen über Lautsprecher in Luserna willkommen geheißen. Er spricht ein paar anerkennende Worte und wünscht uns für die weiteren Tage alles Gute. Und dies alles in deutscher Sprache. Und wie reagieren die zahlreichen Luserner darauf? Sie klatschen begeistert Beifall.

Wir stehend da, mit stolzgeschwellter Brust, ergriffen und überglücklich. Noch ein paar Stunden halten wir uns auf der Piazza auf, angesteckt von dieser einzigartigen südländischen Begeisterung. Bald trudeln die wahren Helden dieses Tages ein, die Läuferinnen und Läufer des Zimbernlaufes, teils recht abgekämpft und erschöpft.

Damit wir nicht übermütig werden ob des überraschenden Medaillenregens für uns, lässt es Petrus noch schauern, ein leichter Sommerregen, aber erst am späten Sonntagabend. Unsere gute Laune kann dieser allerdings nicht trüben.

S' Fensterl zum Hof

S' Fensterl zum Hof, so hieß Anfang der 60er-Jahre eine legendäre Sendereihe im Bayerischen Fernsehen mit der unvergessenen Schauspielerin, Kabarettistin und Dokumentarfilmerin Elfie Pertramer. Darin erzählte sie vor einem imaginären Hoffenster von den Sorgen, Nöten und Freuden in einem Münchner Arbeiterviertel. Dabei kombinierte sie scharfe Beobachtungen mit hintersinnig-humorvollen Kommentaren. Doch mit diesem Fernseh-Fensterl hat die folgende Geschichte gar nichts zu tun. Mein, vielmehr unser Fensterl geht nicht auf einen Hinterhof hinaus, sondern auf die Hochebene von Folgaria in der Region Trentino.

Auch mit Gabriella, der hübschen, schwarzhaarigen Bedienung hat es nur indirekt zu tun. Nachdem wir bereits mittags unser Tagesziel, das Albergo Fondo Piccolo erreicht haben, verwöhnt sie uns mit köstlichen Speisen und süffigem Wein. Ihr herzliches Bravo, ihr anmutiges Lächeln entlohnen uns für die zahlreichen Regentropfen, die unsere Stimmung heute empfindlich getrübt haben. Wir gestatten uns am frühen Nachmittag sogar ein Nickerchen, träumen bereits vom Endziel Venedig und schmunzeln über unseren vor Tagen kreierten Limerick: »Fünf boys aus Immentown, they wanted to Venedig schaun. The weather was prächtig, they enjoyed it mächtig. Heim kommen sie auf den Knien – down!«

Bei Kerzenschein, über dem Passo Coe hängt noch das Dunkel der Nacht, steigen wir am folgenden Morgen aus den Betten. Alles geht sehr schnell: Waschen, Frühstücken, Rucksäcke packen, Anziehen. Als wir die Tür nach draußen öffnen wollen, ist diese verschlossen. Kein Schlüssel steckt. Aber wir finden schnell eine Lösung, s' Fensterl zum Hof. Kaum hat Karl die Blumenstöcke auf dem Fensterbrett beiseite geräumt, das Fenster geöffnet, er will gerade seinen Rucksack nach draußen heben, da schießt die Chefin in den Gastraum und faucht uns an. Das bringt uns aber nicht aus der Ruhe. Wir verstehen ihre italienischen Schimpftiraden sowieso nicht. Außerdem wollen wir raus und allein »la furia italiana«, also diese italienische Hausfurie hat den Schlüssel dazu. Wir lassen sie ausbrummen, werfen noch einen aufgestellten Stuhl um, was ihre Schimpfkanonade noch um einige deftige Brocken verstärkt. In solchen Augenblicken schalten wir auf Durchzug und murmeln unsere Standardformel »Non capisco niente!« (Ich verstehe nichts!). Um größeren Schaden zu vermeiden und diese Rauhbeine schnellstens wieder los zu werden, schließt die Wirtin nach längerer Zeit die Tür auf. Wir entfliehen den Fängen der weiter unfreundlich palavernden Hausherrin mit einem kühlen »Arrivederci«.

Erst einige hundert Meter weiter wagen wir es, ein paar Blicke zurückzuwerfen. Und was sehen wir? In den dunklen Räumen des Albergo bewegt sich eine Person, immer wieder blitzt der Lichtkegel einer Taschenlampe auf. Wahrscheinlich durchschreitet die skeptische Hausherrin alle Räume, fürchtet sie doch, wir frühzeitigen Aufsteher hätten irgendwelche Gegenstände mitlaufen lassen.

Also bitte: Wer traut schon fünf unbekannten Gästen, die jung sind, aber auch etwas abgewrackt aussehen. Sind diese doch seit drei Wochen unrasiert, etwas müde in den Beinen und auch sonst wirken sie nicht mehr ganz frisch. Und dann versuchen diese Typen auch noch, zu nachtschlafender Zeit das Albergo auf einem sehr unkonventionellen Wege zu verlassen.

Irritierte venezianische Padrona

Guido Brunetti, Venedigs beliebtestem Commissario, Grüße des Allgäuer Kommissars Kluftinger zu überbringen, war nicht unsere Absicht. Warum? Weil beide zu dieser Zeit noch gar nicht existierten, vermutlich noch nicht einmal in den Köpfen ihrer Autoren. Wir wollten zum Abschluss unserer dreiwöchigen Alpenüberquerung lediglich die schöne Lagunenstadt besichtigen und dort noch ein paar ruhige Tage verbringen.

Nach einer eineinhalbstündigen Zugfahrt von Verona kommen wir etwas müde im Bahnhof von Venedig an. 23 Tage nach unserem Start sind wir am Ziel unserer Fernwanderung angelangt. Das Touristikbüro vermittelt uns ein preiswertes Zimmer für die nächsten Tage. Ehe wir wieder heimwärts fahren, wollen wir uns die Sehenswürdigkeiten der Stadt anschauen. Von der Haltestelle 2 am Canale Grande geht es mit einem Vaporetto zum Anlegeplatz »C. A. d'Oro«, dann einige Schritte die Strada Novale hinunter – und schon stehen wir vor unserer Bleibe, dem Albergo Bernardi Semenzato.

Ich drücke auf den Klingelknopf, der Türöffner summt. Wir steigen die Treppe hinauf. Und da, vor uns im schwachen Lichte des Treppenhauses steht ein altes Weib, dunkel gewandet, faltenreich das Gesicht, die Äuglein lugen hinter einer Brille hervor. Wenn sie den Mund aufmacht, kommen ein paar schief stehende, halb abgefaulte Zähne zum Vorschein. Und die Gerüche, die ihrem Mund entströmen, empfinden wir nicht als wohlriechend. Auf den ersten Blick sieht sie eher aus wie ein Kinderschreck oder ein Hausdrachen.

Als wir abends in die Stadt aufbrechen, weist sie uns darauf hin, dass das Albergo »mezzanotte chiuso« sei, also um Mitternacht schließe. Doch wir brummen nur »Non capisco niente«, was sie merklich beunruhigt. Sie neigt den Kopf leicht zur Seite, faltet die Hände und schmiegt sie an ihre rechte Wange, damit wir endlich begreifen, was sie uns Wichtiges mitteilen will. Natürlich verstehen wir ihre Botschaft, aber wir tun so, als hätten wir gar nichts verstanden. Uns gefällt es, wenn wir die alte Padrona verunsichern können.

Allabendlich das gleiche Spiel. Wieder und wieder tut uns sie beim Aufbruch in die Stadt ihren Hinweis kund, unterstreicht diesen durch entsprechende Gesten, dass nämlich um Mitternacht die Türe verschlossen werde. Genauso regelmäßig stellen wir uns dumm. Die Padrona scheint fast zu verzweifeln mit uns, diesen »tipi sfacciati«, diesen frechen Kerlen. Wir jedoch sind hartherzig, finden daran allabendlich unseren Spaß. Trotzdem lächelt sie immer freundlich über das ganze faltige Gesicht und ihre hinter der Brille versteckten Äuglein funkeln, wenn sie uns mit Winkehändchen in die vielleicht schönste aller Städte entlässt.

Wir schlendern durch enge Gassen, vorbei an wunderschönen Kirchen und Palästen, über Brücken hinweg, auch über die berühmte Rialtobrücke, kreuzen mehrfach den Canale Grande, ehe wir zum bekannten Markusplatz kommen. Nicht nur der Dom San Marco mit Campanile und der Dogenpalast beeindrucken uns, auch die unzähligen Touristen, die knipsend oder filmend, Tauben und sich selbst fütternd, die große Piazza zu einem internationalen Menschenauflauf werden lassen. Doch irgendwann haben wir uns satt gesehen. In einer Pizzeria geben wir uns anderen, leiblichen Genüssen hin, und versöhnen uns auf diese Weise mit »La Serenissima«, der »Durchlauchigsten«.

Am letzten Abend gönnen wir uns zum Abschied ein vielkugeliges Gelati. Unserer gutmütigen Padrona, die wir jeden Abend so irritiert haben, bringen wir eine Portion Schokoladeneis mit. Sie freut sich darüber über alle Maßen. Das wiederum freut uns. Insgeheim hoffen wir, dass ihre morschen Zahnstümpfe nicht in der köstlichen Eismasse stecken bleiben.

Gottlob haben sie das nicht getan, wovon wir uns beim Verabschieden am nächsten Morgen noch überzeugen können. Ein letztes Mal Winkehändchen der venezianischen Padrona, dann geht es nach 26 Tagen und einer tollen Tour wieder nach Hause.

Fernwanderers neuer Gruß

In den Bergen gehört das Grüßen zu den guten Gepflogenheiten. »Grüß Gott«, »Servus«, »Habe die Ehre«, »Grüezi« oder »Giorno« vernehmen wir immer wieder auf unseren Etappen quer über die Alpen. Das heute häufige »Hallo« oder »Hi« ist glücklicherweise noch nicht zu hören.

Bei unserer Alpenwanderung schallt uns am Fuße des Pitztaler Jöchls, mit knapp 3.000 Metern der höchste Punkt unserer Tour, ein freundliches »Grüß Gott« entgegen. Es kommt vom »Vater« dieses Fernwanderweges, vom Sonthofener Hans Schmidt.

Nur ein Jahr später bittet er mich, zwei Tagesetappen des Europäischen Fernwanderweges 4, also des E 4, als Wegpate zu betreuen. Ich wohne damals mit meiner Frau bereits in Holzkirchen. Deshalb bietet er mir den Abschnitt von Tegernsee bis nach Brannenburg an. Ich bin einverstanden. Die folgenden Jahre gehe ich also mehrere Male dieses Wegstück ab, kontrolliere die orangefarbenen Markierungen und die Wegtäfelchen, frische erstere auf oder ersetze letztere.

Alljährlich lädt Hans Schmidt die ehrenamtlichen Wegpaten der beiden Fernwanderwege E 4 und E 5 zu einem Treffen ein. Im Juni 1987 zu einem besonderen Treffen. Es gilt, zwei Jubiläen zu feiern. Zum einen besteht der Europäische Fernwanderweg 5 seit 15 Jahren und zum anderen tun seit zehn Jahren die Wegpaten ihren Dienst. Ort dieses Treffens ist das verträumte Dörfchen Rabenstein im oberen Passeiertal.

Mit dabei sind Wegpaten aus dem Allgäu, aus Schwaben, aus Holzkirchen, aus Südtirol und Verona, ferner der Wirt der Hirzer Hütte, aber auch der erste Bürgermeister der Stadt Sonthofen, eine Mitarbeiterin des Bayerischen Rundfunks sowie aus Ehingen, der ehemalige Regierungsdirektor Dr. Holtz, ein ausgefuchster, wenn nicht gar gefürchteter Wanderkarten-Experte.

Neben einer gemeinsamen Bergtour auf das Pitztaler Jöchl gibt es viel Dienstliches zu besprechen. Dabei überrascht uns Dr. Holtz mit seiner neuesten Erkenntnis. Seinen Berechnungen zufolge ist das Timmelsjoch, nicht wie überall angegeben, 2.509 Meter hoch, sondern lediglich exakt 2.500 Meter. Über diese Sensation berichte ich im »Patenecho«, dem von mir herausgegebenen Nachrichtenblatt für Offizielle des E 5 und E 4. Ich muss allerdings anmerken, aus ökonomischen, also arbeitsökonomischen Gründen ist nur eine einzige Nummer dieses Heftes erschienen.

Aber zurück zur Holtzschen Erkenntnis, dieser sensationellen Nachricht, über die ich wie folgt berichte: »Um alte, und damit falsche, von den exakten neuen Höhenangaben sofort unterscheiden zu können, ist ein neues Höhenmaß, das sogenannte Holtz-Meter (Hm) eingeführt worden. Analog dem in Paris aufbewahrten Ur-Meter befindet sich das Urholtz-Meter (aus schwäbischem Dickkopf-Gestein) im Naturkunde-Museum in Ehingen. Um die überholten Höhenangaben schnell umrechnen zu können, biete ich folgende Formel an: Ein Hm (Holtz-Meter) entspricht 1,0036 Metern (Normal-Meter). Berücksichtigt man diese Formel ist der Mount Everest nicht 8.848 Meter, sondern lediglich 8.816 Meter hoch. Wie die Redaktion inzwischen erfahren hat, haben sich die Anhänger dieser neuen Höhenmesstheorie bereits organisiert und zwar in der Vereinigung der »Holtz-Köpfe«. Insofern handelt es sich bei einer Stundenkilometer-Angabe nicht um eine Geschwindigkeit, wie viele bisher meinten, sondern um eine neu vermessene Wegstrecke, eben um einen Weg, den der bisher noch weitgehend unbekannte Höhenmesser Dr. Holtz zurückgelegt hat, kurzum um einen sogenannten Holtz-Weg.

Diese vermessene Entdeckung des schwäbischen Holtzkopfes feiern wir mit einem Umtrunk bis tief in die Nacht. Zusätzlich würdigen wir dessen Leistung mit einer neuen Grußformel. Begegnen sich zukünftig Wanderer auf einem der europäischen Fernwanderwege, so soll statt der bisher weit verbreiteten Grußformeln der neue Fernwanderer-Gruß zu hören sein, ein fröhlich hingeschmettertes »Gut Holtz«.

Spät gefreit, nie bereut

Um vom Anfang an kein Missverständnis aufkommen zu lassen, möchte ich Folgendes feststellen. Wenn ein Allgäuer sagt: »Wo die Liebe hinfällt, bleibt sie flacke, also liegen«, dann meint er natürlich nicht seine Frau, also seine Liebste, die er nach einem Sturz einfach im Dreck liegen lässt. Nein, er meint in diesem Fall den Beginn seiner großen Liebe, wenn er erstmals der Frau fürs Leben begegnet, also jener, die er dann nicht mehr loslässt, in den meisten Fällen jedenfalls. Dabei ist sich der Allgäuer durchaus darüber im Klaren, dass Liebe blind machen kann, einem aber nach der Hochzeit die Augen schon wieder aufgehen würden.

Aber jetzt zu mir. Nein, ein Schürzenjäger war ich in jugendlichen Jahren wahrlich nicht, in Sachen Liebesleben schon eher ein Spätberufener. Aber was hätte ich denn machen sollen? Die Liebe, sie wollte und wollte einfach nicht hinfallen. Vielleicht war ich nicht immer zur richtigen Zeit am richtigen Ort?

Auto hatte ich keines, ja noch nicht einmal den Führerschein, Diskotheken mied ich, was Wunder, denn ich war damals noch recht schüchtern, und als besonders attraktiv empfand ich mich auch nicht, Adonis brauchte mich als Konkurrenten nicht zu fürchten.

Eines möchte ich aber schon festhalten: Es ist nicht so, dass mich das weibliche Geschlecht niemals interessiert hätte. Schon zu Volksschulzeiten gab es ein Mädchen in der Nachbarschaft, Eva mit Namen, das mir sehr gefallen hat. Aber es war halt so eine kindliche Liebelei, mehr nicht.

Erst viele Jahre später, ich leitete damals bereits die Jugendgruppe, fiel mir wieder ein Mädchen besonders auf. Pasquine, eine französische Austauschschülerin, der ich 1973 beim Waldfest in Oberdorf erstmals begegnete. Was folgte, waren drei Wochen zahlreicher Tête-à-têtes, wo der Himmel für uns beide voller Geigen hing, obwohl ich dieses Instrument noch nie leiden konnte. Wir waren total ineinander verknallt, innig verliebt, und zeigten dies auch. Meine Eltern waren sehr irritiert, fürchteten bereits, mit einer Französin als zukünftiger Schwiegertochter vorlieb nehmen zu müssen. Insofern verhielt sich meine Mutter nur folgerichtig, wenn sie mir meine Liebesbriefe aus Frankreich immer mit spitzen Fingern überreichte.

Zwei lange Jahre sahen wir uns dann nicht mehr, schrieben uns aber viele Karten und Briefe. Dann kam jener Brief, in dem mir Pasquine reinen, wenn auch herben Wein einschenkte. Sie habe sich zwischenzeitlich mit einem Mathe-Studenten verlobt, – wahrscheinlich so ein neunmalkluger Zahlenakrobat, denke ich –, den sie später auch heiraten wolle. Dieser konnte also mit Brüchen rechnen, ich musste diesen Bruch erst mal verkraften. Somit stand ich dem Heiratsmarkt ab sofort wieder uneingeschränkt zur Verfügung.

Wenn sich ein Gewitter zusammenbraut, empfiehlt der Volksmund, von Eichen zu weichen, stattdessen Buchen zu suchen. Ein lebensgefährlicher Ratschlag. Nicht so in meinem Fall. Nach diesem Beziehungsdesaster fand ich im Haus Hohebuchen Schutz, einer Jugendbildungsstätte in Berchtesgaden-Oberau. Dort absolvierte ich meine beiden sozialpädagogischen Praxissemester. Und ebendort geschah es dann, das Ereignis, dessen Folgen der Allgäuer von jeher kennt. Vor mich hin fiel die Liebe, also vielmehr ein Bus brachte sie aus München hierher. Zusammen mit weiteren jungen Damen nahm sie an einem Fortbildungsseminar teil.

Eva, eine junge Rheinländerin aus Koblenz kam, ich sah sie, wir fanden zusammen und schon bald das gemeinsame Glück. Nicht an irgendeinem Tag, am

Valentinstag 1977 fiel die Liebe vor mich hin. Und sie blieb liegen bis zum heutigen Tag, inzwischen mehr als dreißig Jahre lang, durchwegs glückliche Jahre in trauter Zweisamkeit.

Schon ein halbes Jahr später bezogen Eva und ich unsere erste gemeinsame Wohnung in München-Altperlach, beim ehemaligen Schäfer von Harlaching, der auch Firmpate von Franz Josef Strauß gewesen war. Nach zwei weiteren Jahren, inzwischen hatten wir beide unsere Ausbildungen abgeschlossen, Eva als Ingenieurassistentin, ich als Sozialpädagoge, traten wir in der Altperlacher Kirche St. Michael vor den Traualtar. Am Tag zuvor hatte eine besonders g'schaftige Fotografin im Standesamt am Mariahilfplatz noch für etwas Aufregung gesorgt, ihrer hochprofessionellen Bilder wegen.

Eine unserer ersten größeren Reisen führte uns Anfang der 80er-Jahre auf die grüne Insel, ins erzkatholische Irland. Auf unserer Rundreise bezogen wir für einige Tage Quartier bei einer kinderreichen Farmersfamilie. Als die junge Bäuerin erfuhr, dass wir immer noch keine Kinder hatten, war sie so geschockt, dass sie nichts unversucht ließ, ein wenig unserem Kinderglück nachzuhelfen. Mit so einer Art irischem Feng-Shui. Was Eileen, so hieß die Farmerin, jedoch nicht wusste. Wir hatten uns entschieden, angesichts der globalen Umweltrisiken und in Anbetracht unserer finanziellen Situation auf eigene Kinder zu verzichten.

Trotzdem kann ich jenem Allgäuer nie und nimmer beipflichten, der einmal behauptet hat, wer aus Liebe heirate, habe gute Nächte, aber schlechte Tage. Nein, es waren ausschließlich gute Tage, die ich in dieser Beziehung verbringen durfte, also bisher, wohlgemerkt!

Magischer Ort inmitten von Bäumen

Seit es Menschen gibt, bauen diese Kultstätten, meist an markanten, natürlichen Orten, wo sie dann ihre Rituale und Zeremonien durchführen können. Nie war jemals davon die Rede, dass es in der Gegend um Eckarts eine solche magische Stätte aus früherer Zeit gegeben habe. Ich aber habe eine solche Kultstätte entdeckt. Sie liegt im Oberdorfer Wald.

Dorthin pilgerten früher alljährlich zahlreiche Eingeborene, größtenteils in Stammestracht, um auf einer hölzernen Bühne zu den Klängen vergoldeter Blashörner ihre urigen Kulttänze aufzuführen. Die Frage, ob es sich dabei um einen Fruchtbarkeitskult handelte, kann aus wissenschaftlicher Sicht noch nicht abschließend beantwortet werden. Nur soviel ist unbestreitbar: In seltenen Fällen kam es durch die verabreichten Kultgetränke bei Teilnehmern zu komatösen Exzessen.

Der Ort, um den es hier geht, liegt am südlichen Rand des Oberdorfer Waldes. Dort veranstaltet der Musikverein Martinszell auch im Jahr 1973, an einem Sonntag im August, sein Waldfest. Das heißt, sofern es an diesem Tag nicht regnet. Sonst wird dieses Fest um eine Woche verschoben. Für uns Jugendliche war dies damals das, was wir heute ein Event nennen. Deshalb ziehen wir an diesem wolkenverhangenen Sonntag, kurz nach Mittag in die waldesumrauschte Natur, um unseren Teil zur Pflege dieses Kultes zu leisten.

Wir haben jedoch die Rechnung ohne den Wirt gemacht, in diesem Falle ohne den Festwirt. Weil die Wetterlage mehr als unsicher ist, wird das Waldfest um eine Woche verschoben. Und was machen wir jetzt?

Zum Glück sind ein paar Mitglieder des Musikvereins vor Ort, um uns kultwillige Besucher über die Absage zu informieren, und gottlob haben sie einige Kästen Bier dabei, um uns Enttäuschte besänftigen zu können. Wir lassen uns an einem Biertisch nieder, nippen regelmäßig am tröstlichen Gerstensaft, ratschen und scherzen.

Mit am Tisch sitzen auch Ursula und ihr Gast, eine französische Austauschschülerin. Langes blondes Haar, hübsches Gesicht, gute Figur. Ich komme mit ihr ins Gespräch. Dank meiner Französischkenntnisse geht das ganz gut. So plaudern wir, prosten uns zu. Die Zeit scheint wie im Fluge zu vergehen.

Auf dem Rückweg passiert dann etwas Sonderbares. Ob dies mit der Magie dieser Kultstätte zusammenhängt, oder mit dem süffigen Kultgetränk? Ich weiß es nicht. Jedenfalls fühle ich mich sehr zu dieser jungen Französin hingezogen, geradezu magisch von ihr angezogen. Urplötzlich überfällt mich ein Schwarm von Schmetterlingen, die alle in meinem Bauch herumflattern.

Sie heißt Pasquine, kommt aus der Bretagne, genauer gesagt, aus der Stadt Nantes. Dort besucht sie eine höhere Schule, später will sie mal Chemielaborantin werden. Das erfahre ich alles nur, weil ich mich an diesem trüben Sonntag intensivst um die deutsch-französische Freundschaft kümmere. Wie geht so etwas leichter als mit Konversation, und zwar auf Augenhöhe.

An den folgenden Tagen sehen wir uns häufiger. Dabei schauen wir uns immer tiefer in die Augen. Wir unterhalten uns vortrefflich und verstehen uns zunehmend besser. Wie schön doch eine deutsch-französische Freundschaft sein kann! Wir genießen die gemeinsamen Stunden, sind total ineinander verliebt. Und zwar so heftig, dass dies selbst meinen Eltern nicht verborgen bleibt.

Diese scheinen jedoch davon wenig begeistert zu sein. So ein junges Ding, und dann auch noch eine Französin. Die verstehen wir ja gar nicht. Von wo kommt die eigentlich? Aus Nantes. Wo liegt das denn? An der Atlantikküste. Aha! Sie reagieren auf diese neue Situation eher abweisend, zumindest sind sie sehr misstrauisch. Ob sie sich schon mit einer französischen Schwiegertochter konfrontiert sehen? Uns jedenfalls, Pasquine und mich, stört das nicht weiter. Wir verbringen viele Stunden gemeinsam, plaudern, lachen und schmusen, was das Zeug hält. Doch die gemeinsamen Tage vergehen schnell, viel zu schnell. Der Tag der Abreise, der 23. August 1973 kommt näher. Wir sind sehr traurig, hoffen aber inständig, dass wir uns bald wiedersehen.

In den nächsten Monaten und Jahren fliegen noch zahlreiche Liebesbriefe hin und her. Nicht zur Freude meiner Mutter. Immer wenn Post aus Nantes eintrifft, übergibt sie mir diese mit spitzen Fingern, als liefe sie Gefahr, sich zu beschmutzen, anzustecken oder gar zu versündigen.

Dann, an einem grauen, einem dunkelgrauen Tag im November 1975 geschieht das Unerwartete. Wieder trifft ein lang ersehnter Brief aus Nantes ein. Ich öffne ihn, lese ihn. Mein Gesicht wird lang und länger, erstarrt. Pasquine gesteht mir, ihre Worte sind einfühlsam, dass sie seit Juli verlobt sei, mit Philippe, einem 22-jährigen Mathe-Studenten. Ich bin traurig, sehr traurig, auch wenn ich mir darüber im Klaren war, dass unser Weg bis zu einer festen Beziehung noch weit und steinig gewesen wäre. Weil ich die Vorbehalte meiner Eltern kenne, ihre Eltern aber noch gar nicht. Nur so viel weiß ich, und das erfreut mich nicht. Ihr Vater dient als Offizier in der französischen Armee. Was soll's! So spielt das Leben und so verschwinden sie jetzt wieder, vielleicht nicht ganz so schnell, wie sie gekommen sind, die viel zitierten Schmetterlinge in meinem Bauch. Dennoch dreht sich der Globus weiter. Wir schreiben uns zwar noch hin und wieder, aber der Kontakt wird schwächer.

Völlig überraschend bietet mir Pasquine Anfang 1977 an, einer ihrer Trauzeugen zu sein. Ich freue mich über dieses Angebot, aber mir fehlt der Mut dazu. Terminlich passt es auch nicht und zudem flattern in meinem Bauch gerade wieder Schmetterlinge, allerdings andere.

Als ich später die Einladungskarte zu Pasquines Hochzeit erhalte, weiß ich, dass ich mich richtig entschieden habe. Nie und nimmer hätte ich mich bei dieser Feier wohl gefühlt. In schwülstigen Worten laden die Eltern der Braut und des Bräutigams zur Hochzeit ihrer Tochter Pasquine und ihres Sohnes Philippe ein. Letzterer stammt aus adeligem Hause. Zelebriert wird die Messe von einem Abt, einem Onkel des Bräutigams in der Basilika Saint Nicolas. Und die anschließende Feier findet nicht in einem Restaurant statt, nein, im Château de la Garenne-Lemot, einem Schloss in Clisson, unweit von Nantes.

Adel verpflichtet, sagt eine aus Frankreich stammende Redewendung. Das mag ja für Franzosen stimmen, aber einen echten Allgäuer beeindruckt dies natürlich nicht. Denn der tut nur das, was er will.

Allein der Pulli war's

Jugendbildungsstätten eilt nicht selten der Ruf voraus, innerhalb ihrer Mauern gehe es mitunter etwas lauter zu und wohl auch freier als in einer Klosterschule. Inwieweit dies generell zutrifft, kann ich nicht beantworten, zumindest nicht in diesem Fall, denn hier gelte ich eindeutig als befangen.

In einer solchen Bildungsstätte, im Haus Hohebuchen in Berchtesgaden-Oberau absolviere ich meine beiden sozialpädagogischen Praxissemester. Träger dieser Einrichtung ist das Christliche Jugenddorfwerk Deutschlands. Dann dürfte ja hinsichtlich Disziplin und guter Sitten wohl alles in bester Ordnung sein, möchte man glauben.

An einem Montagvormittag im Februar, ich weiß es noch ganz genau, es ist der 14. Februar 1977, also Valentinstag, treffen 25 angehende Ingenieurassistentinnen der Firma Siemens mit dem Bus hier ein. Weil sie aus verschiedenen Ecken der Republik kommen, teils urige Dialekte sprechen, kommt es unter ihnen hin und wieder zu Verständigungsschwierigkeiten. Auch um verschiedene Aspekte von Kommunikation und Kooperation geht es in dem einwöchigen Kurs zur Persönlichkeitsbildung, den die jungen Damen hier absolvieren.

Dieter, hauptamtlicher Referent und ich, Student der Sozialpädagogik, leiten diesen Kurs. Wir empfangen die jungen Damen am Eingang, begrüßen sie, mustern sie ein wenig und verschaffen uns damit einen ersten Eindruck von der neuen Kursgruppe. Ich trage wieder mal meinen Lieblingspullunder, dunkelblau mit grünem Kleeblattmuster. »Ach, Dein Glückskleepulli«, spöttelt Dieter und grinst.

Der Kurs beginnt am späten Nachmittag mit einer kurzen Vorstellungsrunde. Wir wollen wissen, was die Damen von diesem Kurs so erwarten und was sie wohl befürchten, was dabei passieren könnte. Mir passiert dabei ein Lapsus linguae. Statt von Befürchtungen spreche ich von Bedürfnissen, die Gruppe lacht schallend. In diesem Moment ahne ich noch nicht, was mir da für eine Freudsche Fehlleistung unterlaufen ist.

Die Kurstage vergehen wie im Flug. Die Stimmung in der Gruppe ist gut. Keine weiblichen Nickeligkeiten, keine nächtlichen Exzesse. Vielleicht wird etwas mehr gestrickt und gefragt als in anderen Gruppen, aber schließlich haben die jungen Damen ja alle Abitur.

Wie mit jeder Gruppe wird auch mit dieser am letzten Kursabend ein Abschiedsfest gefeiert. Wir sitzen in froher Runde zusammen, plaudern, süffeln mal mehr, mal weniger, scherzen, machen ein paar Gruppenspiele, und vor allem lachen wir sehr viel. Ich sitze neben Eva. Nicht zufällig, nein, nein. Ich habe mir diesen Platz gesichert, denn seit Tagen empfinde ich für diese junge Dame besondere Sympathien. Ihre Art, ihr Wesen gefallen mir und ansehnlich finde ich sie auch. Aber das bleibt mein Geheimnis, auch an diesem Abend. So sehr ich auch ihre Nähe suche, so gerne ich mit ihr rede, immer behalte ich meine Rolle als Co-Kursleiter im Auge. Was mich tatsächlich bewegt, behalte ich deswegen für mich.

Leider auch am folgenden Vormittag, an dem die jungen Damen wieder abreisen. Ich verabschiede mich von Eva wie von jeder anderen, freundlich, höflich, aber korrekt.

Danach stimmt mich diese Zurückhaltung sehr traurig. Ich setze mich hin, und schreibe Eva einen Brief. Ihre Heimatadresse ist mir über die Kursanmeldung bekannt. Ich lass sie wissen, dass ich sie sympathisch finde, angenehm und offen erlebt habe. Vorsichtig füge ich an, sie sei wohl klug genug, diese Worte richtig einzuordnen und nicht gleich anzunehmen, ich hätte mich hoffnungslos in sie verknallt. Wenn Sie Lust habe, so mein Angebot, könnten wir uns mal in München treffen und gemeinsam Kaffee trinken.

Was ich nicht gewusst habe. Eva verbringt die nächsten Tage, es ist das Faschingswochenende, bei ihren Eltern in Koblenz. Und eben an diese Adresse schicke in meinen Brief.

Am Faschingsdienstag, sie will gerade in Koblenz losfahren, nach München, wo sie ihre Ausbildung macht, da kommt der Briefträger und bringt ihr Post, meinen Brief. Sie sei, wie sie mir schreibt, überrascht gewesen, habe sich aber sehr gefreut. Meinen Vorschlag finde sie »ganz herrlich« und ich bräuchte ihr nur Bescheid zu geben, wann ich nach München käme, Zeit werde sie immer haben.

Anfang April, zwischenzeitlich haben wir uns zehn Briefe geschrieben, und uns auf diesem Wege auch etwas näher kennen gelernt, treffen wir uns erstmals nach dem Kurs wieder. Allerdings nicht in München, sondern im Haus Hohebuchen. Eva kommt mit ihrem Auto her und wir verbringen ein wunderschönes Wochenende. Amors Pfeile finden endgültig ihr Ziel. Eva, die rheinische Frohnatur aus Koblenz und ich, der bärtige Allgäuer, verlieben uns ineinander, allerdings nicht hoffnungslos, sondern hoffnungsfroh. Es vergeht kaum noch ein Wochenende, das wir nicht gemeinsam in Berchtesgaden und Umgebung verbringen. Die unendlich langen Tage dazwischen überbrücken wir mit Liebesbriefen und Telefongesprächen.

Eines Abends liege ich im Bett, meine Gedanken schweben über allen Wolken, im Bauch turteln die Schmetterlinge, da fällt mir wieder eine Episode aus Kindheitstagen ein. Auch damals bin ich im Bett gelegen, habe brav mein Abendgebet gesprochen, dabei den lieben Gott gebeten, er möge alles tun, damit Eva-Maria, ein geschätztes Mädchen aus der Nachbarschaft, später meine Frau werde. Und was soll ich sagen? Tatsächlich ist Eva-Maria meine Frau geworden, allerdings nicht diese aus dem Allgäu, sondern jene aus Koblenz.

Eine weitere Frage beschäftigt mich noch immer. Woher kannte damals mein charmanter Kollege Dieter, er wurde später unser Trauzeuge, die schicksalhafte Kraft meines blaugrünen Pullunders?

Altperlacher Herbergssuche

In der Vogelwelt gehört es gleichsam zum guten Ton, dass Männchen und Weibchen, nachdem sie sich füreinander entschieden haben, ein Nest bauen. Auch wir wünschen uns ein solches Nest, nachdem wir uns ein halbes Jahr kennen und lieben gelernt haben. Für einen Bau fehlen uns die Mittel, stecken wir doch beide noch in der Ausbildung beziehungsweise im Studium. Also machen wir uns auf die Suche nach einem gebrauchten Nest, eine kleine, bezahlbare Mietwohnung. Ein Unterfangen, das in München der Suche nach der vielzitierten Nadel im Heuhaufen gleichkommt.

Mit Hilfe eines Maklers? Niemals, zu teuer und zu wenig vertrauenswürdig. Über private Tipps? Schwierig, dafür kennen wir zu wenige, die über entsprechende Informationen verfügen. Dann bleibt nur die Zeitung, Rubrik »Wohnungsanzeigen«.

Anfang September 1977, Donnerstagabend. Ich stehe vor der Druckerei der Süddeutschen Zeitung. In wenigen Minuten wird hier die druckfrische Freitagausgabe mit den Wohnungsanzeigen ausgeliefert. Eva besetzt zwischenzeitlich eine Telefonzelle, unweit von hier. Denn wenn man eine Zeitung ergattert hat, muss alles schnell gehen. Das wissen auch die anderen 20 Wartenden. Alle wollen dasselbe: ein preiswertes Zimmer oder eine günstige Wohnung.

Dann ist es soweit. Ich erobere eine der ersten Zeitungen und eile zu Eva in die Telefonzelle. Bloß jetzt keinen Fehler machen. Wir überfliegen die Angebote, die acht Spalten füllen. Wir beginnen nicht vorne und nicht hinten, sondern in der Mitte. Taktisch vielleicht ein guter Zug, den wir zu nützen versuchen? Da lesen wir: »Zwei-Zimmer-Wohnung, Küche, Bad, mit Gartenbenützung, in Altperlach, ab 1.10.77, 350 Mark und Rasenmähen«. Dazu eine Telefonnummer. Das könnte passen.

Eva ruft an. Wir sind gespannt. Eine Frau hebt ab, ist baff. Woher wir das denn schon wüssten? Aus der Zeitung, die morgen erscheint, erklärt Eva, die ersten Exemplare gäbe es immer schon am Donnerstagabend so gegen halb sieben direkt an der Zeitungsdruckerei. Eva fragt, ob wir die Wohnung heute Abend noch anschauen könnten. Die Frau gibt uns die Adresse, Fasangartenstraße 40. Eva bedankt sich. Dann geht es los.

Wir eilen zum Auto, zum Glück besitzt Eva eines, und fahren los, nach Altperlach im Münchner Osten. Die Straße finden wir auf Anhieb, damals natürlich ohne GPS, aber mit Stadtplan. Eine Alleestraße, die von alten Bäumen gesäumt aufs Land zu führen scheint. Kaum noch ein Haus, dafür weite Äcker, eine Kleingartenanlage, dann ein einzelnes Haus inmitten eines großen Gartens. Das könnte es sein. Das Gartentor steht offen. Nummer 40, richtig. Wir sind am Ziel.

Wir läuten. Die Frau öffnet, bittet uns herein und führt uns gleich in die Mietwohnung in Parterre. Diese müsse allerdings noch renoviert werden, denn der letzte Mieter war Raucher. Das ist zwar nicht schön, aber das kriegen wir hin. Ansonsten gefällt uns die Wohnung, auch wenn wir ins Wohnzimmer und ins Bad über das offene Treppenhaus gehen müssen.

Danach bittet uns die Vermieterin nach oben in ihre Wohnküche. Dort sitzt ihr Mann am Tisch, ein älterer Herr, gut über 70. Er begrüßt uns recht freundlich. Sie bitten uns, Platz zu nehmen. Wir stellen uns vor: Unverheiratet, beide noch in Ausbildung, Nichtraucher, kinderlos, haustier- und seuchenfrei. Sie lassen uns wissen, dass zur Wohnung noch ein Kellerabteil und ein Gemüsegarten gehörten. Letzteren dürften die Mieter ganz allein bestellen, denn ihnen sei dies inzwischen zu mühsam. Für das alles ist die Miete, 350 Mark, äußerst günstig. Und zusätzlich den Rasen zu mähen, auch wenn der Garten mit 1.000 Quadratmetern nicht gerade klein ist, schreckt uns nicht ab.

Wir spüren recht schnell, dass die Chemie zwischen uns stimmt. Die Vermieter scheinen uns sympathisch zu finden. Wir fühlen uns akzeptiert und haben nicht die geringsten Vorbehalte gegen die beiden älteren, sehr freundlichen Herrschaften. Dann jedoch lässt mich eine Frage aufhorchen, geradezu erstarren. Der ältere Herr fragt, völlig unvermittelt:»Was haltet Ihr von Franz Josef Strauß?« Hoppla, was soll das denn? Ich weiß nicht sofort, was ich antworten soll, versuche es deswegen diplomatisch:»Ich halte Franz Josef Strauß für einen sehr intelligenten Politiker«, antworte ich. Schnell löst sich unsere Spannung, nachdem der Mann erklärt:»Ihr müsst wissen, ich bin nämlich der Firmpate vom Strauß.« Weil sein Vater und der Vater von Strauß Metzger waren und sich beide von daher gut kannten, durfte er für den jungen Franz Josef den Firmpaten machen.

Wir sitzen noch eine ganze Zeitlang mit dem älteren Ehepaar zusammen, plaudern locker und entspannt, lachen mitunter. Dazwischen klingelt immer wieder mal das Telefon. Weitere Interessenten melden sich, fragen nach. Aber wir merken schon, glauben es zu hören, dass wir bei den beiden gute Karten haben. Letzte Zweifel weichen, als uns der ältere Herr lächelnd mitteilt, auf ihn wirkten wir wie Maria und Josef auf Herbergssuche. Ein passendes Bild, in das sich dieser ältere Herr nahtlos einfügt, verdiente er sein Geld nach Ende des Krieges doch als Schäfer von Harlaching.

Wir bekommen eine Zusage, sind überglücklich. Um den Mietvertrag zu unterschreiben, sollen wir am nächsten Montagabend wiederkommen, denn um diese Formalitäten kümmere sich sein Sohn. Kein Vorvertrag, keine Unterschrift, wir haben nichts Schriftliches in der Hand, nur deren mündliche Zusage.

Als wir uns am Montagabend wieder dort einfinden, ist auch der Sohn da. Der Mietvertrag, ein Standardvertrag liegt vorbereitet auf dem Tisch. Das ältere Paar hat Wort gehalten. Obwohl sich insgesamt über 200 Personen für diese Wohnung interessiert und einige viel geboten hätten, wie sie freimütig berichten. Manche wollten gar eine höhere Miete bezahlen, andere gaben sich als Gärtner oder als Handwerker aus. Wir unterschreiben, der Sohn setzt seine Unterschrift darunter. Ab Oktober sind wir glückliche Mieter oder andersherum: Der vermeintliche Josef und seine liebreizende Eva-Maria haben in Altperlach eine Herberge gefunden. Wir fühlen uns wie im siebten Himmel.

Und dies nicht nur an diesem Abend, sondern auch in den weiteren sieben Jahren, wo wir dort wohnen. In dieser Zeit heiraten wir, in der Altperlacher Kirche St. Michael, starten ins Berufsleben und verbringen unzählige frohe

Stunden in diesem Haus mit dem großen Garten und dem schönen Nussbaum. Kein einziges Mal gibt es Ärger mit den Vermietern. Im Gegenteil. Nicht selten klopft der ältere Herr bei uns an die Wohnungstür. Essensdüfte wecken seine Neugier. Er will dann immer wissen, was die junge Frau denn heute koche.

Es sind nicht die sieben fetten Jahre, die wir in dieser Wohnung erleben, aber es sind auch nicht sieben magere Jahre, sondern sieben wunderschöne Jahre, Jahre, die wir nie vergessen werden.

Wem hat Maria geholfen?

Heute, am Vormittag des siebten September 1979 wird es ernst, vielmehr amtlich. Wir haben einen Termin, heute würde man sagen, ein Date. Vor zwei Jahren sind wir zusammengezogen, letztes Jahr haben wir uns verlobt, und heute wird geheiratet.

Wir sitzen erwartungsfroh, auch ein wenig angespannt im Auto von Evas Vater. Er chauffiert uns durch den morgendlichen Stoßverkehr, auf dicht befahrenen Straßen, über große Kreuzungen hinweg, hin zum Standesamt am Mariahilfplatz in der Münchner Au. Vor meinem Augen huschen Schilder vorbei mit Aufschriften wie »Einbahnstraße«, »Schleudergefahr« oder »Letzte Ausfahrt vor der Autobahn«. Doch jetzt gibt es kein Zurück mehr.

Vor dem Trausaal warten wir zusammen mit Eltern, Schwester und Schwager darauf, eintreten zu dürfen. Wir sind nicht allein. Um uns herum tänzelt eine ältere Dame im schwarzen Kostüm. Letzteres hat weniger Falten als ihr Gesicht, in der Hand hält sie einen Fotoapparat, offensichtlich eine Fotografin. Sie zeigt uns eine Mappe mit Musterfotos, »keine gewöhnlichen, keine Nullachtfünfzehn-Fotos«, wie sie betont. Zehn Farbbilder, im Königsformat wohlgemerkt, kosteten 65 Mark. Den Hinweis über der Tür zum Trausaal, gewerbliche Aufnahmen seien dort verboten, kontert sie damit, dass sie eine Erlaubnis dafür habe. Evas Vater will uns eine Freude machen und erteilt der Dame einen Auftrag.

In der Woche darauf erhalten wir die zehn Fotos. Wir sind maßlos enttäuscht. Nur acht verschiedene Aufnahmen, zwei Fotos sind einfach doppelt abgezogen worden, ein Foto zeigt uns mit Trauzeugen nur von hinten, bei drei Aufnahmen sind den Personen die Beine abgeschnitten worden. Und der absolute Hammer: Ein Foto ist stümperhaft retuschiert. Mit Kugelschreiber sind mir Pupillen auf meine halbgeschlossenen Augen gemalt worden. Jeder Laie erkennt diese Manipulation auf den ersten Blick. Eine besondere Form von Dreistigkeit. Und das bei diesem Preis! Wir ärgern uns sehr, auch weil die Dame nach Rücksprache nicht willens ist, diesen Konflikt schnell und einvernehmlich zu lösen.

Mehrere Telefonate führen nicht zu einer Klärung. In einem langen Brief fordere ich die Dame auf, die Fotos zurückzunehmen, natürlich gegen Erstattung der Kosten. Ferner solle sie die Negative herausgeben, weil ich durch diese Aufnahmen meine Persönlichkeitsrechte verletzt sähe. Kopien dieses Schreibens sende ich an den Leiter des Standesamtes, den Münchner Oberbürgermeister, den obersten Hausherrn dieses Amtes sowie an den Obermeister der Fotografen-Innung. Alle bitte ich um eine Stellungnahme zu diesem Vorgang.

Zwischenzeitlich erhalte ich von der Fotografin einen handschriftlichen Brief, rotzig im Ton, verständnislos im Duktus. Sie wirft mir vor, ich belästigte das Stadtoberhaupt. Was ich im Übrigen mit dem Innungsmeister zu tun hätte, verstünde sie gar nicht und überhaupt sei mein dreiseitiger Brief die erste Beschwerde in ihrem 40-jährigen Berufsleben. Die anderen Adressaten reagieren unterschiedlich. Sowohl der Leiter des Standesamtes als auch der Oberbürgermeister erklären, dass Ton- und Bildaufnahmen während der Eheschließung im allgemeinen nicht erlaubt seien. Da die Fotografin aber auf persönlichen Wunsch und im Auftrag des Schwiegervaters fotografiert habe, sei keine Zuwiderhandlung gegen bestehende Vorschriften erkennbar. Vom Innungsmeister erfahre ich, nachdem ich telefonisch nachhake, dass die Urheberrechte, unabhängig von der Qualität der Fotos, bei der Fotografin lägen. Deshalb bräuchte diese die Negative nicht herauszugeben.

Weitere Telefonate und eingeschriebene Briefe zwischen dieser Foto-Tussi und mir folgen. Es dauert schließlich sage und schreibe drei Monate, bis sie einlenkt. Wir schicken ihr diese suboptimalen Fotos zurück und erhalten dafür die bezahlten 65 Mark.

Ganz schön viel Ärger, bis die Maria vom Mariahilfplatz oder von der Mariahilfkirche doch noch geholfen hat. Aber wem hat sie letztendlich geholfen? Der Fotografin, dem Schwiegervater oder uns? Richtige Antwort: Allen. Ohne jeden Zweifel der Fotografin, und zwar dieser aus der Patsche, in der sie gesessen hat. Aber auch dem Schwiegervater, weil er für schlechte Fotos nicht teures Geld bezahlen musste. Und nicht zuletzt uns, weil wir uns nicht weiter über solche miserablen Hochzeitsfotos ärgern müssen.

Echt irisches Know-how

Neben dem Benediktinermönch Magnus sollen auch die irischen Wandermönche Columban und Gallus das Allgäu im siebten Jahrhundert missioniert haben. Doch nicht deswegen, also aus Dankbarkeit oder weil wir die irische Bigotterie so schätzen, reisen wir im Frühsommer 1981 nach Irland. Vielmehr locken uns die irischen Landschaften, das leuchtende Grün dieser Insel, eine Folge des vom Golfstrom beeinflussten, daher milden Klimas.

Schon auf der Kanalüberfahrt von Le Havre nach Rosslare tanzen die Ersten auf den Tischen. Es sind die Teetassen, die im Takt der wogenden Wellen hin- und herrutschen. Auch nachts türmen sich Wellenberge so hoch auf, dass wir in den Kojen hin- und herrollen. Nach 21 Stunden freuen wir uns wieder auf festen Boden unter den Füßen. Wir starten zu unserer Rundtour durch Irlands Süden, Westen und Norden.

Abwechslungsreiche Landschaften mit kleinen Städten, mit Küsten und Gebirgen, mit Hochmooren und Heideflächen sowie mit Flüssen und Seen erwarten uns. Wir sind mit dem eigenen Auto unterwegs. Auf der gesamten Strecke hat Eva das Steuer, wohlgemerkt das des Autos, fest in der Hand. Warum? Weil ich noch keinen Führerschein besitze. Da wir die Iren näher kennen lernen wollen, ziehen wir es vor, in Privatquartieren zu übernachten, also durchgehend Bed and Breakfast.

Unsere erste Bleibe ist das Clonanav Farmhouse in Ballymacarbry, unweit des Städtchens Clonmel. Die Bauersleute Larry und Eileen, beide Anfang dreißig, empfangen uns freundlich, bitten uns direkt ins Wohnzimmer. Ein Kaminfeuer brennt, der Fernseher läuft und sechs Kinder tollen herum. Wir unterhalten uns, von der englischen Sprache etwas eingebremst, über eine Stunde lang über Gott und die Welt. Wir erzählen auch, dass wir seit fast zwei Jahren verheiratet sind, aber noch keine Kinder haben. Sie berichten von ihrem Leben, ihrem Hof, ihren Kindern.

Dann zeigt uns Eileen das Zimmer. Es ist schlicht eingerichtet, aber sauber, dem irischen Spruch gemäß: »Our house is clean enough, to be healthy, and it is dirty enough, to be happy«. Was so viel heißt wie: Unser Haus ist sauber genug, um gesund zu sein, und es ist schmutzig genug, um glücklich zu sein. Wir sind sehr zufrieden. Nur Eileen, die junge Bäuerin und vielfache Mutter schaut etwas bekümmert. Sie entschuldigt sich dafür, dass unsere Betten getrennt stünden. Uns stört das aber nicht.

Das Abendessen, ein einfaches irisches Gericht, von Eileen mit Produkten vom Hof zubereitet, nehmen wir im Esszimmer ein. Die älteren Kinder tragen das Essen auf. Zum Schluss stellt Larry, der Bauer, noch eine Schüssel mit Pellkartoffeln auf den Tisch, merkt dabei voller Stolz an: »Best food of the world!« Eva und ich schmunzeln. Wir sind uns sicher, Larry hat die Insel noch kein einziges Mal in seinem Leben verlassen, kennt also überhaupt kein anderes Essen.

Am nächsten Tag machen wir einen Ausflug. Zunächst geht es nach Clonmel, wo wir die Old St. Mary's Church besichtigen. Dann weiter zum Rock of Cashel, Irlands »Akropolis«, ein einzigartiges Monument. Ein von Mauern umringter mittelalterlicher Ruinenkomplex, der auf einem 65 Meter hohen Felsblock thront. Neben Cormac's Chapel, der Kathedrale und der Halle des Vicar's Choral richten wir unsere Blicke auch auf das St. Patrick's Kreuz, jenes typische Keltenkreuz.

Es ist schon ein rechtes Kreuz, müssen Eileen und Larry zwischenzeitlich wohl gedacht haben. Jetzt sind diese jungen Deutschen schon fast zwei Jahre lang verheiratet und haben immer noch keine Kinder. Hier ist original irisches Know-how gefragt, so eine Art irisches Feng-Shui.

Als wir abends auf die Farm zurückkommen, unser Zimmer aufsuchen, staunen wir nicht schlecht. Die beiden Betten, heute morgen noch getrennt stehend, schmiegen sich jetzt aneinander. Wir amüsieren uns sehr über diese irische Familienhilfe, vielmehr Beihilfe zur Gründung einer Familie.

Dieses »Gewusst-wie« scheint ein Allgäuer Bäuerchen auch gekannt zu haben, seine Frau offensichtlich weniger. Nachdem die Bäuerin das 16. Kind zur Welt gebracht hatte, sagte der Bauer: »Jetzt reicht es mir eine Zeitlang, von jetzt ab schlafe ich im Speicher, sonst kehrt ja doch keine Ruhe ein.« Worauf die Bäuerin meinte: »Wenn ich wüsste, das dies hilft, würde ich mich dazu legen.«

Auf unserer weiteren Tour besuchen wir noch die Halbinseln Beara, Iveragh und Dingle, danach die weltbekannten Cliffs of Moher, den Burren, dieses einzigartige Karstgebiet, und die faszinierende Heide- und Moorlandschaft Connemara mit den Twelve Bens, nordwestlich von Galway. Weiter geht es über Westport ins nördlichste County Donegal. Dorthin wandern unsere Freunde Helga und Reinhold gut zehn Jahre später aus. Auf der Rückfahrt in den Süden machen wir noch einen Abstecher in die älteste Stadt Irlands, Limerick. Wie können wir dieses Städtchen verlassen, ohne einen Limerick zu verfassen:

Zwei sommersprossige Iren, gar nicht dick,
stehen stutzend vor einem Pub in Limerick,
aus München zwei so-called Bayern,

wollen hier Little-Oktoberfest feiern,
sofort fließt das süffige Guiness extra quick.

Nach unseren Eindrücken und Erlebnissen während unserer dreiwöchigen Reise können wir nur bestätigen, was wir über Irland und seine Bewohner auch gelesen haben: It's one of the friendliest places on earth – ask anyone who's been there.

Neben dieser Erfahrung haben wir noch etwas Schönes mit nach Hause gebracht, eine Lebensweisheit des irischen Barden Liam Clancy. In seinem Lied über einen alten Alkoholiker heißt es: »Oh, it's never too late to start living, to get up and have some fun. The sun will be just as shiny in the morning as the first day the world begun.« Auf Deutsch: »Es ist nie zu spät, anzufangen zu leben, aufzustehen und Spaß zu haben. Denn die Sonne scheint jeden Morgen genauso wie am ersten Tag, als die Welt zu existieren begann.«

In Holzkirchen niedergelassen

Im September 1977 zogen wir in den Münchner Stadtteil Altperlach, in die Fasangartenstraße, in ein einzeln stehendes Haus mitten im Grünen, unweit des Neuen Südfriedhofs. Wir wohnten gerne dort, fühlten uns wohl, nicht zuletzt wegen des großen Gartens, den wir mitbenutzen durften. Durch diesen Garten spazierte tatsächlich eines Morgens ein Fasan. Der Anwesenheit von Fasanen verdankt diese Straße ihren Namen: Fasangartenstraße.

Mit dem plötzlichen Tod des Hausbesitzers, zwei Jahre später, änderte sich auch unsere Wohnperspektive. Hinzu kam, dass uns diese Wohnung auf Dauer zu klein gewesen wäre. Wir begannen deshalb, uns nach Alternativen umzusehen. Unser großer Traum war ein eigenes Haus südlich von München, aber noch im Einzugsbereich der S-Bahn. Ein Fertighaus sollte es sein. Doch die Grundstückspreise ließen diesen Traum wie Seifenblasen zerplatzen. Recht schnell waren wir zu Kompromissen bereit. Dann eben eine gebrauchte Immobilie, dachten wir. Wir schauten uns verschiedene Objekte an, erst eines in Sauerlach, danach welche in Gröbenzell und Zorneding, und zuletzt ein altes Haus in Arget. Keines entsprach unseren Vorstellungen. Entweder gefiel uns die Lage nicht, oder der räumliche Zuschnitt, und ein Schnäppchen war auch nicht darunter.

Letztlich half uns wieder einmal Genosse Zufall weiter. In der Wochenendausgabe der Süddeutschen Zeitung entdeckten wir Anfang 1983 eine kleine Anzeige: »Holzkirchen, Giebelhaus in schöner Lage, hervorragende Ausstattung, Wohn-/Nutzfläche 195 Quadratmeter, knapp unter 480.000 Mark.« Das schien machbar. Wir interessierten uns dafür. Holzkirchen lag günstig, nicht weit von der Autobahn, nicht weit zum Tegernsee und in die Berge und, ganz besonders wichtig, Endhaltestelle einer S-Bahn-Linie.

Der nächste Sonntagsausflug führte uns nach Holzkirchen, an dessen nordöstlichen Ortsrand. Dort stand bereits ein Musterhaus des Bauträgers, der EI-WOBAU München. Uns gefiel nicht nur die Wohnlage, sondern auch die geplante Anordnung der Häuser: 13 Doppelhäuser entlang einer Ringstraße, die vier Reihenhäuser umschließt. Unser Wunschobjekt, das angezeigte Giebelhaus, war eines der Reihenhäuser mitten drin. Uns kam das sehr gelegen. Nicht zuletzt waren wir von Bauweise und Ausstattung der Häuser überaus angetan.

Mitte August unterzeichneten wir den Kaufvertrag und zwölf Monate später zogen wir mit Sack und Pack, unterstützt von Schwester und Schwager, in die Marktgemeinde Holzkirchen, die sich damals als Tor zum bayerischen Oberland bezeichnete. Als wir zuzogen, standen bei weitem noch nicht alle Häuser in der Eschenstraße. Erst nach zwei, drei Jahren war die Siedlung komplett fertig. Vor allem junge Familien mit kleinen Kindern zogen hierher, aber auch ältere Paare, sogar ein paar Einheimische.

Da wir fast alle Neu-Holzkirchner waren, entwickelte sich rasch ein Gemeinschaftsgefühl. Wir mussten ja alle hier, in dem uns noch fremden Ort, erst einmal Wurzeln schlagen. Wir organisierten Sammelbestellungen für Heizöl, feierten einige Jahre lang aufwendige Straßenfeste und führten romantische Martinsumzüge durch. Um den Kindern noch mehr Sicherheit zu geben, reichten wir einen von allen Anwohnern unterzeichneten Antrag bei der Gemeinde ein, »unsere« Straße als sogenannte Spielstraße, also als verkehrsberuhigten Bereich auszuweisen. Leider fand dieser Antrag im Gemeinderat keine Mehrheit. Dass diesen Antrag gerade Neu-Holzkirchner stellten, förderte seine Erfolgsaussichten nicht unbedingt. In Holzkirchen ist die Welt doch seit eh und je in Ordnung. Da geben die Einheimischen, die Alteingesessenen, die Mir-san-mir-Köpfe den Ton an. Und jetzt glaubten ein paar Reigschmeckte beziehungsweise Zuagroaste, sie müssten diese heile Welt umkrempeln. Nein, im bayerischen Oberland genügt es eben nicht, bei bestimmten Gelegenheiten wie Frühlingsfesten, Fronleichnamsprozessionen und anderen Festivitäten in teurer Landhaus-Mode aufzutreten. Wer nicht hier geboren ist, wer nicht über das heimische Idiom verfügt, deshalb nicht selten als »Preiß« geschmäht wird, der sollte erst einmal kleinere Brötchen, Pardon, natürlich Semmeln backen. Auf gut Deutsch: Der sollte sich anpassen, weitgehend das Maul halten und zu den Großkopfeten aufschauen. Also zu jenen, die das Sagen haben. Meist solche, die über das ortsüblich wichtigste Kapital verfügen, über Grundstücke, möglichst bauwürdige, noch besser baureife.

Zwischenzeitlich, während der letzten zwei Jahrzehnte ist auch in der Eschenstraße Normalität eingekehrt. Aus Kindern sind Erwachsene geworden, aus Berufstätigen Rentner, einige Familien sind weggezogen, andere zugezogen, manche Ehen sind geschieden worden. Und da überall, wo sich Menschen und Tiere aufhalten, häufig auch ein paar eigenwillige Typen mit dabei sind, kann man, nicht zuletzt in Holzkirchen und Umgebung, ab und an komische Situationen erleben oder gar manche Viecherei beobachten.

Eine ganz heiße Nummer

Wer denkt dabei nicht an ...? Na was schon? An irgendwelche Bettgeschichten oder Ähnliches. Oder vielleicht an eine Filmkomödie gleichen Titels? Darin geht es um die Folgen der Wirtschaftskrise für die Bewohner eines niederbayerischen Dorfes. Die Betreiberinnen eines Tante-Emma-Ladens warten immer häufiger vergeblich auf Kundschaft. Zudem wird ihnen ein Geschäftskredit gekündigt. Da kommen sie auf die glorreiche Idee, heimlich eine Sex-Hotline zu gründen, was jedoch in dem streng katholischen Ort einen riesigen Skandal heraufbeschwört. Aber keine Sorge, so heiß geht es bei uns in Holzkirchen nicht her.

Mitten im Hochsommer 1984 ziehen wir nach Holzkirchen, ins eigene Heim, ein Reihenhäuschen mit obligatorischem »Handtuch«-Gärtchen. Wir sind nicht nur darüber recht froh, sondern freuen uns auch über einen Telefonanschluss vom ersten Tag an. Wenige Wochen zuvor hatte uns die Post noch mitgeteilt, dass sich der Anschluss verzögern würde. Aber jetzt hat es doch rechtzeitig geklappt. Wir erhalten eine kurze, leicht einprägsame Rufnummer, nämlich die 7676.

In den nächsten Wochen und Monaten gibt es für uns in Haus und Garten viel zu tun. Entsprechend müde fallen wir abends in die Betten. Doch nicht immer genießen wir einen ungestörten Schlaf. Wiederholt bimmelt das Telefon und reißt uns aus unseren Träumen. Einmal schrillt es kurz vor Mitternacht. Vielleicht ein Notfall bei den Eltern im Allgäu oder in Koblenz?

Ich springe aus dem Bett, haste zum Telefon, melde mich. Am anderen Ende ein Mann, dem Tonfall nach ein Österreicher. Er teilt mir mit, dass er an der Autobahnraststätte Holzkirchen stehe und dass sein Auto nicht mehr anspringe. Gott sei Dank nichts mit den Eltern, denke ich. Dann teile ich dem Anrufer mit, ich könne ihm nicht helfen, er habe sich wohl verwählt. Das ist ihm hörbar peinlich. Er entschuldigt sich für die Störung und legt auf. Ich husche zurück ins Bett und falle bald wieder in tiefen Schlaf.

Am nächsten Morgen lachen wir darüber. Da hat einer einfach die falsche Nummer gewählt. Ein dummer Zufall, das kann schon mal passieren. Aber auch in den folgenden Nächten bleibt das Telefon im Hause Schneider nicht durchgehend stumm. In einer Nacht schrillt es sogar mehrere Male. Erst um halb zwei, dann um Viertel nach drei, und ein weiteres Mal um halb sechs. In jedem Fall das gleiche Spiel: Wir schrecken hoch, sausen zum Telefon. Am anderen Ende der Strippe jeweils Männer, mal ein Italiener, mal ein Jugoslawe, und alle haben gravierende Probleme: Ihr Auto oder ihr Motorrad streike. Sie stünden an der Autobahn in der Nähe von Holzkirchen und bräuchten Hilfe. Wieder und wieder erklären wir, dass sie eine falsche Nummer gewählt hätten. Dass wir uns über ihre Anrufe nicht freuen, hören sie wohl. Die meisten entschuldigen sich deshalb kleinlaut.

Längst halten wir diese Störungen der Nachtruhe nicht mehr für Zufälle. Und lachen können wir darüber schon gar nicht mehr. In einer einzigen Nacht bis zu drei Mal geweckt zu werden, hochzuschrecken, angespannt zum Telefon zu laufen, den Notfall eines Auto- oder Motorradfahrers zu vernehmen, auf die falsche Nummer hinzuweisen, dann möglichst schnell zurück ins Bett zu huschen und zu versuchen, schnellstens wieder einzuschlafen. Nein, da hört der Spaß wirklich auf.

Zunächst können wir uns diese Vorfälle nicht erklären. Welche Gründe kann es dafür geben? Wir sind ratlos. Dann hilft ein Zufall weiter. Auf einem Plakat sehen wir die Rufnummer des ADAC-Pannendienstes München. Sie lautet:

089, die Vorwahl, dann die Rufnummer 767676. Schnell begreifen wir, was nächtens bei uns abgeht, weshalb wir häufig gestört werden und weshalb selbst das Ignorieren des läutenden Telefons nichts bewirkt.

Auto- oder Motorradfahrer, vor allem ortsfremde, die mit einem Defekt auf der Autobahn nahe Holzkirchen liegen bleiben, wähnen sich im Ortsnetz von München. Sie wählen die Rufnummer des dortigen ADAC-Pannendienstes, natürlich ohne Vorwahl. Mit der Folge, dass der Ruf im Ortsnetz von Holzkirchen abgeht, und zwar bereits nach der vierten Ziffer, also nach 7676. Dann klingelt eben nicht das Pannentelefon des ADAC in München, sondern unser Telefon in Holzkirchen.

Problem erkannt, Antrag auf Änderung der Rufnummer gestellt. Die Deutsche Post reagiert schnell und kostenfrei. Schon kurze Zeit später weist sie uns eine neue Telefonnummer zu. Von nun ab schlafen wir wieder ungestört, denn es gibt diese »heiße« Nummer nicht mehr.

Wirklich eine linke Tour

Wieso sind Sprichwörter so beliebt? Weil wir annehmen, sie vermittelten uns allgemein gültige Weisheiten in kurzer und verständlicher Form. Und weil wir hoffen, dadurch leichter durchs Leben zu kommen, denn so bliebe uns vielleicht manch bittere Erfahrung erspart.

Bezogen auf das Miteinander von Nachbarn gibt es jene sprichwörtliche Warnung, wonach der Frömmste nicht in Frieden leben könne, wenn es dem bösen Nachbarn nicht gefalle.

Wir haben zu unseren Nachbarn in Holzkirchen ein weitgehend entspanntes Verhältnis. Ich betone weitgehend, also nicht zu allen ein gleich gutes. Um ganz genau zu sein, zu unseren Nachbarn zur Rechten nicht ein durchgängig ungetrübtes.

Unser Herr Nachbar ist stockkonservativ. Er arbeitet viel und ist vor allem sehr korrekt. Abends braucht er erst ein Bierchen, um nach des Alltags Last und Frust einigermaßen entspannt den Feierabend genießen zu können. Er ist stolz auf die Leistungen der Deutschen und auf Deutschland überhaupt. Er weiß auch genau, wo es in Holzkirchen die besten Brezen und die besten Weißwürste gibt. Und im Fernsehen lassen sich unsere Nachbarn keinen kulturellen Höhepunkt entgehen. Der Musikantenstadl ist absolutes Pflichtprogramm. Im Garten sorgt vor allem der Herr Nachbar für Ordnung und Sauberkeit. Sein Traum: ein grüner

Rasen à la Wimbledon. Deswegen sät er Samen dieser Sorte aus, überwacht jedes Gräslein, entfernt jedes Unkräutlein und gießt regelmäßig die Aussaat.

Unser nachbarschaftliches Verhältnis ist ein normales: Man grüßt sich freundlich, wir reden miteinander, wenn wir uns sehen, auch schon mal über den Gartenzaun hinweg, und wir übernehmen wechselseitig jene besonderen Dienste bei urlaubsbedingter Abwesenheit. Das funktioniert im Großen und Ganzen ganz gut. Nur ab und zu ziehen ein paar dunkle Wolken auf.

Zum Beispiel wenn mich ein Freund, ein politisch Linker besucht und wir uns auf der Terrasse unterhalten. Ui! Da kann sich der Herr Nachbar nicht immer zurückhalten. Ihm entfleucht dann schon mal eine bissige Anmerkung, denn er kennt meinen Freund und dessen politische Ansichten aus der Lokalpresse. Oder wenn mir, wie unser Nachbar zu sagen pflegt, mal wieder »der Hut brennt«. Wenn ich beispielsweise als BN-Vorsitzender Entscheidungen des Gemeinderates kritisiere und er darüber in der Lokalzeitung lesen muss. Solche Situationen missfallen unserem Nachbarn sehr, und seine Strafe folgt auf dem Fuß. Er grüßt mich dann wochenlang nur sehr kurz, und er schaut nicht freundlich, sondern grimmig.

Dieses Los trifft allerdings auch die Nachbarn, deren Kinder nicht richtig erzogen worden sind. Nicht zuletzt jene Personen, die falsche, also nicht seine Meinungen vertreten oder schlimmstenfalls, wenn es sich vom Grund auf um »Damische« handelt.

Weil ich unseres Nachbars Ambitionen in Sachen »Wimbledonrasen« mit spitzbübischer Neugierde verfolge, kommt mir ein Tag im Jahr wie gerufen. 1989 fällt dieser genau auf einen Samstag, der erste April.

Schon Tage vorher besorge ich mir dunkle Erde, die Wühlmäuse auf Wiesen der Umgebung aufgestoßen haben. Am späten Abend des 31. März ist es dann soweit. Während unser Nachbar tief und fest schlummert, schleiche ich in seinen Garten. Mitten auf die Rasenfläche setze ich, ganz im Stile von Wühlmäusen, ein stattliches Häuflein Erde. Ich platziere dieses so, dass die Nachbarn, wenn sie am nächsten Morgen einen Blick in ihren Garten werfen, es gar nicht übersehen können. Unter das Erdhäufchen lege ich noch einen Zettel. Darauf steht der lapidare Hinweis: »Erster April«.

Wie mir der Herr Nachbar später berichtet, habe seine Frau bereits am Morgen dieses Häuflein entdeckt und ihn sofort informiert. »Verdammte Biester«, habe er geflucht und sich mächtig geärgert. Erst als er den Haufen weggeräumt habe, sei er auf den Zettel gestoßen. Sofort sei ihm klar gewesen, wer hinter diesem Aprilscherz stecke. Das könne nur der Nachbar gewesen sein, hätten beide vermutet und dann trotz allem herzhaft lachen müssen.

Was geradezu paradox erscheint, aber schon mehr als witzig ist: Unser Nachbar, also dieser rechte, heißt mit Namen genau anders herum. Insofern handelt sich es bei meinem Aprilscherz tatsächlich um eine linke Tour, und zwar im direkten wie im übertragenen Sinne.

Vor Allüren sei gewarnt

Wer kennt es nicht, dieses besondere Völkchen? Ganz ehrlich, wer hat noch nie von ihnen gelesen? Vor allem in den Illustrierten und Zeitschriften, die die Wartezeiten beim Friseur oder bei Ärzten verkürzen sollen. Gemeint sind diese sogenannten Diven, Stars oder anderen Vertreter des Show-Business. Meist geht es dabei um deren exzentrische Umgangsformen, ihr auffallendes Verhalten oder ihre Marotten. Alles Gehabe, alles Verhaltensweisen, die gemeinhin als Staralüren gelten.

Auch bei uns in Holzkirchens Eschenstraße, wo wir seit ein paar Jahren wohnen, beobachten wir neuerdings solche Stars, genauer gesagt, ein solches Pärchen. Es hat vor einiger Zeit ein Haus in der Nähe bezogen. Erstmals negativ aufgefallen ist der neue Hausherr, als er den alten Krempel des Vormieters, also dessen Einrichtung, einfach vor das Haus geworfen hat. Das allein hätten wir ihm vielleicht noch nachgesehen. Aber bald taucht ein weiteres Problem auf.

Schon zu früher Morgenstunde setzt sich der neue Nachbar vors Haus und schreit lauthals herum. Wir vermuten zwar, er will nur auf sich aufmerksam machen, aber für sensible Ohren klingt das markerschütternd. Und da es Nachbarn gibt, die angeblich das Gras wachsen hören, befürchten wir massive Vorwürfe, wenn nicht sogar Klagen.

Das Fass zum Überlaufen bringt unser neuer, elegant gekleideter Nachbar mit einer besonderen Marotte. Er verlässt flugs sein Haus und lässt dann, ohne viel Aufhebens zu machen, ab und an auch noch etwas fallen. Das muss nicht jedermanns Beifall finden. Weil wir aber Ärger mit unseren Nachbarn vermeiden und gleichzeitig das Künstlervölkchen in unsere Straßengemeinschaft integrieren wollen, entscheiden wir uns für den sanften Weg. Mittels eines Flugblattes klären wir unsere Nachbarn über die Eigenheiten unseres neuen Mitbewohners auf. Wir werben um ein wenig Toleranz für fremde Kulturen und bitten darum, gegebenenfalls nicht gleich juristische Schritte einzuleiten, beziehungsweise vor den Kadi zu ziehen. Auf unserem Flugblatt steht geschrieben:

Vorsicht Star-Allüren! Durch die derzeitige Anwesenheit einiger Jung-Stars kann es im näheren und weiteren Umfeld dieser Star-Villa zu einigen Beeinträchtigungen kommen. So ist derzeit im Zusammenhang mit den Fressorgien der Starlets, also des Jungvolkes, mit lärmigen Exzessen zu rechnen, und dies von frühmorgens bis spätabends. Vereinzelt muss auch mit Abstürzen oder mit Ausfällen dieser Starbesatzung gerechnet werden.

Wichtiger Hinweis: Bei den von den Alt-Stars, diese fungieren als Servicepersonal für die Jungen, abtransportierten Päckchen weißen Inhalts handelt es sich nicht um irgendwelche Partydrogen wie Ecstasy oder Ähnliches, sondern um biologischen Sondermüll. Dieser wird von ihnen in der Regel weit entfernt deponiert. Leider lassen die Alt-Stars dabei wiederholt die nötige Aufmerksamkeit vermissen. Das heißt, sie leben ihre Allüren aus, verzieren beispielsweise geparkte Autos mit gut sichtbaren weißen Flecken, dem »Star-Graffiti«.

Wir bitten, so fahren wir fort, bei eventuellen Beeinträchtigungen oder wilden Schmierereien nicht sofort einen Staranwalt einzuschalten, sondern stattdessen unmittelbar mit uns, dem Schneiderschen Starkult-Management Kontakt aufzunehmen.

Zu unserer großen Freude verläuft unsere Infokampagne äußerst zufriedenstellend. Seit dieser Aktion sind weder bei uns irgendwelche Beschwerden von Nachbarn eingegangen, noch haben sich die neuen Bewohner auf Nimmerwiedersehen davon gemacht. Sieht man einmal von den Wintermonaten ab, wo sie sich bevorzugt in südlichen Gefilden aufhalten. Da ist es nicht nur wärmer, sondern dort finden auch alljährlich ihre traditionellen Sippentreffen statt.

Im Übrigen bedankt sich der neue Hausbesitzer, es handelt sich um einen Sangeskünstler, fürwahr ein Star-Tenor, für unser Engagement, indem er während seines Aufenthaltes in Holzkirchen wiederholt kostenlose Live-Konzerte gibt, und diese auch noch Open-Air, nicht selten sogar mehrere an einem einzigen Tag.

Räder auf Abwegen

Mit Rädern ist das so eine Sache. Nicht nur im sprichwörtlichen Sinne, auch im wahren Leben. Fühlen sich die einen wie das fünfte Rad am Wagen, kommen andere gar unter die Räder. Manche drehen am großen Rad, wieder anderen fehlt angeblich ein Rädchen und wenige wollen gar das Rad neu erfinden.

Ein ruhiger Winternachmittag. Eva und ich schlendern durch die Münchner Straße in Holzkirchen. An der Hauswand einer Pizzeria, unweit vom Bahnhof,

126

lehnt ein Fahrrad. Das ist doch das Rad einer Freundin, meinen wir. Farbe und Ausstattung passen, und unverkennbar dieses markante Körbchen auf dem Gepäckträger. Aber wieso steht das Rad jetzt hier, am frühen Nachmittag, wo die Pizzeria geschlossen hat?

Wieder zuhause rufen wir die Freundin an und berichten ihr von unserer Entdeckung. Da fällt es ihr wie Schuppen von den Augen.

Folgendes war geschehen: Wegen eines kleinen Eingriffs musste die Freundin vor einigen Tagen ins Krankenhaus. Sie fuhr mit dem Rad zum Bahnhof, kam dabei an der Pizzeria vorbei und wollte dort noch eine Kleinigkeit essen. In Gedanken versunken, wahrscheinlich auch etwas aufgeregt, machte sie sich danach wieder auf den Weg zum Bahnhof, allerdings ohne Fahrrad. Abends sollte ihr Mann nach Rückkehr aus der Stadt das Fahrrad vom Bahnhof mit nach Hause nehmen. Dieser konnte jedoch das Rad am Bahnhof nicht finden. Es stand ja bei der Pizzeria. Für ihn war es weg, einfach weg, wie vom Erdboden verschluckt. Folglich nahmen die beiden an, jemand hätte es gestohlen.

Jetzt ist dieser Diebstahl binnen Minuten geklärt worden. Er entpuppte sich als gewöhnlicher menschlicher Irrtum. Die Freundin hatte es in der Aufregung an der Pizzeria stehen lassen und sich einfach nicht mehr daran erinnert.

Drei Wochen später. Unser Telefon klingelt. Ich hebe ab, am anderen Ende der Strippe diese Freundin. Und was berichtet sie mir? Ihr sei das Fahrrad gestohlen worden, dieses Mal aber tatsächlich. Nun werden in Holzkirchen nicht selten Fahrräder geklaut. Dennoch muss ich lachen, frage mehrmals nach, checke ein paar wichtige Fakten ab. Sie bittet uns, in den nächsten Tagen und Wochen die Augen offen zu halten, weiß sie doch, dass Eva und ich häufig im Ort unterwegs sind.

Und in der Tat, es dauert keine zwei Wochen, bis uns wieder ein herumstehendes Fahrrad auffällt. Dieses Mal neben dem Eingangstor zum Eisstadion. Wieder zweifeln wir nicht einen Augenblick, dass es das Gesuchte ist. Da die Freundin nicht allzu weit von diesem Stadion entfernt wohnt, suchen wir sie gleich auf und überbringen ihr die freudige Nachricht.

Wie sie uns später bestätigt, war es ihr Fahrrad, das da stand. Diesmal war es tatsächlich gestohlen worden. Umso glücklicher ist sie, es wieder zu haben.

Monate später. Mein Alltagsfahrrad, also jenes, mit dem ich täglich zum Bahnhof radle, hat einen schweren Defekt. Die Schaltung funktioniert nicht mehr, nur noch der dritte Gang geht. Das Unerfreulichste: eine Reparatur lohnt sich nicht mehr. Also muss es entsorgt werden. Aber wie bekomme ich das alte

Rad zum Wertstoffhof? Nur wenn ich es auseinanderbaue, kann ich es im Auto transportieren. Und ob der sperrige Rahmen in den Kofferraum passt, darüber bin ich mir auch nicht sicher.

Ich entscheide mich für eine andere Lösung: ein Sonderangebot für Langfinger. Ich stelle meinen Radveteranen am Bahnhof ab. Um sicher zu gehen, sperre ich es nicht ab. Ab jetzt heißt es nur noch: Warten!

Am nächsten Morgen. Ich fahre mit meinem neuen Alltagsrad zum Bahnhof. Ich bin schon sehr gespannt, dann jedoch enttäuscht. Mein altes Fahrrad steht unverrückt an seinem Platz. Am folgenden Tag dasselbe Bild. Auch an den nächsten drei, vier Tagen keine Veränderung. Ja, sind denn alle Raddiebe gerade jetzt in Urlaub gefahren oder auf Tauchstation gegangen? Meine Hoffnung, dass ein dreister Dieb mein altes Rad entführen würde, schwindet zunehmend. Vielleicht sollte ich mein Fahrrad doch auf klassischem Wege, also über den Wertstoffhof entsorgen?

Noch ein, zwei Tage will ich zuwarten. Und es lohnt sich. Am übernächsten Morgen komme ich zum Bahnhof, und mein altes Fahrrad ist verschwunden, einfach gestohlen worden.

Meist kommen Raddiebe ja nicht wie gerufen, in meinem Fall allerdings schon.

Übrigens: Meinem alten Fahrrad sind wir auf unseren späteren Spaziergängen durch den Ort nie mehr begegnet. Aber ich bin mir auch nicht sicher, ob ich es wirklich wiedererkannt hätte!

Viechereien bei uns daheim

Dass das Leben an manchen Tagen eine arge Viecherei sein kann, wer hat das nicht schon einmal am eigenen Leib erfahren? Oder anders ausgedrückt, zum Beispiel in den Worten eines Allgäuers: »Ma macht scho viel mit, bis ma de Schlottr (Dickmilch) nimmer beiße ka«.

Ein regnerischer Morgen im Juni 2008. Eva will die Zeitung reinholen, öffnet noch etwas schlaftrunken die Haustüre. Hoppla! Sie stutzt, hält abrupt inne. In ihren Schlappen, die vor der Tür stehen, sitzt eine dicke Kröte und glotzt sie an. Woher kommt die denn? Und vor allem, was will die hier? Fragen, auf die wir keine Antwort finden. Ist diese Kröte etwa als Botschafterin unterwegs, will sie mir für die Rettung ihrer Artgenossen danken? Schließlich haben die Holzkirchner Naturschützer im letzten Frühjahr viertausend Kröten über die Straße getragen.

Zum Glück, also zu meinem Glück, küsst Eva die Kröte nicht. Nicht auszudenken, was passiert wäre, handelte es sich dabei um einen verwunschenen Prinzen. Würde dieser womöglich meine Frau entführen, hätte wohl ich eine »Kröte« zu schlucken. Und wie es danach mit meinen Kröten aussähe, will ich mir gar nicht ausmalen.

Da würde mir vermutlich auch »Mausi«, unsere neue Freundin, nicht weiterhelfen können. Diese flotte Dame, leicht exzentrisch, besucht uns im Spätsommer. Sie trägt selbst im Sommer Pelz, ist sehr neugierig und eine richtige Nachtschwärmerin. Sie hat sich selbst einquartiert, und zwar im Keller. Ihr Besuch kommt allerdings recht unpassend, wollen wir doch am nächsten Tag zu unserer Radtour rund um den Teutoburger Wald aufbrechen. Weil unsere neue Bewohnerin aber keine Anstalten macht, uns auf schnellstem Wege wieder zu verlassen, legen wir für sie im Keller zwei Futterdepots an, eines mit Speck, das andere mit Käse. Aber »Mausi« ist wohl Veganerin. Sie frisst nur Nüsse, unsere im Keller lagernden Walnüsse, davon aber reichlich.

Damit sie während unserer Abwesenheit auch fit bleibt, richten wir ihr zwischen Vorratsschrank und Werkbank einen kleinen Abenteuerparcours ein, mit zwei Reaktionstestgeräten. Beide sind nicht ganz einfach zu bedienen. Nur bösartige Menschen glauben, wir würden diese Geräte als Fallen einsetzen.

Weil wir Komplikationen nicht gänzlich ausschließen können, informieren wir unsere Urlaubsaushilfe über dieses private Fitness-Studio. Wir bitten sie, sollte es zu einem tödlichen Unfall kommen, von einer Aufbahrung der Verunglückten bis zu unserer Rückkehr abzusehen. Vielmehr sollten die sterblichen Überreste rasch einem Bestattungsinstitut, in diesem Fall dem lokalen Abfallwirtschaftsunternehmen übergeben werden. Auf keinen Fall sollte ein eventueller Unfall publik werden, geschweige denn eine Todesanzeige in der Lokalzeitung erscheinen. Nicht auszudenken! Militante Tierschützer könnten das Ordnungsamt über den Vorfall informieren. Dann drohte uns womöglich noch eine Geldstrafe. Warum? Weil wir aus Kostengründen im kurzfristig eingerichteten Fitnessraum keine Notruftelefone installiert haben.

Aber wie es oft so geht. Wieder einmal viel Lärm um nichts. Als wir nach drei Wochen aus dem Urlaub zurückkehren, ist »Mausi« verschwunden, einfach untergetaucht, wahrscheinlich zu ihrer Großfamilie zurückgekehrt.

Letzterer begegnet Eva wenige Tage später im Garten. Dort steht neben dem Komposthaufen eine ausrangierte Mülltonne, gefüllt mit Komposterde. Der Deckel ist immer ein wenig geöffnet, damit Luft reinkommt. Ein Drahtgeflecht soll den Zutritt Fremder unterbinden. Als Eva den Deckel anhebt, begegnet sie »Mausis« Familie. Mindestens acht Mitglieder, kleine und große, machen sich nach und nach eilends aus dem Staub, also aus der Komposterde.

Da es sich bei der Tonnenbesetzung durch »Mausis« Familie um eine von uns nicht genehmigte Aktion gehandelt hat, erklären wir das Mietverhältnis ab sofort für beendet. Unmittelbar danach beginnen wir mit der Zwangsräumung der Wohnung. Tschüss »Mausi« und alles Gute! Vielleicht begegnen wir uns ja mal wieder.

A recht a schöns Ganserl

Es gibt im Laufe eines Jahres eine Reihe von Tagen, beispielsweise Geburtstage, Namenstage, die sind für Menschen wichtig und schön, für manche Kreaturen erweisen sich diese dagegen als gefährlich, geradezu als lebensgefährlich. Ich denke da an so Tage wie Kirchweih, Sankt Martin und Weihnachten.

Bei den Kreaturen handelt es sich um jenes Federvieh, das den alten Ägyptern heilig war, bei den Griechen als Symbol für Liebe, Treue und Fruchtbarkeit galt und das die verschlafenen Römer durch ihr aufgeregtes Geschnatter vor den beutelüsternen Galliern warnte.

Schließlich ist es ein Kirchenmann, dessen Name bis heute bestimmte Gänse zu Auserwählten werden lässt. Martin von Tours sollte Bischof dieser Stadt werden, war aber zu bescheiden, dieses Amt anzunehmen und versteckte sich deswegen in einem Gänsestall. Dort wurde er durch das empörte Geschnatter der Tiere entdeckt. Zur Strafe wurden die Gänse verspeist, Martin aber wurde Bischof und Schutzpatron der Gänsezucht.

Und dann gab es da noch diesen Oberschlaumeier, diesen »Hans im Glück«, der es fertig brachte, sein delikates Gänschen gegen einen profanen Wetzstein einzutauschen. Ein Geschäft, das ich nie abgeschlossen hätte.

Anfang Oktober, wenige Tage vor Kirchweih erscheint im Miesbacher Merkur ein Bild, geschossen von einem Fotografen der Heimatzeitung. Darauf sind ein paar wunderschöne Gänse zu sehen, die zufrieden auf einer Wiese grasen. Immer wieder betrachte ich dieses Foto. Gänse faszinieren mich, in welcher Form auch immer. Sie sind schön, sehr aufmerksam, also hellwach und sie können so aufreizend fauchen.

Ich muss gestehen, so unmittelbar vor dem Kirchweihfest kommen mir auch noch andere Bilder in den Sinn. Da läuft doch etwas in meinem Mund zusammen? Ist das vielleicht Wasser? Um es auf den Punkt zu bringen, ich habe urplötzlich »Gans-klare« Visionen. Und diese meine seherischen Eingebungen übermittle ich der Lokalzeitung.

In der Wochenendausgabe, unmittelbar vor Kirchweih, lässt der Redakteur die Leser im Rahmen der täglichen Glosse, der sogenannten Stichel-Hex wissen, dass er meine Sympathien für Gänse im Großen und Ganzen teile. Er schreibt Folgendes: »Liabe Leut', heit muaß i nix schreim. Des macht unsa Leser Helmut Schneider aus Hoizkiacha für mi, dem wo unsa Gans-Foto in da Freitag-Ausgabe so guad gfoin hod, dass er meine Freind vo da Redaktion an ganz liabn Briaf gschickt hod, den wo i gern im Wortlaut obdruck:

»Wie mich diese Gans anblickt, als würde sie es ahnen. Ich werde ,gans' nachdenklich, haben wir, meine Frau und ich, uns doch schon mit Freunden zum Gansessen an diesem Kirchweihsonntag verabredet. Ein knusprig gebräuntes Ganserl schmeckt wirklich ,gans' lecker. Es muss ja nicht eine von jenen aus der Zeitung sein. ,Gans' glücklich bin ich nicht, eher ein ,gans' klein bisschen traurig, kriege fast eine Gänsehaut, allein schon wegen der vielen ,Gänsefüßchen', die ich in diesen Zeilen verwende. Ob wir uns an Kirchweih doch lieber mit ,gans' viel Salat und Gänsewein bescheiden sollten? ,Gans' bestimmt nicht! Brust oder Keule, so heißt die ,gans' entscheidende Frage, und vor allem ,gans' kross muss sie sein!
,Gans' vielen Dank für dieses tolle Foto in der heutigen Merkur-Ausgabe, von einem, der viele Jahre ,gans' häufig seinen ,Schnabel' aufgerissen, sogar gefaucht hat, jetzt aber ,gans' ruhig den kommenden Tagen entgegenfiebert – den Kirchweihtagen. Hhmmhh!«

Und so kommt es am Kirchweihsonntag, wie es in den Büchern geschrieben steht, also konkret in unserer Lokalzeitung.

Meine Frau und ich nehmen zusammen mit Freunden am Tisch eines Gasthauses Platz, bestellen »a recht a schöns Ganserl«, und verputzen das resch gebratene Kirchweihganserl nebst Knödel und Blaukraut bis auf den letzten Bissen, also, »gans« und gar. Danach sind wir auch noch ganz fidel, gleichsam »Gans-fidel«. So etwas Fieses, vielmehr »Gans-Fieses!«

Wer mir näher steht

Es gibt solche und solche, oder wie der Allgäuer sagt: »Söttige und söttige«, also Menschen mit guten und welche mit schlechten Eigenschaften. Gute Freunde, davon wusste schon Franz, das kaiserliche Beckenbäuerchen, ein Lied zu singen, kann niemand trennen, und gute Freunde sind auch nie allein. Aber wie komme ich zu guten Freunden beziehungsweise wo finde ich solche?

Wenn es gut läuft, das Schicksal einem keinen Possen spielt, dann zählen schon mal Eltern, Geschwister oder sonstige Verwandte zu jenem Kreis, zu dem man ein engeres, ein gutes Verhältnis hat. Ich freue mich, sagen zu können, dass ich sowohl zu meinen Eltern als auch zu den Schwiegereltern ein sehr gutes Verhältnis hatte, zu meiner Schwester und deren Mann sogar ein besonders enges und vertrauensvolles habe. Auch unter den vielen, vielen Cousinen und Cousins gibt es einige, mit denen ich in Kontakt geblieben bin, wohlgemerkt nicht mit allen.

Nun zählen Freunde, wie ein geflügeltes Wort besagt, zu jener Gemeinschaft, die wir uns selbst aussuchen dürfen. Anders als die Familie, in die wir einfach hineingeboren werden. Weil der Allgäuer jedoch weiß, dass »ma it in d' Leit nei sieht, sondern bloß dra' na«, dass man also die inneren Werte eines Menschen nicht auf den ersten Blick erkennen kann, begegnet er Fremden zunächst oft vorsichtig, wenn nicht sogar ein wenig zurückhaltend.

Ich muss gestehen, auch ich gehöre zu jenen Menschen, die sich anfangs eher abwartend verhalten, dann allmählich öffnen und erst nach und nach einen vertrauensvolleren Umgang pflegen. Es kann also dauern, bis sich aus einer ersten Begegnung mit mir eine echte Beziehung und danach sogar eine langjährige Freundschaft entwickelt.

Nun war es keineswegs allein die Zeit, die mich anderen näher gebracht hat. Nein, es waren immer Begegnungen mit Menschen, deren Haltungen mir imponierten, deren Aufrichtigkeit, Ehrlichkeit und deren faires und gerechtes Verhalten mich beeindruckten. Was ich immer schätze, ist der aufrechte Gang durchs Leben. Also nicht auf jeder Welle des Zeitgeistes mitzuschwimmen, sondern Rückgrat zu zeigen und zu seinen Überzeugungen zu stehen, und das auch, wenn einem mal der Wind heftig ins Gesicht bläst.

Dass in mir auch ein spöttischer Geist wohnt, davon können jene, die mich schon länger kennen, ein Lied singen. Übrigens eine Eigenschaft, die den Geschwistern meiner Mutter offenbar nicht fremd gewesen war.

Wenn mein Vater als Kind in Rottach etwas zu erledigen hatte, musste er am elterlichen Hof meiner Mutter vorbei. Dort saßen die Eltern und Kinder abends häufig auf der Fillebank, der Bank vor dem Haus, unterhielten sich oder spöttelten über Vorübergehende, so auch über meinen Vater. Deshalb hieß es bei ihm zu Hause immer: »Wer nach Rottach geht, und es trifft ihn kein Spott, den mag der liebe Gott!«

Über einen Streich meiner Eltern, den sie einer Nachbarsfamilie gespielt haben, habe ich mich besonders gefreut. Weniger dagegen über die zufällige Begegnung mit zwei auf den ersten Blick seriös wirkenden Herren, die sich allerdings recht bald als falsche Füffziger erwiesen haben.

Wo lernte ich meine echten Freunde kennen? Zum einen am Wohnort, auf dem Schulweg, in der Klasse, in der Jugendgruppe, aber auch am Arbeitsplatz sowie in Initiativen und Vereinen. Noch immer bin ich mit Schulkameraden, Mitgliedern der damaligen Jugendgruppe, Kollegen aus Bildungseinrichtungen, Mitstreitern und Weggefährten aus Parteien und Verbänden sowie mit früheren Kolleginnen und Kollegen aus dem Jugendinstitut freundschaftlich verbunden. Daneben kommt es auch im Alltag öfter zu überraschenden Begegnungen.

Ich hoffe, dass viele dieser Freundschaften tief verwurzelt sind und dass sie so lange fortdauern, bis wir in die Grube purzeln. Was dann geschieht? Das weiß ich auch nicht. Aber große Sorgen mache ich mir darüber nicht. Ich halte mich da an die Holzkirchner Heimatdichterin Barbara Haltmair, die einmal gesagt hat: »Mir ist es egal, ob ich später einmal in den Himmel komme oder in die Hölle. Ich treffe überall Freunde.«

Unfreiwillige Wohltäter

Die Bauersleute vom Schlosshof gelten gemeinhin als arbeitsam, heimatverbunden, kinderfreundlich und fromm. Nicht wenige halten sie dagegen eher für bigott. Sie bewirtschaften einen großen Bauernhof. Unweit davon ist einst die Burg der Reichsritter von Werdenstein gestanden. Heute erinnern nur noch ein Torturm und einige Mauerreste an deren Geschichte. Die Bauersleute haben sechs Kinder, hätten gern noch mehr bekommen. Jeden Sonntag gehen sie in die Kirche. Nicht selten schläft der Bauer während des Gottesdienstes, die Bäuerin hingegen betet laut, neigt ein wenig dazu, beim Gebet die Umstehenden zu übertönen.

Dass diese Bauersleute auch noch andere Seiten haben, erfahren meine Eltern eher zufällig. So sollen diese frommen Leute einem kinderlosen Ehepaar ein besonderes Angebot unterbreitet haben. Würden diese älteren Herrschaften ihr Haus und ihr Grundstück schon zu Lebzeiten den Bauersleuten überschreiben, so würden diese die beiden Alten bis zu deren Tode versorgen. Klingt das nicht irgendwie nach Erb...? Na, Sie wissen wohl, was ich meine! Meine Eltern ärgert das, sehr sogar, gerade weil diese Bauersleute schon arg frömmeln.

Die Vorfahren der Bauersleute haben Ende des 19. Jahrhunderts das Burggelände erworben. Seitdem bewirtschaftet diese Familie den Hof vor der Burg, daher auch der Name »Schlosshof«. 1988 haben die Eigentümer mit der Sanierung der Burgruine begonnen. Zum Abschluss dieser Arbeiten soll nun auf dem Gelände ein großes Burgfest stattfinden. Einige Wochen vorher verteilt der Schlossbauer Einladungszettel an die benachbarten Haushalte.

Da kommt meinem Vater plötzlich was in den Sinn. Er will den Schlossbauern zu einem Wohltäter machen, allerdings zu einem unfreiwilligen. Dazu muss der Text auf dem Veranstaltungsplakat durch einen Satz ergänzt werden. Und zwar durch diesen: »Der Erlös des Burgfestes kommt dem Katholischen Kindergarten in Stein zugute«. Natürlich muss es bei diesen Leuten eine katholische Einrichtung sein. Da es vor Ort aber keinen Kindergarten gibt, ist es eben jener der Nachbargemeinde. Was insofern fast originell ist, denn die Bauersfrau stammt aus dieser Gemeinde.

Meine Schwester und deren Mann ergänzen den Veranstaltungszettel um diesen entscheidenden Satz. Dann vergrößern sie das Blatt auf das Plakatformat und drucken es mehrfach aus.

In der Nacht vor dem Fest geht die geheime Mission über die Bühne. Weil das Festgelände bewacht und ausgeleuchtet wird, und mein Vater fürchtet, erkannt zu werden, verkleidet er sich. Gegen Mitternacht macht er sich auf den Weg. An den drei Zugangswegen zum Festgelände heftet er die neuen, großzügig ergänzten Plakate auf die alten Plakate. Alles klappt wie geplant.

Zum Fest am folgenden Tage kommen viele Besucher, jung und alt. Meine Eltern hören zufällig, wie sich zwei junge Frauen aus der Nachbarschaft lobend über die unerwartete Großzügigkeit der Bauersleute äußern. Gefeiert wird dann bis tief in die Nacht.

Als mein Vater am Abend nach dem Fest bei einem benachbarten Bauern frische Milch holt, berichtet ihm dieser von dem Gaunerstück. Richtig erbost soll er gewesen sein über die Dreistigkeit dieses Unbekannten.

An diesem Abend kehrt mein Vater besonders zufrieden und mit stolz geschwellter Brust heim. Und das liegt weiß Gott nicht nur an der frischen Milch.

Auf diesem Wege erhält der Katholische Kindergarten der Nachbargemeinde eine Geldspende, die für diesen so überraschend kommt, wie für den unfreiwilligen Spender das Etikett Wohltäter. Wirklich eine ritterliche Tat, die Frage ist nur, von wem?

Mein Vater hat mir zu Lebzeiten nie von diesem Streich erzählt. Er argwöhnte, ich würde ihn deswegen maßregeln, hatte ich doch den Schlossbauern wiederholt für sein Engagement zur Sanierung der Burgruine gelobt. Nein, Papa, hier hast Du Dich geirrt. Für diese mutige Aktion würde ich Dir am liebsten posthum noch einen Orden verleihen.

Zu früh gefreut, ihr Spekulanten

Nach dem Tod der Eltern erben meine Schwester und ich das Elternhaus in Werdenstein. Im Herbst 1992 kommen wir überein, das Haus zu verkaufen. Aber was ist dieses alte Haus wert, das vor etwa hundert Jahren als Sennküche erbaut worden ist? Unsere Eltern haben es Mitte der 50er-Jahre für ganze 12.500 Mark erworben, es nach und nach saniert und renoviert, zeitlebens viel Geld und vor allem viel Arbeit reingesteckt. Insgesamt knapp 37 Jahre haben sie darin gewohnt. Wir, meine Schwester und ich haben dort unvergessliche Kinder- und Jugendjahre verbracht.

Vielleicht kann uns jene Beraterin einer Bausparkasse weiterhelfen, die uns, also meine Frau und mich, beim Kauf unseres Hauses in Holzkirchen so gut beraten hat. Sie verweist uns an ihre zwei Kollegen von der Geschäftsstelle in Kempten. Wir vereinbaren mit diesen einen Besichtigungstermin und warten gespannt auf deren Besuch, wirbt diese Bausparkasse doch mit dem Slogan »Wir beraten wie ein Freund«.

Die beiden Herren erscheinen pünktlich. Wir gehen gemeinsam durchs Haus, in jeden Raum, vom Keller bis zum Speicher. Sie werfen überall einen Blick hin, vielleicht auch zwei oder drei, schütteln ab und zu den Kopf, lassen keine besondere Wertschätzung hören oder sonst wie erkennen. Mehrere Male merken sie an, dass dies schon ein sehr altes Haus sei. Ein Käufer müsse da viel investieren. So etwas lasse sich wohl nur als Liebhaberobjekt verkaufen.

Nach Ende ihrer Besichtigung legen sie uns einen Vermittlungsvertrag vor. Darin wird das Haus mit 180.000 Mark taxiert. Neben der obligatorischen Maklergebühr wollen sie noch eine zusätzliche Provision festschreiben. Und zwar für jenen »über 150.000 Mark erzielten Kaufpreis, höchstens jedoch 3,42 Prozent inklusive Mehrwertsteuer.«

Wir sind baff. Die gehen ja richtig in die Vollen. Uns geht das alles viel zu schnell. Wir unterschreiben diesen Vertrag nicht an Ort und Stelle, bitten stattdessen um Bedenkzeit. Das wiederum scheint den beiden noblen Herren wenig zu gefallen.

Meine Schwester bleibt skeptisch. Sie kann diese niedere Bewertung nicht nachvollziehen. Sie ist fest überzeugt, dass das Haus mehr wert sei. Um keine Verstimmung zwischen uns Geschwistern aufkommen zu lassen, wollen wir uns absichern. Ein öffentlich bestellter und vereidigter Sachverständiger soll das Haus begutachten, dessen Verkehrswert ermitteln.

Wenige Wochen nach der Ortsbesichtigung des Experten trifft sein Gutachten ein. Wir fallen aus allen Wolken. Es verschlägt uns die Sprache, kommt der Gutachter doch zu einem völlig anderen Ergebnis. Wie er detailliert begründet, ist unser Elternhaus keine 180.000 Mark, sondern gut 260.000 Mark wert. Also 80.000 Mark mehr, als die beiden Bausparkassenfritzen veranschlagt haben. Jetzt begreifen wir, wer wohl die größten Liebhaber dieses Kaufobjektes sind, vielmehr gewesen sind. Diese beiden Immobilienspezialisten, die vorgeben, wie Freunde zu beraten. Unbestreitbar handelt es sich bei ihnen um Freunde, allerdings um falsche.

Weil mich deren eklatante Unterbewertung ärgert, schreibe ich ihnen noch einen Brief. Ich könne ihre Bewertung absolut nicht verstehen, zudem falle dadurch nicht gerade ein gutes Licht auf ihre Bausparkasse. Süffisant füge ich hinzu, sie könnten mir ja noch eine Erklärung nachliefern. Doch wie erwartet, hüllen sich die beiden noblen Herren in Schweigen.

Aufgrund dieser Erfahrung verkaufen wir unser Elternhaus in Eigenregie. Auf unsere Anzeige im Allgäuer Anzeigeblatt melden sich über 60 Interessenten aus der ganzen Bundesrepublik. Drei ernsthafte Kaufwillige bleiben übrig. Schließlich entscheiden wir uns für eine junge Familie aus dem Nachbarort. Sie freut sich und wir sind zufrieden. So bleibt das Haus in den Händen von Einheimischen, was uns nicht unwichtig ist, sind diese doch mit der örtlichen Dorfgemeinschaft bereits etwas vertraut.

Alter Schinken unter dem Bett

Wir urlauben des Öfteren auf der Halbinsel Jütland, bevorzugt an deren Nordspitze, dem Toppen af Danmark. Dort verbringen wir, nur wenige Meter vom Nordseestrand entfernt, erholsame Wochen im Ferienhaus unseres Freundes Knud. Wir sind jedes Mal aufs Neue fasziniert vom Meer und dessen Farben, einer Sinfonie in Blau, Grau, Grün und Weiß. Mal tänzeln sanfte Wellen an den Strand, mal brausen sie tosenden Wogen gleich aufs Ufer zu. Immer künden sie von der nie verebbenden Kraft des Wassers und des Meeres.

Noch mehr beeindruckt uns das Licht des Nordens, dieses besondere Licht von Skagen, wo sich Nord- und Ostsee begegnen. »Schön hier und eine Wucht«, schwärmte schon der dänische Märchendichter Hans Christian Andersen, als er 1859 erstmals dorthin kam. Nicht ganz zufällig haben sich dänische Maler bereits Ende des 19. Jahrhunderts an diesem Ort getroffen. Seither werden diese als Skagenmaler bezeichnet. Darunter auch Peter Severin Krøyer, bekannt für seine impressionistischen Landschafts- und Genrebilder. Und weil kein Urlaubstag vergeht, wo wir nicht stundenlang am Strand spazieren, haben wir sein Bild »Sommerabend am Skagener Südstrand« besonders lieb gewonnen.

Von diesem Bild eine Reproduktion, das wäre ein tolles Weihnachtsgeschenk für Eva, denke ich. Im Internet finde ich ein interessantes Angebot, auch zu einem akzeptablen Preis. Ich bestelle dieses Bild und lasse es an meine Arbeitsstelle in München schicken. Schließlich soll es ja eine Überraschung werden.

Jetzt bedarf es nur noch eines günstigen Augenblicks, um das Bild unbemerkt nach Hause zu holen. Ein Bastelnachmittag des Bund Naturschutz in der Holzkirchner Volkshochschule, bei dem Eva mitmacht, scheint dafür günstig. Ich fahre sie mit dem Auto dorthin, und starte danach durch. Zwei Stunden habe ich Zeit für meine geheime Aktion.

Auf der Autobahn rase ich nach München, durch die Stadt zum Nockherberg, wo meine Arbeitsstelle liegt. Ich parke das Auto, hole das Bild aus meinem Arbeitszimmer, alles eiligen Schrittes, verstaue es im Auto und schon düse ich wieder heimwärts.

Doch jetzt muss ich das Bild, mit 110 x 74 Zentimetern nicht unbedingt ein Kleinformat, dazu noch dick verpackt, irgendwo im Haus verwahren. Und zwar so, dass es vor falschen Blicken geschützt ist. Wohin damit? Ich sause durch's Haus, vom Keller bis hinauf in den Speicher, immer auf der Suche nach einem geeigneten Versteck. Nirgends finde ich eine Ecke, einen Schrank, eine Stelle, die mir sicher genug erscheint. Ich fange an zu schwitzen, werde immer unruhiger. Die Zeit läuft und läuft, läuft mir davon. Noch eine gute halbe Stunde, dann muss ich Eva wieder abholen. Plötzlich kommt mir die rettende Idee.

Im Schlafzimmer? Ja, da könnte es gehen. Wir haben geschlossene Bettkästen. Das Bild samt Verpackung passt locker unter die Matratze, und von außen ist es nicht zu sehen. Wieder muss alles schnell gehen: Ich räume das Bettzeug ab, hebe die Matratze an, lege das Bild darunter und die Matratze wieder drauf. Dann das Bettzeug, ich streiche alles glatt. Jetzt bloß keinen Fehler machen. Ein letzter prüfender Blick. Ich bin erleichtert und froh. Das Bild ist sicher verwahrt, und zwar im Bettkasten meiner Frau. Ab jetzt beschützt sie diesen »alten Schinken« nächtens höchst persönlich. Allerdings ahnt sie nicht im Geringsten, welch wichtige Aufgabe ihr im Schlaf zufällt.

Noch vier Wochen, vier lange Wochen bis zum Tag X. Hoffentlich fällt ihr nicht urplötzlich ein, mal wieder die Bettkästen zu entstauben. Nein, bitte, bitte nicht, nicht mehr vor Weihnachten! Hoffen und bangen, und vor allem warten. Advent, Advent, ein »Krøyer« pennt, erst eine Woche, dann zwei, dann drei, dann vier, dann steht Weihnachten vor der Tür – endlich.

Alles geht gut. Am Heiligen Abend leuchten unsere Augen. Erst meine, weil mir diese Überraschung geglückt ist, und dann die von Eva, weil sie sich sehr über dieses Bild freut, das uns beide an die strahlenden Tage in Nordjütland erinnert. Es bekommt auch einen besonderen Platz. Im Wohnzimmer, an der Wand direkt hinter der Sitzecke prangt dieser »alte Schinken«, ääh ... vielmehr dieses hoch geschätzte Erinnerungsstück.

Ehrung für einen alten Freund

Hans Kowalsky ist ein alter Freund von mir. In Wirklichkeit heißt er anders, aber das tut hier nichts zur Sache. Ich habe ihn über meine Arbeit für den Bund Naturschutz kennengelernt.

Er ist überzeugter Sozialdemokrat, zählt zu den Linken in dieser Partei. Er verkörpert jene Gattung von Personen, die man in konservativen Kreisen gemeinhin als »rote Sau« bezeichnet, vielmehr abstempelt. Zeit seines Lebens engagiert sich Hans, ob als Orts-, als Kreisvorsitzender oder als Mitglied der Kreistagsfraktion für Positionen, die sich an sozialistischen Grundsätzen und Zielen orientieren. Rechte Strömungen und Tendenzen sind ihm seit jeher ein Dorn im Auge. Deshalb bin ich auch nicht überrascht, dass sich Hans im Herbst 2005 in die öffentliche Kontroverse um eine Zehn-Millionen-Spende des Metro-Gründers Otto Beisheim einschaltet.

Beisheim will diese Summe dem Tegernseer Gymnasium zukommen lassen, allerdings unter einer Bedingung: Die Schule solle seinen Namen tragen. Der Haken dabei: Otto Beisheim gehörte als junger Mann angeblich einer zur Waffen-SS zählenden Leibstandarte an. Die Lehrer des Gymnasiums fordern Beisheim auf, diesen Vorwurf aufzuklären. Daraufhin werden die Lehrer von Bürgermeistern in einem offenen Brief als »selbsternannte Moralapostel« beschimpft. Die öffentliche Debatte lässt an Heftigkeit und Schärfe nichts zu wünschen übrig, ob in Leserbriefen, in politischen Gremien, in der Presse oder im Elternbeirat des Gymnasiums. Bis es Beisheim zuviel wird und er seine Spende zurückzieht.

Als im November der 65. Geburtstag meines Freundes Hans ansteht, will ich ihm, wohl wissend, dass dies öffentlich nicht in gebührender Weise erfolgen wird, für seine langjährige politische Arbeit danken. Natürlich auf die mir eigene Art. Da Hans nicht selten allein auf weiter Flur kämpft, quasi wie das viel besungene Männlein im Walde, nur eben nicht still und stumm, schreibe ich ihm zu Ehren zwei neue Strophen. Die erste beschreibt das Schicksal eines roten Männleins im bayerischen Oberland, in der zweiten setze ich mich mit seinem Kontrahenten auseinander, einem andersfarbigen Männlein.

Um Hans für seine politischen Verdienste zu würdigen, gründe ich kurzerhand einen Verein, das fiktive »Komitee zur Rettung bedrohter politischer Tierarten«. Ich ernenne mich zu dessen Präsidenten und informiere Hans über die geplante Würdigung. Diesen Brief gebe ich, mit ausdrücklicher Genehmigung des Jubilars, nachstehend im Wortlaut wieder:

Lieber Hans,

aus Anlass Deines 65. Geburtstages, zu dem wir Dir selbstverständlich viel Erfolg in Sachen Gesundheit, Revolution et cetera pp. wünschen, haben wir auf der letzten Vorstandssitzung beschlossen, Dich für Deine Verdienste im Rahmen der Rettung bedrohter politischer Tierarten im bayerischen Oberland, wie beispielsweise der »Schmeißfliege«, der »Ratte« oder auch der »Roten Sau«, besonders zu ehren. Du hast Dich über viele Jahre hinweg in höchst eigennütziger Weise, aber auch ausdauernd für den Erhalt der gerade in unserem Landkreis äußerst bedrohten »Roten Sau« eingesetzt. Dies war und ist nicht immer einfach, bietet diese Region doch offensichtlich ebenso hervorragende Lebensbedingungen für andere Tierarten wie beispielsweise Braunbären oder Wölfe. Aber dies alles hat Dich nicht gebremst. Für Dich stand die Rettung der »Roten Sau« immer im Zentrum Deines Wirkens. Du gingst sogar so weit, Dich selbst als »Rote Sau« zu bezeichnen und auch als solche öffentlich aufzutreten.

Das rückte diese bedrohte politische Tierart, den Medien sei Dank, zwar wieder ins öffentliche Bewusstsein, aber es führte auch dazu, dass jagdbesessene Bürgerinnen und Bürger Dich wiederholt durch die idyllischen Dörfer des Landkreises getrieben haben. Auch große Teile der hiesigen Bevölkerung, nicht zuletzt politische Mandatsträger sowie Medienleute, haben wiederholt Hetzjagden auf »Rote Säue« veranstaltet und damit deren Bestand massiv dezimiert.

Lieber Hans, mit Deinem jahrzehntelangen Engagement für die »Rote Sau« hast Du Dich um die Rettung dieser bedrohten politischen Tierart im Landkreis verdient gemacht. Deshalb hat der Vorstand des Komitees zur Rettung bedrohter politischer Tierarten einstimmig beschlossen, in Anerkennung Deiner Verdienste den aufgelassenen, mondänen Schweinestall eines lokalen Schweinemästers in »Hans-Kowalsky-Saustall« umzubenennen.

Wir hoffen saumäßig, dass Du diese Ehrung mit weiteren »Schweinereien« insbesondere in hiesigen Gauen honorieren wirst.

Mit herzlichen Grüßen

Aber dieses Mal kommt mir der Zufall nicht zu Hilfe. Im Gegenteil. Bevor die entsprechende Ruhmestafel an jenem besagten Schweinestall angebracht werden kann, hat der Schweinemäster seinen Betrieb aufgegeben. Und so wartet mein alter Freund bis heute vergeblich auf die ihm gebührende Ehrentafel.

Travnicek hilft beim Umzug

Ein weißblauer Himmel über der bayerischen Landeshauptstadt, die Sonne lacht, die Temperatur ist angenehm warm. Dieser Samstag mitten im September 2006 ist ein Herbsttag wie aus dem Bilderbuch. Für die Freunde des Oktoberfestes mit dem Einzug der Wiesnwirte auf der Theresienwiese ein Feiertag.

Auch bei Eva und mir, echten Wiesnmuffeln, steht ein Einzug auf dem Programm, vielmehr ein Umzug. Und zwar der meiner Schwester und ihres Mannes von München-Neuperlach nach Taufkirchen, in den Ortsteil Bergham. Wir haben ihnen unsere Hilfe angeboten, und sie haben nicht abgelehnt.

Am frühen Vormittag rücken wir im Adolph-Baeyer-Damm an, am südlichen Rande des Münchner Ostparks. Alles ist bestens vorbereitet, so dass wir sofort loslegen können. Für die Möbel haben sie einen Sprinter gemietet. Unsere erste Herausforderung ist die Sitzgarnitur. Sie ist etwas unförmig und vor allem sauschwer. Sie treibt meinem Schwager und mir die ersten Schweißperlen aus den Poren. Mit einigen Umzugskartons füllen wir die noch leeren Ecken des Leihautos. Kleinere Gegenstände und Kartons wandern in unserem Golf Variant.

Danach bricht die Umzugsflotte auf, Richtung Taufkirchen. Dort entladen wir die Autos, fahren zurück, laden wieder ein. Die nächste Tour und so weiter, und so fort, den ganzen lieben langen Tag, ein echtes Alternativprogramm zum beginnenden Oktoberfest.

Am frühen Nachmittag erleben wir am neuen Wohnort eine Überraschung. Ein Turnkamerad meines Schwagers taucht mit seiner Frau vor der neuen Wohnung auf. Beide turnen etwas neugierig herum, ohne viel Hand anzulegen. So empfinden wir es nicht als Nachteil, als sich die beiden nach kurzer Zeit, ohne Staub aufgewirbelt zu haben, wieder aus demselbigen machen. Gegen 17 Uhr ist der Umzug vollzogen. Wir sind müde aber froh, alles in so kurzer Zeit gemeistert zu haben.

Schwester und Schwager sind sehr zufrieden, laden uns abends zum »Italiener« ein. In froher Runde stärken wir uns mit schmackhafter Pasta und süffigem Chianti.

Dann gebe ich meine Tageserlebnisse zum Besten. Ich schlüpfe dazu in die Rolle jenes gewissen Travnicek, das Alter Ego des österreichischen Kabarettisten Helmut Qualtinger. Wie er diesen Umzug erlebt hat? Na, was soll ich dazu schon sagen, außer: »Na, habe die Ehre!«:

Na Travnicek, Ihnen hat doch der Umzug heute sicher Spaß gemacht?
Na servus, der Umzug woar aane schlimme Soche – nix für meine zartn Handerln, nix für meine laamen Fuasserln, und mei Baauch, immer üm Weg.
Wenn mi dös Orbatsamt net vermittlt höt …

Aber Travnicek, die Leut, die warn doch sicher in Ordnung?
Di Leit, wos soi i sogn, er a G'scherter aus Töiz, a Bohnenstoange und chaotisch, sie zwoa linke Händ und hektisch.
Wenn mi dös Orbatsamt net vermittlt höt …

Aber die Stadt, Travnicek, München, eine Wöitstadt mit Herz?
München-Perlach a Wöitstadt mit Herz, no hobe di Ehre, Hochhaaiser, wo'd hiaschaugst, longweilige Blocks und lauter Kriminölle.
Wenn mi dös Orbatsamt net vermittlt höt …

Aber die Bewegung an der frischen Luft, Travnicek, die war doch gut?
Frische Luft, dass i net loach, staabig wor's wi di Sau, und feuchtfröhlich wor's vielleicht aaf öm Oktoberföst.
Wenn mi dös Orbatsamt net vermittlt höt …

Aber Travnicek, in Bergham aaf öm Land, do woar's doch schö?
Bergham, a Kaff mittn zwischn dö Erdöpfin-Föjder, gschtinköde Baauern und a paar ausgwanderte Stodtleit.
Wenn mi dös Orbatsamt net vermittlt höt …

Und die Möberln, haben die Ihnen wenigstens gefallen?
Wos haaßt do Möberln, a oids Graffl, und wenn's dös folln loasst, is hi!
Wenn mi dös Orbatsamt net vermittlt höt …

Ja, warum sind'S dann hingegangen, wenn Ihnen schon nix passt?
No jo, wos soit i mochn, is ja di bucklig Verwondtschaft!

Die beiden Betroffenen lachen Tränen über die Auskünfte des »Herrn Travnicek« und dessen typische Larmoyanz. Unterhaltsame Stunden, die wie im Flug vergehen. Aber irgendwann findet auch dieser Abend sein Ende. Nach diesem harmonischen Tag gibt es nicht den geringsten Anlass, an irgendetwas herumzunörgeln oder rumzukritteln.

Insofern passt das folgende Zitat von Qualtinger zwar nicht zu diesem Tag, aber grundsätzlich hat er schon recht, wenn er sagt: »Satire ist die Kunst, einem anderen so auf den Fuß zu treten, dass er es merkt, aber nicht aufschreit.«

Wahrlich sehr verwunderlich

Wir schreiben das Jahr 2009. Ein typischer Novembertag, nebelverhangen und feucht, düster und unwirtlich. Das alles jagt unser Stimmungsbarometer nicht gerade in die Höhe. Was machen wir an solchen Tagen? Uns im Bett verkriechen, ein Buch lesen, Urlaubsfotos betrachten? Eva und ich entscheiden uns dafür, nach längerer Zeit wieder mal ins Kino zu gehen.

Am frühen Samstagabend fahren wir nach Bad Tölz. Im Capitoltheater, einem dieser alten Kinos mit ihrer typischen Atmosphäre, fehlt nur noch, dass nach dem Vorfilm die Platzanweiserin durch die Reihen geht und Eis anbietet, läuft der Film »Männerherzen und die ganz große Liebe«. In dieser romantischen Komödie von Simon Verhoeven werden fünf Typen von Männern gezeigt, die sich auf sehr unterschiedliche Art und Weise auf die Balz begeben. Für mich nicht eben ein aktuelles Thema, aber vielleicht kann ich ja Vergleiche mit meinen Balzversuchen anstellen? Außerdem ist es immer noch besser, als Trübsal zu blasen. Zudem schwärmen viele Bekannte und Freunde von diesem angeblich hervorragenden Film. Also, nichts wie hin.

Auf dem Weg vom Parkhaus zum Filmtheater, es ist schon fast dunkel, nur wenige Menschen sind noch unterwegs, kommt uns ein Junge entgegen, etwa zehn bis zwölf Jahre alt. Schon von weitem sehe ich, dass seine Blicke auf mich gerichtet sind. Wir kommen einander näher, er bleibt abrupt vor mir stehen, schaut in mein bärtiges Gesicht und fragt mich allen Ernstes: »Bist Du Jesus?« – Ich bin überrascht, innerlich erheitert und antworte kurz und knapp: »Ja, warum?«

Der Junge blickt mich mit großen Augen an, sagt aber kein einziges Wort mehr. Stumm wie ein Fisch bleibt er für einen Moment vor mir stehen. Irgendwie scheint es ihm die Sprache verschlagen zu haben. Dann wendet er sich ab und geht weiter, in sich gekehrt, als müsse er jetzt viel nachdenken. Er wirft mir auch keinen Blick mehr zu.

Und was mache ich? Urplötzlich erscheint der Kalvarienberg, dessen Silhouette die Dächer der Tölzer Altstadt überspannt, in einem völlig anderen Licht. Wieso hat dieser Junge an dieser Stelle und warum gerade mir diese Frage gestellt? Ich bin weder in sogenannten Jesuslatschen unterwegs, noch folgen mir zwölf Anhänger im Schlepptau. Ja, ich weiß, ich bin nicht allein unterwegs, mich begleitet Eva-Maria. Nein, Heilige ist sie keine, aber meine liebe Frau.

Vielleicht ist dieser Junge aus einer Kommunionvorbereitungsstunde gekommen, und noch so beeindruckt von dem gewesen, was er dort gehört, oder gar auf Bildern gesehen hat, von den Worten und Taten dieses jüdischen Wander-predigers? Oder liege ich mit dieser Interpretation völlig daneben?

Handelte es sich bei dieser wundersame Begegnung mit dem Jungen doch um ein Wunder? Allerdings wäre es dann ein besonderes, nämlich ein verkehrtes? In der Bibel steht nämlich geschrieben, Jesus machte Taube hörend und Stumme sprechend. Ich dagegen habe an diesem dunklen Novemberabend in Bad Tölz einen sprechenden Jungen verstummen lassen.

Wir gehen weiter zum Kino, auch wenn viele Fragen noch unbeantwortet sind. Was denkt der Junge über meine spontane Antwort? Was, wenn überhaupt, wird der Junge daheim seinen Eltern und Geschwistern von dieser Begegnung erzählen? – Er habe heute einen Spinner getroffen. Dieser habe behauptet, er sei Jesus. Vermutlich werden Mutter und Vater des Jungen den Kopf schütteln, ob der reichen Phantasie ihres Sprösslings und herzhaft darüber lachen.

Wir ergötzen uns auf jeden Fall noch lange an diesem außergewöhnlichen Erlebnis. Ich kann darüber zumindest mehr lachen als über die Gags der cineas-tischen »Männerherzen«.

Kindermund tut Wahrheit kund

Kinder haben einen einzigartigen Blick auf die Welt. Und wenn sie ihre Welt beschreiben, kommt nicht selten auch manch versteckte Wahrheit ans Licht, ge-nauso wie es das bekannte Sprichwort ausdrückt: »Kindermund tut Wahrheit kund«. Allerdings nicht nur die. Mit ihren schlagfertigen Antworten, spaßigen Wortverdrehern und witzigen Sprüchen strapazieren Kinder nicht selten unsere Lachmuskeln.

Seit einigen Jahren wohnen Franzi und Manuela, ihre Mama, nicht mehr im Nachbarhaus, aber zu unserem Glück, weil wir sie mögen, noch in Holzkirchen.

Wenn Franzi an einem Wochenende wieder mal bei ihrem Papa weilt, der weiterhin das Haus neben uns bewohnt, sehen und treffen wir sie häufig. Mal wenn sie im Garten spielt, uns ein frisch zubereitetes »Sandeis« anbietet, oder wenn sie zu uns herüberkommt. Immer hat sie Wichtiges zu berichten. Sie hilft auch gerne Eva im Garten.

Mit Vorliebe säubert sie die verschiedenen Vogeltränken und -bäder. Erst kippt sie das Wasser aus den Gefäßen, dann reinigt sie diese mit Bürste und Schwamm, und danach füllt sie diese wieder mit frischem Wasser auf. Sie ist immer mit großem Eifer bei der Sache. Ganz nebenbei erfährt sie von Eva Interessantes über verschiedene Blumen und Pflanzen, über Gartenpflege und über das eine oder andere Tierchen. Wenn Franzi Fragen hat, bekommt sie, soweit irgendmöglich, auch entsprechende Antworten. Das weiß sie und schätzt sie auch.

Eines Nachmittags, wir sitzen auf der Terrasse, kommt Franzi an den Zaun. Sie hat eine ganz wichtige Frage. Von Eva will sie wissen, wie ein bestimmter Strauch im Garten ihres Papas heißt. – »Das ist ein Hartriegel«, sagt Eva. – »Hartriegel«, wiederholt Franzi. Wir glauben, sehen zu können, wie sie diese Information in ihrem Gehirn abspeichert.

Nun geht Franzi schon seit letztem Jahr in die Schule und Schule und Lernen machen ihr viel Spaß. In diesem Herbst werden im Schulunterricht Büsche, Sträucher und Hecken durchgenommen. Franzi lernt dabei viel Neues über die einzelnen Arten.

Eines Morgens beim Frühstück will Franzi ihre Mama testen. Sie fragt diese, ob sie denn wisse, wie der Strauch in Papas Garten heiße, und zwar jener mit den weißrandigen Blättern. – »Ich wusste gleich, welchen sie meint. Den mit den schönen roten Zweiglein, aber mir fiel der Name wie so oft von dieser Pflanze nicht ein«, erzählt uns ihre Mama später.

Doch auch Franzi muss vorerst passen. Ihr will und will dieser Name nicht mehr einfallen. Sie denkt nach und denkt nach, eine ganze Zeitlang ganz fest. Plötzlich ruft sie laut: "Ah, ich weiß es: Harter Keks!" – Wenn das nicht logisch ist? Hartriegel – Schokoriegel – Harter Keks!

Ein andermal, viele Wochen später, an einem Montagabend. Ihr Papa kann gerade nicht weg und so bittet er mich, Franzi abends mit dem Auto vom Turnen abzuholen.

Zusammen mit einer Freundin kommt sie aus der Sporthalle geschlendert. Als sie mich erblickt, strahlt sie schon von weitem. Auch ich freue mich. Franzi ist fast immer gut gelaunt. Sie lacht viel und herzhaft, ist an allem interessiert und macht bei vielen Dingen begeistert mit. Und was uns besonders beeindruckt, sie teilt immer gerne mit anderen. Sie ist eine richtige Frohnatur, ein wahrer Sonnenschein, auch für uns.

Gemütlich plaudernd gehen wir zum Auto. Ihre Freundin begleitet uns ein Stück des Weges. Diese mustert mich von oben bis unten, dann fragt sie Franzi, ganz leise: »Ist das dein Opa?« – »Nein«, sage ich, weil ich die Frage gehört habe, lächle und erkläre: »Ich bin der Nachbar.« – Kurze Stille. Franzi stutzt einen Moment, dann merkt sie trocken an: »Aber nur zeitweise!«

Ich muss grinsen. Sie hat ja vollkommen recht. Schließlich wohnt sie nicht mehr im Nachbarhaus, sondern sie hält sich nur dann dort auf, wenn sie ihren Papa besucht, mal für eine Nacht, mal für ein Wochenende oder mal für ein paar Tage während der Ferien.

Zufälliger Familienzuwachs

Zu Anfang des letzten Jahrhunderts, als meine Großeltern lebten, hatten die Familien noch viele Kinder, insbesondere in ländlichen Gegenden wie dem Allgäu. Mein Vater, 1916 geboren, hatte beispielsweise zehn Geschwister, meine Mutter, zwei Jahre jünger, nur acht. Mein Vater wie auch meine Mutter waren jeweils die Jüngsten in ihren Familien. Ein Grund dafür, dass ich nicht alle ihrer Geschwister, also meine Onkels und Tanten, kennenlernen konnte. Einige verstarben, ehe ich auf die Welt kam. Tante Mina im Kindbett, Onkel Armin im Zweiten Weltkrieg. Onkel Rudolf wurde als vermisst gemeldet und Onkel Georg starb kurz nach Kriegsende an den Folgen einer Operation. Nicht mit allen ihren Schwestern und Brüdern standen meine Eltern in engem Kontakt.

Insofern dürfte es nicht überraschen, dass ich bis heute einige meiner Cousinen und Cousins nur vom Namen her kenne, manchen nur wenige Male begegnet bin, den allermeisten dagegen öfters. Und wie das Leben so spielt: Einer meiner Klassenkameraden aus dem Gymnasium hat eine meiner Cousinen geheiratet.

Soweit meine Schwester und ich wussten, war unser Onkel Rudolf, Mutters vermisster Bruder weder verheiratet, noch hatte er Kinder. Es gab für uns keinen Grund, daran zu zweifeln. Bis zu diesem einen Augenblick, nach dem plötzlich einiges anders sein sollte.

Anfang 2012 fahre ich für ein paar Tage ins Allgäu. Ich will Näheres und Hintergründiges zu einigen meiner Lebensstationen erfahren. Dazu treffe ich mich auch mit dem früheren Bürgermeister von Rottach, der Heimatgemeinde meiner Eltern. Dieser ist gerade dabei, eine Häuserchronik der ortsansässigen Familien zusammenzustellen.

In seinem Textentwurf zur Familie meiner Mutter entdecke ich einen höchst interessanten Hinweis. Dort lese ich, der vermisste Onkel Rudolf sei verheiratet gewesen und aus dieser Ehe sei die Tochter Philomena hervorgegangen. Ferner habe die Witwe später in wilder Ehe mit einem Mann zusammengelebt, und mit diesem noch einen Sohn gehabt.

Mich überraschen diese Informationen. Ich kann sie fast nicht glauben. Doch der ehemalige Bürgermeister kann seine Angaben belegen. Sie stammen aus einem Heft des Heimatkundlichen Vereins Buchenberg. In dieser Gemeinde hat mein Onkel tatsächlich einige Jahre gelebt, so viel weiß ich. Alles andere ist mir dagegen völlig neu.

Wieder zurück in Holzkirchen nehme ich sofort mit dem Zweiten Vorsitzenden dieses Heimatkundlichen Vereins Kontakt auf. Ich habe Glück, denn dieser kennt sogar den unehelichen Sohn meiner »neuen« Tante persönlich, dessen Schwester allerdings nicht. Alle fraglichen Angaben in dem Heftchen seien richtig, bestätigt er mir. Von ihm bekomme ich die Telefonnummer meines »neuen« Cousins.

Ich rufe ihn an. Auch er bestätigt mir alle diese neuen Informationen. Dann gibt er mir die Telefonnummer seiner Stiefschwester, meiner mir bis jetzt unbekannten Cousine.

Als ich diese unmittelbar darauf anrufen will, ist ihr Anschluss belegt. Da war wohl mein »neuer« Cousin schneller. Er wollte wahrscheinlich seiner Schwester sofort von unserem Telefonat berichten.

Wenige Minuten später komme ich durch. Ich spreche erstmals mit meiner »neuen« Cousine Philomena. Ein seltsames Gefühl. Am anderen Ende der Strippe eine ältere Frau, neun Jahre älter als ich. Ich wusste bisher nichts von ihr, sie wusste nichts von mir. Selbst meine Mutter, also ihre Tante Maria, kannte sie nicht. Wirklich sonderbar! Sie meint, das könne an ihrer Mutter gelegen haben. Diese sei eine etwas sonderliche Frau gewesen. Sie habe kaum Kontakt zu anderen Leuten gesucht, geschweige denn gepflegt. Ansonsten könne sie sich nur an zwei unserer Tanten erinnern, Emma und Hedwig, zwei Schwestern meiner Mutter, die nicht allzu weit entfernt von ihrer Mutter gewohnt hatten. Ihren Vater, den vermissten Onkel Rudolf, habe sie nur einmal im Alter von drei Jahren gesehen. Damals sei er kurz auf Heimaturlaub nach Hause gekommen. Allerdings sei dieser Mann für sie, soweit sie sich erinnern könne, ein Fremder gewesen.

Wir freuen uns beide, dass wir uns, wenn auch erst nach langer Zeit, über viele Umwege und mehr oder weniger zufällig, noch kennengelernt haben. Ob wir uns jemals begegnen werden, das erscheint uns beiden mehr als fraglich. Auf alle Fälle wünschen wir uns alles Gute für die Zukunft, ehe wir uns verabschieden.

Nicht weniger überrascht als ich es war, ist meine Schwester, als ich ihr noch am selben Abend von diesem überraschenden Familienzuwachs beziehungsweise von dieser verspäteten Familienzusammenführung erzähle.

Frühstück mit nostalgischem Pep

Morgenstund' hat Gold im Mund, lautet ein bekanntes Sprichwort. Dabei handelt es sich um die Übersetzung eines geflügelten Wortes aus dem Lateinischen. Es lautet: »Aurora habet aurum in ore« und bedeutet so viel wie »die Morgenröte trägt Gold im Mund und im Haar. Im übertragenen Sinne heißt dies, dass es sich lohne, früh aufzustehen, weil das Arbeiten dann am leichtesten falle.

Ich als notorischer Frühaufsteher kann diese Aussage nur bestätigen. Nicht nur zu Hause, auch auswärts bin ich immer ganz früh auf den Beinen. So auch Anfang Februar 2012 im Allgäu.

»Ich habe heute hier für Sie gedeckt!«, sagt die Frau vom Service freundlich und weist mir einen Platz am Fenstertisch zu. Der heutige Tag, ein Samstag, ein sehr kalter Wintertag, fängt im Landhotel Adler in Martinszell gut an. Mit frischen Semmeln und Brezen, Marmelade, Honig, Käse und Wurst sowie Müsli mit Joghurt und Früchten am Buffet. Dazu ein Kännchen mit duftendem Kaffee, den mir die Dame an den Tisch bringt.

Dann bleibt sie vor mir stehen, blickt mich an und fragt: »Kann es sein, dass Sie mal in Werdenstein gewohnt haben?« Ich bejahe. »Kann es sein«, fragt sie weiter, »dass Sie mal den ,Münchner im Himmel' in der Schule in Eckarts gespielt haben?« Ich bejahe erneut. Jetzt gehe ich in die Offensive und sage: »Kann es sein, dass ich Helmut Schneider heiße?« Und fahre fort: »Ja, ich bin Helmut Schneider!«

Darauf lächelt sie und sagt: »Dann haben wir mal zusammen Theater gespielt, und zwar im Stück ,Der selige Florian'. Kennen Sie mich noch?«

Ich sitze da, schaue sie an, aber mir will und will kein Name einfallen. Mein Kopf rattert. Im Geiste gehe ich schnell die früheren Mitglieder der Jugendgruppe Eckarts durch. Es ist mir zwar peinlich, aber ich kann dieses Gesicht nicht mit einem Namen verbinden. »Sie erkennen mich wohl nicht mehr!« sagt sie und es klingt keineswegs enttäuscht. »Na ja, ich habe mich auch etwas verändert.« Dann löst sie die Spannung, indem sie sich vorstellt: »Ich bin die Gabi aus Eckarts«. Jetzt kann auch ich lächeln. Natürlich erinnere ich mich an sie. Aber sie sah damals wirklich anders aus. Sie war ja noch ein junges Mädchen, jetzt ist sie eine gestandene Frau.

Sie erzählt, wie sie vor einiger Zeit beim Stöbern ein Foto aus alten Tagen entdeckt habe. Darauf nur wir beide, gemeinsam beim Theaterspiel auf der Bühne der Eckartser Schule. Jetzt weicht die Spannung endgültig aus unseren

Gesichtern. Wir freuen über diese unerwartete Begegnung, nach sage und schreibe mehr als 36 Jahren.

Gabi gehörte damals zu den Jüngsten in der Jugendgruppe. Sie erinnere sich, wie sie mich wissen lässt, an eine Begebenheit noch ganz genau. Und zwar daran, wie ich mich damals für sie eingesetzt habe, damit sie an einem zweitägigen Gruppenausflug in den Schwarzwald habe teilnehmen dürfen. Auch ich kann mich an das Gespräch mit ihren Eltern noch gut erinnern. Ich brauchte ein paar Stunden, bis ich die Bedenken ihres Vaters und ihrer Mutter ausräumen konnte und sie überzeugt hatte, dass ihr geliebtes Töchterlein auf dieser Reise vielleicht etwas Schlaf einbüßen würde, aber auf keinen Fall ihre Unschuld. Dass Gabi das bis heute nicht vergessen hat, beeindruckt mich und freut mich.

Später, sobald es ihre Arbeit zulässt, kommt sie nochmals an den Tisch. Wir kramen in alten Erinnerungen, sprechen über ehemalige Gruppenmitglieder. Ich erzähle, dass ich in den letzten Tagen erst Peter aus Werdenstein und dann auch noch Sepp aus Dietzen getroffen habe. Gabi spricht mich auf meine ehemalige große Liebe an, diese junge Französin. Nur deren Name fällt ihr nicht mehr ein. »Pasquine hat sie geheißen«, sage ich und füge der Vollständigkeit halber hinzu: »Sie hat einen Mathematiker geheiratet.« Dann erzähle ich ihr von meiner Frau, mit der ich schon über 32 Jahre glücklich verheiratet bin.

Soviel Glück hat Gabi nicht gehabt. Ihr hat das Schicksal übel mitgespielt. Vor zehn Jahren ist ihr Mann gestorben, mit 48 Jahren an Krebs. Kurzes betretenes Schweigen. Es seien vor allem ihre drei Kinder, merkt sie gefasst an, die sie wieder froh stimmten und ihr hälfen, die schwierige Situation zu meistern. Als sie berichtet, dass sie vor kurzem erstmals Oma geworden ist, huscht ein Lächeln über ihr Gesicht. Das tut gut in solchen Momenten. Dass ihr das Leben einiges abverlangt, daran zweifle ich keinen Augenblick. Den Bauernhof, den sie mit ihrem Mann bewirtschaftet hatte, konnte sie nicht weiter betreiben; sie musste ihn verpachten, und mit der Arbeit hier im Hotel verdient sie sich etwas dazu.

Leider haben wir beide an diesem Morgen nicht die nötige Zeit, um länger über Erlebtes und Vergangenes zu plaudern. Noch ein freundliches Lächeln, ein kurzes Drücken, dann trennen sich unsere Wege wieder.

Dieser kalte Wintermorgen, auf minus 19° Celsius war die Temperatur des Nachts gefallen, hat durch dieses Wiedersehen einen besonderen Glanz und einen nostalgischen Pep erhalten, zumindest für Gabi und mich.

Am späten Vormittag, mitten in einer Fachtagung zum Schutz von Amphibien, an der ich teilnehme, kreisen meine Gedanken wiederholt um diese Be-

gegnung. Da fällt mir noch etwas ein. Doch, doch, ich hätte Gabi erkennen können, ja sogar erkennen müssen. An ihrem Hals habe ich ihn entdeckt, diesen
zierlichen Leberfleck, den sie schon damals in der Jugendgruppenzeit gehabt hat.

Wenn's irgendwo drückt und zwickt

Im Laufe des Lebens von schweren Erkrankungen verschont zu bleiben, lässt sich nicht ausschließlich mit einem soliden Lebenswandel begründen, eine gehörige Portion Glück gehört auch dazu. Als vorteilhaft erweist sich, wenn man bestimmte Risikofaktoren vermeidet und wenn man im Krankheitsfalle von kompetenten Ärzten behandelt wird.

Ob es sich bei jenem Doktor im Allgäu, von dem meine Eltern des Öfteren erzählt haben, auch um einen solchen gehandelt hat, weiß ich allerdings nicht. Sie berichteten jedenfalls, dass eine alte Allgäuer Bäuerin einen Hexenschuss erlitten und deshalb ihren Hausarzt, einen älteren Herrn, aufgesucht habe. Während der Untersuchung sei der Bäuerin hörbar ein mobiler Leibeswind entfleucht. Daraufhin habe der Arzt festgestellt, der Schuss sei ja jetzt wohl draußen, nur die Hexe säße noch vor ihm. Ja, auch im Allgäu ist die Luft nicht immer rein, und der Ton ist nicht selten ein wenig rauer, deswegen aber nicht weniger herzlich.

Was nun meine Wehwehchen betrifft, so habe auch ich das Standardprogramm der Kinderkrankheiten durchlitten, also Masern, Mumps, Windpocken sowie Keuchhusten. Einmal durfte ich sogar Krankenhausluft schnuppern. Im Kemptener Stiftskrankenhaus wurden mir die Nasenpolypen entfernt.

Großes Glück hatte ich in meinen Kinderjahren zweimal. Einmal als ein Schulkamerad mit seinem Luftgewehr auf mich zielte und mich auch traf. Allerdings nicht meine Gummistiefel, die er anvisiert hatte, sondern meinen linken Oberschenkel. Die Kugel drang durch die Hose, durch die lange Unterhose, dann fiel sie herunter, ohne die Haut nur anzuritzen.

Ein weiteres Mal ging ein Jungenscherz gut für mich aus. Wir, meine Spielkameraden und ich, schnitzten aus Schwingen von Heinzen, jenen typischen Allgäuer Heutrockengestellen, Pfeile, mit denen wir anschließend auf einander zielten. Also nicht direkt, sondern immer knapp vor die Füße, um den anderen so richtig zu erschrecken. Ich drehte mich wohl einmal in die »falsche« Richtung, jedenfalls anders als erwartet. Zack! Traf mich der Pfeil eines Kameraden am Hals, knapp fünf Zentimeter neben der Halsschlagader. Ich hatte damals wohl mehr Glück als Verstand, vor allem einen sehr aufmerksamen Schutzengel.

Weniger Glück hatte ich mit meinen Milchzähnen. Sie wollten einfach nicht rechtzeitig die Plätze für ihre Nachfolger freigeben. Deshalb sah sich der häusliche Bader, mein Vater, mehrfach veranlasst, meinen Beißerchen mit einem Faden die Sesshaftigkeit zu rauben. Auch meine ersten Besuche beim Zahnarzt verliefen nicht gerade vertrauenserweckend. Eine düstere Praxis in einem Immenstädter Hinterhaus, der Zahnarzt, ein alter Knochen und ebenso wenig kinderfreundlich wie die Assistentin, seine Frau.

Größere Probleme bereitete mir viele Jahre später einer meiner Milchzähne. Dieser wollte und wollte sich nicht vom Acker machen. Er war so widerspenstig, dass sein Nachfolger nach hinten ausweichen musste. Dort fühlte sich dieser recht wohl. Und so stand in meinem Mund jahrzehntelang ein Zahn in der zweiten Reihe, direkt hinter den oberen Schneidezähnen. Mein späterer Zahnarzt bezeichnet mich, nachdem er dieses Phänomen erstmals gesehen hatte, deshalb nicht ganz zufällig als »Haifisch«.

Als gar nicht lustig erlebte ich jene dunklen Wolken, die sich während meines Berufslebens plötzlich über mir auftürmten. Ein großes empirisches Projekt, damit verbunden enormer Zeitdruck, dazu zahlreiche Konflikte in der Arbeitsgruppe und nicht zuletzt mein übertriebener Ehrgeiz führten bei mir zu einem Burnout.

Mein Hausarzt empfahl mir deswegen eine Kur, die ich auch antrat, und zwar in Prien am Chiemsee. Vier Wochen, in denen ich mich gut erholt und mich auch sehr wohlgefühlt habe, was ich in meiner KURiosen Schattenpoesie bildhaft zum Ausdruck bringe.

Kurz vor meinem Ausscheiden aus dem Berufsalltag quälten mich urplötzlich Knieschmerzen, so dass ich immer häufiger »gekneischded«, also gejammert habe. Mein Hausarzt überwies mich, um seine Diagnose abzusichern, an einen Spezialisten, einen Sportarzt. Dieser kurierte mich, ohne dass mein lädiertes Knie geröntgt werden müsste. Dafür ließ er meinem Knie eine besonders intensive Salbung zuteil werden.

Weitgehend entspannt verlaufen meine Besuche beim Zahnarzt zur regelmäßigen Zahnkontrolle. Dabei konnte ich beobachten, wie unterschiedlich Männer ihre Aufenthalte im Wartezimmer zu gestalten wissen.

In punkto allgemeine Gesundheitsratschläge möchte ich mich zurückhalten. Nur die Erfahrung eines älteren Allgäuers will ich unbedingt weitergeben: Es habe mal einer gesagt, man solle nicht soviel saufen und rauchen, das sei schrecklich ungesund. Worauf ein anderer geantwortet habe, dass es darauf nicht ankomme. Er habe einen gekannt, der habe nicht geraucht und nicht getrunken und auch mit den Weibern nichts zu tun gehabt, und dieser sei trotzdem schon mit eineinhalb Jahren gestorben.

Haifisch mit Zahnlücke

»Und der Haifisch, der hat Zähne und die trägt er im Gesicht und MacHeath, der hat ein Messer, doch das Messer sieht man nicht« heißt es in Bertolt Brechts »Dreigroschenoper«.

Nun, mein Zahnarzt heißt mit Sicherheit nicht MacHeath, aber ein Messer hat er selbstverständlich schon. Und was die Zähne, in diesem Fall, meine Zähne betrifft, so passt dazu genau jene Strophe, die erst später bei der Verfilmung der Dreigroschenoper hinzugekommen ist: »Denn die einen sind im Dunkeln und die andern sind im Licht. Und man siehet die im Lichte, die im Dunkeln sieht man nicht.«

Denkste, mein Zahnarzt hat sehr wohl diesen einen Zahn bei mir im Mund entdeckt, obwohl dieser nicht im Licht gestanden ist, sondern sich hinter den oberen Schneidezähnen versteckt hat. Wegen dieses einen Zahnes nennt mich mein Zahnarzt liebevoll »Haifisch«. Er erklärt mir allerdings unmissverständlich, dass er meine Beißerchen nur reparieren werde, nachdem er diesen »Irregulären«, diesen Haifischzahn entfernt habe.

Gesagt, Termin vereinbart, ein paar Mal heftig geschlottert, nicht vor Kälte, obwohl es Winter ist, und dann zur Tat geschritten, vielmehr geschlichen.

Mutig ... na ja, eher ängstlich nehme ich auf dem Behandlungsstuhl Platz. Als erste legt die Zahnarztassistentin Hand bei mir an. Völlig entspannt hängt sie mir so ein harmloses Papierlätzchen um. Dann wird es ernst. Der Zahnarzt kommt, grüßt mich freundlich. Wir wechseln ein paar Worte, dann nimmt er direkt neben mir Platz. Ich empfinde meine Lage jetzt alles andere als gut. Noch ein kurzer Blick zum Zahnarzt. Jetzt einfach vom Stuhl hüpfen und abhauen? Ja, das wär's! Oh Mann würde der Augen machen!

Aber die Wirklichkeit sieht anders aus. Ich hole nochmals tief Luft, richte ganz unauffällig ein kurzes Stoßgebet nach oben. Ui! Ist es da hell. Schon setzt der Zahnarzt die Spritze an. Einmal, noch einmal, zum Glück tut das überhaupt nicht weh. Dann hole ich ein paar weitere Male tief Luft. Der Zahnarzt dreht sich auf seinem Stühlchen wieder mir zu. Ich sehe die blitzende Zange, würde am liebsten die Zähne zusammenbeißen. Stattdessen sperre ich meinen Mund weit auf. Er setzt die Zange an, lieber Gott, steh mir bei, er zieht, zieht heftiger, zieht noch stärker – Krack! – Scheiße, denke ich. Da höre ich schon sein Fazit: »Der Zahn ist abgebrochen«. Er versucht noch, die steckende Zahnwurzel herauszuziehen. Doch all sein Bemühen ist vergeblich. Was nun?

Bevor ich mir so ein richtiges Schreckensszenario ausmalen kann, kommt von ihm eine knappe, aber klare Ansage: »Morgen 17:00 Uhr OP!« – Obwohl es ein kalter Wintertag ist , wird mir augenblicklich heiß, siedend heiß. Was folgt, sind nicht enden wollende Stunden der Angst. Einen ganzen Tag lang leide ich wie ein Hund. Aber dann am nächsten Abend geht alles recht schnell.

Rauf auf den Behandlungsstuhl, OP-Tuch umgelegt, Spritzen gesetzt – und nach einer Dreiviertelstunde Schnippelns, das sind sehr lange 45 Minuten, ist die Wurzel draußen. Gott sei Dank, ohne Probleme! Also ohne größere Probleme. Ich sehe schon etwas malträtiert aus: Schweißflecken, Blutspritzer, Hängebacken.

Tabletten verhelfen mir zu einer schmerzfreien, erholsamen Nacht. Am nächsten Tag sieht meine Welt wieder heller aus. In den folgenden Tagen bessert sich meine Lage zunehmend. Die Wunde verheilt gut und nach ein paar Monaten stehen die nächsten Attacken meines Zahnarztes an. Also er spricht von weiteren dentalen Reparaturen: Vier neue Kronen sollen gesetzt und eine Brücke muss erneuert werden. »Zwei Sitzungen«, meint mein neuer Freund, der Zahnarzt, »eine zur Vorbereitung und eine zur Einpassung«.

Als ich nach der ersten Sitzung, sie dauert nur lausige vier Stunden, aufstehe, meint der Zahnarzt lapidar: »Sie haben sicher schon schönere Vormittage erlebt?« –«Ich muss sie korrigieren«, sage ich kurz, »es gab in der Tat schon schlechtere!«.

Jetzt müssen wir beide lachen. Bei meinem Zahnarzt kann ich solche Späße machen, er hat wirklich Humor. Und das Allerbeste: Eine knappe Woche später sitzen die vier neuen Kronen und die Brücke wie angegossen.

Die Bilanz dieser dentalen Eingriffe ist auf alle Fälle ausgeglichen. Der Zahnarzt hat bestens gearbeitet und ich habe viel bezahlt. So können wir beide mit unseren Meetings sehr zufrieden sein und uns jetzt wieder anderen »steilen Zähnen« zuwenden.

KURiose Schatten-Poesie

Anfang 2001 bin ich in Prien am Chiemsee auf Kur, insgesamt vier Wochen in der Klinik Kronprinz. Wunderschöne Tage, die ich nie vergessen werde. Vor allem, weil ich mich mit meinen Tischgenossen, drei Damen und zwei Herren bestens verstehe. Die Stimmung an unserem Tisch, am Tisch 7, hinter diesem prangt ein großes Porträt von König Ludwig II. an der Wand, ist ausgesprochen gut. Viele Patienten verbringen ihre Abende in einem der zahlreichen Wirtshäuser. Wir nicht. Die einen treiben Sport, andere lesen Bücher oder gießen wie ich ihre täglichen Kurerlebnisse in Verse. Herausgekommen ist dabei meine »KURiose Schatten-Poesie«: Gedichte und Limericks zu verschiedenen Vorgängen in der Kurklinik Kronprinz.

Zunächst möchte ich meine Tischkameraden, die Damen und Herren von Tisch 7 kurz vorstellen.

Die sechs KURagierten von Tisch 7

Wenn die Patienten von Tisch 7 zusammenhocken,
bleibt außer den Sprüchen kein Auge trocken.
Weder Therapeut noch eigene Person bleiben verschont,
ihr Tun, ihre Eigenheiten werden mit Lachsalven belohnt.
Nichts wird ausgelassen, keiner kann sich beschweren,
gerade die Küche kommt täglich zu besonderen Ehren.

Direkt unter dem Portrait von Ludwig II. ganz vorn
sitzt die coole Lehrerin aus dem Norden namens Zorn.
Sie unterrichtet Geographie, isst streng vegetarisch,
wenn ihre Sauce nicht auf dem Tisch steht, wird's narrisch.

Auch aus dem Norden, aber in Bayern seit längerer Zeit,
stammt Frau Hellwag, immer zu einem Späßchen bereit.
Ihr Mann, dem manch lockerer Spruch über die Lippen purzelt,
heißt Peklo, ein Name, der im »Peklonesischen« wurzelt.

Am anderen Ende vom Tischle, hanoi – sell isch g´wieß,
do sitzt die Frau Gentsch aus dem Spätzle-Paradies.
Daneben hat Herr Mayer aus Frankfurt Platz gefunden;
bei der Wirbelsäulengymnastik setzt er auf Nachhilfestunden.

Das Kur-Engagement von Herrn Schneider wirklich in Ehren,
aber muss er deswegen noch abends mit der Ärztin verkehren?
Dieser heimische Kurgast aus dem nahen Holzkirchen
scheint sich vor üblen Nachreden wenig zu fürchten.
Während Moral und Ehre viele beim »Schattenspiel« lähmen,
tut er mit Frau Gentsch gemeinsam ein Wannenbad nehmen.

Obwohl Ärzteschaft und Therapeuten wirklich hervorragende Arbeit leisten, er-
eignen sich im Umfeld eines bestimmten Kurgastes recht sonderbare Dinge, die
schon ein wenig nachdenklich stimmen.

Königliche ObsKURitäten

Sonderbares ereignet sich – welch ein Unglück,
in Prien am Chiemsee in der Kronprinz-Klinik.
Dort zog vor Wochen ein Herr Schneider als Kurgast ein,
er wirkte völlig unscheinbar, schien harmlos zu sein.
Doch nun, hört man aus gut informierten Quellen,
geschehen Dinge, die einem die Haare zu Berge stellen.

Seit Tagen verschwinden auf sehr merkwürdige Weise
häufig Personen aus dem Ärzte- und Therapeutenkreise.
Gestern war dieser Kurgast mit Herrn Leikermoser auf Bergtour.
Prompt flüchtet der Sporttherapeut am nächsten Tag schon auf Kur!

Und Frau Dr. Oelgärtner, man sah beide gemeinsam in den Abendstunden,
ist am nächsten Morgen klammheimlich, quasi spurlos, verschwunden.
Auf direkte Nachfrage sagte dieser »Herr« nur leise:
Sie wäre in Urlaub gegangen, auf mehrtägige Italienreise.
Auch Dr. Kiefersauer, dieser medizinisch »scharfe« Knochen,
hat sich angeblich tags darauf in eine Fortbildung verkrochen.

Sicherlich kann dieses Kurgasts Frau überleben nur,
indem sie schickt diesen Typen regelmäßig auf Kur.
Beim Essen im Speisesaal wird er häufig gesehen,
dabei tut er, als wär' überhaupt nichts geschehen.

Doch wer genau hinsieht, kann es tatsächlich erblicken,
er tut sich an König Ludwigs II. wahnvollen Augen erquicken.
Sieht man, wie ihre Bärte und Haarfarben sich gleichen,
möchte man schnellstens aus Kronprinzens Festung entweichen.

Nun darf man gespannt sein, wer als nächster kommt dran.
Hoffentlich dauert's nicht lange, bis man beweisen kann,
dass dieser bärtige Kurgast mit jeder obskuren Tat
seine Phobien und Manien endgültig auskuriert hat.
Die Klinikleitung berichtet ganz offen, es ist wirklich ungelogen,
in den letzten Wochen wären erst 13 Patienten »unbekannt verzogen«.

Natürlich funktioniert in einem Klinikbetrieb nicht immer alles zur vollsten Zufriedenheit. Aber alle, angefangen vom Chefarzt bis hin zu den Therapeuten,
Serviceleuten und Patienten geben sich zumindest größte Mühe, gut miteinander
auszukommen.

KURsive Ticks und Tricks

Der Chefarzt der Klinik, Dr. W. Wilde
wirkt engagiert und lächelt sehr milde.
Derzeit selbst heilfastend,
trotzdem nicht ausrastend
ist er im Hause nicht immer im Bilde.

Du willst eine Auskunft, sitzst gewaltig auf Kohlen,
kommst an die Rezeption – wird dir empfohlen:
Geduld! – Verfolge mein Lotto-Glück,
bin in zehn Minuten wieder zurück!
Dann denkst du: »Die soll doch der Teufel holen!«

Frau Markter, Herr Geprägs, beide Masseure
haben die große, aber höchst seltene Ehre,
für bescheidene Moneten
meine Füße zu kneten,
auf dass ich entspannt ihre Leistung beschwöre.

Locker tänzelt Frau Toborg durch die Gymnastikhalle.
Die versammelten Wirbelsäulen krächzen alle.
Die Zehen anziehen, die Beine anheben,
die Bauchmuskeln toben und beben.
Auf den Boden sinken die Pos, schlaffe, auch pralle.

Mit Frau Dr. Oelgärtner, sympathisch und jung
strampele ich auf dem Ergometer zur Abwechslung.
Jetzt entflieht sie nach Rom,
wo der Papst ist at home.
Zurück kommt sie mit Absolution und Begeisterung.

Herr Liebler ist der gelassene Haus-Psychologe,
sein Stress-Vortrag wirkt wie eine besondere Droge;
auch sein ruhiges »locker«
haut niemand vom Hocker,
nur einer schläft ein, der bärtige Sozialpädagoge.

In der Badeabteilung arbeitet Frau Huber,
sie herrscht dort über Wannen und Zuber.
Mit nur wenigen Worten, sehr guten
drückt sie mich in duftende Fluten,
währenddessen schnarcht gegenüber Frau Gruber.

Weder im Wasser noch auf Wegen gibt es Gezänk
bei Gymnastik und Wanderungen mit Herrn Renk.
Heißt's: »Noch zehn Sekunden!«,
dauert's meist Stunden.
Darüber freut sich nicht immer jedes Gelenk.

Tun Hektik und großer Stress an dir reiben,
lass dir eine »Mangoldt«-Packung verschreiben.
Die Hände balle zur Faust,
damit's jedem gleich graust –
das wird auch den größten Aggressor vertreiben.

Willst du ein ambitionierter Wanderer sein,
melde dich beim Therapeuten, Herrn Heyn.
Flotten Schrittes geht's nach oben,
jeder kann sich austoben.
Doch nur wenige werden trocken bleib'n.

Bei Sandra vom Service, in Görlitz zuhaus,
ernten unsere Sprüche höchst selten Applaus.
Zur überraschenden Versöhnung
gibt's ein Gedichtchen als Krönung.
Seither sieht sie viel glücklicher aus.

Manchmal muss man sich mit Nordlichtern fast genieren,
wollen sie beim Mittagessen eine Schupfnudel sezieren.
Ein Längsschnitt – rupf, zupf, rupf –
oha – da fehlt doch der »Schupf«!
Ja müssen die Bayern ihre Nudeln falsch deklarieren?

Aber auch im zwischenmenschlichen Bereich, also im Umgang der Kurgäste miteinander, gibt es viel Licht und, wie wir alle wissen, auch viele Schatten.

sKURrile Schattenspiele

Eine sportliche junge Dame,
rötliches Haar, unbekannt ihr Name,

schreitet Blicke schweifend zum Beckenrand
im engen modisch-adretten Badegewand.

Im warmen, glasklaren Wasser
wird ein blonder Typ noch blasser.
Die Pupillen geweitet, mit gierigen Blicken
verschlingt er ihren Körper voller Entzücken.

Die Kur-Tage und -Wochen vergehen,
immer häufiger werden die beiden gesehen,
mal flirtend, die Händchen sich haltend,
was Nebenbuhlern die Stirnen faltend.

Eines Morgens ist sein Bärtchen verschwunden,
später nahen die schweren Abschiedsstunden.
Die Trauer ist jedoch von kurzer Dauer,
schon sitzt der nächste Gockel auf der Lauer.

Da dürfte es wohl niemanden überraschen, dass ich diesen Kuraufenthalt in der
Klinik Kronprinz in allerbester Erinnerung behalte.

Tagebuch eines KURators

Morgens im Zimmer rumgschafteln,
beim Frühstück durstig fruchtsafteln,
kurz aktuelle Zeitung durchrascheln,
schnell zum Fußreflexzonenmassageln,
anschließend vollbadig sedativeln,
mittags in den Speisesaal stiefeln,
danach eine gute Stunde ergometern,
übers Chlor im Schwimmbad zetern,
in der Sporthalle Wirbelsäulengymnasteln,
ferner Blut untersucheln und EKG belasteln,
ab und zu tüchtig circuitmäßig sporteln,
den inneren Schweinehund übervorteln,
donnerstags durch die Landschaft spazieren,

samstags stundenlang terraintherapieren,
sich vor niemand schweißelnd genieren,
in wenigen Wochen einige Kilos verlieren,
sich auch in Zukunft so Schönes bescheren,
wieder in Priens Kronprinz zurückkehren.

Nachhaltige Schmier fürs Knie

Ach wie habe ich mich auf diesen Tag gefreut. Seit Jahrzehnten, na gut, das ist vielleicht etwas übertrieben, aber seit Jahren habe ich darauf hingearbeitet, hoch motiviert und mit höchster Konzentration. Ich habe entsprechende Vorbereitungen getroffen, Pläne geschmiedet, Träume zugelassen. Jetzt, am ersten Februar 2010 ist es soweit. Ich beginne einen neuen Lebensabschnitt, die Freistellungsphase meiner Altersteilzeit.

Diese Tage in neuer Freiheit könnten mir so viel Neues bieten, wie zum Beispiel späteres Aufstehen, statt schon um halb fünf Uhr, ab jetzt viel, viel später, also erst um halb sechs, dann genüssliches Frühstücken, ausgiebiges Zeitung lesen, anschließend vielleicht etwas Fresh-air snappen, oder vielleicht Trübsal blowen, wenn nicht gar hin und wieder auch etwas »Schildkröteln«, also vor sich hin sinnlosen. Könnten, ich betone »könnten«, wenn nicht, ja wenn nicht mein rechtes Knie aufmuckte, also weh täte, manchmal schon sehr weh.

Seit Wochen plagt es mich. Jeden Morgen auf dem Weg zum Holzkirchner Bahnhof spüre ich es, dann in Giesing beim Umsteigen wieder, aus der S-Bahn raus, zwei Treppen runter zur U-Bahn ... au, au, zefix, was soll denn das? So was Blödes! ... Dann wieder von der U-Bahn-Haltestelle zwei Treppen hinauf und schließlich noch einige Hundert Meter vom Kolumbusplatz bis zum Jugendinstitut.

Es will partout nicht besser werden. Da hilft alles nichts. Ich gehe zu meinem Hausarzt. Der sieht sich mein schönes, aber schmerzendes Knie genau an, bewegt es in die eine, dann in die andere Richtung, drückt da und dort herum. Seine Diagnose: Wahrscheinlich hätte ich den Knieknorpel überlastet, vielleicht durch zu langes Schnee schaufeln oder durch eine verkrampfte Haltung beim Gehen über vereiste Gehsteige. Um sicher zu gehen, schickt er mich trotz meiner Vorbehalte gegen Orthopäden, diesen vermeintlichen OP-Fetischisten, ins Holzkirchner Gesundheitszentrum. Ein Sportarzt solle mein Knie röntgen.

Dieser Sportarzt tut sein Bestes. Er untersucht mich eingehend. Er bewegt mein lädiertes Knie noch viel mehr, drückt es von allen Seiten, zieht es zur einen, dann auch noch zur anderen Seite. Minutenlang kommt mein Knie überhaupt nicht zur Ruhe, aber es schmerzt trotz allem nicht. Letztlich bestätigt der kahlköpfige Orthopäde die Diagnose meines Hausarztes. Das Knie zu röntgen, hält er für unnötig. Aber er rät mir aufs Eindringlichste, das Knie einige Wochen zu schonen. Des Weiteren verschreibt er mir eine Heilsalbe. Diese solle ich dick auf das Knie auftragen und diese Stelle danach mit Klarsichtfolie luftdicht abschließen. Dann würden die heilenden Stoffe nach innen wirken und nicht verdunsten. Sonst könne ich diese Salbe gleich vergessen.

Ich kaufe die Salbe in der Apotheke. Sie ist nicht preiswert, vielmehr sauteuer – und ich darf sie größtenteils selbst bezahlen. So geschröpft fahre ich nach Hause. Dort werfe ich erstmals einen Blick auf den Beipackzettel dieser exquisiten Salbe. Wie? Was steht da? – Sehe ich richtig? Schwarz auf weiß heißt es dort: Auf keinen Fall die eingesalbte Stelle luftdicht abschließen, sonst könnte dies massive Hautreizungen zur Folge haben.

Ich glaube es nicht. Was hat mir diese Sportskanone von Facharzt vor zwei Stunden dringendst empfohlen? Das Knie nach der Salbung unbedingt mit Klarsichtfolie abschließen. Nicht wegen Verdunklungsgefahr, sondern wegen Verdunstungsgefahr! Die heilenden Stoffe, ich weiß.

Von wegen Götter in Weiß, schon eher selbstherrliche Fachidioten oder weiß bemäntelte medizinische »Krücken«. Jetzt hat es dieser Orthopäde doch geschafft, dass mein Vertrauen in diese Kategorie Facharzt weiter auf niedrigem Niveau verharrt.

Insofern ist es alles andere als ein Zufall, dass ich diesem sportmedizinischen Durchblicker in der Folgezeit nicht mehr begegnet bin. Zusätzlich habe ich großes Glück. Mein Knie hat ein Einsehen mit mir und genest wieder vollständig.

Vier Männer in einem Boot

Ein Tag im Spätsommer 2010. Seit dem frühen Morgen zeigt sich die Sonne immer nur für Augenblicke. Die Luft ist schwülwarm, es herrscht Gewitterstimmung. Auch meine Stimmung ist an diesem Vormittag etwas getrübt. Dies liegt wohl an dem Date, dem bevorstehenden Treffen mit einem Freund. In der Regel sehen wir uns nur einmal im Jahr, allerdings nie ohne vorherige Terminabsprache. Immer besuche ich ihn, er mich nie. Das hat sich über die Jahre hin so eingependelt und bewährt.

Ich steige in den ersten Stock, drücke auf den Klingelknopf, der Türsummer ertönt, öffnet mir den Zugang zu seinem Reich. Eine seiner Angestellten, eine junge Frau begrüßt mich freundlich lächelnd. Alles geht seinen gewohnten Gang. Ich entrichte meinen Obolus für diesen Besuch, die obligatorische Praxisgebühr. Dann darf ich in seinem »Boot«, im Wartezimmer Platz nehmen.

Zum Glück bin ich nicht allein. Weitere drei Männer sitzen hier, jeder in einer anderen Ecke. Alle warten darauf, aufgerufen zu werden. Keiner sagt auch nur ein Sterbenswörtchen. Jeder überbrückt die leidige Wartezeit anders. Der eine kramt in seinem Männertäschchen, macht offensichtlich Inventur, packt die Autoschlüssel, ein Notizbüchlein, einen Kugelschreiber, eine Packung Taschentücher und schließlich das Handy aus. Letzteres klappt er mehrmals auf, kontrolliert es und klappt es wieder zu. Der Zweite vertieft sich in eine Autozeitschrift, wobei er allerdings mehr blättert als liest. Der Dritte scheint sich seelisch auf die folgende Begegnung vorzubereiten, denn er sitzt einfach da, aufrecht, in sich gekehrt, keine Regung zeigend. Und ich? Ich sitze dazwischen, angespannt und ziemlich ungeduldig. Ich beobachte die drei anderen, blicke immer wieder sehnsüchtig zu dieser einen Türe, durch die sie kommen wird, die Zahnarztassistentin, um mich aufzurufen.

Nach zwanzig Minuten, die mir wie Stunden vorkommen, ist es endlich so weit. »Herr Schneider, bitte!« – Ich folge der jungen Dame ins Sprechzimmer, nehme auf dem Behandlungsstuhl Platz, bekomme mein Papierlätzchen umgelegt und darf wieder warten.

Gut fünf Minuten später kommt er dann, mein Zahnarzt. Er ist guter Dinge, wir begrüßen uns freundlich. Obwohl ich immer pünktlich meine Krankenkassenbeiträge bezahlen würde, merke ich mit leicht ironischem Unterton an, bekäme ich nur so ein billiges, dünnes Papiertüchlein umgelegt, noch dünner als jede Papierserviette in einem Schnellimbiss.

Der Zahnarzt lacht, dann bittet er seine Angestellte, für mich ein grünes OP-Tuch zu holen. Dieses sei, wie er betont, von seiner Frau eigenhändig gewaschen und gebügelt worden. Ich nicke anerkennend und lächle, wenn auch nicht ganz entspannt.

Außer dem Entfernen von Zahnstein, gibt es nichts zu behandeln, glücklicherweise. Bevor die Assistentin loslegt, gibt ihr der Zahnarzt noch einen wichtigen Hinweis: »Sie müssen jetzt nicht besonders vorsichtig vorgehen. Der Herr Schneider hat ein OP-Tuch umgelegt bekommen, da darf das Blut schon spritzen!« Dann lacht er, ich auch, allerdings nicht ganz so gelöst wie er. Aber Spaß muss sein, auch beim Zahnarzt.

Knapp zwei Jahre später in derselben Praxis. Es ist mein obligatorischer zahnärztlicher Kontroll- und dieses Mal ein Abschiedsbesuch. Denn mein Zahnarzt geht in wenigen Wochen in den wohlverdienten Ruhestand. Ich will ihm für seine gute Arbeit danken und übergebe ihm ein kleines Geschenk, eine selbst gebastelte Karte mit einem Cartoon von Rudi Hurzlmeier. Abgebildet ist darauf ein sitzendes Schweinchen. In seinen Klauen hält dieses ein vierblättriges Kleeblatt. Darunter habe ich folgenden Zweizeiler von Harry Rowohlt gesetzt: »Glücksschweinchen, Glückskäfer, Glücksklee, Glücks-, Glücks-, Glücks... aber beim Zahnarzt dann – Schiet inne Büx. Der Zahnarzt lacht, freut sich und zeigt diese Karte gleich seinen Mitarbeiterinnen. Wir tauschen noch gute Wünsche aus, dann trennen sich unsere Wege.

Ich werde mich zukünftig den Künsten seines Sohnes anvertrauen. Diesem eilt ein guter Ruf voraus. Außerdem arbeitet er schon seit Jahren in der väterlichen Praxis mit. Mein alter Zahnarzt aber will sich stärker seinem Hobby widmen, der Aquarellmalerei. Vielleicht begegnen wir uns ja einmal bei einer Vernissage. Ich würde mich auf alle Fälle darüber freuen.

Lustig ist das Forscherleben

Geschafft! – Nach etlichen Studienjahren in studentenbewegten Zeiten, dazwischen mehreren Kurswechseln, dann aber erfolgreichem Abschluss im Sommer 1978, wollte ich beruflich festen Boden unter die Füße bekommen. Es klappte recht schnell.

Schon im September fand ich eine feste Anstellung beim Kolping-Bildungswerk, Diözesanverband München-Freising. Dessen Vorsitzender war damals der Landtagsabgeordnete Dr. Thomas Goppel. Es ging auch gleich richtig zur Sache. Als Sozialpädagoge in einem Förderungslehrgang hatte ich nicht weniger als 74, zwischen 16 und 20 Jahre alte Jugendliche zu betreuen. Alle diese Jugendlichen sind ohne Ausbildungsplatz geblieben. Sie galten als berufsunreif, die meisten wegen schulischer Defizite, manche wegen körperlicher Behinderungen oder verzögerter Entwicklung, andere wegen eines mehr oder weniger auffälligen Sozialverhaltens. Dass der Job aufgrund dieser Bedingungen, zudem herrschte kein gutes Arbeitsklima, mörderisch war, merkte ich schon bald. So suchte ich nach einer Alternative und fand sie auch, glücklicherweise wiederum sehr schnell.

Im August des folgenden Jahres wechselte ich an das Deutsche Jugendinstitut (DJI) in München. Als wissenschaftlicher Referent in der Abteilung Dokumentation und Information – hier kam mir meine Doppelqualifikation, wissenschaftlicher Bibliothekar und Sozialpädagoge, zugute – war ich zum einen für die Bereiche Jugendarbeit und Jugendbildung zuständig, zum anderen hatte ich die Gäste des Instituts zu betreuen.

In dieser Zeit gab es viele spaßige Situationen, nicht nur mit internationalen Gästen. Einmal, 1985 geriet das DJI unerwartet in die Schlagzeilen, als der Bundesrechnungshof das vom Bundesministerium für Jugend, Familie und Gesundheit finanzierte Institut prüfte. Dessen Bericht zufolge wurden finanzielle Mittel im DJI besonders kurios verschwendet: »Dort wurde die Heimarbeit von Mitarbeitern nicht kontrolliert. Eine Halbtagskraft hielt sich seit März in Italien auf, um dort ein halbes Jahr mit ihrem Mann zu leben. Und dies bei voller Bezahlung. Die Arbeit wollte sie im nächsten Halbjahr mitmachen.«

Weniger brisant, dafür lustiger waren die Plakate, die die Karikaturistin Marie Marcks zum 25-jährigen Bestehen des DJI zeichnete. Auf einem sieht man einen Psychiater und ihm gegenüber sitzt ein rothaariger Bube. »So. Wir machen also noch in die Hose«, sagt der Psychiater zum Bub. Der meint darauf nur kurz: »Du auch?«

Zehn Jahre später wurde ich in die neu gegründete Forschungsabteilung »Jugend und Politik« beordert. Die Konstellation war von Anfang an problematisch. Eine neue Abteilung mit neuen Inhalten, eine recht eigenwillige Leiterin von außen, und die Mitarbeiterinnen und Mitarbeiter kamen aus den unterschiedlichsten Abteilungen. Wir sollten dieses riesige empirische Projekt stemmen, eine repräsentative Querschnittsbefragung von über 7.200 Jugendlichen. Konnte das gut gehen?

Es klappte mal mehr, mal weniger. Konflikte standen auf der Tagesordnung. Das alles war sehr anstrengend und aufreibend. Da mich das systematische Erheben von Daten, ich nannte es abschätzig »Hühnerbeine zählen«, auf Dauer wenig befriedigte, kehrte ich bereits nach fünf Jahren in die wissenschaftliche Dokumentation zurück.

Auch in der folgenden Schaffensphase blieben unterhaltsame Ereignisse nicht aus. Einmal war es ein sich verspätender Direktor, ein andermal Entenausflüge oder bestimmte Jubiläen mit ihren teils recht sonderbaren Begleiterscheinungen.

Mit der Umstrukturierung des Instituts 2006 übernahm ich eine neue Aufgabe. Als wissenschaftlicher Redakteur in der Abteilung Wissenschaftliches Referat beim Vorstand (WRbV) verfasste ich einen internen Newsletter, der monatlich erschien, redigierte das Internetlexikon »Wissen A – Z«, die Internetseiten des DJI sowie die DJI-Jahresberichte. Zusätzlich hatte ich alljährlich den DJI-Auftritt in den Medien zu analysieren.

Anfang Februar 2010 verabschiedete ich mich aus dem Jugendinstitut, wozu eine Extra-Ausgabe des DJI-Newsletters erschien. Darin schrieb ich Folgendes an meine Kolleginnen und Kollegen:

»30 Jahre DJI sind genug – Bye-bye, ciao und servus! Als die Bundeskanzlerin Angela Merkel erfuhr, dass ich im vergangenen Herbst nicht nur ‚falsch' gewählt habe, sondern jetzt, bereits nach 30 Dienstjahren, das DJI verlassen werde, war sie sichtlich geschockt. Dabei bringt mein Abgang für viele innerhalb und außerhalb des Instituts eine ganze Reihe von Vorteilen.
Zum Beispiel wird in der S-Bahn von Holzkirchen nach München-Giesing allmorgendlich ein Sitzplatz frei, und zwar derjenige im ersten Wagenteil, dritte Tür von vorn, dann links, Innensitzplatz auf der rechten Wagenseite – mein Stammplatz über viele Jahre, gut eingesessen und immer standhaft gegen fremde Besetzungen verteidigt. Oder im DJI, in der Abteilung WRbV, kann meine Stelle im Team der Öffentlichkeitsarbeit nachbesetzt werden, sofern die ‚DJI-Götter' dies auch tatsächlich wollen. Und weder die morgendliche Ruhe noch die nachmittägliche Arbeitshektik der Kolleginnen und Kollegen im zweiten Stock werden zukünftig von diesem notorischen Frühaufsteher beziehungsweise Frühgeher aus dem fernen Holzkirchen gestört werden. Dafür muss allerdings in Zukunft ein Noch-Kollege dafür sorgen, dass in der Männertoilette im selbigen Stockwerk stets Klopapier vorhanden ist und die Rollen richtig in den Abrollbügel eingelegt werden.
Es war alles in allem eine schöne Zeit. Allerdings hält sich mein Abschiedsschmerz in Grenzen, denn 30 Jahre DJI sind genug! Und außerdem erwartet mich jetzt quasi das Paradies auf Erden: Zum einen meine Frau, die Eva heißt, und zum andern die Freistellungsphase der Altersteilzeit. Das heißt, meine Gehaltsquelle sprudelt noch einige Zeit munter weiter, während ich die dazugehörige Arbeitsleistung schon abgeliefert habe, selbstverständlich zur vollen Zufriedenheit meiner Vorgesetzten, wie ich in aller Bescheidenheit anfügen darf.«

Mitten ins kalte Wasser

Früher, in der angeblich so guten, alten Zeit, traf man immer wieder mal Leute, die auf eine sehr unkonventionelle Art und Weise Schwimmen gelernt haben. Glaubt man ihren Erzählungen, seien sie einfach ins Wasser geworfen worden. Um nicht abzusaufen, hätten sie zunächst wild herumgerudert, dann irgendwann begonnen, kontrollierte Hand- und Beinbewegungen zu machen, um schließlich, nach nicht wenigen bangen Momenten die ersten Meter schwimmend vorwärts zu kommen. Ganz ähnlich verlief mein Start ins Berufsleben.

Sommer 1978, ich bin 29 Jahre alt, mit Eva verbandelt und habe zwei Diplome in der Tasche, wissenschaftlicher Bibliothekar und Sozialpädagoge. So begebe ich mich auf Stellensuche. Der Verein SOS Kinderdorf, die Caritas, das Erzbischöfliche Jugendamt, das Deutsche Jugendherbergswerk und der ADAC lassen mich abblitzen. Letzterer zum Glück, was wäre passiert, wenn? Nicht auszudenken!

Dann klappt es doch, das Kolping-Bildungswerk München lädt mich zu einem Vorstellungsgespräch, wo ich auf Herz und Nieren geprüft werde. Ich schwöre Stein und Bein, dass ich bei diesem Gespräch, obwohl der CSU-Landtagsabgeordnete Dr. Thomas Goppel als Vorsitzender des Kolping-Bildungswerkes mit am Tisch gesessen hat, nicht erwähnt habe, beim Firmpaten von Franz Josef Strauß zu wohnen. Näheres über meinen Familienstand will nur einer wissen, der Monsignore. Wer sonst? Aber offensichtlich habe ich auch ihn mit meinen Angaben beziehungsweise mit meinem Augenaufschlag überzeugt. Jedenfalls bekomme ich einen Vertrag. So starte ich meinen beruflichen Werdegang als Sozialpädagoge am ersten September 1978 beim Kolping-Bildungswerk München.

Mir wird von Anfang an nichts geschenkt. Wirklich nichts, denn ich habe 74 Jugendliche eines Berufsförderungslehrganges zu betreuen. Das kommt einem Wurf ins kalte Wasser gleich, denn das sind keine gewöhnlichen Jugendlichen. Diese 16- bis 20-Jährigen gelten als berufsunreif. Sie alle haben keinen Ausbildungsplatz bekommen. Viele wegen starker schulischer Defizite, andere wegen Verzögerungen oder Störungen ihrer Entwicklung, manche sind körperbehindert, einige sozial stark auffällig. Insofern gehören Probleme wie mangelhafte Motivation und Disziplin, Schlägereien, Ladendiebstahl, Ausreißversuche und so weiter zu meinem Arbeitsalltag.

Erschwerend kommt hinzu, dass ich mit dem Leiter dieses Lehrganges, einem promovierten Pädagogen und Eigenbrötler weder menschlich noch fachlich auf einer Wellenlänge liege. Zudem zweifle ich an seiner pädagogischen Kompetenz. Der Grund: Er bittet Eltern von Jugendlichen, nachdem ich mit diesen ein beratendes Gespräch geführt habe, in sein Büro und hintertreibt dort meine Empfehlungen oder Ratschläge. Dass dies auf Dauer nicht gut gehen kann, dürfte jedem einleuchten. Weiterhin lässt er nichts unversucht, um mein gutes Verhältnis zu den Werkstattmeistern zu stören. Er schreckt auch nicht davor zurück, mich wiederholt vor Jugendlichen zurechtzuweisen. Das will und kann ich nicht akzeptieren. Ich beschwere mich beim Vorsitzenden Dr. Goppel. Die Folge ist eine scharfe Rüge für diesen promovierten Pädagogen.

Allerdings machen es mir auch die Jugendlichen alles andere als leicht. Einer wälzt sich eines Morgens, ich komme gerade zum Kolping-Bildungshaus, mit einem Passanten auf dem Gehsteig. Ein andermal erscheinen nach der Mittagspause zwei Polizeibeamte mit einem Jugendlichen, der beim Ladendiebstahl erwischt worden ist. Oder ein anderer Fall: Ein Mädchen ist urplötzlich verschwunden, ausgerissen. Abends ruft es mich an und bittet mich, niemandem zu erzählen, wo sie sich aufhalte. Zum Glück kehrt sie drei Tage später wohlbehalten zurück. Ein anderer Jugendlicher hantiert beim Heimweg in der S-Bahn offen mit einem Messer herum. Wieder ein anderer erscheint eines Morgens mit einer Knarre im Lehrgang. Ich nehme ihm diese sofort ab und verwahre sie in meinem Schreibtisch. Am späten Nachmittag, kurz vor Schluss des Lehrgangs, taucht dieser Jugendliche bei mir auf. Er fleht mich an, ihm diese Pistole auszuhändigen, sonst bekäme er größte Schwierigkeiten. Na, zweifelt immer noch jemand daran, dass dieser Job kraftraubend und stressig ist?

Es gibt aber auch schöne Momente. So zum Beispiel fast jeden Morgen, wenn ich ins Kolpinghaus komme und dort dem Vorsitzenden Dr. Goppel begegne. Ich grüße ihn mit einem freundlichen »Guten Tag«. Und was antwortet er darauf? – »Bei uns in Bayern heißt das immer noch »Grüß Gott«. Bornierter Parade-Bayer, denke ich leicht verärgert. Denn mir ist diese Grußformel, seit ich Eva und ihre Eltern in Koblenz kenne, genauso geläufig wie die bayerische Variante. Aber ich weiß mich zu wehren. Was folgt, ist ein alltägliches Spielchen. Wenn ich Dr. Goppel morgens begegne, rufe ich ihm freundlich zu: »Guten Tag«. Und er enttäuscht mich kein einziges Mal. Stets antwortet er darauf ... Na, was wohl? Richtig: »Bei uns in Bayern heißt das immer noch Grüß Gott«.

Rettung aus den Tiefen dieser Problemlagen, Bayerntümeleien und Fängen des überforderten Pädagogen bringt eine Stellenanzeige. Das Deutsche Jugendinstitut in München sucht einen Sozialpädagogen und ich bekomme diese Stelle. Was dann folgt, sind mehr als dreißig schöne Jahre, und mit Verlaub, Herr Dr. Goppel, weiß Gott gute Tage.

Dankbare Gäste

Viele Jahre gehört es zu meinen Aufgaben im Deutschen Jugendinstitut, Gäste und Gastgruppen aus dem In- und Ausland zu betreuen. Ob es nun israelische Studenten sind oder japanische Lehrer und Sozialarbeiter, immer ist es mein Job, die Gäste über Organisation und Aufgaben des Instituts, über dessen Finanzierung sowie über die thematischen Schwerpunkte der Forschungsprojekte zu informieren. Während die meisten interessiert zuhören, fallen fernöstliche Besucher vor allem dadurch auf, dass sie selbst während meiner Ausführungen wie wild herumknipsen.

Gelegentlich bekomme ich für meine Informationen oder für meine Geduld, kleine Gastgeschenke, durchgehendes Prädikat »Besonders wertlos«. Zum Beispiel aus Papier gefaltete Figürchen oder einen großen schwarzen Plastikteller mit exotischem Blumenmuster.

Es gibt jedoch auch Gäste, die ich gerne in Erinnerung behalte. So einen Dozenten der Universität in Tampere, den ich über eine Woche lang betreue, ihm Kontakte zu verschiedenen Projekten vermittle und ihn zu weiteren Fachinstitutionen in München begleite. Er bedankt sich mit einem kleinen Wandteppich, echtes finnisches Kunsthandwerk. Wunderschön leuchtende Farben. Ich besitze ihn noch heute.

Oder jener Professor aus Johannesburg, der ein ganzes Jahr am Institut geforscht hat. Er hat in der Zeit auf einem Dorf nahe München gewohnt. Eines Morgens berichtet er, was er von einem Bauern über die deutsche Sprache gelernt hat. Ein einziges Wort genüge, damit einem der Gesprächpartner zustimme. Wolle man beispielsweise bestätigt bekommen, dass das bayerische Wetter gut sei, müsse man nur sagen: »Das ist doch wirklich ein Traumwetter, oder?«

Nicht vergessen werde ich die zwei polnischen Wissenschaftler, einen Professor der Pädagogik und seinen Assistenten, beide aus Warschau, die wenige Wochen vor Weihnachten im Institut zu Gast gewesen sind. Ich organisiere für sie Treffen mit verschiedenen Projektgruppen im Hause, aber auch Besuche bei Universitätsinstituten und eine Führung durch das BMW-Werk München.

Als ich die beiden an einem Vormittag im Hotel abholen will, teilt mir die Dame an der Rezeption mit, ich solle kurz zu den Herren aufs Zimmer kommen. Dort bitten mich die beiden, Platz zu nehmen. Dann geht der eine zum Schrank, holt eine Flasche Wodka heraus und schenkt für jeden ein Glas ein. Polnischer Wodka, quasi als zweites Frühstück. Eine freundliche Geste, die darf ich nicht zurückweisen, wenngleich ich solche harten Drogen gewöhnlich nur bei Magenverstimmungen oder Schüttelfrost konsumiere. Also Augen zu und runter damit, auf dass die Gastfreundschaft nicht leiden möge.

Wichtig für Gäste, vor allem aus sozialistischen Staaten, sind kleine Shoppingtouren, auf denen ich sie ebenso begleiten darf. Jetzt in der Adventszeit freuen sich die Gäste, ihre Angehörigen mit Geschenken aus den Konsumtempeln des kapitalistischen Westens verwöhnen zu können. Wir suchen mehrere Supermärkte auf, wo Obst und Süßigkeiten in allen Größen und Variationen und dies zu günstigen Preisen angeboten werden. Da die Gäste nur über knappe Devisen verfügen, wollen Einkäufe gut überlegt sein. Alles muss genau bedacht und abgewägt werden. Schließlich wollen sie ja für das teure Geld möglichst viel und möglichst gute Ware bekommen.

Wir stehen in der langen Schlange vor der Kasse. Gleich sind wir dran. Da schießt der polnische Professor wieder nach hinten, um seine Netze mit Früchten gegen noch preiswertere auszutauschen. Ich halte die Luft an. Kunden, weiter hinten in der Schlange postiert, fangen an zu grummeln. Gerade noch rechtzeitig, bevor die Dame an der Kasse mit dem Eintippen loslegt, kehrt mein Gast zurück. Die Stimmung im Kassenbereich entspannt sich wieder. Die beiden Polen sind überglücklich, tragen ihre Schätze mit großer Behutsamkeit nach Hause, also zunächst ins Hotel.

Am nächsten Tag geht es für sie wieder zurück nach Warschau. Ich begleite sie zum Flughafen in München-Riem. Immer wieder bedanken sie sich für die freundliche Aufnahme, die wertvollen Informationen, die Kontakte und nicht zuletzt für meine große Hilfe und Unterstützung bei den Einkäufen.

Die letzten Minuten rücken näher. Wir stehen in der Abflughalle. Sie drücken mir noch einmal fest die Hand. Dann passiert Unvorhergesehenes. Zunächst umarmt mich der Ältere der beiden, drückt mir einen Kuss auf die linke, dann einen auf die rechte Wange. Mein lieber Bruder, do schaugst vielleicht! Ich weiß gar nicht, wie mir geschieht. Ich denke noch, hoffentlich sieht dies niemand, der mich kennt, schon finde ich mich in den Armen des Jüngeren wieder. Auch er küsst mich erst links, dann rechts. Dann noch ein kurzes Winken und schon verschwinden die beiden durch das nächstliegende Gate auf Nimmerwiedersehen. Ich verharre noch ein paar Augenblicke auf der Stelle, versuche zu begreifen, was soeben geschehen ist, was ich zum ersten Mal erlebt habe. Sozialistische Bruderküsse, also jene besondere Form der Ehrerbietung, die eigentlich Staatsmännern des sogenannten Ostblocks vorbehalten ist.

Erst später gelingt es mir, diese Küsse als das zu betrachten, was sie waren, freundliche Gesten. Ich will nicht verhehlen, dass ich mich darüber heute weit mehr freuen kann als damals.

Vom feinen Unterschied

»You can say you to me«. Dieses Angebot soll einmal Helmut Kohl, dessen Englisch-Äußerungen legendär geworden sind, dem amerikanischen Präsidenten Ronald Reagan gemacht haben. Oder verdanken wir diesen sprachlichen Fehltritt unserem bekanntesten Fettnäpfchentreter, dem ehemaligen Bundespräsidenten Heinrich Lübke? Ihm seien, so sagt man, diese Worte bei einer Begegnung mit der englischen Queen entschlüpft. Zuzutrauen wäre es ihm, gilt er doch als unbestrittener Meister des Denglischen.

Jeder weiß, dass der Übergang vom respektvollen Sie zum vertrauten Du in jeder Beziehung einen Einschnitt markiert. Insofern ist viel Fingerspitzengefühl nötig, um das Verhältnis von Nähe und Distanz mit Hilfe der Sprache richtig auszutarieren. Dass solche Gratwanderungen nicht einfach zu bewältigen sind und nicht immer ohne Abstürze abgehen, habe ich selbst erfahren dürfen, vielmehr müssen.

Hauptprojekt der 1989 neu gegründeten Abteilung »Jugend und Politik« ist eine große Repräsentativstudie zu den Wertorientierungen und politischen Orientierungen von Jugendlichen und jungen Erwachsenen in Deutschland. Leider hat dieses Projekt von Anfang an ein großes Handicap. Das Arbeitsklima in der neuen Abteilung ist nicht das Beste. Dafür gibt es mehrere Gründe. Zum einen wurden hier Kolleginnen und Kollegen zusammengewürfelt, die vorher in verschiedenen Abteilungen gearbeitet haben, sich daher kaum näher kennen. Zum anderen kommt die Abteilungsleiterin, eine promovierte Politologin, von außen, aus den USA, wo sie einige Jahre geforscht hat. Sie ist zwar firm in der Thematik, auch in der Forschungsmethodik, aber eine Abteilung, eine Projektgruppe oder überhaupt Menschen zu führen, erfordert andere Qualifikationen. Und da hapert es bei ihr, oder anders formuliert: Da schwächelt sie, und zwar gewaltig.

Erschwerend kommt hinzu, dass es gerade in Anfangsphasen großer Projekte viel zu besprechen und auszudiskutieren gibt. Das ist bei Mitarbeitern mit unterschiedlichen Vorstellungen, Arbeitsweisen und Temperamenten meist nicht einfach. Was Wunder, dass es in unseren Arbeitssitzungen gewöhnlich hoch hergeht. Hitzige Wortgefechte, heftige Vorwürfe, scharfe Zurechtweisungen. Es verstreicht kaum eine Sitzung, wo nicht Gefühle überschwappen, wo nicht gestritten wird. Eine der Folgen: Ein Kollege verlässt schon nach wenigen Monaten die Projektgruppe.

Dann, eines Tages startet unsere Abteilungsleiterin einen Überraschungscoup. Wir sitzen wieder einmal zusammen, diskutieren zum x-ten Male eine zentrale Frage des Projekts. Plötzlich stutze ich. Was muss ich da vernehmen? Habe ich richtig gehört? Unsere Chefin duzt sich mit unseren Kolleginnen. Aha, da gab's wohl eine geheime Verschwesterung, denke ich missmutig, leicht verärgert.

Nach einem fast nicht enden wollenden Monolog nimmt die Leiterin plötzlich uns Männer ins Visier. »Wir kennen uns doch nun schon sehr lange«, sagt sie und blickt uns an. Sie wolle uns deshalb das Du anbieten. Schockstarre! Schneller Blick zum Kollegen. Auch bei ihm tiefe Betroffenheit. Er blickt mürrisch vor sich hin, wirkt nicht glücklich. Für einen Moment verschlägt es uns die Sprache. Gerade in den letzten Sitzungen haben wir besonders häufig und heftig gezankt. Aber Widerstand scheint zwecklos, würde die Spannungen wahrscheinlich nur weiter verschärfen. Wir akzeptieren das Angebot, der Not gehorchend, nicht dem Herzen.

Die heilende Wirkung des vertraulichen Du bleibt jedoch aus. Die Konflikte zwischen Leiterin und Projektmitarbeitern setzen sich fort, eskalieren immer mehr. Bis sich der Institutsdirektor einschaltet und uns zu sich bestellt. Mit diesem Vorstoß hofft er, den gordischen Knoten endlich durchhauen zu können.

Das Zimmer des Direktors ist groß. Er sitzt relaxed hinter dem Schreibtisch. Wir, die Mitarbeiter hocken verkrampft auf der Sitzecke am anderen Ende des Raumes. Uns gegenüber in einem Sessel kauert unsere Chefin. Die Mienen der Geladenen verraten höchste Anspannung.

Der Direktor ergreift das Wort. Er sieht sich in der Pflicht, hat er doch diese Abteilung gegründet und dieses Projekt angestoßen. Er betont, wie wichtig das Projekt für das Institut sei, zeigt Verständnis für die aktuelle Konfliktsituation. So etwas passiere bei Projekten dieser Größenordnung fast zwangsläufig. Aber wir seien doch alle vernünftige Leute. Man müsse nicht bei jedem Punkt immer einer Meinung sein, aber letztlich wolle doch jeder den Erfolg. Ein wenig mehr guter Wille und mehr wechselseitiges Verstehen, dann könnten auch wir diesen Graben überwinden. Vielleicht sollten wir nicht immer jedes Wort sofort auf die Goldwaage legen. Sein Appell ist klar und eindringlich. Dann zieht er seinen letzten Trumpf aus dem Ärmel. »Gehen Sie halt mal in eine Kneipe und trinken ein Bier zusammen!« – »Ich mag aber kein Bier!«, nölt unsere Abteilungsleiterin zurück. Kurze Stille, dann donnert des Direktors Faust auf die Schreibtischplatte, dass es nur so kracht. »Verdammt«, schreit er, das Gesicht zorngerötet, »dann trinken Sie halt einen Wein!«

Aber was soll ich sagen. Zur gewünschten Versöhnung bei einem Glas Wein ist es nie gekommen. Wir haben das Projekt dennoch mit viel Energie und trotz einiger Dissonanzen erfolgreich zu Ende gebracht. Neben den wissenschaftlichen Erkenntnissen auch um eine Erfahrung reicher: Um in einem Team gut zu arbeiten, genügt es eben nicht, das Siezen durch das Duzen zu ersetzen.

Intigrant öffentlich angeprangert

Aus der Feder des deutschen Dichters und Philologen August Heinrich Hoffmann von Fallersleben stammt nicht nur das Lied der Deutschen, dessen dritte Strophe nach dem Zweiten Weltkrieg zur deutschen Nationalhymne erklärt worden ist. Ihm wird auch folgender Satz zugeschrieben: »Der größte Lump im ganzen Land, das ist und bleibt der Denunziant.« Dass er damit der Wahrheit sehr nahe kommt, habe ich mal am eigenen Leibe erfahren.

Über Jahrzehnte hinweg gehörte wissenschaftliches Dokumentieren von Fachliteratur zu den Kernaufgaben des Deutschen Jugendinstituts. Ab den 90er-Jahren wurden immer häufiger kritische Stimmen laut: Dokumentation sei zu teuer, binde zu viel Arbeitskraft, außerdem würden viele Fachgebiete bereits von anderen Institutionen dokumentarisch bearbeitet. Deshalb wurde die Existenz der Arbeitsgruppe Dokumentation trotz positiver Rückmeldungen aus der Fachöffentlichkeit zunehmend in Frage gestellt. Bis letztendlich einige Abteilungsleiter forderten, diese Arbeitsgruppe aufzulösen.

Doch die Mitglieder dieser Arbeitsgruppe, der ich damals auch angehörte, wollten dies nicht akzeptieren. Wir wehrten uns. Na, und was geschieht in so einem Fall? – Genau das, was immer passiert in solchen Situationen: Wenn man nicht mehr weiter weiß, dann gründet man ´nen Arbeitskreis. Dieser sollte die Situation analysieren und Vorschläge für das weitere Vorgehen erarbeiten.

Als Vertreter der Dokumentationsgruppe habe ich das große Glück oder muss ich sagen, die ehrenvolle Aufgabe, diesem Arbeitskreis anzugehören. Dessen Mitglieder, der Direktor, der Verwaltungsdirektor, drei Abteilungsleiter, je ein Mitglied des Instituts- und des Betriebsrats und ich, treffen sich einmal im Monat, um grundlegende Fragen zu diskutieren und Konsequenzen zu erörtern.

Ein Abteilungsleiter, und zwar genau jener, der einige Jahre lang die Dokumentationsgruppe kommissarisch geleitet hat, setzt sich an die Spitze der Abwickler. Er plädiert am Heftigsten für die Abschaffung der Dokumentation. Ihn scheint es nicht zu stören, quasi als »Killer« dieser Arbeitsgruppe aufzutreten. Die Gespräche im Arbeitskreis verlaufen mühsam, die Argumente bleiben meist konträr. Nichts geht voran, weder in Richtung Fortbestand, noch in Richtung Abschaffung. So nimmt der Druck, zu einer Entscheidung zu kommen, stetig zu.

Im Vorfeld einer weiteren Arbeitskreissitzung, erfahre ich zufällig, wohlgemerkt durch die Indiskretion einer Kollegin, dass jener Abteilungsleiter in dieser Angelegenheit einen Brief an den Direktor geschrieben hat. Darin fordert er den Direktor auf, die Dokumentationsgruppe sofort aufzulösen. Zumal das Verhältnis zwischen den Dokumentaren und der Bibliotheksleitung irreparabel gestört sei.

Das kann doch wirklich nicht wahr sein. So eine Frechheit. Diese Behauptung ist völlig aus der Luft gegriffen. Das Gegenteil trifft zu, wir verstehen uns nämlich bestens. Mir schwillt gewaltig der Kamm ob dieser böswilligen Intrige. Das will und werde ich nicht auf sich beruhen lassen. Da gibt es für mich kein Zögern und kein Halten.

In der nächsten Sitzung des Arbeitskreises bitte ich darum, vor Beginn der Diskussion eine Erklärung abgeben zu dürfen. Es ist urplötzlich still im Raum. Ich werfe einen kurzen Blick auf mein Gegenüber am Tisch. Dort sitzt er, dieser intrigante Abteilungsleiter, und blickt stoisch vor sich hin. Emotional aufgewühlt berichte ich über diesen Vorgang, diesen Brief dieses Herrn mit diesen Unwahrheiten. Noch nie in all den 25 Jahren, seit ich am Institut bin, entrüste ich mich, hätte ich so etwas erlebt, eine solch bösartige Intrige. Ich blicke diesen Typen strafend an, er würdigt mich keines Blickes. Dann schließe ich mit der Hoffnung, in Zukunft nie wieder eine derartige Gemeinheit und Hinterhältigkeit erleben zu müssen. Bleierne Stille im Raum, betretene Mienen am Tisch, der Betroffene starrt zu Boden, zeigt keine Regung.

Nach einer kurzen Pause findet die Kollegin, die die Sitzung leitet, die Sprache wieder. Wir diskutieren anschließend die Punkte der Tagesordnung, konzentriert und sachlich, allerdings erneut ohne konkretes Ergebnis. Es folgen weitere Sitzungen, bis Monate später die endgültige Entscheidung fällt. Sie steht im Zusammenhang mit einer Reihe struktureller Veränderungen im Institut. Ende 2005 wird die Arbeitsgruppe Dokumentation aufgelöst.

Ich wechsle in das Team der Öffentlichkeitsarbeit und übernehme als wissenschaftlicher Redakteur neue Aufgaben. Mit meinem damaligen Widersacher treffe ich nur selten zusammen. Unser Verhältnis bleibt frostig, sehr frostig. Wir ignorieren uns weitgehend.

Endgültig Gras über diese leidige Geschichte wächst erst Jahre später, als ich diesen Abteilungsleiter den neuen Kolleginnen und Kollegen im Newsletter vorstellen will, und zwar mit seinem »anderen« Gesicht. Nicht mit dem erwähnten, wohlgemerkt. Wie mir dieser Kollege in einem offenen Gespräch anvertraut, ist er zwischenzeitlich in seiner Freizeit zu einem wahren Genusskletterer geworden. Außerdem engagiert er sich beim Deutschen Alpenverein in der Nachwuchsarbeit. Das heißt, er leitet Ausbildungskurse für Kletteranfänger, damit diese auch größte alpine Schwierigkeiten ohne Probleme meistern können.

Ente gut, alles gut

Wem bei dieser Überschrift gleich das Wasser im Munde zusammenläuft, den muss ich enttäuschen. Von einer kross gebratenen Ente ist im Folgenden nicht die Rede. Wahrscheinlich denken jetzt viele, dann müsse es sich eben um eine Zeitungsente handeln. Nein, weit gefehlt. Auch damit liegt ihr nicht richtig.

Damit man der Geschichte folgen kann, muss ich ein wenig ausholen. Wir begeben uns in den Münchner Stadtteil Au. Dort hat, unweit des Nockherberges, bekannt vom alljährlichen Starkbieranstich, das Deutsche Jugendinstitut seinen Sitz. In einem mehrstöckigen, vierflügeligen Gebäudekomplex mit Innenhof. In letzterem verlieren sich ein paar Büsche, der Boden ist mit Efeu bewachsen. Beides soll wohl die Hausinsassen mit den kalten Beton- und Glasfassaden versöhnen. Nur wenige Meter außerhalb plätschert der Auer Mühlbach vorbei.

Dies mag auch der Grund dafür sein, dass ein Wildentenpärchen im Frühling, wohl um sicher zu gehen, seinen Brutplatz in diesen Innenhof verlegt hat. Vorbildlich, kommt es damit doch der langjährigen Forderung des Instituts nach, dass Eltern ihren Kindern möglichst gute Lebensbedingungen bieten sollen.

An einem sonnigen Maimorgen watscheln urplötzlich Entenmutter und elf Entenküken in braungelben Daunenkleidchen fröhlich schnatternd über den Innenhof. Das rührt selbst den Hausmeister an, der ansonsten ein gestörtes Verhältnis zum Federvieh hat. Insbesondere zu jenem, das bevorzugt auf Firsten oder Dachvorsprüngen sitzt und Fassaden verschmutzt. Mit seinem Schießprügel nimmt er deshalb nicht selten Tauben ins Visier. Die Entenfamilie jedoch gewinnt er schnell lieb. Er versorgt sie regelmäßig mit Futter und stellt ihr sogar eine große Schüssel voll Wasser hin.

Aber brauchen Entenküken für ihre Entwicklung nicht dringend einen Zugang zu einem Gewässer, einem Bach oder einem See? Ich erkundige mich bei einem Experten des Münchner Tierparks Hellabrunn. Dieser empfiehlt, die Entlein schnellstens ans Wasser zu bringen. Ich rufe die Feuerwehr an, denn diese kennt sich mit Tierrettungen jedweder Art gut aus, und bitte sie um Unterstützung.

Zwei Feuerwehrler rücken an, mit Fangnetz und Rettungskiste. Zunächst versuchen die Männer, die Entenmutter einzufangen. Diese ist aber nicht dumm. Sie flüchtet unter die Büsche, und verhält sich mucksmäuschenstill. Als sie endlich wieder auftaucht, wird sie von drei Männern – auch ich beteilige mich inzwischen an der Rettungsaktion – eingekreist. Doch sie schlägt uns ein Schnippchen, indem sie einen klassischen Raketenstart hinlegt. Das heißt, sie fliegt senkrecht hoch und verschwindet hinter dem Gebäudekomplex. Wir warten eine ganze Zeitlang. Nichts passiert. Die Feuerwehrmänner wollen schon abziehen, da landet die Entenmutter wieder im Hof. Der Mutterinstinkt ist eben doch zu stark, als dass sie ihre Kleinen lange allein ließe. Aber wieder dauert es nicht lange, sind Entenmutter sowie Küken erneut wie vom Erdboden verschluckt. Das ist nicht so schwierig, denn im dichten Efeu und im Gebüsch finden sie leicht Verstecke.

Zwischenzeitlich hängen einige Kolleginnen und Kollegen in den Fenstern, verfolgen die Rettungsaktion und sparen nicht mit klugen Hinweisen und Ratschlägen. Ihrem Späherblick entgeht die Entenmutter nicht so leicht. Sie sehen, wie diese unter einem Busch verschwindet, zusammen mit den elf Entenküken, die sich unter ihrem Gefieder verstecken. Die Feuerwehrler werfen das Fangnetz über den Busch. Jetzt gibt es kein Entkommen mehr. Denkste! Nur die Entenmutter und sechs Entlein können gefangen werden. Die restlichen entwischen erneut.

Kurze Zeit später gelingt es den Feuerwehrmännern, zwei weitere einzufangen. Die Suche nach den letzten drei bleibt erfolglos. So ziehen die Männer der Feuerwehr schließlich wieder ab. Die Fangkiste mit Entenmutter und acht Entenküken lassen sie im Hof stehen. Das Geschnatter der Gefangenen soll die restlichen Entlein aus ihren Verstecken locken.

Ab jetzt übernimmt das schnell bestellte DJI-Entenrettungs-Team, zwei Kolleginnen und ich, die Rettungsaktivitäten. Es vergeht fast eine Stunde, bis wir erstmals erfolgreich sind. Im zweiten Untergeschoss, direkt unter dem Innenhof befindet sich eine zweigeschossige Tiefgarage, stoßen wir auf ein junges Entlein. Es sitzt auf dem Betonboden und schreit jämmerlich um Hilfe. Durch einen Lüftungsschacht war es nach unten gefallen.

Noch einmal zwei Stunden vergehen, bis wir auch die beiden letzten Entenküken entdecken und einfangen können. Kurz vor 18 Uhr strahlen wir übers ganze Gesicht. Die Entenfamilie sitzt komplett in der Kiste. Eine Viertelstunde später holt der Hauptbrandmeister der Feuerwache 5 die Entenfamilie ab und bringt sie in den Ostpark, wo er sie am dortigen See aussetzt.

Die letzte Information über die junge Entenfamilie erhalte ich am nächsten Vormittag. Ein Feuerwehrler ruft mich an und teilt mir mit, alle Entchen bis auf eines hätten den Transport in der Fangkiste gut überstanden. Sie hätten zwar heftig geschnattert, seien aber wohlauf gewesen. Ente gut, alles gut!

Übrigens: Den schlechten Ruf, den Enten teilweise haben, man denke an lahme Enten oder Zeitungsenten, verdanken sie ihrem Verhalten. Sie gelten als unzuverlässige Brüterinnen.

Süßes zur Versöhnung

Aus China stammt das Sprichwort: Für Menschen, die lieben, ist sogar das Wasser süß. Das bedeutet, dass Menschen, die verliebt sind, alles durch eine rosarote Brille sehen und deshalb immer positiv gestimmt sind. Und für solche schmeckt sogar das geschmacklose Wasser zuckersüß. Bei anderen Personen muss schon ein wenig mehr investiert werden, um sie freudig zu stimmen, besonders wenn man diese davor so richtig veräppelt hat.

In der Abteilung WRbV, der ich angehöre, wird eine Fortbildung zum Thema Teamentwicklung durchgeführt. Nicht zufällig, sondern weil es notwendig ist, kam es doch zwischen einzelnen Kollegen, Arbeitsgruppen und der Abteilungsleiterin wiederholt zu Spannungen. Eine Organisationsberaterin und Supervisorin leitet diese Fortbildung.

In einer Pause kommt es zu einem zusätzlichen Krisengespräch. Die Supervisorin versucht, die massiven Konflikte zwischen Bibliotheksleiterin und Abteilungsleiterin im kleinen Kreis beizulegen. Da sich die beiden aber nicht grün sind, geht das total in die Hose. Im Klartext heißt das: Die Konflikte schwelen weiter und der Frust darüber ist bei den Betroffenen groß.

Tage später. Wegen einer neuen Bibliotheks-Software kommt es fast täglich zu Schwierigkeiten. Aus diesem Grund schreiben die Mitarbeiterinnen der Bibliothek einen Brandbrief an die Abteilungsleiterin und den Verwaltungsdirektor, den auch ich zur Kenntnis erhalte. Wofür ich nichts kann, ist die Tatsache, dass am Vortag dieses Briefes, es ist der elfte November, an Main und Rhein der Beginn des Karnevals gefeiert worden ist. Also, denke ich, ein kleiner Scherz, ein Spässchen muss schon sein, oder?.

Ich sende den Kolleginnen der Bibliothek eine Mail, berichte darin, dass mich soeben die Abteilungsleiterin angerufen habe. Aufgrund ihres Brandbriefes habe die Chefin eine weitere Fortbildung zur Teamentwicklung angeregt, insbesondere für die Damen der Bibliothek. Nun hatte ich zufällig von diesen erfahren, dass der Bibliothek vor kurzem 10.000 Mark für weitere Anschaffungen bewilligt worden waren. Ich teile ihnen deshalb mit, dass ich der Abteilungsleiterin davon berichtet habe. Diese sei darüber sehr erfreut gewesen, denn diese zusätzlichen Mittel könnten für diese weitere Fortbildung umgewidmet werden.

Um dem Ganzen noch eins draufzusetzen, empfehle ich den Kolleginnen, vor allem die Tage vor Weihnachten für ein solches Seminar freizuhalten. Nähere Informationen folgten später. Dann schließe ich meine mail mit den Worten: »Ja, das sind Überraschungen – Sappradi!«

Nur acht Sekunden später, also unmittelbar nachdem ich diese Mail abgeschickt habe, sende ich eine weitere hinterher. Darin gestehe ich, dass ich die günstige Gelegenheit, die zeitliche Nähe ihres Brandbriefes mit dem Beginn des Karnevals, nicht ungenützt habe verstreichen lassen wollen. Ich musste einfach diese Chance nützen und ihnen diese »dicke Ente« auftischen. Ich gebe freimütig zu, dass alles in meiner letzten Mail erstunken und erlogen sei.

Meine Meldung kommt zwar nicht spät, aber für eine Kollegin, die Bibliotheksleiterin zu spät, eindeutig zu spät. Diese sei, wie mir eine Kollegin tags darauf berichtet, zu diesem Zeitpunkt bereits im Dreieck gehüpft. Sie sei völlig außer Rand und Band gewesen. Sie habe sich maßlos über mein Gespräch mit der Abteilungsleiterin geärgert. Sie sei so wütend gewesen, dass sie meine zweite Mail gar nicht mehr zur Kenntnis genommen habe. Erst nach einiger Zeit sei es der Kollegin schließlich gelungen, der Bibliotheksleiterin zu vermitteln, dass es sich nur um einen Scherz gehandelt habe.

Von der gereizten Kollegin erhalte ich wenig später eine Mail. Darin lässt mich die Wutentbrannte nur kurz und knapp wissen: »Das kostet eine Kuchenlage, aber sofort. Wenn nicht, spreche ich nie wieder mit Dir!«

Da lasse ich mich natürlich nicht lumpen. Gerne spendiere ich den Kolleginnen aus der Bibliothek eine Runde Kuchen, denn wenn einem soviel Schadenfreude wird beschert, ist mir das schon eine Kuchenspende wert. Nach dieser süßen Gabe klingen die wütenden Aufwallungen schnell wieder ab. Unser Verhältnis bleibt weiterhin ein gutes und kooperatives, so wie auch in den Zeiten vorher.

Ehrenamt für Jubilarin

Wenn Verwandte, Freunde oder Kollegen einen runden Geburtstag feiern, und man in der Masse der Schenkenden nicht untergehen will, benötigt man ein besonderes, ein ausgefallenes Geschenk. Es soll witzig, ungewöhnlich, lustig oder überraschend sein, und wenn möglich, nicht übertrieben viel kosten.
Eine Kollegin aus der Bibliothek des Jugendinstituts hat ihren 60. Geburtstag. Da man ihr das tatsächliche Alter nicht ansieht, sie wirkt immer sehr jugendlich und ist darauf auch ein wenig stolz, will ich ihr selbstverständlich ein besonderes Geschenk zukommen lassen. Nicht irgendeines, von der Stange oder so. Schon bald fällt mir etwas Passendes ein. Ich möchte dafür die höchste Stelle aus der DJI-Welt einschalten. Nein, nicht den Verwaltungsdirektor, auch nicht den Institutsdirektor, noch höher, also die für das DJI zuständige Bundesfamilienministerin. Diese hat vor ein paar Monaten das Institut besucht.

Über meine guten Kontakte zum Sekretariat der Institutsleitung komme ich an ein Schreiben der Ministerin an den Institutsdirektor, also an eine Kopie dieses Briefes. Nun muss ich diesen Briefkopf und die Unterschrift der Ministerin abscannen, einen passenden Grußtext entwerfen und die Teile sauber zusammenmontieren, damit das Ganze wie ein Originalbrief aussieht. Dann wähle ich noch ein passendes Buch dazu aus. Fertig ist meine Geburtstagsüberraschung.

Der Zufall will es, dass das Ministerium wenige Tage zuvor zehn Forschungsberichte an die DJI-Bibliothek geschickt hat. Thema dieser Berichte: »Mobilität und gesellschaftliche Partizipation im Alter«. Auch das passt wunderbar.

Dann kommt der runde Geburtstag. Da die Kollegin an diesem Tag nicht im Institut ist, lege ich mein Geschenk heimlich in ihr Postfach. Das Päckchen mit Glückwunschbrief der Ministerin und Forschungsbericht ist korrekt beschriftet, mit der Adresse des Ministeriums als Absender.

In dem Brief übermittelt die Ministerin der Kollegin scheinbar ihre besten Wünsche zum Geburtstag. Tatsächlich sind es meine Worte, die dort zu lesen sind. Und die sind nicht nur freundlich, sondern sie unterbreiten der Jubilarin sogar noch ein besonderes Angebot.

»Mit Ihren 60 Jahren«, so steht da geschrieben, »gehören Sie zu den wirklich Alten des Deutschen Jugendinstituts. Da ich vorhabe, auch an diesem Institut in den nächsten Jahren die Stelle einer Senioren-Beauftragten zu installieren, und ich mir vorstellen könnte, dass Sie sich dafür gut eignen würden, sende ich

Ihnen zur Information einen aktuellen Forschungsbericht zu. Vielleicht überlegen Sie sich, ob Sie nicht Lust hätten, die wichtige Aufgabe einer zukünftigen Senioren-Beauftragten im DJI zu übernehmen. Ich würde mich freuen. Mit freundlichen Grüßen.«

Das ist schon starker Tobak, den ich meiner Kollegin, die sich viel jünger fühlt als sie tatsächlich ist, da verabreiche. Um jegliches Missverständnis oder gar Konflikte zwischen Institut und Bundesministerium zu vermeiden, lasse ich das Postfach der Kollegin kaum aus den Augen.

Am folgenden Morgen holt die Kollegin das Päckchen aus ihrem Postfach. Ich freue ich mich, muss aber jetzt schnell reagieren. Ich schicke der Kollegin einen Tag später eine Mail und kläre sie über die wahren Hintergründe dieses Präsentes auf.

Wie mir die Kollegin Tage später gesteht, sei sie im ersten Augenblick sehr positiv überrascht gewesen vom Brief der Bundesministerin. Sie habe sich richtig darüber gefreut und den Brief abends sofort ihrem Mann gezeigt. Über das Geschenk, diesen öden Forschungsbericht, sei sie weniger entzückt gewesen, und die spitzen Formulierungen hinsichtlich ihres Alters habe sie zunächst gar nicht wahrgenommen.

Jetzt, wo die Katze aus dem Sack ist, kann die Kollegin über diesen Scherz genauso herzlich lachen wie ich. Am allermeisten freue ich mich darüber, dass dieser Streich gelungen ist, und vor allem darüber, dass das Päckchen nicht in falsche Hände gelangt ist. So bleiben Ermahnungen von Seiten der Institutsleitung ebenso aus wie irgendwelche außerinstitutionelle Irritationen.

Jubiläums-Gstanzln mit Nachklang

Bei traditionellen Bauernhochzeiten in Bayern oder Österreich werden nicht selten Spottgesänge, die sogenannten Gstanzln vorgetragen. Dabei handelt es sich meist um humorvolle oder freche Texte, die von heiteren und ernsten Vorgängen, menschlichen Gemütsstimmungen, Lebensanschauungen und Schwächen handeln. Nun muss der Anlass natürlich nicht immer eine Hochzeit sein. Auch ein Firmenjubiläum eignet sich bestens dafür.

Im Frühjahr 2003 werde ich gefragt, ob ich zum 40-jährigen Bestehen des Deutschen Jugendinstituts nicht ein paar Gstanzln schreiben wolle. Nach anfänglichem Zögern fällt mir eines ein, dann noch eines und nach und nach noch weitere. Zusammen mit jenen meines Kollegen Richard kommen letztendlich 35 Gstanzln zusammen. Die meisten dieser Gstanzln beschreiben die Entwicklung des Instituts oder nehmen bestimmte Mitarbeiterinnen und Mitarbeiter aufs Korn.

Mitte Juli tragen wir diese Gstanzln im Rahmen des DJI-Sommerfestes vor, wobei die Kollegen immer die Refrains mitsingen. Unter den vorgetragenen Gstanzln sind auch folgende:

Da drob'n aufm Bergl
da steht ein Institut,
Neunz'g Prozent wissen gar net,
was dieses da tut!

Ignoranten kommen, Ignoranten geh'n,
doch das DJI, das bleibt immer besteh'n!

So wichtig wie der Schaum
beim Bier von Paulaner
Sind uns're Forschungspapiere
für die politischen Planer.

Papierkörbe kommen, Papierkörbe geh'n,
doch das DJI, das bleibt immer besteh'n!

Vor gut vierzig Jahren
War mancher noch froh,
dass das DJI koana kennt hat,
und des is heit a-a no so!

Anfragen kommen, Anfragen geh'n,
doch das DJI, das bleibt immer besteh'n!

Da droben im zweiten Stocke
da werkelt eine Frau,
die »manätscht« – so hoaßt des –
das We – Er – Be – Vau!

Gschaftlhuber kommen, Gschaftlhuber geh'n,
doch das DJI, das bleibt immer besteh'n!

Jetzt muss man, um das Weitere zu verstehen, wissen, dass es sich bei besagter Frau um unsere Chefin, die Leiterin des WRbV, des Wissenschaftlichen Referats beim Vorstand handelt. Die Resonanz der Kolleginnen und Kollegen auf unsere Gstanzln ist durchwegs positiv: »Superb«, »genial-komischer Vortrag«, »absolut begeistert von Eurer gemeinsamen Darbietung«, »Pointen der Verse sehr treffend« oder »war super«.

Wegen mehrerer Nachfragen sende ich die Gstanzln nach dem Sommerfest per mail an alle Kolleginnen und Kollegen. Dabei erläutere ich zunächst Inhalt und Funktion von Gstanzln. Diese dienten, schreibe ich, als kurze Spaß- und Spottverse vorrangig der Unterhaltung feiernder Gesellschaften, wobei die Kritik an herrschenden Verhältnissen und das gegenseitige Verspotten nicht zu kurz kommen sollten.

Es können sich jedoch nicht alle Leserinnen an allen Gstanzln erfreuen. In einer Mail von meiner Chefin an mich heißt es unter anderem: »Wie sollte ich denn das mit dem ‚Gschaftlhuber' verstehen? Ich kann's ja nicht sein, noch definiere ich mich weiblich!?« Ich mache mir die Antwort nicht einfach. Ich verweise auf das Standardwerk des Bayerischen, das Wörterbuch von Johann Andreas Schmeller. Demnach handelt es sich bei Gschaftlhubern um Personen, »die sehr umtriebig sind, sich viele Ämter aufladen oder aufladen lassen, überall mitmischen et cetera.« Im Übrigen, so fahre ich fort, bezeichnete sich sogar eine ehemalige Bundesministerin für Bildung und Forschung selbst einmal als Gschaftlhuberin, weil, wie sie sagt, »ich bereits seit früher Jugend sehr umtriebig bin, also laufend irgendwelche Ämter bekleide.«

Sollten meine Erläuterungen immer noch nicht ausreichen, so unterbreite ich ein letztes Angebot zur Versöhnung. Ich biete an, vorzugsweise für den 11.11., am Deutschen Jugendinstitut ein spezielles »Gschaftlhuber-Symposium« zu organisieren.

Meine Mail-Partnerin gibt jedoch nicht klein bei. Sie habe als gute Sozialwissenschaftlerin, antwortet sie kurz darauf, den empirischen Test »beim Volk« gemacht. Dort habe sich meine positive Definition eines Gschaftlhubers leider nicht bewahrheitet, sondern ihre negative Wahrnehmung sei bestätigt worden. Nun habe sie zwar Recht, aber was mache ich damit?

Ich erkenne an, dass das »Volk«, also das von ihr befragte DJI-Volk, offensichtlich eine andere Wahrnehmung hat als ich. Um meine Position zu stärken, zitiere ich eine weitere, nicht unwichtige Quelle, das Deutsche Universalwörterbuch von Duden. Danach bezeichnet man jemanden als Gschaftlhuber, der »fast unangenehm betriebsam ist und immer entsprechende Betätigungen sucht, die er dann besonders wichtig nimmt.«

»Und diese Definition findest Du wohlwollend? Naja, das ist wie mit dem halb vollen und halb leeren Glas«, lautet die prompte Antwort. »Nur gut, dass ich weder beleidigt noch nachtragend bin!«

Genauso ist es dann auch. Unser seit jeher gutes Verhältnis hat weder durch die öffentliche Gstanzl-Parade noch durch den darauf folgenden Gstanzl-Diskurs irgendwelchen Schaden genommen. Das freut mich sehr. Wir verstehen uns weiterhin gut, letztendlich bis zu ihrem allzu frühen Tod, zwei Jahre später.

Nur drei kurze Fragen

Wer kennt sie nicht? Wer ärgerte sich nicht schon über solche Umfragen, die neuerdings immer häufiger telefonisch durchgeführt werden? Mal geht es dabei um irgendwelche Markenprodukte, mal um die bekannte Sonntagsfrage zur nächsten Bundestagswahl. Auch ich habe als Student Interviews für Meinungsforschungsinstitute durchgeführt. Später, im Deutschen Jugendinstitut arbeitete ich an einer großen empirischen Studie mit. Dabei wurden über 7.200 Jugendliche in Ost und West zu ihren Wertorientierungen, politischen Einstellungen und Aktivitäten befragt. So kam bei mir der Wunsch auf, dieses neu erworbene Wissen auch mal im privaten Bereich anzuwenden.

Mitte Mai 2004. Wir sind seit einigen Tagen mit dem Fahrrad am Main unterwegs. Die letzte Nacht haben wir in einem Hotel in Würzburg verbracht und am heutigen Tag soll es weiter mainabwärts gehen. Gegen Mittag werden wir ins unterfränkische Kreisstädtchen Karlstadt kommen.

Dort lebt seit einigen Jahren Familie Kaufmann. Sie wohnte früher in Koblenz-Pfaffendorf, im Schenkelsberg, im Haus direkt gegenüber meiner Schwiegereltern. Dort haben wir uns kennen und schätzen gelernt, und seither stehen wir in Kontakt. Wiederholt haben uns die Kaufmanns nach Karlstadt eingeladen, doch nie hat es bisher geklappt. Jetzt ist die Situation günstig. Aber einfach so mit der Türe ins Haus fallen, das finde ich nicht gut. Mir fällt dazu eine echte Alternative ein.

Während sich Eva morgens in der Dusche frisch macht, rufe ich Frau Kaufmann an. Mit verstellter Stimme sage ich: »Guten Morgen, hier spricht Dr. Schenkel von der GMF Bavaria. Wir führen derzeit bayernweit eine Umfrage durch.« Frau Kaufmann am anderen Ende der Leitung will etwas sagen, doch ich fahre fort: »Ihre Telefonnummer wurde durch eine Zufallsstichprobe ausgewählt. Ich habe nur drei kurze Fragen: Sind sie verheiratet?« – »Ja, aber ich will nicht …!« Frau Kaufmann klingt entsetzt. »Nein, das kann ich nicht!« – Ich lasse sie nicht zu Wort kommen, säusele irgendetwas von reinem Zufall, von wichtigen Informationen und diese aus erfahrenem Munde, und schiebe gleich meine nächste Frage nach. »Haben Sie Kinder?« – Frau Kaufmann seufzt tief, dann sagt sie: »Ja, aber ich habe doch gar keine Zeit!« Sie klingt alles andere als froh. – »Aber wir haben nur ein paar kurze Fragen, Frau Kaufmann. Ich bitte Sie herzlich, helfen Sie mit! Denn, wissen Sie, es ist heute so schwer, überhaupt jemanden zu finden, der noch bereit ist, bei einer Umfrage mitzumachen«. Erneut vernehme ich ein Stöhnen am anderen Ende der Leitung. »Dürfen mein Kollege, Herr Berg und ich heute Mittag kurz bei Ihnen vorbeikommen? Nur ein paar Fragen, es dauert wirklich nicht lange.«

Einige bange Sekunden vergehen. Ich kann mir das Lachen kaum verkneifen, dann vernehme ich ein zögerliches: »Na gut, dann kommen Sie halt heute Mittag vorbei.« – Ich bedanke mich, wünsche einen schönen Vormittag und verabschiede mich.

Stunden später, gegen halb zwölf. Eva und ich stehen in Karlstadt, direkt vor dem Haus, in dem Familie Kaufmann in einem der oberen Stockwerke wohnt. Nachdem wir unsere Fahrräder abgestellt haben, drücke ich auf den Knopf der Sprechanlage. Frau Kaufmann meldet sich mit Namen. Darauf ich: »Hier spricht Dr. Schenkel. Herr Berg und ich, wir sind jetzt da.« – »Ja, kommen Sie nach oben, in den zweiten Stock!« Sie klingt noch immer nicht erfreut.

Eva und ich eilen die Treppen hoch. Die Wohnungstür ist noch zu. Ich drücke auf den Klingelknopf. Dann ertönen Schritte, die Tür geht auf. Frau Kaufmann blickt uns an, ist total überrascht: »Sie, Sie …!« Wir begrüßen uns herzlich, sie bittet uns zögerlich herein. Sie lächelt etwas verkrampft, merkt dann fast ein wenig ratlos an: »Das ist jetzt aber wirklich ein ungünstiger Zeitpunkt, denn gleich kommen zwei Herren, die eine Umfrage machen.«

Ich lache und sage, dass ich sie von Dr. Schenkel und Herrn Berg grüßen solle. Doch sie versteht nicht, blickt mich skeptisch an, scheint mir nicht zu glauben. Sie führt uns ins Wohnzimmer, bittet uns, kurz Platz zu nehmen. Kein Zweifel, sie erwartet tatsächlich diese beiden Herren. Auf dem Tisch stehen bereits zwei Gläser und eine Flasche Wasser für die angemeldeten Besucher.

Jetzt wird es höchste Zeit, das Missverständnis aufzuklären. Nicht ein Dr. Schenkel habe sie heute morgen angerufen, gestehe ich, sondern ich bin das gewesen. Und ein Meinungsforschungsinstitut GMF Bavaria gäbe es auch nicht, eine freie Erfindung von mir, ebenso wie die Namen der beiden Herren Schenkel und Berg. Wobei, ganz zufällig habe ich diese nicht so genannt. Sie sind mir eingefallen, weil die Straße, in der die Kaufmanns in Koblenz gewohnt haben, »Im Schenkelsberg« heißt. Sie kann es fast nicht glauben, dass das Ganze nur eine Finte gewesen sein soll, dass sie auf mich hereingefallen ist. Immer wieder blickt sie mich kopfschüttelnd an. Ich lächele versöhnlich, freue mich natürlich, dass mir dieser Schabernack gelungen ist.

Wir sitzen noch eine ganze Zeit zusammen. Bald entspannen sich auch die Gesichtszüge von Frau Kaufmann wieder. Wir unterhalten uns über dies und das, über Vergangenes und Gegenwärtiges, lachen und scherzen, ehe wir uns wieder in den Sattel schwingen.

Heimliche Geliebte als Überraschung

Nicht nur Johann Wolfgang von Goethe, auch Joseph von Eichendorff hat sich lyrisch mit dem Phänomen der heimlichen Liebe auseinandergesetzt. Dass solche geheimen Liebschaften im Kreise der Kollegen auf Dauer nicht unentdeckt bleiben, dazu kann ich eine kleine Episode zum Besten geben.

Mein Kollege Frank, mit dem ich viele Jahre eng zusammengearbeitet habe, feiert im Dezember 2004 seinen 60. Geburtstag. Deshalb veranstaltet die Abteilung, die er leitet, eine große Geburtstagsparty für ihn, zu der auch seine Frau sowie viele Kolleginnen und Kollegen geladen sind. Auch ich habe eine Einladung erhalten.

Während unserer gemeinsamen Jahre habe ich viel von Frank gelernt. Ich habe seinen Arbeitseifer bewundert, sein analytisches Denken geschätzt und häufig über seine Berliner Schnauze gelacht. Aber auch seine Ecken und Kanten sind mir nicht verborgen geblieben. Genauso wenig wie seine heimliche Geliebte, mit der er über viele Jahre ein inniges Verhältnis gepflegt hat. Doch das wissen nur die allerwenigsten.

Da Frank immer offen und direkt und für seinen trockenen Humor bekannt ist, erlaube ich mir einen besonderen Gag. Ich nehme mir vor, diese heimliche Geliebte, seine ehemalige Freundin Gabi zu diesem Fest mitzubringen. Es soll eine Super-Überraschung für den Jubilar werden! Dafür schreibe ich zur Melodie von Gerd Böttchers altem Schlager »Für Gabi tu ich alles« extra einen neuen Text.

Beim großen Geburtstagsfest, viele Kolleginnen und Kollegen sind gekommen, ist die Stimmung von Anfang an recht ausgelassen. Nach einigen mehr oder weniger witzigen Geburtstagsreden trete ich nach vorne, um Frank, dem Geburtstagskind mein Ständchen zu bringen.

Ich berichte singend, soweit man das singen nennen kann, über sein Verhältnis zu seiner geliebten Gabi, für die er alles tat. Die Versammelten amüsieren sich prächtig, ohne Genaueres zu wissen. Sie johlen und stimmen nach jeder Strophe lauthals in den Refrain mit ein. Nur einer steht da und weiß nicht so recht, was für eine Miene er zu diesem Spiel machen, wie er darauf reagieren soll.

Für Gabi tat er alles

Frank schaute in Städtchen
nicht mehr nach den Mädchen,
Das wird Euch nicht neu sein,
er konnte auch treu sein.
Für Gabi tat er alles.

Schön war das Lustwandeln
Mit je-eder andern,
doch tausend ma-al so schön,
war es mit Gabi, mit sei-einer Gabi,
Ihr solltet die Gabi mal sehn,
dann würdet Ihr Franky verstehn.

Er hat sie oft Stunden,
fast täglich geschunden,
Momente des Sitten-Verfalles.
Er blickte mitunter
eiskalt auf sie runter.
Doch Gabi ertrug dies alles.

Schön war das Lustwandeln
Mit je-eder andern ...

Fest musst' er sie drücken.
sie krächzt vor Entzücken.

Für Gabi tat er alles.
Sie ließ sich benützen,
er wollte sie schützen.

Schön war das Lustwandeln
Mit je-eder andern ...

Es dauert bis ungefähr Mitte der zweiten Strophe, dann fällt bei Frank der Groschen. Jetzt weiß er, von welcher Gabi ich singe. Sofort hellt sich seine Miene auf, seine Gesichtszüge lockern sich. Nun ist auch Franks Welt wieder in Ordnung und er kann sich die restlichen Strophen meines Liedes völlig entspannt anhören.

Noch lockerer verläuft danach das überraschende Wiedersehen mit seiner ehemals heiß geliebten Freundin Gabi. Als ich diese, sie hat die ganze Zeit in einem Zimmer nebenan gewartet, zur Feierrunde hole, brandet Beifall auf, überlagert von schallendem Gelächter.

»Gabriele« wie sie eigentlich heißt, ist eine Reiseschreibmaschine der Firma Adler. Mit dieser hat Frank über viele Jahre hinweg ein sehr inniges Verhältnis gepflegt.

Täter auf der Flucht

Journalisten, Studenten, Wissenschaftlern und anderen Interessierten bietet das Deutsche Jugendinstitut neben Ergebnissen aus der Kinder-, Jugend-, Familien- und Geschlechterforschung, zu den Feldern der Jugendhilfe sowie zu aktuellen gesellschaftlichen Entwicklungen und Problemen auch eine frei zugängliche Präsenzbibliothek mit mehr als 90.000 Büchern und rund 500 Zeitschriften.

An einem frühen Vormittag betritt ein jüngerer Herr die Bibliothek, schlendert suchend durch die Regalreihen. Er wirkt nicht besonders interessiert, eher etwas fahrig.

Direkt neben dem Eingang befindet sich das Arbeitszimmer der Bibliotheksleiterin. Diese verlässt für einen Moment ihr Zimmer und eilt zum Kopierer. Die Zimmertüre lässt sie, sie will ja nur eine Kopie machen, unterdessen offen stehen.

Augenblicke später sieht eine Kollegin, wie dieser junge Besucher eilenden Schrittes die Bibliothek verlässt. Ansonsten nimmt sie nichts Auffälliges oder gar Verdächtiges wahr. Als die Leiterin Sekunden später in ihr Zimmer zurückkehrt, berichtet ihr die Kollegin von diesem hektischen Besucher. Die Leiterin erschrickt, greift nach ihrer auf dem Schreibtisch liegenden Handtasche. Tatsächlich, ein kurzer Blick in die Tasche genügt: Portemonnaie sowie Scheckkarte und Ausweispapiere fehlen.

Die Leiterin, die für ihre Spontaneität bekannt ist, fackelt nicht lange, rennt sofort los, ins Treppenhaus und hetzt die Stufen nach oben. Sie will unbedingt den Täter noch stellen, bevor dieser das Institut verlässt.

Kurz vor dem Ausgang trifft sie auf einen jüngeren Mann. Das muss der Dieb sein, denkt sie. Sie rennt auf ihn zu, packt ihn mit beiden Armen, schüttelt ihn und schreit: »Geben Sie mir sofort mein Portemonnaie zurück!« Der junge Herr weiß nicht, wie ihm geschieht, starrt sie irritiert und sprachlos an. Erst nach ein paar Schrecksekunden findet er wieder Worte. Er beteuert, er wisse gar nicht, wovon sie rede. Er arbeite derzeit als studentische Hilfskraft in der Abteilung Jugendforschung. – Verdammt, der Falsche! Die Bibliotheksleiterin würde am liebsten im Boden versinken, hat sie doch glatt einen unbedarften Kollegen des Diebstahls verdächtigt. Sie errötet, entschuldigt sich mehrmals und kehrt dann in ihr Arbeitszimmer zurück, wo sie telefonisch sofort ihr Konto sperren lässt.

Aber es ist bereits zu spät. Der Täter hat offenbar den nächstliegenden Bankautomaten angesteuert und bereits 1.500 Mark von ihrem Konto abgehoben. Verflucht! Geld und Papiere weg, und dann auch noch dieser blamable Auftritt vor dem jungen Kollegen. Die Betroffene ist wirklich unglücklich und tief betrübt. So sehr wir ihren Verlustschmerz verstehen, so sehr amüsieren wir uns über ihren vermeintlichen Fahnungserfolg.

Mich verleitet dieses Geschehen zu einer kleinen Gemeinheit. Ich schreibe ein Schild, das ich am nächsten Morgen an die Eingangstür der Bibliothek klebe.

Auf diesem roten Zettel ist Folgendes zu lesen: »Wichtiger Hinweis für alle männlichen Bibliotheksbenutzer! Achtung, in diesen Räumen können Sie unerwartet einer freilaufenden, spontanen und tatkräftigen DJI-Mitarbeiterin begegnen. Im Falle direkter und unerwarteter Konfrontation bitte unbedingt folgende Verhaltensregeln beachten: Erstens – Sofort eine totale Unschuldsmiene aufsetzen, und zweitens – sofort einen verbalen Gegenangriff starten. Wenn beides wirkungslos bleibt, günstigen Augenblick abwarten und unvermittelt die Flucht antreten. Danach schnellstens den Männerbeauftragten informieren.«

Als solchen habe ich mich kurzerhand bezeichnet und meine Telefonnummer auf diesem Papierschild angegeben.

Am nächsten Tag kommt die Kollegin in die Bibliothek und liest meinen Hinweis. Zum Glück hat sie ihren gestrigen Missgriff so weit verdaut, dass sie über mein Warnschild schon wieder lachen kann und zwar genauso wie über ihre misslungene Ergreifung des Täters.

Das Leben ist nun mal kein Wunschkonzert und wer den Schaden hat, das lehren uns Redewendungen und Sprichwörter, der braucht für den Spott wahrlich nicht zu sorgen.

Wohl eine Freudsche Fehlleistung

Eine bestimmte sprachliche Fehlleistung, auch Lapsus Linguae genannt, durch die ein eigentlicher Gedanke oder eine Intention des Sprechers unwillkürlich zu Tage tritt, wird als Freudsche Fehlleistung oder Freudscher Versprecher bezeichnet. Solche Versprecher sorgen nicht selten bei den Zuhörern für ungetrübte Heiterkeit. Mir blieb so etwas durch einen glücklichen Umstand gerade noch erspart.

Im Laufe der Jahre ist das Deutsche Jugendinstitut immer wieder umgezogen, erst von Schwabing nach Untergiesing, dann von dort in den Stadtteil Au. Stets mussten dabei in den neu bezogenen Gebäuden irgendwelche Umbau- und Renovierungsarbeiten durchgeführt werden.

So auch im Herbst 2006, als alle Arbeitszimmer im Institut, Stockwerk für Stockwerk, neue Farbanstriche erhalten. In der DJI-Lounge, so heißt der Eingangsbereich jetzt, wird eine modische Empfangstheke und eine lasziv geschwungene rot-orangefarbene Couch aufgestellt. Sie soll Gästen die öde Zeit des Wartens verkürzen. Nicht jeder wird sich dabei wohl fühlen. Manche könnten sich aufgrund von Form und Farbe dieses Möbels auch in ein anderes Etablissement versetzt fühlen.

Kaum sind alle diese Arbeiten abgeschlossen, klagen die ersten Kolleginnen und Kollegen über häufige Kopfschmerzen und Übelkeit. Sie vermuten, ihre Beschwerden könnten von den Farben oder vom Tapetenkleber ausgelöst worden sein.

Die Institutsleitung reagiert recht schnell und beschließt eine Reihe von Maßnahmen, um die Luft in den Arbeitsräumen zu verbessern. Darüber will ich die Kolleginnen und Kollegen im nächsten DJI-Newsletter informieren.

Nun wird jeder Newsletter, schon weil ich ihn allein erstelle, stets mit heißer Nadel gestrickt. Das heißt, in den letzten Tagen vor dem Erscheinen geht es immer sehr hektisch zu. Momente, die für Fehlleistungen der erwähnten Art geradezu prädestiniert sind. Und in so einem Augenblick, oder hatte ich gar einen schlechten Tag, passiert es dann.

Wieder einmal wird die Zeit knapp. Ich sitze am Schreibtisch, hacke eine kurze Meldung in die Tastatur. Die Nachricht über die beabsichtigten Maßnahmen zur Verbesserung der Raumluft. Die Institutsleitung habe, schreibe ich, veranlasst, »zunächst in fünf ausgewählten Räumen des DJI Raumlustmessungen durchzuführen«.

Nachdem ich eine Rohfassung des Newsletters fertiggestellt habe, drucke ich diese aus, um sie Korrektur zu lesen. Als ich nun diese Nachricht über die geplanten Maßnahmen noch einmal durchlese, halte ich inne. Was steht da? Was habe ich da geschrieben? Erst stutze ich, dann könnte ich losprusten. Tatsächlich habe ich Raumlustmessungen geschrieben, heißen muss es selbstverständlich Raumluftmessungen.

Wie bin ich nur auf diesen mehrdeutigen Begriff gekommen? Waren es die verführerischen Formen dieser Empfangscouch oder deren Farbe, die meine Sinne so vernebelt haben? Zum Glück entdecke ich diese Freudsche Fehlleistung noch rechtzeitig, bevor ich dem Spott der Kolleginnen und Kollegen anheim gefallen wäre. Nicht auszudenken, was ich mir da wohl hätte anhören müssen.

Einer Kollegin erzähle ich von meinem sprachlichen Lapsus. Sie amüsiert sich, kann es aber nicht lassen, das Ganze sarkastisch zu kommentieren. »Vielleicht«, sagt sie, »erklären die neuen Lustwerte ja, warum so viele Kolleginnen in letzter Zeit über unerklärliche Symptome, Unpässlichkeiten und Erschöpfung klagen!«

Spaß beiseite. Es soll schließlich kein falsches Bild über das DJI und dessen Mitarbeiterinnen und Mitarbeiter entstehen. Ich will dazu nur noch eines feststellen, und das ist empirisch belegt: Trotz Luftverbesserungen in den Arbeitsräumen und trotz neuer Empfangscouch sind auch in den Folgejahren nicht mehr Kolleginnen in Mutterschutz gegangen als in den Jahren davor.

Vor Holzweg wird gewarnt

Manchmal dauert es im Leben recht lange, bis man die Chance bekommt, einen lang gehegten Traum doch noch zu verwirklichen. Bei mir dauerte das bis Anfang 2006. Damals wechselte ich in das Team der Öffentlichkeitsarbeit und übernahm dort die Stelle eines wissenschaftlichen Redakteurs.

Zu meinen Aufgaben zählten das Verfassen und die Herausgabe eines Newsletters, die redaktionelle Betreuung der Internetrubrik »Wissen A – Z«, der

191

DJI-Internetseiten und des DJI-Jahresberichtes sowie die Analyse der DJI-Medienauftritte. Alles Aufgaben, von denen ich früher geträumt habe.

Ich stürze mich gleich mit vollem Elan in die neue Arbeit. Zunächst entwickle ich ein Konzept für den neuen DJI-internen Newsletter. Dann im September 2006 ist es soweit. Die erste Nummer des »DJI – intern«, so heißt dieser Newsletter, ist fertig. Alle Kolleginnen und Kollegen erhalten ihn per mail. Wie der Direktor in seinem Geleitwort schreibt, ist damit der »Startschuss für ein neues Kommunikationszeitalter im DJI« gefallen. Weiter schreibt er: »Dieser Newsletter soll alle Mitarbeiterinnen und Mitarbeiter im Hause mit gleich lautenden Informationen versorgen – und dies unabhängig von Zeit und Ort, also beispielsweise auch nach dem Urlaub. (...) Wer ihn nicht kennt, weiß nicht, was hier im Hause läuft.«

Neben Informationen über die Außenbeziehungen des Instituts wird darin auch über innere Angelegenheiten, über Projekte sowie über Veranstaltungen, Veröffentlichungen, Personalia und Stellenausschreibungen informiert. Nicht zuletzt präsentiere ich regelmäßig neue Forschungsergebnisse und porträtiere einzelne Mitarbeiter. In der Rubrik »Das ‚andere‘ Gesicht« stelle ich sie mit ihren »anderen« Seiten vor, ihren Vorlieben, ihren Hobbys oder ihrem ehrenamtlichen Engagement.

Die Kolleginnen und Kollegen sind vom neuen Newsletter begeistert. Mir macht diese Aufgabe großen Spaß. Obschon es sehr viel Zeit kostet, jeden Monat so einen Newsletter zusammenzustellen. Diverse Quellen müssen ausgewertet, Informationen durch Recherchen ergänzt, dann geschrieben und schließlich die Beiträge, Texte und Bilder zusammengestellt und in die endgültige Form gebracht werden. Zwischen Redaktionsschluss und Erscheinungstermin geht es in meinem Zimmer und auch in meinem Kopf meist sehr hektisch zu.

Schon bei der dritten Nummer passiert es. In der Rubrik »Projekte« steht eine kurze Meldung, die auf den ersten Blick recht unscheinbar wirkt, die es aber in sich hat. Darin vermelde ich, dass ein Projekt in der DJI-Außenstelle Halle, dessen Fortgang bisher nicht gesichert war, über vier Jahre weitergefördert werden soll. Diese Information habe ich den Sitzungsunterlagen zur Leitungskonferenz entnommen. Da ich weiß, wie sehr die Kollegen in Halle auf eine solche Nachricht warten, habe ich diese Information weitergegeben. Was ich zu diesem Zeitpunkt nicht wusste, nicht wissen konnte, war, dass das Ministerium über den Fortgang dieses Projektes noch nicht entschieden hatte. Vielmehr hatten sich die Verantwortlichen im Ministerium und im DJI inoffiziell darauf verständigt, quasi diese Lösung ausgemauschelt, aber die Entscheidung war eben offiziell noch nicht getroffen worden. Deswegen steigt der in die Absprachen involvierte DJI-Abteilungsleiter nach Erscheinen dieses Newsletters sofort auf die Barrikaden.

In einer Mail an den Direktor, an die Gremienreferentin und auch an mich, beschwert er sich über den Abdruck dieser Meldung. Dies sei ohne Rücksprache mit ihm erfolgt. Der Direktor, übrigens sein Duz-Freund, möge den Redakteur, also mich, schnellstens zurückpfeifen, mir das Handwerk legen, wegen offensichtlicher Inkompetenz.

Zukünftig solle dieser Newsletter erst erscheinen, nachdem die Inhalte von allen Abteilungsleitern abgesegnet worden seien. Außerdem solle er nicht mehr elektronisch, sondern nur noch in gedruckter Form verteilt werden. Schließlich sei es durch das Verschicken per mail sehr einfach, diesen internen Newsletter auch an externe Personen und Stellen weiterzuleiten. Genau da liegt der Hase im Pfeffer. Dieser wütende Abteilungsleiter scheint nichts mehr zu fürchten, als dass im Ministerium auch andere Personen als jene, mit denen er gemauschelt hat, auf diesem Wege Wind von den Plänen bekommen.

Die Gremienreferentin, die rechte Hand des Direktors, versichert mir, dass auch sie die Brisanz dieser Meldung nicht erkannt habe. Dennoch schlagen die Wogen der Empörung hoch. Mich belastet dieser Vorgang sehr, zumal ich fürchte, damit könnte sich das Verhältnis zwischen DJI und Ministerium verschlechtern. Ich entschuldige mich in aller Form für mein unvorsichtiges Vorgehen. Doch es hilft nichts. Dieser Fall soll bei der nächsten Leitungskonferenz zur Sprache kommen und diskutiert werden, natürlich ohne mein Beisein.

In der Zwischenzeit versichere ich dem Direktor noch einmal meine hehren Absichten und äußere ihm gegenüber ein weiteres Mal mein Bedauern über das Geschehene. Gleichzeitig gebe ich zu bedenken, was es bedeuten würde, diesen Newsletter erst nach Freigabe durch alle Abteilungsleiter und zukünftig nur in Papierform zu veröffentlichen. Ich hielte das für einen Holzweg im wahrsten Sinne des Wortes. Das ginge nicht nur zu Lasten der Aktualität, sondern der Arbeitsaufwand wäre zugleich wesentlich höher.

Um es kurz zu machen. In der Leitungskonferenz wird dieses Thema umfassend diskutiert. Dabei springt mir der Direktor voll zur Seite, nimmt mich gegen die massiven Angriffe jenes Abteilungsleiters in Schutz und plädiert dafür, das bisherige Verfahren beizubehalten. So geschieht es dann auch.

Bis zu meinem Ausscheiden aus dem DJI bringe ich noch weitere 34 Newsletter auf den Weg, ohne weitere Aufschreie irgendwelcher sensibler oder mauschelnder Abteilungsleiter!

Geschenke to go

Zu den positiven Gepflogenheiten des Jugendinstituts gehört es, seinen Mitarbeitern zu besonderen Geburtstagen, also dem fünfzigsten und dem sechzigsten, ein Präsent zukommen zu lassen, in der Regel einen Blumenstrauß.

Ich möchte jedoch keinen zu meinem Fünfzigsten. Ich wünsche mir stattdessen ein Buch über die Bedeutung der sinnlichen Wahrnehmung. Ein Wunsch, der mir gewährt wird.

Ende Juli, am Morgen meines runden Geburtstages. Ich komme freudig ins Institut, denn heute werde ich vom Direktor mein Geschenk, das gewünschte Buch erhalten. Doch die Stunden vergehen, ohne dass etwas passiert. Nicht einmal ein Anruf, der Institutsleiter schweigt und schweigt, heute, morgen, übermorgen, tagelang, wochenlang. Hat der meinen Geburtstag etwa vergessen?

Nein, nein, keineswegs. Bereits sieben Wochen später kann ich die Frage abschließend beantworten. Im Morgengrauen des 21. Septembers 1999 nähere ich mich, von der U-Bahn kommend, dem Hintereingang des Instituts. Da fährt ein Taxi vor. Der Direktor steigt aus, sieht mich und ruft mir zu: »Guten Morgen, Herr Schneider. Das ist ja gut, dass ich Sie treffe. Ich habe auf dem Schreibtisch noch etwas für Sie liegen. Kommen Sie doch gleich mit!«

Wir hasten die Treppen in den zweiten Stock hoch. Er, knapp zwei Köpfe größer als ich, nimmt fast immer zwei Stufen auf einmal. Oben schnaube ich, während er mir das Buch, mein gut abgelagertes Geschenk, in die Hand drückt. Dazu gibt es von ihm einen warmen Händedruck und einen förmlichen Glückwunsch. Dann entschuldigt er sich, er habe jetzt leider keine Zeit mehr für ein Gespräch, unten warte das Taxi, das ihn zum Hauptbahnhof bringe. »Dienstreise, Sie verstehen!« – Ja, klar, Mitarbeiter verstehen alles, natürlich hat ein Direktor Pflichten, natürlich muss ein Direktor Prioritäten setzen. Außerdem ist seit meinem Geburtstag wirklich viel Zeit vergangen. Eigentlich ist er schon fast verjährt. Schwamm drüber, das Buch ist interessant und die Uhr des Lebens tickt trotz allem unbeeindruckt weiter.

Zehn Jahre später, inzwischen haben wir einen neuen Direktor, steht mein nächster runder Geburtstag an, mein sechzigster. Ich entscheide mich für einen Büchergutschein, verzichte auf Blumenstrauß oder gar Parfum-Gutschein. Des Direktors Sekretärin vereinbart mit mir den Termin für die offizielle Geschenkübergabe: Dienstag, vierter August, diesmal nur eine knappe Woche nach meinem Geburtstag, zwischen zehn und zehn Uhr fünfzehn. Kurz und schmerzlos. Gut so, denke ich.

Punkt zehn Uhr stehe ich an besagtem Tage im Vorzimmer des Direktors. Niemand ist da, auch kein roter Teppich weit und breit. Die Tür zum Direktorzimmer steht sperrangelweit offen, neben dem Schreibtisch liegt seine Tasche. Er ist also im Hause. Ich warte ein paar Minuten, dann ziehe wieder ab. Mein Arbeitszimmer liegt nur drei Türen weiter.

Fünf Minuten später mein nächster Versuch. Aber – the same procedure as last visit. Nach weiteren zehn Minuten mein nächster Vorstoß. Diesmal treffe ich zumindest seine Sekretärin. »Ach ja, Sie hatten ja Geburtstag. Der Chef ist noch in einer Sitzung, und übrigens alles Gute. Aber warten Sie, ich frage mal nach!«

Sie verschwindet im kleinen Sitzungsraum nebenan, kommt aber schnell zurück. Er melde sich, wenn er fertig sei, lautet ihre Auskunft. Dann beginnt sie, mich in ein Gespräch zu verwickeln. Sie will wohl die Wartezeit überbrücken. Wieder verstreichen knapp zehn Minuten. Jetzt blicke ich nicht mehr freundlich drein. Mit einem schnippischen »Er wisse ja, wo er mich fände, drei Türen weiter!« ziehe ich mich in mein Arbeitszimmer zurück.

Kurz vor elf ist es dann soweit. Es klopft an meiner Zimmertür. Herein kommt der Direktor, freundlich lächelnd. Er drückt mir die Hand, wünscht mir alles Gute zu meinem Geburtstag. Danach smalltalken wir über Nebensächliches und Unwichtiges, ganze drei Minuten lang. Ich weise dezent auf mein Doppeljubiläum hin, 60. Geburtstag und gleichzeitig 30 Jahre im Institut. Über sein Gesicht huscht nur ein leichtes Grinsen, ansonsten sagt er dazu nichts. Dann zückt er ein rotes Kuvert und drückt es mir in die Hand. Noch ein joviales »Bye-bye« und schon huscht er wieder zur Tür hinaus.

Ich reiße das Kuvert auf, ich bin gespannt wie ein Flitzebogen. Meine Finger suchen den Büchergutschein. – Ist das wirklich wahr, was da steht? So viel bin ich dem Institut wert? Zu meinen beiden Jubiläen, 60 Lebensjahre und 30 Jahre Einsatz für das Institut schenkt mir das Institut einen Büchergutschein über sage und schreibe zwanzig Euro.

Ich bin schon ein wenig enttäuscht, aber für ein Taschenbuch reicht es, denke ich, zum Beispiel für eine Knigge-Kurzausgabe oder für ein ABC der sozialen Kompetenz. Beides Bücher, die für einen besonderen Leserkreis geschrieben wurden. Einen dieser potentiellen Leser kenne ich ja bereits.

Aber etwas Gutes hat das Ganze dann doch. Mein Ehrgeiz ist geweckt worden. Nun will ich es allen zeigen. In den nächsten 22 Wochen, so lange bin ich noch im Institut, will ich ein Ziel unbedingt erreichen. Ich will meinen Büchergutschein-Wert von bescheidenen 20 Euro auf den neuen Spitzenwert von 25 Euro hochkatapultieren. Niemand wird mich bremsen können. Ich will mein Letztes geben.

Ja, was soll ich sagen? Offensichtlich hat es nicht ganz gereicht. Ich habe mein Ziel wohl verfehlt. Wie ließe es sich anders erklären, dass der Direktor an meinem letzten Arbeitstag überhaupt nicht im Institut war. Also kein Händedruck, kein Büchergutschein, keine guten Wünsche. Aber wenigstens hat er auf meine Abschiedsmail tatsächlich geantwortet. Nein, gedankt hat er mir nicht, aber immerhin beteuert, dass ich im Institut noch einmal eine Duftnote gesetzt habe.

Bitte, bevor jemand jetzt vorschnell einen falschen Schluss zieht, will ich die Sache klar stellen. Dieses Kompliment, und das sollte es sein, hat sich allein auf den Newsletter bezogen, durch den er, der Direktor, immer wieder erfahren habe, was so im Hause los gewesen sei.

Auf Herz und Nieren geprüft

Für Forschungsinstitute wie für andere wissenschaftliche Einrichtungen und Organisationen ist es wichtig, auf internationalen und nationalen Tagungen und Fachmessen vertreten zu sein. Nicht selten referieren deshalb dort Kolleginnen und Kollegen, sprechen auf Foren oder wirken an Diskussionsrunden mit. Gleichzeitig werden Veröffentlichungen und Materialien des Instituts präsentiert.

Beim 78. Deutschen Fürsorgetag 2009 in Nürnberg ist das Deutsche Jugendinstitut mit mehreren Referenten und auf der parallel stattfindenden Fachmesse »ConSozial« mit einem Informationsstand vertreten. Letzteren betreue ich zusammen mit einer Kollegin.

Am zweiten Tag kommt eine Besucherin an unseren Infostand. Sie berichtet voller Begeisterung, soeben habe sie den Vortrag unserer Direktorin gehört. Nein, das sei nicht unsere Direktorin gewesen, klären wir sie auf, sondern die Leiterin der Abteilung Familie und Familienpolitik. Sie stutzt etwas, scheint uns nicht ganz zu glauben, nimmt unsere Information aber letztlich kommentarlos hin.

Wenige Minuten später erscheint die vermeintliche Direktorin, diese besagte Abteilungsleiterin bei uns am Stand, wechselt mit uns ein paar Worte, ehe sie zum nächsten Termin hetzt.

Zwei Stunden vergehen, ohne dass irgendetwas Außergewöhnliches passiert. Immer wieder kommen Besucher vorbei, vertiefen sich in Bücher, lesen in Heften aus dem Jugendinstitut oder stellen ein paar Fragen.

Dann strebt ein Mann mittleren Alters, in einen Bugatti-ähnlichen Mantel gehüllt und mit dicker Aktentasche flotten Schrittes auf den DJI-Stand zu. Jetzt ist er es, der wahre Direktor des Instituts. Ein kurzer freundlicher Gruß. Dann unterzieht er den Stand, seine Gestaltung und die Präsentation der Schriften einer kritischen Prüfung. Was? Keine Kritik? Im Gegenteil: Seine Augen beginnen ein wenig zu funkeln, als er das große Plakat entdeckt, auf dem für sein neues Buch geworben wird. Verständlich, denn dieses ist noch gar nicht erschienen.

Bevor unser Institutsdirektor Tagung und Fachmesse wieder verlässt, will er an einem Verpflegungsstand noch schnell eine Kleinigkeit essen. Deswegen hinterlegt er Mantel und Aktentasche in einer verschließbaren Kabine unseres Standes.

Viel Zeit vergeht, doch unser Direktor kehrt nicht zu uns zurück. Eigentlich müsste er doch längst gegessen haben, denken wir. Noch 15 Minuten, dann schließt die Fachmesse für heute ihre Türen. Wir fangen an, ein wenig unruhig zu werden. Was sollen wir tun, wenn er nicht rechtzeitig zurückkommt? Mantel und Aktentasche können wir ja nicht einfach in dieser Kabine zurücklassen. Diese lässt sich zwar abschließen, aber nach oben ist sie offen. In diesem Moment meldet sich der Schalk in meinem Nacken.

Ich schlage meiner Kollegin vor, wir testen unseren Direktor mal auf Herz und Nieren. Wir schauen, wie er mit so einer Krisensituation umgeht. Dazu entwerfe ich folgendes Szenario: Wir verschließen die Kabine unseres Standes, wo Mantel und Aktentasche verwahrt liegen, löschen das Licht am Stand und warten, versteckt hinter der Verkleidung des Nachbarstandes auf die Rückkehr unseres Direktors. Wann bekommen je wieder so eine Chance, das Krisenmanagement unseres Institutsleiters live kennenzulernen.

Die Vorstellung, wie es sein würde, wenn es so wie von mir ausgedacht abliefe, das vermutet lange Gesicht des Direktors, sein Nachsinnen und seine folgenden Anstrengungen, an seine Sachen zu kommen. Dieses alles verbindet sich in meiner Phantasie zu einem einzigartigen Event. Ich spüre, wie mich eine innere Vorfreude überkommt.

Noch etwa drei Minuten bis zum abendlichen Messeschluss. Schade, jetzt taucht der Direktor doch noch zeitig am Stand auf. Ich berichte ihm freimütig, welches Krisenszenario ich bereits entworfen habe. Er grinst, meint aber, er wäre dieses Problem wohl pragmatisch angegangen. Er hätte versucht, an den Wänden der Kabine hochzuklettern, vermutlich ein wirklich sehenswerter Anblick, um dann von oben Mantel und Aktentasche herauszuangeln.

Irgendwie finde ich es schade, dass er zu früh auf die Uhr geschaut hat und rechtzeitig zum Stand zurückgekehrt ist. In meinem Kopf hatte ich mir bereits die Schlagzeile für den Bericht über diese Tagung zurechtgelegt. Im nächsten Newsletter wäre gestanden: »Direktor des Deutschen Jugendinstituts schlägt in Nürnberg über die Stränge«.

Unheimliches Dienstjubiläum

Jahresberichte sind wichtige Nachschlagewerke, wenn man Näheres über die Geschichte von Institutionen sowie über die Entwicklung und den Verlauf von Projekten erfahren will. Ich benütze die Jahresberichte des Institutes als Quellen, wenn ich Genaueres über die Arbeit von Kolleginnen und Kollegen erkunden will.

Mitte 2009 führe ich solche Recherchen durch. Zwei Kollegen, Klaus und Frank gehen Ende des Jahres in den wohlverdienten Ruhestand. Der eine nach 39 Jahren, der andere nach 34 Jahren im Institut. Ich möchte über die langjährige Arbeit der beiden im Newsletter berichten, sie für ihre Leistungen würdigen. Dazu schaue ich die Jahresberichte des Instituts durch, unter anderem auch den von 1979.

In jenem Jahr bin ich ins Jugendinstitut gekommen. Und was entdecke ich beim Blick in die Annalen? Eine Kollegin, mit der ich mich gut verstehe, hat nur drei Monate nach mir, also Mitte November im Deutschen Jugendinstitut angefangen. Insofern kann diese, sofern sie sich noch daran erinnert, Mitte November ihr 30-jähriges Dienstjubiläum feiern. Ich vermerke das genaue Datum sofort in meinem Kalender.

Es kommt jener besagte Tag. Schon am frühen Vormittag schicke ich der Kollegin eine Gratulations-Mail. Darin schreibe ich unter anderem: »Ich darf Dir am heutigen Welttoilettentag – doch, das stimmt, heute ist der Welttoilettentag 2009 – also an diesem bedeutenden Tag darf ich Dir herzlich zu Deinem Jubiläum gratulieren. Ich hoffe, Du weißt, wovon ich spreche. Du bist heute auf den Tag genau 30 Jahre im Deutschen Jugendinstitut. Gratulation, dass Du so lange durchgehalten hast.«

Und dann sticht mich halt wieder einmal der Hafer und so füge ich noch Folgendes hinzu: »Wie ich aus inoffiziellen Kreisen erfahren habe, hat Dir die Institutsleitung das entsprechende Geschenk bereits in Dein Postfach legen lassen. Genieße den Tag und alles Gute. Herzliche Grüße.«

Ich muss gestehen, an diesem Tag kam mir der Zufall mehrfach zu Hilfe. Schon bei der morgendlichen Zeitungslektüre, niemand soll sagen, der Holzkirchner Merkur würde nicht global informieren, entdecke ich die Werbeanzeige eines lokalen Sanitärbetriebes. In großen Lettern wird auf die Besonderheit des Tages hingewiesen. Heute ist kein x-beliebiger Tag, kein Tag wie jeder andere. Heute ist Welttoilettentag, ein Tag, der die Wichtigkeit hygienischer Sanitäreinrichtungen herausstellen soll. Denn, so steht da geschrieben, noch immer müssten weltweit viel zu viele auf ein sauberes Örtchen verzichten.

Ja, sauber! Wieder etwas Wichtiges dazugelernt. Aber neben dieser neuen Erkenntnis weiß ich noch etwas anderes sehr genau, und zwar aus eigener Erfahrung. Ich weiß, was Institutsmitarbeiter zu ihrem 30-jährigen Dienstjubiläum von der Institutsleitung erhalten. Gar nichts, rein gar nichts, nicht einmal einen feuchten Händedruck des Direktors oder des Verwaltungsdirektors. Woher ich das so genau weiß? Auch ich hatte dieses Jubiläum vor einem Vierteljahr und war entsprechend »reichlich« beschenkt worden.

Diese Erfahrung, kombiniert mit dem internationalen WC-Day hat meine schelmische Ader so anschwellen lassen, dass ich einfach nicht anders konnte, als meiner geschätzten Kollegin diesen Possen zu spielen.

Als ich sie Tage später treffe, erzählt sie mir, teils lächelnd, teils mit strafendem Blick, wie sie ihr Dienstjubiläum mit dieser Überraschung erlebt hat. Sofort, nachdem sie meine Mail erhalten habe, sei sie von Neugier gepackt und voller Vorfreude zu ihrem Postfach gesaust. Dort würde ja, wie von mir angekündigt, das Geschenk der Institutsleitung liegen, dachte sie. Doch oh Schreck, oh weh! Was lag denn da in ihrem Postfach? – Selbstverständlich das Gleiche wie bei meinem Dienstjubiläum in meinem Fach. Nichts, überhaupt nichts!

Das muss schon enttäuschend gewesen sein! Und dann ist sie auch noch von mir so arglistig getäuscht worden. Aus diesem Grund kann ich die Kollegin schon verstehen, wenn sie zunächst ein wenig sauer auf mich gewesen ist. Insofern nehme ihr die prompte Reaktion auch nicht übel. In einer sehr kurzen Mail, sie besteht nur aus fünf Worten, lässt sie mich Folgendes wissen: »Du bist ja soooo gemein!« Nein, gemein bin ich nicht, aber ein Schelm durchaus.

Ach Gott, dieser Naturschützer

Wer wie ich auf dem Land aufwuchs, erlebte die Natur viel direkter als irgendein Stadtkind. Bei uns zu Hause kam das Gemüse aus dem eigenen Garten, die Milch vom Bauern, natürlich von dessen Kühen, Beeren und Tannenzapfen sammelten wir im Wald, auf der Wiese pflückten wir Blumen, aus Tümpeln fischten wir Kaulquappen und Grillen kitzelten wir mit Grashalmen aus ihren Löchern. Spatzen nisteten unter dem Dach des Elternhauses, Stare in den Starenkästen im Garten, Schwalben unter den Vordächern und in den Ställen benachbarter Bauernhöfe. Dass wir auch mit Mäusen Bekanntschaft machten, dafür sorgte unsere Katze, die nicht selten noch lebende Exemplare von ihren Jagdausflügen mit nach Hause brachte.

Unsere sonntäglichen Spaziergänge führten in den Werdensteiner Wald, wo wir Kinder, meine Schwester und ich, mit Zweigen kleine Flächen einzäunten, auf denen wir unsere »Kühe« und »Schweine«, also große und kleine Tannenzapfen hüteten.

Bei Schul-Wandertagen baten wir unseren Lehrer, sofern der Himmel blau und das Wetter schön war, mit uns in den Wald zu gehen. In den Eckartser Wald, wo wir uns die Zeit mit Geschicklichkeitsspielen vertrieben oder dem Gesang der Vögel lauschten. Über diese wusste unser Lehrer viel Interessantes zu erzählen, arbeitete er doch ehrenamtlich für die Vogelschutzwarte Radolfzell. Für diese beringte er Vögel, die er mit einem Netz in seinem Garten fing.

Viele Jahre später, im Frühjahr 1973 begegnete ich diesem Lehrer wieder. Er war inzwischen erster Vorsitzender des Vogelschutzvereins Oberallgäu, ich leitete die Eckartser Jugendgruppe. Nun kämpften wir in einer Bürgerinitiative Seit an Seit zusammen mit anderen Gruppen und Verbänden gegen den Bau eines Appartement-Hotels am Ufer des Großen Alpsees. Dieser Einsatz zum Erhalt eines Stückes unverbauter Heimat veranlasste mich schließlich, dem Bund Naturschutz (BN) beizutreten.

Wieder zogen etliche Jahre ins Land, ich war zwischenzeitlich mit meiner Frau nach Holzkirchen gezogen, da kam es im Mai 1985 zu einer weiteren wichtigen Begegnung. Eva und ich machten einen Abendspaziergang in Holzkirchens Alte Au, ein kleines Waldgebiet unweit unseres Hauses. Dabei begegneten wir einer Frau, die auch eine kleine Runde drehte und dabei von ihren beiden Katzen begleitet wurde. Wir kamen ins Gespräch und erfuhren, dass es sich bei dieser Frau um die Vorsitzende der örtlichen BN-Gruppe handelte. Und sie wusste zu berichten, dass ein BN-Mitglied in die nahe gelegene Eschenstraße gezogen war. Das war ich.

Als ein paar Wochen danach Holzkirchner Naturschützer zur Haus- und Straßensammlung aufbrachen, war ich mit dabei. Diesem ersten Schritt folgten noch weitere, noch viele weitere. Inzwischen bin ich seit mehr als 25 Jahren aktiver Naturschützer. Erst war ich vier Jahre lang Schriftführer, danach zwölf Jahre erster Vorsitzender der Holzkirchner Ortsgruppe. Seit 2001 bin ich nur noch aktives Mitglied, also ohne irgendein Amt. Was ich mir anfangs nie hätte vorstellen können, passierte. Mit immer größer werdender Leidenschaft nahm ich mich dieser Aufgaben an, sowohl der praktischen als auch der politischen. Nicht immer war die Resonanz so positiv wie auf die Holzkirchner Umwelttage 1990, wofür ich mit dem Umweltpreis des Landkreises Miesbach und der Kreissparkassen ausgezeichnet wurde.

Neben Erfolgen wie der Verhinderung einer Müllverbrennungsanlage, der Pflanzung einer Streuobstwiese und der Herausgabe eines Öko-Wegweisers kam es mitunter auch zu einigen, mehr oder weniger heftigen politischen Konflikten. Mal ging es um den Einsatz von Einweggeschirr auf der Holzkirchner Gewerbeschau, mal maßregelten wir den ADAC wegen seiner Kritik an einer Alleepflanzung. Ein andermal protestierten wir massiv gegen eine Abholzaktion der Deutschen Bahn.

Dass man als Vertreter eines Naturschutzverbandes auch ganz flott ins Visier privater Interessen geraten kann, erlebte ich eines Tages sehr hautnah.

Uneingeschränkt positiv aufgenommen, auch von Rundfunk und Fernsehen, wurde der von unserer BN-Gruppe erarbeitete und herausgegebene Radlführer mit 22 Touren rund um Holzkirchen. Insofern war es gar nicht so überraschend, dass wir über 7.200 Exemplare dieses Büchlcins absetzen konnten.

Last but not least noch zu jenen beiden Projekten, die ich noch immer betreue. Zum einen die Partnerschaft zwischen der BN-Gruppe Holzkirchen und der BUND-Gruppe aus dem ostthüringischen Hohenleuben. 1990 ins Leben gerufen, treffen wir uns seither einmal jährlich, abwechselnd bei uns, dann wieder bei unseren Freunden in Thüringen.

Nicht weniger freue ich mich jedes Jahr auf die Wanderung der Amphibien, wo ich seit 1998 zusammen mit engagierten Naturschützern Schutzzäune entlang einer Staatsstraße kontrolliere und Amphibien über die Straße trage.

Dass mein jahrelanges Engagement auch von Seiten des Verbandes anerkannt wurde, freute mich. Der BN-Landesverband verlieh mir dafür vor Jahren die Goldene Vereinsnadel.

Noch glücklicher allerdings stimmten mich die Zeilen eines älteren Holzkirchners, der mir einmal Folgendes schrieb: »Ich darf Ihnen bei dieser Gelegenheit auch meinen Dank aussprechen für Ihre engagierte Arbeit, die Sie mit viel persönlichem Einsatz leisten, zugunsten unserer Nachkommen. Sie tun in selbstloser Arbeit mehr als die anderen.«

Alles neu macht der Mai

Die Monate März, April und Mai bieten auch 1985, wir erleben unseren ersten Frühling in Holzkirchen, ihr übliches Programm: Im Märzen der Bauer ... die Jauche ausbringt; der April macht auch heuer, was er will; und dann unsere große Hoffnung, der Wonnemonat Mai, der angeblich alles neu macht. Dazu kann ich nur sagen: Von wegen!

Uns wird schnell klar, dass wir es sind, die im Schweiße unseres Angesichts schuften müssen, um auf der ehemaligen Baustelle so etwas Ähnliches wie einen gepflegten Garten anzulegen. Wir ackern, dass es eine Wonne ist, um unseren

Traum von einem schmucken Gärtchen, einem idyllischen Plätzchen im Grünen zu verwirklichen.

Ein lauer Abend im Mai. Wir haben tagsüber stundenlang im Garten gewerkelt, Stauden gepflanzt, Randsteine gesetzt und Rasen angesät. Jetzt freuen wir uns darauf, uns noch ein wenig die Beine zu vertreten, zu entspannen. Wir spazieren zur neuen Kleingartenanlage, nur ein paar Hundert Meter von unserer Siedlung entfernt gelegen. Wir sind natürlich auch neugierig, wollen sehen, wie andere ihre Gärten bepflanzen und gestalten.

Aber wir sind nicht allein des Weges. Eine Frau begegnet uns, die von zwei Katzen begleitet wird. Wir grüßen uns freundlich. Über die Katzen kommen wir schnell miteinander ins Gespräch. Neben Näherem über ihre Katzen erfahren wir auch, dass sie die Vorsitzende der erst vor einem Jahr gegründeten Bund Naturschutz-Ortsgruppe ist. Wir erzählen, dass wir letztes Jahr neu hergezogen sind und in der Eschenstraße wohnen. Die Frau nickt und berichtet, in dieser Straße gäbe es ein neues BN-Mitglied. Schnell wird klar, dass nur ich dieses BN-Mitglied sein kann. Wir plaudern noch eine Zeit lang, bis sich unsere Wege wieder trennen.

Neun Wochen später erhalte ich einen Anruf. Die BN-Vorsitzende fragt mich, ob ich nicht bei der BN-Haus- und Straßensammlung mitwirken, vielleicht in der Eschenstraße sammeln wolle. Schon als Schüler habe ich Spenden gesammelt, und zwar einige Male für das Deutsche Jugendherbergswerk. Ich weiß also, was das heißt und was da auf mich zukommt. Ich sage zu.

Zur Freude der Vorsitzenden und natürlich auch zu meiner eigenen gelingt es mir, unseren neuen Nachbarn über 300 Mark für die Naturschutzarbeit abzuluchsen.

Anfang Oktober ruft mich die Vorsitzende ein weiteres Mal an. In Bad Wiessee finde demnächst eine interessante BN-Veranstaltung statt. Dort referiere ein Experte des BN-Landesverbandes über Fragen aktueller Verkehrspolitik. Sie nähme mich, wenn ich wollte, gerne mit.

Auf der gemeinsamen Fahrt dorthin überrascht mich die Vorsitzende abermals. Ohne Vorwarnung, wie ein Blitz aus heiterem Himmel macht sie mir ein weiteres Angebot. Im Ortsverband sei das Amt des Schriftführers vakant, ob ich das nicht übernehmen wolle, fragt sie mich. Dazu bedürfe es keiner Wahl. Laut Satzung könne sie den Schriftführer der Ortsgruppe berufen. Mir geht das entschieden zu schnell. Soll ich, kaum in Holzkirchen zugezogen, gleich ein Vorstandsamt in einer noch sehr jungen Ortsgruppe übernehmen? Für mich ist das schwer vorstellbar. Aber ich lehne diese Offerte nicht kategorisch ab. Vielmehr bitte ich um Bedenkzeit.

Die Vorsitzende scheint allerdings von der magischen Kraft ihrer Worte überzeugt zu sein. Anders lässt sich das folgende Geschehen wohl kaum schlüssig erklären.

Als wir im Wiesseer Gasthof zur Post ankommen, stellt sie mich am Tisch mit dem Referenten, dem BN-Kreisvorsitzenden und einer Reporterin des Bayerischen Rundfunks als neuen Schriftführer der Holzkirchner Naturschützer vor. Wie bitte? Habe ich das recht gehört? Mir verschlägt es fast die Sprache. Irgendwie weiß ich in diesem Moment nicht, wie mir geschieht. Doch ich widerspreche nicht. Wahrscheinlich fühle ich mich doch etwas bauchgepinselt. Habe ich jemals schon so einen Vertrauensvorschuss bekommen? Sicherlich nicht. Andererseits bin ich überrascht, wie schnell sich manche Dinge im Leben verändern können. Als normales BN-Mitglied bin ich in Holzkirchen losgefahren, als neuer Schriftführer der BN-Ortsgruppe kehre ich Stunden später dorthin zurück.

Sicherlich macht der Mai nicht, auch wenn es ein Sprichwort sagt, alles neu. Aber wenn doch, wie in meinem Fall, dann liegt das wohl zuallererst an der Entschlossenheit der Holzkirchner BN-Vorsitzenden. In der Natur hingegen ziehen sich solche Prozesse ungleich länger hin.

Es dauerte schließlich noch etliche Jahre, und kostete auch noch einige Schweißtropfen, bis aus unserem frisch angelegten Garten ein ansehnliches Gärtchen wurde.

Ehre, wem Ehre gebührt

Niemand, der sich ehrenamtlich für Natur- und Umweltschutz engagiert, läuft Gefahr, zumindest nicht hierzulande, eine Überdosis Anerkennung verpasst zu bekommen. Nicht selten werden einem erst nach langjährigem Einsatz von Verbandsoberen irgendwelche Nadeln überreicht oder andersartige Ehrungen zuteil. Dazu gibt es meist noch eine Urkunde sowie zusätzlich Worte des Lobes und des Dankes. Wenn einem so viel Lob wird beschert, ist das meist ein Freudentränchen wert.

Insofern betrachte ich das, was mir im Herbst 1990 widerfahren ist, als höchst ungewöhnlich, wenn nicht gar als sensationell. Wahrscheinlich wollen sie jetzt wissen, auf was ich hier anspiele? Hier nun diese Erfolgsgeschichte.

Anfang des Jahres 1990 beschließt die Bund Naturschutz-Ortsgruppe, der ich vorsitze, im September große Holzkirchner Umwelttage durchzuführen. Groß deshalb, weil sie sich über eine ganze Woche erstrecken sollen. Manche unserer Kritiker, die uns gerne als Angstmacher, Brunnenvergifter oder Chaoten verhöhnen, können sich angesichts unserer ehrgeizigen Pläne ein Grinsen nicht verkneifen.

Zahlreiche BN-Mitglieder helfen mit, schuften und werkeln viele Wochen lang. Unter anderem gelingt es uns, 17 Gruppen und Vereine aus Holzkirchen zum Mitmachen zu bewegen. Letztendlich entsteht unter dem Motto »Umdenken – Mitlenken!« ein abwechslungsreiches Programm mit 38 Veranstaltungen, darunter Ausstellungen, Exkursionen, Kabarettabende, Konzerte, Vorträge und der erste Holzkirchner Öko-Markt.

Als dann vom 21. bis 30. September die Holzkirchner Umwelttage über die Bühne gehen, klappt alles wie am Schnürchen. Tausende Besucher kommen, machen mit. Alle sind begeistert, wir Veranstalter erleichtert und die Presse überschüttet uns mit Lob.

Anfang November wird bekannt, dass der Bund Naturschutz Holzkirchen für diese Veranstaltung den Umweltpreis des Landkreises Miesbach erhalten soll. Auch ich als Hauptorganisator dieser Umwelttage soll ausgezeichnet werden. Das kommt sehr überraschend. Umso mehr freue ich mich darüber. Die Ehrung soll im Dezember im Rahmen einer kleinen Feier im Landratsamt vorgenommen werden.

Ungeachtet dieser Ehrung dreht sich das Rad des Lebens weiter. Die BN-Gruppe, von diesem Preis angespornt, ist weiter sehr aktiv, auch in ihrem Bemühen für eine umweltverträgliche Verkehrsgestaltung im Raum Holzkirchen.

Mitte November veranstalten wir Naturschützer eine Podiumsdiskussion zum Thema »Schiene und Straße – Verkehrsentlastung durch Ausbau der Bahn im Holzkirchner Raum«. Mit dabei sind der Bürgermeister, der Landrat, der verkehrspolitische Sprecher des BN-Landesverbandes, der zuständige DB-Abteilungsleiter und ein Vertreter des Fahrgastverbandes PRO BAHN.

Über 170 Besucherinnen und Besucher, darunter auch einige Gemeinderäte und Mitglieder des Kreistages, kommen zu dieser Veranstaltung. Auf dem Podium erörtern die Kommunalpolitiker und Experten das Citybahn-Konzept von PRO BAHN. Ich moderiere diese Diskussion. Nachdem ich dem Verkehrsexperten des Bund Naturschutz das Wort erteile, sieht dieser seine Chance gekommen. Er stellt die Position des BN dar und wettert vor allem gegen die Politik des bayerischen Verkehrsministers, was bei einigen Zuhörern wenig Begeisterung, vielmehr heftiges Grummeln auslöst.

Nach Ende der Veranstaltung kommt der Holzkirchner CSU-Fraktionssprecher, dessen Meinung auch im Kreistag von einiger Bedeutung ist, direkt auf mich zu. Sein Gesicht wirkt versteinert. Er verliert nicht viele Worte, sondern kommt gleich zum für ihn entscheidenden Punkt. »Wenn ich gewusst hätte, dass diese Veranstaltung so ablaufen würde, dann hätten Sie den Umweltpreis des Landkreises nie bekommen!«, schnaubt er. So könne man eine solche Veranstaltung nicht leiten. Ich hätte diesen BN-Vertreter bremsen, und insgesamt für mehr politische Ausgewogenheit sorgen müssen.

Auch wenn sich die »Schwarzen« noch so ärgern, die Träger des diesjährigen Miesbacher Umweltpreises stehen fest. Und, was für die CSUler schwer zu ertragen ist, die Preisträger sind auch schon öffentlich bekannt. Schon allein deshalb kann daran nichts mehr so ohne Weiteres verändert werden, geschweige denn, jemandem dieser Preis aberkannt werden.

Die Verleihung des Umweltpreises erfolgt Mitte Dezember im Landratsamt. Besonders beeindruckt zeigt sich der Landrat davon, dass mehr als 5.000 Besucher zu den 38 Veranstaltungen der Holzkirchner Umwelttage gekommen waren, davon allein über eintausend zum Öko-Markt. In seiner Laudatio sagt er weiter: »Schneider hat als Koordinator dieser Großveranstaltung seinen persönlichen Stempel aufgedrückt. Sie hat dadurch ihr Ziel, nicht nur auf die Umweltproblematik aufmerksam zu machen, sondern auch zum tatkräftigen Mitgestalten unserer Zukunft zu animieren, mehr als erreicht«.

Den mit dem Preis verbundenen Geldbetrag von 1.500 Mark hat die BN-Gruppe übrigens dafür verwendet, in Mitterdarching ein Grundstück zu pachten und darauf eine Streuobstwiese anzulegen.

Der Mann vom Mond

In den 80er-Jahren wurde in politischen Gremien und in der Öffentlichkeit leidenschaftlich über das Thema Abfallentsorgung debattiert. Im Landkreis Miesbach ging es dabei vor allem um die Suche nach einem geeigneten Standort für den Bau einer Müllverbrennungsanlage. Ein Experte kam in seinem Gutachten zu dem Ergebnis, zwei Standorte im Raum Holzkirchen eigneten sich dafür am besten. Dass in solchen Zeiten viele, vor allem die Holzkirchner Naturschützer sehr müllsensibel agierten und reagierten, musste ein heimischer Handwerksmeister schmerzhaft am eigenen Leibe erfahren.

1991 ließ der örtliche Gewerbeverband eine alte Holzkirchner Tradition neu aufleben. Er veranstaltete im Frühling, nach einer Pause von fast 70 Jahren erstmals wieder eine Holzkirchner Gewerbeschau. Auch die Ortsgruppe des Bund

Naturschutz machte mit. Wir wollten zeigen, wie sich Büro und Schule umweltfreundlich einrichten und gestalten lassen.

Genehmigt wurde diese Veranstaltung unter anderem mit der Auflage, in der Gastronomie dieser Leistungsschau Mehrweggeschirr einzusetzen. Für die Veranstalter war das geradezu eine Selbstverständlichkeit. »Außerdem will sich niemand den kritischen Blicken der Naturschützer aussetzen, die ebenfalls mit einem Stand vertreten sind und ein wachsames Auge auf Müllvermeidung legen«, sagte der Organisationsleiter im Vorfeld.

Doch dann kam es wieder mal anders, als man dachte. Nicht immer erweist sich ein Kleeblatt als das, was man sich von ihm erhofft, nämlich als Glücksbringer. Für das hiesige Metzgerhandwerk mochte das zwar gelten, aber beim Thema Abfall traf es damals jedenfalls nicht zu.

Am Eröffnungsabend informieren mich, damals bin ich BN-Vorsitzender, einige Besucher, dass dieser Handwerksmeister im Bewirtungszelt Styroporteller und Plastikbesteck einsetze. Das ist ja ein dicker Hund. Für uns Naturschützer verstößt er damit eindeutig gegen die Auflagen der Marktgemeinde. Für jene Aussteller, die mit viel Arbeits- und finanziellem Aufwand die Auflagen erfüllt haben, ist dieses Verhalten ein Schlag ins Gesicht. Ich weiß schon, wie man so etwas schnell abstellen kann. Ich informiere die anwesenden Pressevertreter darüber. Die darauf folgende Reaktion des Betroffenen überrascht mich nicht.

Es dauert nämlich nicht lange, dann taucht der geschmähte Handwerksmeister am BN-Infostand auf. Er schnaubt vor Wut, möchte mich sofort sprechen. Doch ich habe Glück, denn ich bin gerade irgendwo in der Halle unterwegs und nicht gleich aufzufinden. So kommunizieren wir nicht direkt vor Ort miteinander, sondern an den folgenden Tagen über die Lokalpresse.

Im entsprechenden Zeitungsbericht weist der Betroffene meine Vorhaltungen gegen ihn energisch zurück. Er habe sich nichts vorzuwerfen. Zum einen sei das Besteck wieder eingesammelt und gespült worden, zum anderen habe er die benutzten Teller der Wiederverwertung zugeführt. Diese würden zu Stoffen verarbeitet, die speziell Ziegelfabriken benötigten, und die man sonst eigens produzieren hätte müssen. »Die Umwelt ist in keiner Weise belastet worden«, wird dieser Handwerksmeister wörtlich zitiert. Meine Kritik kontert er mit dem Satz. »Wenn man den geistigen Müll, der da anfällt, materialisieren würde, bräuchte man eine ganze Mondlandschaft als Deponie.«

Muss ich darauf etwas erwidern? – Wohl kaum, diese geistreichen Worte sagen genug. Fast möchte man mit Gus Backus singen: Haben Sie schon mal den Mann im Mond gesehn? Man fragt sich, wohnt der Mann denn auf dem Mond auch schön? ... Der Mann im Mond, der hat es schwer, denn man verschont ihn heut nicht mehr.«

Etwas hat dieser offene Konflikt auf alle Fälle bewirkt. Während der viertägigen Gewerbeschau ist es zu keinen weiteren Verstößen gegen die behördlichen Auflagen, sprich Müllsünden mehr gekommen.

Andererseits muss ich auch etwas eingestehen: Wir Naturschützer haben diesen Handwerkmeister auch in den Folgejahren in seinem Engagement für die Ziegelfabriken nicht im Geringsten unterstützt. Und der Vollständigkeit halber sei noch erwähnt, dass wir uns, also jener Metzgermeister vom Mond und ich, der geschmähte Naturschützer, kein einziges Mal um den Hals gefallen sind.

Mit Geduld und dicker Haut

Mit dem Sammeln von Spenden für wohltätige Verbände habe ich bereits als Gymnasiast erste Erfahrungen gemacht. Damals haben wir Schüler für das Deutsche Jugendherbergswerk gesammelt und einmal als Klasse ein so gutes Ergebnis erzielt, dass wir dafür eine Woche ins Skilager in die Jugendherberge Oberstdorf-Kornau fahren durften.

Seit Mitte der 80er-Jahre bin ich regelmäßig für den Bund Naturschutz unterwegs, meist nur in Holzkirchens Eschenstraße, wo wir wohnen. Dabei bringe ich immer ein beträchtliches Sümmchen zusammen. Allerdings muss ich dafür reichlich Zeit investieren. Meistens benötige ich die ganzen sieben Tage der Woche, um die 35 Haushalte abzuklappern.

Manche Nachbarn sind beim ersten Mal nicht da, einige bitten mich in die Wohnung. Ab und zu gibt es ein Bierchen oder ein Gläschen Wein, und dann plaudern wir stundenlang über dieses und jenes. Eine bunte Mischung aus Diskussion, Klatsch und Tratsch. Selbstverständlich weiß ich hinterher über jedes Wehwehchen von Verwandten und Bekannten ebenso Bescheid wie über Marotten von dieser oder jener Person. Aber zu guter Letzt erhalte ich dann das erhoffte »Schmerzensgeld«, eine ansehnliche, manchmal sogar eine sehr großzügige Spende für die Naturschutzarbeit. Dass ich seit Jahren Heizöl-Sammelbestellungen für die Eschenstraßler organisiere, hilft mir bei meiner Mission sehr.

1991, ein Jahr nachdem die örtliche BN-Gruppe mit dem Umweltpreis des Landkreises ausgezeichnet worden ist, hoffen wir auf ein besonders gutes Ergebnis bei der Haus- und Straßensammlung. 27 BN-Mitglieder sind acht Tage lang in Holzkirchen unterwegs, sprechen an unzähligen Türen vor, und bitten um eine Spende. Nicht immer geht die Türe auf, manche reagieren auch mürrisch, abweisend. Aber die meisten sind freundlich und spenden auch. Dabei erlebe ich recht Unterschiedliches.

Eine Frau kommt eben schwer bepackt vom Einkauf nach Hause. Ich trage ihr meine Bitte vor, da schaut sich mich völlig entsetzt an. Sie möchte, erklärt sie mir, den BN unbedingt unterstützen, aber sie habe gerade so gut wie kein Geld mehr zu Hause. Sie leert vor meinen Augen ihre Geldbörse aus. Heraus fallen lausige 2,63 Mark! »Wenn Sie noch einmal vorbeikommen«, sagt sie, »bekommen Sie natürlich noch etwas.« Das lasse ich mir nicht zweimal sagen. Am folgenden Tag stehe ich wieder vor deren Tür. Die Frau hält Wort, gibt mir sage und schreibe 20 Mark.

Bei einer anderen Familie ist der Mann leider gerade jetzt nicht da, als ich komme. Der habe das Geld bei sich, kehre aber erst am Abend zurück. Aha, denke ich, da arbeitet jemand mit der Verschiebetaktik. Kein Problem, abends stehe ich abermals auf der Matte. »Jetzt sei ja der Mann mit dem Geld da«, erkläre ich freundlich lächelnd, als der Hausherr die Tür öffnet. Er brüllt nicht vor Begeisterung, traut sich aber auch nicht, mich abblitzen zu lassen. Wieder ein paar Mark.

Nicht ganz so locker verläuft mein Ansinnen bei einem älteren Holzkirchner. Dieser schaut mich äußerst skeptisch an, schüttelt abweisend den Kopf, kann aber seine Kritik am BN doch nicht länger zurückhalten. Ihn ärgere es, dass der BN noch immer eine Umgehungsstraße für Holzkirchen ablehne, und überhaupt seien für die Naturschützer die Autofahrer doch an allem schuld. Ich lasse ihn ausreden, setze dann meine Argumente dagegen. Rede und Gegenrede wechseln sich ab, unsere Positionen nähern sich nicht. Wir diskutieren noch über weitere Umweltthemen, werden uns auch da nicht einig. Nach fast 40 Minuten heißen Debattierens zieht er ein überraschendes Resümee: Er könne zwar meine Meinungen in den meisten Punkten nicht teilen, aber Geduld hätte ich wirklich sehr viel. Dies müsse er schon sagen. Er zückt die Geldbörse und drückt mir ein Fünfmarkstück in die Hand. Schwer verdientes Geld, aber ein versöhnlicher Abschluss eines langen und kontroversen Gesprächses!

Zum Glück geht es in den allermeisten Fällen schneller. Deshalb erzielen wir in diesem Jahr ein Rekordergebnis. Über 10.000 Mark kommen an Spenden für den BN zusammen. Das weiß auch der Landesverband zu würdigen. Alle Sammlerinnen und Sammler werden zu einem Abendessen in einem Holzkirchner

Gasthof eingeladen. Und für die Holzkirchner BN-Gruppe gibt es noch ein Extra-Geschenk, ein neues Pflanzenbestimmungsbuch.

Zehn ärgerliche Kaufmännlein

Es wird wohl wenige geben, die den Zählreim von den »Zehn kleinen Negerlein« nicht kennen. Vom Text des Zählreims existieren zahlreiche Versionen, die nicht immer von Negerlein, diesem diskriminierenden Wort, handeln. Auch das Ende variiert. In manchen sind am Schluss alle zehn verschwunden, in anderen sind sie, in der Regel durch Heirat, wieder vollzählig. In Holzkirchen geht es um zehn Kaufmännlein, und die sind am Schluss richtig sauer.

Seit Jahren debattiert der Holzkirchner Gemeinderat immer wieder darüber, den Marktplatz verkehrsmäßig zu beruhigen, also nicht weiterhin als Parkfläche für Autos auszuweisen. Vor allem ein Gemeinderat ist immer gegen diese Beruhigung, ein Ladeninhaber und der Vorsitzende des örtlichen Gewerbevereins. Dessen Geschäft liegt mitten im Ort, am Rande Marktplatzes.

Indes, manchmal geschehen sogar in Holzkirchen noch Zeichen und Wunder. Im Sommer 1991 beschließt der Gemeinderat mehrheitlich, natürlich gegen die Stimme des besagten Gemeinderates, den Marktplatz zu beruhigen, also die Autos von dieser Fläche zu verbannen. Meine Freude über diese Entscheidung und mein Unverständnis für die Vorbehalte von Seiten Gewerbetreibender fasse ich in einem Leserbrief zusammen, wobei ich mich dieses bekannten Zählreims bediene.

Die Kaufleute vom Holzkirchner Gewerbeverein
können sich am Marktplatz nur über Parkplätze freu'n.
Mit der Umgestaltung des Platzes, fast über Nacht,
hat der Gemeinderat einen Proteststurm entfacht.

Zehn Kaufleute, ob groß oder klein,
wollten damit nicht einverstanden sein.
Einer sah die Blumenkübel, es wurde ihm übel,
– so waren es nur noch neun.

Neun Kaufleute protestierten Tag und Nacht,
einer hat mit der Beruhigung Werbung gemacht
– da waren es nur noch acht.

Acht Kaufleute, von Existenzangst ins Rathaus getrieben,
einer hat inzwischen »Rad fahren« gelernt,
– zurückgeblieben waren dann noch sieben.

Sieben Kaufleute, von den Antworten einer Umfrage perplex,
einer hat sich auf Seiten der Naturschützer geschlagen,
so protestierten nur noch sechs.

Sechs Kaufleute standen Kunden heischend vor der Tür,
zwei sind nach Süden in den Urlaub gefahren,
– jetzt warteten nur noch vier.

Vier Kaufleute rührten weiter in dem Brei,
zweien wurde die Suppe allmählich zu heiß,
– da waren es nur noch zwei.

Zwei Kaufleute, die wurden immer kleiner,
und als das Jahr vergangen war,
– da stand da nur noch einer.

Der eine Kaufmann protestierte nicht mehr lang,
viele Kunden kamen in sein Geschäft,
da ward' ihm nicht mehr bang.

Wie es weiterging, ganz schnell erzählt ist noch der Rest:
Auf dem grünen Marktplatz feierten zehn Kaufleute ein Fest.
Sie tanzten froh und lachten lauthals über ihre Beschwerden
und forderten, der Herdergarten* müsse beruhigt werden.

(* Der Herdergarten ist ein Parkplatz in unmittelbarer Nähe des Marktplatzes.)

Mir bereitet dieser Leserbrief, als ich ihn im Holzkirchner Merkur abgedruckt
finde, viel Spaß, anderen Lesern auch. Nur dem Gewerbeverein stößt er sauer auf,
sehr sauer sogar. Und zwar so sauer, dass die Gewerbetreibenden ihre Abdeckpla-
nen für Marktstände dem Bund Naturschutz nicht mehr zur Verfügung stellen
wollen. Wir benötigen diese aber für die Verkaufsstände beim Holzkirchner Öko-
markt. In den Jahren davor wurden uns diese immer kostenfrei überlassen.

Nach einer kurzen Groll- und Schmollphase kehrt auch hier wieder Frieden ein und die Ökomarktstände bleiben auch in diesem Jahr vor Regen geschützt.

Das »Blaue Buch«, ein Hit

Würde man Personen fragen, was ihnen spontan zur Farbe Blau einfiele, wären die Antworten sehr verschieden. Jecken aus den rheinischen Karnevalshochburgen dächten sofort an die Blauen Funken, das Kölner Traditionscorps, Schüler vermutlich an die gefürchteten Blauen Briefe aus der Schule, Nürnberger an ihre Bratwürste, die Blauen Zipfel, und viele Allgäuer vielleicht an das Blaue Haus in Oberstaufen, ein sehr heimeliges Café.

Vor einigen Jahrzehnten hätten manche Münchner und Bewohner des bayrischen Oberlandes wahrscheinlich auch das »Blaue Buch« erwähnt, ein Radtourenbuch. Die Holzkirchner Bund Naturschutz-Gruppe verfasste es und gab es vor mehr als 20 Jahren unter dem Titel »Das Oberland ‚erfahren'« heraus.

Der Plan für dieses Buch wurde im Rahmen einer Klausur geschmiedet. Danach waren zehn BN-Mitglieder, darunter Eva und ich, vierzehn Monate lang unterwegs, beschrieben 22 Touren rund um Holzkirchen und brachten die Texte anschließend in ein einheitliches Format. Herauskam ein 174-seitiger Radlführer.

Der Landrat ist begeistert und bezeichnet das Buch bei der öffentlichen Vorstellung Anfang Juli 1992 als »top-profimäßig, ein tolles Werk, das auch für den Landkreis einen Gewinn darstellt«. Auch wir sind sehr zufrieden mit dem Werk, bietet es doch neben exakten Routenbeschreibungen, unterhaltsame Anekdoten und viel Hintergründiges. Der Radler erfährt Interessantes über die Schönheiten und Geheimnisse der Natur, aber auch über die Gesichter der Landschaften und die Kultur des Oberlandes.

Drehen wir das Rad der Entstehung dieses Buches noch einmal etwas zurück. Nachdem die Textbeiträge und Tourenskizzen fertig vorlagen, blieb noch der Buchumschlag. Schnell einigten wir uns über die grafische Gestaltung. Eine befreundete Grafikerin hatte uns einen tollen Entwurf gemacht. Nur, welche Farbe sollte der Umschlag bekommen? Die Grafikerin schlug drei Lilatöne vor, doch auf keinen konnten wir uns einigen. Letztendlich wurde er ultramarin, eine Farbe, die weithin als Königsblau bekannt ist.

Die nächste Herausforderung für uns war, die Erstauflage, 5.000 Exemplare unter die Leute zu bringen.

Neben den Holzkirchner Buchhandlungen bieten wir das Radlbuch auch einer großen Buchhandlung in München an. Doch Dubeldidub, leider ohne Erfolg! Sie nähmen das Buch in ihr Sortiment nur auf, wenn wir ihnen den üblichen Buchhandelsrabat gewährten. Nachdem wir knappest kalkuliert haben, sind wir dazu nicht bereit.

Was dann passiert, ist fast zu schön, um wahr zu sein. Auf einem Kunsthandwerkermarkt in Sauerlach haben wir einen kleinen Stand. Ein Redakteur des Bayerischen Rundfunks kommt vorbei und erwirbt unseren neuen Radlführer. Er ist so begeistert, dass er ihn gleich am nächsten Morgen in der Hörfunksendung »Rucksackradio« vorstellt und anderen Gruppen zur Nachahmung empfiehlt.

Das Radlbuch, seines blauen Umschlags wegen meist als »Blaues Buch« bezeichnet, entwickelt sich innerhalb weniger Wochen zu einem Verkaufsschlager. Eine Frau schreibt uns, als »Zuagroaste« erobere sie seit drei Jahren ihre neue Heimat per Radl und sei begeistert. Was den Nachteil mit sich bringe, dass sie auch nicht mehr so schnell von hier fortzubewegen sein werde. Aus Hamburg meldet sich ein Mann und legt seiner Bestellung gleich noch eine Spende bei. Einige bitten uns, andere BN-Gruppen zu motivieren, ähnliche lokale Radlführer herauszugeben. Besondere Freude bereitet uns der Brief einer Rentnerin aus München. Sie habe unser Radlbuch beim letzten Familientreffen als Geheimtipp verschenken wollen, doch ihr Ältester habe das Buch längst von seiner Freundin bekommen, und ihr Jüngster habe es bereits über einen Freund bei uns gekauft.

Als auch noch der bekannte Fernsehjournalist Hermann Magerer unser »Blaues Buch« in seiner Bergsteigersendung »Bergauf-Bergab« vorstellt, gibt es kein Halten mehr. Bereits Anfang September ist die erste Auflage nahezu vergriffen. Das Amüsante dabei: Mittlerweile gehört die große Münchner Buchhandlung zu unseren wichtigsten Abnehmern. Fast zweitausend Exemplare gehen über deren Büchertheken, wohlgemerkt zu unseren Bedingungen.

Einen Dämpfer müssen wir allerdings einstecken, nachdem wir noch gut 2.000 Exemplare nachdrucken haben lassen. Ende des Jahres wenden wir uns an den Münchner Verkehrsverbund (MVV) und bitten ihn, in seiner Kundenzeitschrift »telegraf« auf unser Radlbuch hinzuweisen. Wir hoffen, damit auch den sanften Tourismus noch stärker zu fördern.

Ganze zwei Monate später, also sehr schnell, erhalten wir eine Antwort, eine knallharte Abfuhr. Bei einer Veröffentlichung würden viele Radlfans, vor allem am Wochenende, ihr Fahrrad in der S-Bahn mitnehmen wollen, teilen uns die

Verantwortlichen schriftlich mit. Dafür reichten aber die Kapazitäten der S-Bahnen bei weitem nicht aus. Womit der MVV sicherlich nicht rechnete, war die Reaktion auf seine ablehnende Haltung. Nicht nur in der Lokalpresse, auch in Münchner Zeitungen wird dessen Entscheidung scharf kritisiert. Mehrfach ist zu lesen, ob der MVV wohl seine Kunden verprellen wolle, oder ob der Kunde Radler bei ihm halt nicht König sei.

Auch ohne die Unterstützung des MVV ebbt die Nachfrage nach unserem »Blauen Buch« nicht ab. Zu guter Letzt finden über 7.200 Radlbücher zumeist zufriedene und begeisterte Leserinnen und Leser.

Nachtigall, ick hör dir trapsen

Im Allgemeinen vermitteln Sprichwörter Lebensregeln oder Lebensweisheiten in prägnanter Form. Eines der weniger bekannten lautet: »Schmieren und Salben hilft allenthalben, hilfts nicht bei den Kärren, hilfts bei den Herren«. Das bezog sich ursprünglich auf das Schmieren der Karren. Nützte dies nichts, wurden eben die Herren geschmiert, und zwar mit Geld, dem berüchtigten Schmiergeld.

Wieso ich dies alles erzähle? Ganz einfach, weil die nachfolgende Episode zeigt, dass dieses besondere Geld nicht immer zum gewünschten Erfolg führen muss.

Anfang der 90er-Jahre genießt die Bund Naturschutz-Ortsgruppe wegen der erfolgreichen Umwelttage und wegen ihres begehrten Radlbuches bei vielen Bürgern Holzkirchens hohes Ansehen.

Eines Tages ruft mich eine Frau an. Ich kenne sie nicht. Sie fragt mich, ob ich nicht mal Zeit hätte, um bei ihr und ihrem Mann vorbeizukommen. Sie müssten mir etwas zeigen, das für mich als BN-Vorsitzender sicher von großem Interesse sei. Mehr wolle sie jetzt nicht sagen, ich solle einfach vorbeischauen. Warum nicht, denke ich. Wieso soll ich diese Chance nicht wahrnehmen? Vielleicht erfahre ich Dinge, die nicht oder noch nicht in der Presse stehen? Wir vereinbaren einen Termin.

Eines Vormittags mache ich mich mit dem Radl auf den Weg. Das Ehepaar, Inhaber eines kleinen Unternehmens, wohnt im Westen Holzkirchens, am Ende einer Stichstraße. Stattliches Haus auf großem Grundstück, in ruhigem Wohngebiet mit freiem Blick auf die Alpenkette, also eine exklusive oder wie Bauplaner sagen, eine Filet-Lage.

Der Mann und die Frau begrüßen mich freundlich, führen mich sofort in den Garten. Eine mächtige Fichtenhecke schützt das Grundstück gegen Westen vor neugierigen Blicken von außen, aber auch vor heftigen Winden. Die Gemeinde, berichten beide sichtlich erregt, spiele mit dem Gedanken, das Nachbargrundstück, also die Fläche direkt hinter dieser Hecke, als Bauland auszuweisen. Dann müsste die Fichtenhecke weichen, steht sie doch direkt auf der Grundstücksgrenze. Was das bedeute, sei ja wohl klar. Nicht nur das Ortsbild würde massiv beeinträchtigt, wenn nicht gar zerstört, sondern auch zahlreiche Singvögel verlören ihre Nistmöglichkeiten. Das seien doch gravierende Argumente gegen solche Pläne, Argumente, die der Bund Naturschutz in seiner Stellungnahme zu dieser Planung aufgreifen sollte.

Ich erkenne recht schnell, aus welcher Richtung hier der »Wind« pfeift. Deswegen halte ich mich zurück, höre nur zu, und bestätige, dass wir Naturschützer grundsätzlich alle ökologischen Aspekte in unsere Bewertung mit einfließen ließen. Das scheint den beiden nicht zu genügen. Sie teilen mir mit, dass auch ihr Nachbar noch gerne mit mir sprechen würde.

Dieser, ein allein lebender Pensionär, ehemaliger Jurist, gepflegte Erscheinung, erwartet uns bereits in seinem Garten. Auch er beklagt in eindringlichen Worten den möglichen Verlust dieser ach so schönen und wertvollen Fichtenhecke. Als ich ihm nicht sofort zustimme, zum einen weil ich diese Argumente bereits kenne, zum anderen weil sich mir der ökologische Nutzen von Fichtenhecken in Wohngebieten nicht erschließt, versucht es der ältere Herr auf andere Weise. Er greift urplötzlich in die innere Brusttasche seines Jacketts und zückt seine Brieftasche. Aus dieser lugen verräterisch ein paar größere Geldscheine hervor. Er sei, sagt dieser, sich seriös gebende Herr im Brustton der Überzeugung, gerne bereit, die wertvolle Arbeit des Bund Naturschutz mit einem gewissen Geldbetrag zu unterstützen.

Nachtigall, ick hör dir trapsen, denke ich, aber so geht das nicht, mein lieber Herr Jurist! Ich versichere unmissverständlich, dass ich kein Geld annähme, aber wer dem Bund Naturschutz eine Spende zukommen lassen wolle, der könne jederzeit etwas auf dessen Spendenkonto einzahlen. Für kurze Zeit herrscht Stille im Garten – oder ist es Entsetzen?

Dann, nach einigen Augenblicken findet zumindest das Ehepaar seine Sprache wieder. Es drängt zum Aufbruch. Wir verabschieden uns, gehen zurück zu dessen Haus, wo ich noch kurz ins Wohnzimmer gebeten werde. Noch einmal erläutern die beiden ihre Vorbehalte gegen eine Bebauung des Nachbargrundstückes. Erneut werden sie nicht müde, immer mal zwischendurch die Arbeit des Bund Naturschutz zu loben. Dann starten sie ihren letzten Versuch. Auch sie wollen mir Geld für den Naturschutz zustecken. Welch eine Dreistigkeit und Unverfrorenheit, nachdem ich soeben erst den Versuch ihres Nachbars abgeschmettert habe! Ich bin richtig sauer auf die beiden. Scharfzüngig lehne ich dieses Ansinnen ab, verweise ein weiteres Mal auf das BN-Spendenkonto.

Jetzt hält mich hier nichts mehr. Ich will nur noch weg. Ich verabschiede mich höflich, aber schnell und fahre wieder heim.

Einerseits bin ich entsetzt über diese plumpen Bestechungsversuche, andererseits auch ein wenig stolz darauf, diesen widerstanden zu haben. Was mich weit weniger überrascht: Auf dem BN-Spendenkonto ist später nie eine Spende dieser ehrbaren Herrschaften eingegangen.

Kein bahnbrechendes Urteil

Grau ist alle Theorie, auch bei der Deutschen Bahn. Jeder Zugreisende kann das aus eigener Erfahrung bestätigen. Die Bahn rede zwar, so ihre Devise, nicht wie alle vom Wetter, aber ihre Kunden leiden alljährlich darunter, und dies mehr als ihnen lieb ist. Verspätungen, defekte Heizungen, Zugausfälle, dies alles gehört nicht selten zu den weihnachtlichen Überraschungen der Bahn. Um wieviel treffsicherer war doch ihr ehemaliger Slogan »Freie Bahn der Bahn«. Davon kann ich aus eigener Erfahrung ein Liedchen singen.

Ende August 1996, ein Sommerabend wie viele andere auch. Bis am frühen Abend unser Telefon klingelt. Am anderen Ende der Strippe meldet sich eine Frau aus Holzkirchen. Aufgeregt ist sie. Sie teilt mir mit, ein Bautrupp der Bahn habe damit begonnen, alle Sträucher und Bäume entlang des Bahnhofweges abzuholzen, darunter Eschen mit mehr als einem halben Meter Durchmesser. Sie wende sich an mich, weil ich doch der Vorsitzende des Bund Naturschutz in Holzkirchen sei.

Ich versuche, erst telefonisch, dann schriftlich mit der örtlichen Bahnmeisterei Kontakt aufzunehmen. Vergeblich, kein Rückruf, keine Reaktion. Daraufhin geben wir als BN eine Pressemitteilung heraus, prangern darin diese Abholzaktion als Kahlschlag an und protestieren gegen diesen massiven Eingriff ins Ortsbild. Alle Lokalzeitungen berichten darüber in Wort und Bild. Selbst die Holzkirchner Gemeindeverwaltung und der Naturschutzreferent des Landratsamtes schalten sich ein. Jedoch alle diese Interventionen bewirken nichts. Die Bahn setzt ihren Kahlschlag unbeirrt fort.

In Rücksprache mit der Naturschutzbehörde beschließt der Vorstand der BN-Gruppe, gegen die Bahn Anzeige zu erstatten. Unsere Begründung: Mit dem Kahlschlag verstoße die Bahn gegen das Bayerische Naturschutzgesetz.

An einem Dienstagabend, kurz vor 18 Uhr stehe ich vor der Holzkirchner Polizeidienststelle. Auf Knopfdruck werde ich eingelassen. »Ich möchte im Auftrag des Bund Naturschutz Anzeige gegen die Deutsche Bahn erstatten und zwar wegen der Abholzaktion am Bahnhofweg«. Der junge Polizeibeamte zögert, blickt seine zwei Kollegen an, dann sagt er zu mir, dass es noch etwas dauere.

Ich nehme unaufgefordert auf der Holzbank vor den Diensträumen Platz. Die drei Beamten ziehen sich in ein hinteres Zimmer zurück. Aber Altbauwände sind hellhörig. Ich kann zwar nicht alles hören, aber einige Wortfetzen schnappe ich auf: »Eine schwierige Sache ... das muss ein Höherer machen...«. Ich muss grinsen. Während ich darauf warte, wieder hereingerufen zu werden, betreten mehrere Polizisten das Gebäude, teils in Dienstkleidung, teils in Zivil. Aha, ein Schichtwechsel steht bevor.

Genau so ist es. Nach einer knappen Viertelstunde werde ich von einem »neuen« Beamten ins Dienstzimmer gebeten. Mein Anliegen kontert er mit dem Hinweis: »Die Sache sei einem Pressebericht zufolge doch erledigt. Die zuständigen Stellen hätten sich geeinigt.« Ich kenne diesen Bericht nicht, beharre aber auf der Anzeige. »Außerdem sei die Polizei der falsche Adressat, das müsse beim Landratsamt angezeigt werden«, lautet sein zweiter Abwehrversuch. Ich lasse mich nicht beirren, frage nach, ob irgendwelche Vorschriften dies ausschlössen. Aber der Beamte gibt nicht auf: »Überdies werde es sehr lange dauern, bis er diese Anzeige weiterleiten könne, denn er habe erst in einigen Tagen wieder Dienst.«

Ich drücke ihm die schriftliche Anzeige in die Hand. Er liest sie. Plötzlich blickt er mich irritiert an. Ganz unten auf der Anzeige ist zu lesen: »Nachrichtlich an die Staatsanwaltschaft des Landgerichtes München. – »Haben Sie das schon weggeschickt?«, fragt er total verunsichert. Nachdem ich ihm ruhig erkläre, dass ich dies erst heute Abend zu tun gedenke, geht alles Weitere ohne Komplikationen und Verzögerungen über die Bühne. Er nimmt die Anzeige auf, stellt meine Personalien fest. Ein freundlicher Gruß, und schon bin ich draußen. Geht doch, denke ich, es muss sich halt nur ein »Höherer« um einen so wichtigen Fall kümmern.

Eine Woche später ruft mich ein Mitarbeiter des DB Umweltzentrums München an und erläutert die Fällaktion aus Sicht der Bahn. Er werde mir noch interessantes Informationsmaterial zusenden, verspricht er, unter anderem das Konzeptpapier »Das Grün an der Bahn«. Ich kann mich gerade noch bremsen, bevor ich laut auflache. Ein paar Tage später ein weiterer Anruf dieses Herrn. Die Bahn sei eventuell bereit, entlang des Bahnhofweges Sträucher nachzupflanzen.

Eine weitere Woche geht ins Land. Dann ruft mich dieser DB-Mitarbeiter erneut an. Inzwischen kennen wir uns ja schon ein wenig. Er habe vor, alle zuständigen und betroffenen Personen zu einem Ortstermin einzuladen.

Tatsächlich finden sich am Morgen des dritten Dezembers folgende Personen am »Tatort« ein: der Holzkirchner Bürgermeister, der Referent der Unteren Naturschutzbehörde, jener Mitarbeiter des DB Umweltzentrums, begleitet von drei weiteren Verantwortlichen und einem Juristen der Bahn sowie ich. Die Bahnvertreter begründen nochmals, warum diese Maßnahme durchgeführt werden musste. Dass diese Abholzaktion den Zielen ihres Grünkonzeptes zuwiderlaufe, kontern sie damit, dass in solchen Konzeptpapieren häufig Idealziele formuliert seien, die vielleicht mal in zehn Jahren umgesetzt würden.

Anschließend kommen die Bahnleute auf einen aus ihrer Sicht besonders heiklen Punkt zu sprechen. Das Landratsamt habe, teilen sie mit, gegen einen Mitarbeiter des DB-Bautrupps einen Bußgeldbescheid über 500 Mark verhängt.

Stunden nach diesem Treffen, ich musste etwas früher gehen, ruft mich dieser Mitarbeiter des Bahn-Umweltzentrums ein weiteres Mal an. Die Bahn biete nun definitiv eine Nachpflanzung an, Marktgemeinde und Untere Naturschutzbehörde hätten ihr Einverständnis erklärt. Entscheidender Punkt sei aber, dass der BN Holzkirchen zuvor seine Anzeige zurücknähme. Nein, beteuert er auf meine Nachfrage, das sei nicht der Grund für diesen Ortstermin gewesen.

Nachdem wir, also die Naturschützer nicht bereit sind, die Anzeige zurückzuziehen, legt die Bahn wenige Tage später Einspruch gegen das Bußgeldverfahren ein. So kommen die Akten auf den Tisch eines Miesbacher Amtsrichters. Dieser will das Verfahren wegen dessen Bedeutung keineswegs einstellen. Er veranlasst vielmehr entsprechende Ermittlungen. Weil der Richter sich aber vor Abschluss öffentlich zum Verfahren äußert, stellt die Bahn einen Antrag auf Befangenheit, der allerdings abgelehnt wird.

Viele Monate vergehen, ohne dass Weiteres zu diesem Verfahren an die Öffentlichkeit dringt. Erst Anfang Oktober 1997 erfahren wir zufällig, dass in der Zwischenzeit nicht nur dieser Richter das Ressort gewechselt hat, sondern auch, dass das Bußgeldverfahren gegen die Deutsche Bahn AG bereits im Juli im Einvernehmen mit dem Landratsamt eingestellt worden ist.

Wie uns sonst noch zu Ohren kommt, soll es in dieser Sache zu einem regen Schriftverkehr zwischen Bahn und Behörden gekommen sein. Insgesamt habe dieser mehr als 143 Seiten umfasst. Des Weiteren soll dieser Konflikt hohe Wellen geschlagen haben, Wellen, die sogar bis in die DB-Zentralen in Frankfurt und Berlin vorgedrungen sind.

Was mich wütend macht, ist diese stille Form der Abwicklung dieser heiklen Angelegenheit. Deswegen kritisiere ich diese mysteriösen Vorgänge in einem Leserbrief an die Lokalzeitung auf das Schärfste. Die letzten Zeilen dieses Briefes lauten: »Sollte jemand beim Lesen dieser Zeilen aber eines schon vergessen haben, so sei ihm Folgendes nochmals in Erinnerung gerufen: Wir leben in einem demokratisch verfassten Rechtsstaat, wo vor dem Gesetz alle gleich zu behandeln sind – oder?«

Pünktlich wie die Radfahrer

Die Redensarten »Pünktlich wie die Maurer« beziehungsweise die andere Variante »Pünktlich wie die Eisenbahn« sind allgemein geläufig. Nun weiß inzwischen jeder Zugreisende, dass Letztere nur noch einen nostalgischen Traum beschreibt. Im deutschen Reisealltag stehen Deutsche Bahn und Pünktlichkeit immer häufiger zueinander wie Feuer und Wasser. Dass es auch anders gehen kann, will ich am Beispiel eines Mitgliedes des Allgemeinen Deutschen Fahrrad-Clubs aufzeigen.

Der Tagungsraum im Hotel-Gasthof »Alte Post« in Holzkirchen ist gut gefüllt. Die örtliche Bund Naturschutz-Gruppe hat zur Jahreshauptversammlung geladen. Knapp drei Dutzend Mitglieder sind erschienen. Das ist nicht schlecht, denn solche Veranstaltungen werden von vielen wegen der vielen Regularien wie Berichten des Vorstands, des Schatzmeisters sowie weiterer Projekt- und Arbeitsgruppensprecher gerne gemieden. Nicht selten kommt es vor, dass Anwesende bereits wenige Minuten nach Versammlungsbeginn in eine Art Trance fallen.

So ein Stimmungsloch möchte ich als Versammlungsleiter vermeiden. Deshalb wage ich ein kleines Experiment. Um die Mitglieder wach zu halten, ihre Aufmerksamkeit zu wecken, gibt es zum Auftakt ein kabarettistisches Intermezzo. Ich lasse die Biermösl Blosn, also den Michi, den Stofferl und den Hansi auftreten. Natürlich nicht live, ihre Stimmen kommen vom Band.

Auf ihre spöttisch-freche Art fragen sie die Versammelten, ob denn schon alle da seien, also ... die lustigen und die kreizfidelen Leit ... die Grantign und de Hantign ... die Gscheidn und de Gspinnertn ... – die Stimmung im Raum ist blendend, alle lauschen gespannt, überlegen vielleicht, wer von den Anwesenden

gerade von den Wellbrüdern angesprochen wird, während diese fortfahren – ...
und de Zaundürrn und de Gwampatn ... und de Gsundn und de Hoibtotn ...
und de Gspicktn und de Glumpadn ... und de Körndlfressa und de Metzga ...
und de Siebngscheitn und de Kritiker, und de Wähler und de Politiker ... und
de Feiawehrler und de Bürgermeister ... und de Schützn- und de Jägermeister,
und de Radlfahra ...

Genau in dem Augenblick, als das Stichwort »Radlfahrer« fällt, geht die Tür
zum Tagungsraum auf und ein Radlfahrer kommt herein. Nicht irgendeiner,
sondern der Radlfahrer schlechthin, Frank, der Kreisvorsitzende des Allgemeinen
Deutschen Fahrrad-Clubs. Der ganze Raum lacht schallend. Nur Frank ist völlig
irritiert, weiß nicht, wie ihm geschieht. Er hat ja das Lied der Wellbrüder nicht
gehört, kennt also den Zusammenhang nicht, ahnt nicht, wieso alle losgeprustet
haben. Lachen die, nur weil er zu spät gekommen ist? Oder ist irgendetwas mit
seiner Kleidung nicht in Ordnung?

Ich will Frank nicht länger auf die Folter spannen. Deshalb spule ich das Ton-
band ein Stück zurück. Noch einmal lasse ich die Biermösl Blosn einsetzen und
fragen, ob alle da seien, also de Feiawehrler und de Bürgermeister ... letzterer ist
hier noch nie nicht gesichtet worden ... de Schützn- und de Jägermeister, und
de Radlfahra und de Porschefahra, die Evangelischen und de echtn Pfarra ...

Nachdem nun alle Zusammenhänge und Hintergründe aufgezeigt worden
sind, kann auch Frank über diesen Zufall herzhaft lachen, also über seine zeitliche
Punktlandung im Tagungsraum. Abschließend fragen die Wellbrüder in ihrem
Lied noch, wo denn de Eigsaamtn und de Ausgschaamtn, und de Ehrlichn und
de Baubeamtn seien, ehe deren Frage »Ja seid's alle do? die hier Versammelten
mit einem lauten »Ja« beantworten.

Nachdem selbst der offizielle Vertreter der Radlfahrer noch pünktlich einge-
troffen ist, kann ich guten Gewissens mit dem ersten Tagesordnungspunkt beginnen. Ääh, was ist das wieder? – Ach so, ja, mein Tätigkeitsbericht über das
vergangene Jahr. Also, los geht's, zack, zack! Damit wir rechtzeitig fertig werden
und pünktlich Schluss machen können. Nicht dass diejenigen, die zur Bahn
müssen, noch den Zug versäumen.

Übrigens: So lustig der Auftakt zu dieser Versammlung gewesen ist, so sachlich und routinemäßig ist es danach weitergegangen. Nein, mich hat das Ganze
nicht verblüfft. Es ist am Ende eine typische Mitgliederversammlung gewesen,
allerdings mit einem besonderen Höhepunkt, einem pünktlichen Radfahrer,
nicht mehr und nicht weniger.

Amphibien-Shuttle im Einsatz

Seit vielen Jahren werden unterschiedliche Maßnahmen getroffen, um die Amphibien auf ihrer Wanderung zu den Laichgewässern zu schützen. Frühjahr für Frühjahr sind hauptamtliche und ehrenamtliche Naturschützer im Einsatz. Sie stellen Fangzäune auf und tragen Frösche, Kröten und Molche über die Straßen. Ohne dieses Engagement sähe es um die Artenvielfalt unserer heimischen Amphibien deutlich düsterer aus.

Auch im Raum Holzkirchen sind seit 1998 Jahr für Jahr solche »Fröschli-Schlepper«, wie sie spöttisch genannt werden, unterwegs. Über mehrere Wochen stehen diese früh auf und kontrollieren die Schutzzäune entlang der Staatsstraße von Holzkirchen nach Dietramszell. Dabei holen sie die Amphibien aus den Fangeimern, zählen sie, bestimmen die Art, halten diese Angaben in Erfassungsbögen fest, tragen die Tiere über die Straße und setzen sie in der Nähe des Laichgewässers wieder aus. So ein Einsatz kann in der Hochphase der Amphibienwanderung, besonders in feuchtwarmen Frühlingsnächten, schon mal bis zu zwei Stunden dauern.

Dass die Amphibien in diesen Nächten oft stundenlang auf ihre Retter warten müssen, erzeugt auch bei diesen Stress. Nicht zuletzt, wenn in so einem Eimer bis zu 70 Tiere sitzen, teilweise sogar in mehreren Lagen übereinander.

Vor diesem Hintergrund erscheint Nachfolgendes gar nicht mehr so verwunderlich. Als ich eines Morgens die Schutzzäune kontrolliere, entdecke ich eine Kröte, die gerade dabei ist, aus ihrem Gefängnis auszubüxen. Sie sitzt am oberen Ende eines in einem Eimer liegenden Astes und lugt über den Eimerrand heraus. Es sieht aus, als halte sie Ausschau nach ihrem Befreier. Wirklich ein Bild für Götter!

Auch in anderen Fällen erweisen sich die Naturschützer nicht selten als Retter in höchster Not. Bei einem morgendlichen Kontrollgang stoße ich auf etwas Unerwartetes. Auf dem Boden eines Fangeimers – in diese Eimer plumpsen die Amphibien, wenn sie entlang des Schutzzaunes unterwegs sind – kauert ein Erdkrötenpärchen. Ein Männchen klammert sich auf dem laichprallen Krötenweibchen fest. Nichts Ungewöhnliches, denn wenn Männchen bei ihrer Wanderung zum Laichgewässer auf Weibchen treffen, dann halten sie sich an diesen fest und lassen sie auf dem weiteren Weg nicht mehr los.

Ich schaue genauer hin und was sehe ich da? Das Weibchen hat offenbar eine Sturzgeburt gehabt, denn aus ihm hängt eine 20 Zentimeter lange Laichschnur. Schnellste Hilfe ist jetzt angesagt. Wie der Zufall oft so spielt, fliegt genau in diesem Moment ein ADAC-Rettungshubschrauber über die Stelle hinweg. Doch leider befinde ich mich hier in einem Funkloch, so dass ich mit ihm keinen Kontakt aufnehmen kann. Andererseits muss aber schnell gehandelt werden, um Mutter und Nachwuchs zu retten. Jetzt hängt alles von mir ab.

Eilenden Schrittes beginne ich mit den notwendigen Rettungsmaßnahmen. Mit Hilfe des bewährten »Amphibien-Shuttles«, eines Eimers bringe ich das Weibchen zusammen mit dem Männchen auf direktem Weg in den Kreißsaal, also zum Laichgewässer auf der anderen Straßenseite.

Der Einsatz verläuft routiniert und ohne Komplikationen, also erfolgreich. So kann ich bereits kurze Zeit später den anderen Helferinnen und Helfern der BN-Gruppe darüber berichten. In meiner Mail stehen nur drei Sätze, die meine Freude und meine Genugtuung ausdrücken sollen: »Hochschwangeres Erdkrötenweibchen durch spontanen Noteinsatz gerettet. Weibchen und Männchen auf direktem Wege in den Kreißsaal gebracht. Beide sind inzwischen wieder wohlauf«.

Bei diesen morgendlichen Einsätzen zum Schutz der Amphibien kann man in der Tat einiges erleben. Nur eine sprechende Kröte, wie im folgenden Witz, ist mir noch nie begegnet.

»Zwei Mädchen gehen an einem See spazieren. Plötzlich sehen sie vor sich eine Kröte. Sie quakt. »Küss mich! Ich bin ein verwunschener Millionär.« Da bückt sich das eine Mädchen und steckt das Tier in seine Handtasche. Sagt die andere: »Warum küsst du die Kröte nicht?« – »Ganz einfach: Millionäre gibt's wie Sand am Meer, aber wer hat schon eine sprechende Kröte?«

Was für Kröten

Wer sich schon jemals mit »Kröten« beschäftigt hat, also mit dem viel gepriesenen Geld, der weiß, wie wichtig es ist, dabei planvoll und überlegt vorzugehen. Das gilt in gleicher Weise für jene Naturschützer, die alljährlich Kröten, Frösche und sonstige Amphibien über die Straßen tragen.

Ich organisiere seit 1998 die Amphibienschutzaktion entlang der Staatsstraße von Holzkirchen nach Dietramszell. Dort, im Bereich des Teufelsgrabens, einer ehemaligen Schmelzwasserrinne wandern die Amphibien über die Straße zu ihren Laichgewässern am Hackenbach.

Damit die Schutzzäune rechtzeitig aufgestellt werden, nehme ich immer beizeiten mit der Unteren Naturschutzbehörde Kontakt auf. Ich wähle die Nummer des zuständigen Mitarbeiters. Zunächst Funkstille, dann meldet sich sein Kollege. Der Gewünschte sei mittags nach Hause gegangen, er habe sich krank gefühlt. Zudem sei für diese Schutzaktion neuerdings das Staatliche Bauamt zuständig, das auch die Kosten dafür trage.

Na gut, denke ich. Den zuständigen Mitarbeiter habe ich im letzten Frühjahr ja kennengelernt. Damals sind entlang dieses Straßenstücks Betonleitsteine für Amphibien gesetzt worden. Die Chemie zwischen dem Bauamtler und mir hat gestimmt, die Zusammenarbeit bestens geklappt. Dieser Beamte, nicht mehr der Jüngste, etwas untersetzt, halt so wie ich, pflegt einen schlanken Arbeitsstil, Tendenz: wenig bürokratisch. Abmachungen trifft er gerne mündlich. Ferner neigt er nicht dazu, alles noch einmal schriftlich fixieren zu wollen. Wohl eher ein Pragmatiker, also: »Passt scho«!

Wenig später wähle ich dessen Nummer. Niemand hebt ab. Der Anrufbeantworter meldet sich, leitet mich weiter zu einem Kollegen, und teilt mir mit, dass dieser aber derzeit nicht erreichbar sei. Ääh ... wie? – Erst weiterleiten, dann nicht erreichbar. Das verstehe ich nun überhaupt nicht. Wahrscheinlich handelt es sich dabei um eine bestimmte Form von Beamtenlogik, die sich mir nicht so ohne Weiteres erschließt. Später erfahre ich, dass der zuständige Beamte, also jener, den ich sprechen wollte, bis Montag krankgeschrieben ist.

Drei Tage später greife ich wieder zum Telefon. Untere Naturschutzbehörde. Der Ruf geht ab, aber niemand meldet sich. Dann schaltet sich die Dame von der Vermittlung ein. Der gewünschte Mitarbeiter sei nur kurz im Hause gewesen, nehme jetzt einen Außentermin wahr, sei aber in circa zwei Stunden wieder zurück. Gut, vielmehr nicht gut, aber was bleibt mir anderes übrig als zu warten.

Ich nütze die Zeit und hoffe auf mehr Glück beim Kollegen vom Staatlichen Bauamt. Der Ruf geht ab, aber auch hier meldet sich niemand. Dann vernehme ich eine mir inzwischen vertraute Stimme. Der »Kollege« Anrufbeantworter schaltet sich ein. Und was teilt er mir heute mit? – Richtig: Er leite mich jetzt weiter zu einem Kollegen, dieser sei aber derzeit nicht erreichbar. Ich freue mich narrisch. Der Gesuchte scheint noch immer krank zu sein. Zefix, und diese Beamtenbrut finanziere ich mit meinen Steuergeldern. Solche und ähnliche Gedanken schwirren mir durch den Kopf.

Eine Stunde später ein weiterer Versuch. Der Ruf geht ab, der Gewünschte meldet sich. Gott sei Dank. Er begrüßt mich freundlich, aber jetzt passe es gerade gar nicht, ob ich nicht in zehn Minuten nochmals anrufen könne. Wird gemacht. – Unvermeidbarer Adrenalinschub.

Zehn Minuten später. Jetzt klappt es, wahrscheinlich hat er nun die morgendliche Zeitungslektüre abgeschlossen. Wir besprechen die Lage. Er lässt mich wissen, dass das Staatliche Bauamt schon immer dafür zuständig sei, handele es sich doch um eine Staatsstraße. Klingt irgendwie logisch. Dann bittet er mich, ich möge dem Landschaftspflegeverband, dieser stellt immer die Schutzzäune auf und baut sie auch wieder ab, den entsprechenden Auftrag erteilen, und zwar in seinem Namen.

Wie bitte? – Ich stutze, allerdings leise. Viele Fragezeichen tauchen in meinem Kopf auf. Warum ich? Ich gehöre weder dieser Behörde noch jenem Verband an. Ich habe auch nicht vor, die Kosten für diese Aktion zu übernehmen. Ich will nur, dass die Amphibien auf ihrer Wanderung sicher über die Straße kommen. Nicht mehr und nicht weniger! Warum soll also ich diesen Auftrag erteilen? – Nach ein paar Schrecksekunden, einem kurzen Schulterzucken, verschwende ich keine weiteren Gedanken mehr daran, sondern stimme einfach zu. Ich finde es urplötzlich ganz originell und reizvoll, im Auftrag einer staatlichen Behörde unbürokratisch zu handeln.

Ich rufe deshalb den Zuständigen des Landschaftspflegeverbandes an. Auch wir kennen uns schon lange. Er sagt mir zu, dass die Zäune im Laufe der kommenden Woche aufgestellt würden. Alles scheint geklärt zu sein.

Jetzt möchte ich noch kurz den Mitarbeiter der Naturschutzbehörde über die Vereinbarungen informieren. Ich wähle seine Nummer. Es bimmelt mehrere Male. Dann, endlich, hebt jemand ab, allerdings wieder sein Kollege. Ja, der Gewünschte sei heute in München unterwegs, komme erst morgen wieder ins Amt. Soso, denke ich und spüre gleichzeitig, wie ich beginne, unfroh zu werden. Warum soll ich noch einen Tag warten? Kurzerhand beschließe ich, diesen Kollegen über meine Absprachen mit Bauamt und Landschaftspflegeverband in Kenntnis zu setzen. Dieser kann ja meine Informationen dann an den Zuständigen weitergeben.

Jetzt, nachdem ich zwei Tage herumtelefoniert, viel mit Anrufbeantwortern kommuniziert und wahrscheinlich mehrfach Beamte bei ihrer Arbeit gestört habe, ist alles geklärt. Ich atme tief durch.

Am nächsten Morgen sitze ich gut ausgeschlafen, daher entspannt am Schreibtisch und stelle die Unterlagen für die Amphibienhelfer zusammen. Da bimmelt das Telefon. Am anderen Ende der Strippe der gestern nicht Erreichbare von der Unteren Naturschutzbehörde. Seine Stimme klingt ein wenig verkrampft. Er windet sich, ehe er auf den einen, ihm wichtigen Punkt zu sprechen kommt. Das bisherige Vorgehen habe sich doch bewährt, betont er, deshalb würde er gerne auch weiterhin diese Schutzaktion koordinieren. Außerdem sei es wichtig, dass Arbeiten wie die Aufstellung der Zäune oder das Kontrollieren der Fangeimer nicht vor dem »VZ« durchgeführt würden. »Was ist VZ?«, frage ich. »Der vorzeitige Maßnahmebeginn«, erläutert er. Es sei nämlich so, dass die Regierung von Oberbayern die Fördergelder für diese Schutzaktionen freigebe. Und nur wenn diese Arbeiten nicht vor dem behördlich festgelegten Termin erfolgten, gäbe es dafür auch die entsprechenden Fördergelder.

»Donnerwetter, das ist ja höchst interessant«, sage ich, nachdem ich die Sprache wiedergefunden habe. Ich frage noch, ob dies denn die Grasfrösche und Erdkröten auch wüssten. Nicht dass sie zu früh loswanderten und deshalb ihre Wanderung ohne diese Schutzmaßnahmen beginnen müssten, mit einem dementsprechend großen Risiko für Leib und Leben. Kurze Stille. Irgendwie scheint mein Gesprächspartner darüber nicht lachen zu können. Zu guter Letzt schlucke ich auch diese »Kröte«. Wir verständigen uns darauf, weiterhin so zu verfahren wie bisher.

Jetzt ist die Welt wieder im Lot. Für den staatlichen Naturschützer, weil er seine bewährten Pfade nicht verlassen muss. Für den ehrenamtlichen, also für mich, weil ich mich wieder aus den Fesseln der Bürokratie befreien kann, indem ich das Telefongespräch beende. Nicht ohne jedoch noch ein kurzes Stoßgebet nach oben zu richten: O Heiliger Bürokratius, verschone mich mit deinem Stuss!

Wenn einer eine Reise tut

Ein älteres Allgäuer Weible meinte einst: »D'Wealt isch groß, se goht bis weit unterhalb Kempte na«. Davon konnte ich mich erstmals 1960 überzeugen. Damals, ich war elf Jahre alt, durfte ich in den Sommerferien zusammen mit meiner Mutter meine Patentante in München besuchen.

Ein überwältigendes Erlebnis: So große Häuser, so weite Plätze, so viel Verkehr, so viele Menschen, ferner diese vielen Autos, Busse und Straßenbahnen. Beeindruckend auch das Rathaus, der Viktualienmarkt und nicht zuletzt der riesige Tierpark.

Dort habe ich auch einen bleibenden Eindruck hinterlassen, eine Delle. Obwohl ich in der Benutzung moderner Spielgeräte völlig unerfahren war, ließ ich mich dazu überreden, eine Kinderrutsche hinabzugleiten. Ich fuhr allerdings mein »Fahrgestell« nicht rechtzeitig aus, plumpste deshalb ungebremst auf den harten Sandboden. Das tat mir ganz unschön weh, aber eben nur mir, denn die anderen lachten darüber.

Für gewöhnlich sahen unsere Reisen anders aus. Sie bewegten sich in einem kleineren Radius. Zwangsläufig, denn die Eltern besaßen kein Auto und die finanziellen Mittel waren bescheiden. Deshalb begnügten wir uns mit Tagestouren. Meist waren wir mit unserem Nachbarn, einem kleinen Busunternehmer unterwegs. Mal ging es zum Bodensee und auf die Insel Mainau, mal zu den Königsschlössern Neuschwanstein und Linderhof, mal wurde die Wieskirche besucht. Andere Male fuhren wir in die Schweiz, an den Vierwaldstätter See und einmal sogar bis nach Vaduz, die Hauptstadt des Fürstentums Liechtenstein.

Ich erinnere mich auch noch an den Ausflug mit den Ministranten nach Bregenz und anschließend auf den Gebhardsberg mit Wallfahrtskapelle und der Burg Hohenbregenz.

Längere Reisen unternahm ich erst, die Alpenüberquerung mit Freunden mal ausgenommen, nachdem ich meine Frau kennengelernt hatte. Unsere erste gemeinsame Reise führte uns 1977 nach Wien. Wir frisch Verliebten quartierten uns damals nicht irgendwo ein, sondern wohlweislich am Wiener Naschmarkt, im Hotel Drei Kronen.

Wunderschöne Tage erlebten wir auch in der Heimat des Berliner Bären, also in der Weltstadt Berlin. Neben den zahlreichen Sehenswürdigkeiten und einem Besuch in Ostberlin beeindruckte uns ein Pfingstkonzert im Zoologischen Garten mit der SFB-Bigband unter der Leitung von Paulchen Kuhn. Weitere Reisen führten uns auf der Weinstraße durch das Elsass, 1980 erstmals auf die Insel Jütland und ein Jahr später tourten wir drei Wochen lang durch Irland. Nie vergessen werden wir die familienplanerische Hilfestellung, die uns junge Farmersleute auf der grünen Insel zuteil werden ließen.

Aber auch auf Schusters Rappen waren wir ein paar Mal unterwegs, mitunter mit Schwester und Schwager. Mal im Schwarzwald, mal in der Fränkischen Schweiz und auch einmal im Spessart. Zu zweit wanderten wir wiederholt über Täler und Höhen von Eifel, Hunsrück und Westerwald sowie im oberen Passeiertal in Südtirol.

Besonders in Erinnerung geblieben sind uns zwei Reisen im gemieteten Wohnmobil. Einmal fuhren wir entlang der norwegischen Küste über den Polarkreis hinauf bis nach Bodø. Am dortigen Strand beobachteten wir das Phänomen Mitternachtssonne. Ein andermal erkundeten wir Südschweden mit dem Reisemobil, wobei wir neben zwei Elchen auch noch zufällig in der Stadt Åhus dem schwedischen Königspaar, also König Carl XVI. Gustaf und Königin Silvia begegneten.

Zu Inseln und Landschaften an der See, vor allem an Nord- und Ostsee zieht es uns eher als in den heißen Süden. Doch gerade der Mezzogiorno, drei Wochen im Bergdorf Laurito im Cilento-Nationalpark bescherte uns im Spätsommer 2001 eine besondere Begegnung. Auf der Azienda Fasani lernten wir erst ein Münchner Ehepaar kennen, später noch ein Bremer. Mit den Münchnern verstanden wir uns vom ersten Augenblick an sehr gut. Wir aßen gemeinsam zu Morgen und zu Abend und verbrachten zusammen viele unterhaltsame Stunden. Mit den Bremern klappte dies nicht so, vor allem weil er, ein Neunmalkluger uns zunehmend nervte.

Seit Anfang der Achtzigerjahre reisen wir im Urlaub häufig, fast regelmäßig nach Norden, entweder nach Nordjütland oder auf die Nordseeinsel Amrum. Hier entspannen wir uns in einer schnuckligen Ferienwohnung und in Jütland in einem gemütlichen Ferienhaus. Beide liegen nur wenige Minuten vom Meer entfernt.

Dass zum Reisen Geduld, Mut, Humor, das Vergessen häuslicher Sorgen gehöre und dass man sich nicht durch widrige Zufälle, Schwierigkeiten, schlechtes Wetter, ebensolche Kost und dergleichen niederschlagen lasse, empfahl Adolf Freiherr von Knigge den Reisenden schon im 18. Jahrhundert. Wir mussten diese Ratschläge nur bei wenigen Urlauben beherzigen. In Kroatien waren es Flug- und Autolärm, in der Toskana unsäglich harte Betten sowie auf unserer Spessart-Wanderung ungeplante Fußbeschwerden.

Seit Jahren sind mehrwöchige Radtouren zu unserer großen Leidenschaft geworden. Wir erlebten dabei nicht selten Außergewöhnliches und es kam wiederholt zu überraschenden Begegnungen. Wie beispielsweise 1994 auf unserer ersten Tour im Müritz-Nationalpark, oder im Jahr 2000 auf unserer längsten Tour, von Holzkirchen nach Flensburg. Vier Wochen waren wir damals unterwegs und insgesamt legten wir mehr als 2.000 Kilometer zurück. Wunderschön waren auch die Tour auf dem Mozart-Radweg, die Touren entlang der Moldau in die Goldene Stadt Prag oder auf dem Ostseeküsten-Radweg sowie die Rundtour durch die Holsteinische Schweiz.

Dem, was Matthias Claudius vor mehr als zweihundert Jahren zu Papier gebracht hat, brauche ich nichts hinzufügen. Ich kann ihm vielmehr nur zustimmen, wenn er sagt: »Wenn einer eine Reise tut, dann kann er was erzählen. Drum nähme ich den Stock und Hut und tät das Reisen wählen«.

Unweit der Heiligen Hallen

Eine gewisse Bibelfestigkeit besitzen wir schon. Uns sagen Heiligenbilder, Heiligenlegenden und Heiligenscheine durchaus etwas, obwohl dieses Attribut auf uns überhaupt nicht zutrifft. Aber von Heiligen Hallen hatten wir zuvor weder etwas gehört noch gelesen.

Fünf Jahre nach der Wiedervereinigung brechen wir zu unserem ersten Radurlaub auf. Es geht in die neuen Bundesländer. Ziel ist der Müritz-Nationalpark in »Meck-Pomm« oder wie die Einheimischen sagen, in Meeecklenburg-Vorpommern. Von Röbel aus, einem Städtchen, das sich ans Ufer der Müritz schmiegt, starten wir zu mehreren Tagestouren.

Diese Landschaft bietet neben Ursprünglichem und Kulturellem auch viel Natur: weite Wälder, wundersame Moore, glitzernde Seen, idyllische Orte, klappernde Störche, mühsame Sandwege, holprige Kopfsteinpflaster, herrliche Alleestraßen, aber auch vor sich hin modernde Gebäude und Stallungen ehemaliger landwirtschaftlicher Produktionsgenossenschaften.

Nach einer Woche verlagern wir unser Quartier ostwärts, in das Städtchen Neustrelitz am Rande des Naturparks Feldberger Seenlandschaft.

Ein ruhiger Sonntag bricht an. Wir brechen auf zu einer längeren Tagestour, die uns erst in die Kleinstadt Feldberg führt. Dann geht es an lauschigen Seen vorbei, bis wir im ältesten deutschen Buchenwald ankommen, in den »Heiligen Hallen«. Hier stehen wir, hier staunen wir. Beeindruckt vom Licht unter dem grünen Blätterdach, ergriffen von der raumgreifenden Stille und umgeben von imposanten Baumgestalten, teilweise über 350-jährigen Baumveteranen.

Weiter geht es auf ruhigen Pfaden, teilweise recht beschwerlich auf Sandwegen zum im tiefen Tann verborgenen, idyllisch gelegenen Waldsee. An dessen Ufer befindet sich das Café Schulzensee. Unsere Augen beginnen zu strahlen, denn wir sind schon recht durstig, hungrig und auch etwas müde. Da kommt uns das Päuschen sehr gelegen.

Wir treten ein, freuen uns auf Kaffee und Kuchen. Lediglich acht Tische sind besetzt. Es dauert keine zehn Minuten, schon werden wir wahrgenommen. Die Bedienung kommt an unseren Tisch. Eva bestellt zwei Kännchen Kaffee und möchte auch gleich Kuchen bestellen. Doch das Fräulein drückt uns zwei Speisekarten in die Hand und bittet uns, erst mal da reinzuschauen. Auf Evas Frage, welchen Kuchen es denn gäbe, lässt uns die Dame wissen, sie könne uns die beiden letzten Stücke von der Eistorte reservieren. Ich reserviere ein solches, Eva bestellt ein Stück Apfelkuchen. Dann warten wir.

Währenddessen nehmen wir das bescheidene Interieur in Augenschein, beobachten die anderen Gäste, und warten, warten, warten. Nach gefühlten dreißig Minuten, wahrscheinlich sind es nur zehn, huscht die Bedienung wieder herbei, mit einem Stück Eistorte für mich und einem Stück Käsetorte für Eva. Hoppla! Eva wollte doch einen Apfelkuchen, aber das Fräulein hatte keine genaue Erinnerung mehr, wie sie entschuldigend erklärt, und hat sich für Käsekuchen entschieden. Und den Kaffee? Sie schaut uns fragend an: »Was möchten Sie?« Leichte Falten auf Evas Stirn deuten unverkennbar auf Unmut hin. »Zwei Kännchen Kaffee, also zum zweiten Mal!«

Nach wenigen Minuten stehen tatsächlich zwei Kännchen duftenden Kaffees auf dem Tisch. Aber wo ist die Milch? – »Hallo, Bedienung!« – »Was wünschen Sie noch? Ach, Kaffeesahne, ja!« Bei ihr kommt keine Hektik auf. Wir dürfen die Ruhe und Gelassenheit des Fräuleins ein weiteres Mal genießen, oder soll ich sagen: Ausbaden. Wieder vergehen ein paar Minuten, dann sind wir endlich zufriedengestellt.

Kurz bevor wir aufbrechen, rufe ich die Bedienung: »Fräulein, bitte die Rechnung!« – Die Bedienung kommt, zückt einen Rechnungsblock mit Durchschlag. Sie listet auf, addiert, kassiert, verabschiedet uns mit einem freundlichen »Danke und noch einen schönen Tag!«

Dann gibt sie uns noch ein paar wertvolle Tipps mit auf den Weg: »Sie können noch zum See gehen. Haben Sie schon unser reetgedecktes Haus gesehen?« Wir verneinen höflich, fürchten wir doch, nochmals Durst zu bekommen. Da wir inzwischen wissen, wie lange ein Päuschen im Café Schulzensee dauert, könnte es passieren, dass wir erst bei Mondenschein oder gar erst am nächsten Morgen wieder im Hotel in Neustrelitz ankommen. Das wollen wir nicht riskieren.

Wir brechen auf, begegnen kurze Zeit später einer Gruppe von Radlern, die wohl dieses Café ansteuert. Frohen Mutes strampeln sie dahin, nicht ahnend, dass erstens die Eistorte aus ist, inzwischen vielleicht auch der restliche Kuchen und dass sie zweitens womöglich vom Servicepersonal innerhalb der Öffnungszeiten gar nicht mehr entdeckt werden.

Die flotten Radler rauschen aber so schnell an uns vorbei, dass wir sie noch nicht einmal auf das Reetdach und die schöne Umgebung des Cafés Schulzensee hinweisen können. Schade, wirklich schade.

Servus Königliche Hoheiten

Es war die Nachtigall und nicht die Lerche, die uns in der Dämmerung mit ihrem melodischen Gesang entzückt und verzaubert hat. Wir haben die letzte Nacht auf einem Campingplatz nahe Kalmar verbracht. Heute wollen wir das Hafenstädtchen Åhus besuchen, das in diesem Jahr sein 850-jähriges Stadtjubiläum feiert.

Für heute hat sich dort hoher Besuch angesagt, das schwedische Königspaar, Königin Silvia und König Carl XVI. Gustaf. Noch vor einer Woche habe ich geulkt, wir müssten unbedingt an diesem Tag dorthin fahren, damit wir auch einmal wahre königliche Hoheiten zu Gesicht bekämen, und nicht immer nur irgendwelche Spargelköniginnen oder Schützenkönige.

Und jetzt rollen wir tatsächlich mit dem Wohnmobil Richtung Åhus. Aber bis wenige Kilometer vor der Stadtgrenze deutet so gut wie nichts auf die königliche Visite hin. Das erste Polizeiauto begegnet uns am Stadtrand. Wir sind beeindruckt von dieser öffentlichen Gelassenheit, halten das für schweden-typisch.

Ein paar Schweden-Fähnchen, in Blumenrabatten und Fensterhalterungen steckend, flattern im Wind. In der Fußgängerzone sind kleine Bereiche abgesperrt, und einige Personen hampeln wichtig tuend herum. Einer dieser schwedischen Gschaftlhuber spricht uns an, natürlich auf Schwedisch. Wir verstehen wenig, nur soviel, dass heute Nachmittag irgendwo in der Stadt das schwedische Königspaar unterwegs sein werde. Schön, aber wo genau, das haben wir nicht verstanden.

Wir schlendern weiter durch die Gassen der Stadt. Nirgends sind hektische Sicherheitskräfte unterwegs, stattdessen herrscht Unaufgeregtheit. Selbst dort, vor einem hölzernen Gartentor, wo Passanten verharren und durch die Ritzen des Tores spähen. Manche halten ihren Fotoapparat über das Tor und drücken auf den Auslöser. Wir gehen näher hin und sehen in diesem Garten ein großes Zelt stehen. Ob darin gerade die königlichen Gäste mit den Honoratioren der Stadt speisen? Herumwuselnde Herren in dunklen Anzügen lassen dies vermuten.

Nach ein paar weiteren Schritten, um die eine und andere Ecke herum, kommen wir zum Marktplatz. Auf einer Seite stehen mehrere noble Karossen, abgeschirmt von Polizei-Motorrädern, davor warten Polizistinnen und Polizisten, einige mit weißen Handschuhen, andere mit Sprechfunkgeräten ausgestattet. Als wir auf einer dieser Karossen die schwedische Standarte entdecken, zweifeln wir nicht mehr. Das schwedische Königspaar muss vor Ort sein. Zudem sind auf dem Marktplatz Überbleibsel einer größeren Veranstaltung zu sehen: ein Rednerpult, mehrere Reihen Stühle, in der ersten Reihe zwei Stühle mit höherer Rückenlehne in den Farben Blau und Gelb und auf dem Boden etliche zertrampelte Schwedenfähnchen. Zudem tollen noch ein paar Kinder in historischen Trachten herum, schwingen kleine Holzschwerter und haben ihren Spaß.

Wir statten der St. Maria-Kirche einen kurzen Besuch ab und kehren dann zum Marktplatz zurück. Zwischenzeitlich warten vor der königlichen Wagenkolonne einige Passanten, wahrscheinlich Bürgerinnen und Bürger der Stadt oder auch Touristen wie wir. Alle hoffen, hier das Königspaar zu Gesicht zu bekommen. Wir jedenfalls wollen uns diese einmalige Gelegenheit nicht entgehen lassen.

Eva hält die Szenerie auf einem Foto fest. Der Auslöser macht klick, dann spult der Film surrend zurück. Es war die letzte Aufnahme. Und was das Allerblödeste ist: Wir haben keinen neuen Film dabei. Pech!

Genau in diesem Moment schreitet ein Polizist auf uns zu und spricht uns an. Auf Schwedisch natürlich. Wir verstehen kein Wort, sind leicht irritiert. Sollte das Fotografieren hier aus Sicherheitsgründen verboten sein? Wir vermuten es. Quasi als Entschuldigung sagen wir, dass wir Deutsche sind. Da schaltet der Polizist sofort auf Englisch um. »Colour!« sagt er kurz und deutet auf das Eisengeländer, an dem wir lehnen.

Ach so! Wir verstehen. Das Geländer, an dem wir uns abstützen, ist vor kurzem frisch gestrichen worden, wahrscheinlich des hohen Besuches wegen. Eine sehr noble Geste, dieser dezente Hinweis. Wir bedanken uns und warten unverdrossen weiter, jetzt wieder ganz entspannt.

Aus dem Gartenzelt um ein paar Ecken herum ertönt Musik, ein Stück, dann noch eins ... und noch eins ... Plötzlich streift sich ein Polizeibeamter, ein höherer Dienstgrad, weiße Handschuhe über, die Fahrer von Motorradstaffel und Staatskarosse begeben sich zu ihren Fahrzeugen und wir sowie die übrigen Zaungäste werden hinter Seilabsperrungen gebeten. Nur knapp acht Meter trennen uns von der Königskarosse, einem dunkelblauen Volvo 900. Dann gibt ein Sicherheitsbeamter ein unscheinbares Zeichen.

Aus einem Hofeingang schreitet König Carl XVI. Gustaf Richtung Auto. Er trägt einen anthrazitfarbenen Zweireiher, sein Blick ist ernst, seine Haltung gefasst. Er wirkt etwas steif und reserviert, so wie wir ihn halt aus dem Fernsehen kennen. Nur wenige Schritte dahinter kommt Königin Silvia, lachsfarben ihr Sommerkostüm, dazu trägt sie einen großen weißen Sommerhut, weit ins Gesicht gezogen. Sie strahlt, lächelt. Lächelt sie gar mir zu oder bilde ich mir das nur ein? Wahrscheinlich schenkt sie ihr Lächeln allen hier Wartenden. Einige beginnen zu klatschen, da muss sogar der »olle Gustaf« ein wenig schmunzeln. Silvia strahlt königliche Würde aus, winkt majestätisch. Ihrem bezaubernden Charme scheinen auch hier alle zu erliegen. Die beiden Hoheiten nehmen in der königlichen Nobelkarosse Platz, dann rollt die Staatskolonne langsam davon.

Wir sind tief beeindruckt von dieser kurzen hoheitlichen Begegnung, quasi von dieser ungeplanten Privataudienz im Handtaschenformat. Dieses außergewöhnliche Erlebnis ist für uns Anlass genug, uns anschließend mit zwei landestypischen Spezialitäten zu verwöhnen: Mit Kanelbullar, den beliebten schwedischen Zimtschnecken, und mit Jordgubbar, frischen Erdbeeren. Beides schmeckt köstlich, ja geradezu königlich.

Keine dummen Antworten

Wer dumme Fragen stellt, bekommt auch dumme Antworten, heißt es im Volksmund so schön. Als Beleg dafür lässt sich folgendes Beispiel anführen. Man wird draußen von einem Regenschauer überrascht, kommt völlig durchnässt nach Hause, und wird von den Daheimgebliebenen gefragt: Bist du nass geworden? Darauf die passende Antwort: Nein, ich musste nur kurz pinkeln und hatte verdammten Gegenwind!

Nun sind Fragen natürlich nicht allein deshalb schon dumm, nur weil die gegebenen Antworten manchen Fragesteller nicht zufrieden stellen oder von diesem gar als frech empfunden werden. Wir haben so eine Erfahrung auf einer unserer Radtouren machen dürfen.

Zum Auftakt des dritten Jahrtausends nehmen wir uns eine besondere Radtour vor. Wir wollen Deutschland von Süden nach Norden durchradeln, also vom Alpenrand zur Waterkant, genauer: von Holzkirchen nach Flensburg, insgesamt mehr als 2.000 Kilometer.

Am 15. Mai 2000, die letzte Eisheilige, die kalte Sophie macht sich heute vom Acker, brechen wir auf. Unsere Räder haben wir schwer bepackt, jeweils zwei Taschen hinten, zwei Taschen vorne und dazu noch eine Lenkertasche. Auf geht's!

Kurz nach Sieben schwingen wir uns froh gelaunt in den Sattel. Schon nach wenigen Kilometern wartet die erste Herausforderung auf uns, das Mangfalltal muss überwunden werden. Erst geht es steil, sehr steil hinab, 24 Prozent Gefälle, dann auf der anderen Seite des Flusses wieder aufwärts, allerdings nur lausige 20 Prozent ansteigend. Schweißtropfen schießen aus den Poren, rinnen uns über das Gesicht. Nach wenigen Kilometern geht es noch einmal flott abwärts, eine kurze vierzehnprozentige Gefällstrecke gilt es sturzfrei zu überstehen, dann erreichen wir endgültig das Tal der Mangfall. Von nun an geht es eben dahin. Dementsprechend flott kommen wir voran. Guter Radweg, rauschendes Flüsschen, singende Vögel, schönstes Wetter, unsere Stimmung kann nicht besser sein. Deutschland, wir kommen!

Unweit vor Rosenheim begegnen wir erstmals anderen Radlern, zunächst einer jungen Frau. Sie sieht unsere schwer bepackten Räder und wird neugierig.

Sie fragt mich: »Wo geht's denn hin?« – »Nach Flensburg!« antworte ich, wie aus der Pistole geschossen. Ein wenig Stolz schwingt da schon mit in der Stimme. Doch die Radlerin ist noch nicht zufrieden. Sofort schiebt sie eine weitere Frage nach: »Und wie lange schon unterwegs?« – Volltreffer! Ich bin baff, dann antworte ich kleinlaut: »Seit zwei Stunden!« Sie lacht hell auf, auch wir müssen darüber lachen. Wir wechseln noch ein paar Worte, dann wünscht sie uns alles Gute für die Tour und entlässt uns endlich aus ihren Fragetentakeln.

Ein paar Stunden später. Wir stehen am Hochufer des Inns, oberhalb von Wasserburg. Wir nützen den Schatten einiger Bäume, um hier eine kleine Rast zu machen. Herrlich, dieser Blick hinab auf das malerisch liegende, sonnenüberflutete Städtchen.

Uns nähert sich vorsichtig ein älteres Ehepaar. Beide schieben ihre Räder. Wieder sind es wohl unsere vielen Packtaschen, die deren Neugierde wecken. Die beiden älteren Herrschaften kommen näher und näher. Schließlich fragt uns der ältere Herr, wohin wir denn wollten. Ich antworte kurz, aber freundlich: »Nach Flensburg!« – Der Mann schweigt, blickt mich irritiert an, macht eine abfällige Handbewegung und grummelt: »Und dann noch einen Abstecher nach Köln und Leipzig, oder?« – So ein Angeber, scheint er zu denken. Offenbar glaubt er mir kein Wort, noch nicht einmal diese zwei. Die beiden scheinen bedient zu sein. Augenscheinlich wollen sie mit uns keine Worte mehr wechseln. So schnell, wie sie gekommen sind, so schnell entfernen sich die älteren Herrschaften auch wieder. Kein Wort mehr, kein Gruß mehr.

Und wie stehen wir Pedalritter jetzt da? Betroffen, weil wir ehrlich Auskunft gegeben, unser angestrebtes Ziel genannt haben. Missverstanden, weil uns der ältere Herr vermutlich für Aufschneider hält, aber auch belustigt, weil wir mit seiner Reaktion nicht gerechnet haben.

Ob die beiden versöhnt oder gar ein wenig stolz wären, wenn sie wüssten, dass sie mit ihrem zackigen Auf- und Abtreten für das erste Highlight in meinem Reisetagebuch gesorgt haben?

Der besondere Rosenkavalier

Für die Oper »Der Rosenkavalier« hat Richard Strauß die Musik komponiert, Hugo von Hofmannsthal das Libretto geschrieben. Während es in dieser Oper um eine Fürstin geht, die sich in Abwesenheit ihres Gatten mit ihrem Rosenkavalier, mit einem 17-jährigen Geliebten vergnügt, geht es bei meiner Geschichte um einen Rosenkavalier älteren Semesters. Der kann sich allerdings nicht mit einer liebeshungrigen Fürstin vergnügen, obwohl es auch für ihn um etwas Spitzes geht. Mehr soll an dieser Stelle noch nicht verraten werden.

Zweite Etappe auf unserer großen Deutschland-Radtour. Wir sind im Tal der Rott östlich von Neumarkt-Sankt Veit unterwegs. Bei einem kurzen Brotzeitstopp bemerke ich, dass in meinem Hinterreifen nur noch wenig Luft ist. Aufpumpen heißt da die Devise. Dann radeln wir wieder los. Nach wenigen Kilometern das nächste Malheur. Das Hinterrad fängt an zu walken. Verdammt, denke ich, schon wieder Luftmangel. Wohlgemerkt im Schlauch! Ich halte an, pumpe nochmals auf. Irgendwie ist mir das Ganze ein wenig suspekt. Hoffentlich handelt es sich da nicht um ein größeres Problem.

Wir erreichen den Markt Massing. Woher sich der Ortsname ableitet, ist nicht ganz geklärt. Er könnte von »Mazzo« einem Sippenältesten stammen oder auf »Mazza«, das Messer zurückgehen. Letzteres gilt als wahrscheinlicher, da Massing auf einer Rodungsfläche entstanden ist. Bekannt geworden ist der Ort durch die Schöpferin der Hummelfiguren, Berta Hummel, die hier das Licht der Welt erblickt hat.

In einem Straßencafé am Marktplatz gönnen wir uns ein Weißbier. Für die Luft im Schlauch des Hinterreifens genug Zeit, um sich erneut zu verdrücken. Unsere Gläser sind leer, und das Hinterrad meines Fahrrads ist platt. Ich bin es auch. Mist! Zum Glück habe ich bei der Einfahrt in den Ort das Hinweisschild »Radl Hüttner« registriert.

Um ein paar Ecken herum und wir stehen vor dem kleinen Laden: Öffnungszeiten Montag bis Freitag ab 17:00 Uhr – Oh nein! – Verdammte Scheiße! Es ist 14:00 Uhr. Dennoch drücke ich auf die Türklinke und … »Sesam öffnet sich«. »Nur heute, ausnahmsweise«, erklärt uns der Juniorchef dieses Lädchens mit Werkstatt. Er wechselt an meinem Hinterrad das Ventil aus, weil er dort die undichte Stelle vermutet. Ich solle mal eine kurze Probefahrt durch den Ort machen.

Gott sei's gedankt, keine Probleme. Die Luft entweicht nicht mehr. Ich freue mich und so machen wir uns auf den Weg Richtung Eggenfelden. Wir radeln vier Kilometer auf gekiesten Feldwegen bis Unterdietfurt. Noch bevor wir dort ankommen, beginnt das Hinterrad erneut zu schlenkern. Ich schaue auf den Hinterreifen. Das gleiche Spiel wie zuvor. Der Reifen ist fast platt. Ich bin ziemlich ungehalten: Verdammter Reifen, verdammtes Massing!

Also zurück zum Hüttner von Massing: Pumpen, fahren, pumpen. Dieses Mal bedient uns der Seniorchef. Er baut das Hinterrad aus, legt den Schlauch

frei, kontrolliert ihn und findet den wahren Grund des Übels. Einen Rosensta-
chel, der im Reifenmantel steckt und immer dann in den Schlauch drückt, wenn
ich über harten Untergrund, zum Beispiel Steine fahre. Er legt einen neuen
Schlauch ein, und nach einer guten Viertelstunde geht es weiter, diesmal ungebremst bis Unterdietfurt.

Abends schreibe ich noch eine Karte an meinen Schwager, berichte ihm von
meiner Panne, und überschreibe meine Ausführungen mit der Wallfahrtsformel
»Hüttner hat geholfen«. Warum diese Karte und warum dieser Spruch? Weil
mein Schwager zufällig denselben Namen trägt wie der Radldoktor aus Massing.
Und weil ich besonders froh bin, dass unser »Rosenkavalier« das Übel an der
Wurzel gepackt hat, sprich: den Stachel herausgezogen und nicht reingedrückt
hat wie jener weitaus bekanntere Rosenkavalier.

Um innere Ruhe beraubt

Seit fünf Tagen sind wir auf unserer Radtour vom Süden in den Norden der Republik unterwegs. Heute geht es von Straubing nach Kelheim, knapp hundert
Kilometer weit. Hoffentlich hält das Wetter. Es sieht sehr durchwachsen aus.

Am frühen Abend kurz vor Kelheim. Während wir auf eine Steigung zurollen,
sehe ich über einem Acker eine Wolke aufsteigen. Ist das eine Staubwolke? Oder gar
eine Rauchwolke? Erst wie wir der Wolke näher kommen, erkenne ich die Ursache
für dieses Phänomen. Unmengen von Roggenpollen schweben wolkengleich durch
die Luft. Arme Eva! Da wird ihr Heuschnupfen heute noch frohe Urständ feiern.

Zum Glück haben wir es nicht mehr weit bis zu unserem Quartier. Beim
»Stockhammer«, einem stattlichen Gasthaus in Kelheim, wo wir wenig später
eintreffen, fühlen wir uns vom ersten Augenblick an willkommen und sauwohl.
Die Wirtin, eine gestandene Frau mittleren Alters, empfängt uns sehr freundlich.
Sie bietet uns zwei Zimmer zur Auswahl an. Wir entscheiden uns für die Nummer 18, ein riesiges Zimmer, circa 35 Quadratmeter groß, dazu ein sehr weit-
läufiges Bad, alles bestens eingerichtet und topsauber.

Der Wirt ist genauso entgegenkommend. Er zollt uns Fernradlern den insgeheim erhofften Respekt. Gleich bei unserer Ankunft weist er ein Zimmermäd-
chen an, unsere Radtaschen aufs Zimmer zu bringen. Und am Abend dirigiert
er ein Amuse-Gueule an unseren Tisch, obwohl dieser Teller, wie die Bedienung
anmerkt, für andere bestimmt sei. »Hier sitzen Radler, und die haben bestimmt
Hunger«, antwortet der Wirt unmissverständlich.

Wir lassen es uns gut gehen, verzehren eine saftige Lammkeule, eine Spezialität des Altmühltales, trinken süffigen Landwein und runden den genüsslichen Abend mit einer köstlichen Nachspeise ab, frischen Erdbeeren mit Vanilleeis. Wohlig satt und selig zufrieden begeben wir uns zu Bett.

Stunden später, kurz nach Mitternacht, sitze ich starr vor Schreck senkrecht im Bett. Eva hat mich aus dem Tiefschlaf gerissen. Sie hat etwas gehört. Jemand hat an der Tür zur Dachterrasse rumhantiert. Aufgewacht ist sie vom Tappen einer Person über das Kiesbett dieser Terrasse. Als diese Person, für Eva ein Einbrecher, was denn sonst, schließlich an der gekippten Tür rüttelt, schreit sie auf: »Hei, was soll denn das?« Daraufhin hört sie ein leises »Entschuldigung«. Danach kehrt wieder Ruhe ein. Wirklich ein gesitteter Einbrecher, denke ich. Oder hat er kalte Füße bekommen und ist getürmt?

Wir bohren unsere Ohren noch einige Minuten in die Stille der Nacht. Kein Laut mehr weit und breit. Nur bleierne Stille erfüllt den dunklen Raum. Weil es ruhig bleibt, verlagern wir unsere erschöpften Körper wieder in die Waagrechte und schlummern dem Morgen entgegen. Wir träumen von sicheren Gasthäusern und friedlichen Nächten.

Trotz oder vielleicht gerade wegen dieses nächtlichen Intermezzos sind wir am nächsten Morgen schnell auf den Beinen. Im Frühstücksraum sind wir die ersten und bleiben die einzigen. Niemand außer uns frühstückt an diesem Samstag so früh. Wahrscheinlich hat auch niemand eine so eine lange Radetappe vor sich wie wir, wieder sind es 95 Kilometer.

Die Köstlichkeiten vom Frühstücksbuffet schmeicheln unseren Gaumen. Die Wirtin setzt sich zu uns an den Tisch. Wir unterhalten uns über Verschiedenes, über Erlebtes und Erwünschtes. Über das nächtliche Treiben verlieren wir kein einziges Wort. Auch sie sagt nichts. Entweder sie weiß nichts, oder sie will darüber nicht sprechen, weil es ihr peinlich ist.

So bleibt die kriminologisch alles entscheidende Frage – Einbrecher, ja oder nein? – weiterhin ungeklärt.

Unerwarteter Braten-Satz

Im Süden Italiens, in der Region Kampanien, hundert Kilometer südlich von Neapel, liegt der Cilento, Italiens zweitgrößter Nationalpark und UNESCO-Weltkulturerbe. Kobaltblaues Meer und immergrüne Olivenbäume, feine Sandstrände und antike Stätten, einsame Buchten und Grotten, felsige Steilküsten und stille Wälder, und viele kleine, meist mittelalterliche Dörfer. Dies alles macht den Reiz dieses Gebietes aus.

Eine kleine Anzeige eines Reiseveranstalters weckt unser Interesse für diese uns bis dahin völlig unbekannte Region. Nachdem wir einiges darüber lesen, haben wir Blut geleckt. Wir wollen dort Urlaub machen, buchen eine kleine Ferienwohnung, für drei Wochen im September 2001.

Die Anreise ist mit über 1.200 Kilometern sehr lang. Deshalb legen wir auf unserer Anreise gen Süden in Umbrien einen Zwischenstopp ein. In Orvieto, dessen Altstadt auf einem Felsplateau thront.

Bevor wir im familiären Hotel Palazzo Piccolomini zu Bett gehen, sehen wir uns noch die Stadt an. Danach lassen wir den Abend auf der Terrasse eines Restaurants mit einem köstlichen Essen ausklingen. Das Ganze an einem lauen Sommerabend, an dem sich ein sternenübersäter Himmel über die Silhouette von Orvieto wölbt. Einfach wunderschön, oder wie der Italiener zu sagen pflegt: Magnifico.

Am nächsten Tag, einem Samstag, geht es weiter südwärts. Wir lassen die Stadt Salerno ebenso links liegen wie die antiken Tempelanlagen von Paestum. Es zieht sich, bis wir endlich in Laurito, einem beschaulichen Bergdörfchen ankommen. Die Azienda Fasani, wo wir für drei Wochen eine kleine Ferienwohnung gemietet haben, liegt etwas außerhalb des Örtchens.

Als wir am frühen Nachmittag auf der Azienda eintreffen, ist es brütend heiß, über 35° Celsius. Und es ist laut, denn am Pool tummeln sich unzählige junge Leute. Wir sind ziemlich geschafft, ich vom Fahren und Eva, weil sich ihr linkes Bein seit Tagen irgendwie taub anfühlt, was sie sehr beunruhigt. Das Pächterehepaar begrüßt uns freundlich, spricht aber nur italienisch. Francesco, ihr Sohn kann Deutsch, ist aber gerade nicht anwesend.

Wir ziehen uns in die Ferienwohnung zurück. Diese ist spartanisch eingerichtet, was Eva untröstlich stimmt. Sie fühle sich hier nicht wohl, sie sei unglücklich, jammert sie, eigentlich wolle sie sofort wieder abreisen. Nach einer längeren Pause und einem erholsamen Schläfchen begeben wir uns zum Abendessen auf die Terrasse der Azienda.

Dort werden wir, wie auch die weiteren Gäste, ein Ehepaar aus München und ein Schweizer Pärchen, mit wahren Gaumenfreuden aus der regionalen Küche verwöhnt. Schon sieht die Welt, insbesondere unsere hier im Cilento, wieder anders, wieder besser aus. Wir kommen mit den Münchnern, die am Nebentisch sitzen, ins Gespräch und unterhalten uns lange und gut.

Das bleibt Bruno, dem Hausherrn nicht verborgen. Am nächsten Tag werden wir an den Tisch des Münchner Ehepaares platziert. Wir plaudern munter drauf los und lachen viel. Kurzum: Wir verstehen uns richtig gut. Der süffige Wein tut dazu ein Übriges. Heute wird Wildschweinbraten serviert, auf jedem Teller liegt ein großes Stück. Wir hauen rein, ratschen, trinken, scherzen. Die Stimmung könnte nicht besser sein, unser Stimmungstief von gestern haben wir längst vergessen.

Da passiert etwas Unerwartetes. Die Münchnerin legt urplötzlich ihr restliches Bratenstück, die Portion ist ihr einfach zu groß, auf meinen Teller. Ihr Mann erstarrt vor Schreck. Entsetzt blickt er seine Frau an: »Das kannst Du doch nicht machen. Du kannst doch nicht einfach dem Herrn Schneider Dein Fleisch auf den Teller legen!« Es ist ihm sichtlich peinlich. »Das ist doch nicht schlimm«, versuche ich, die Situation zu retten. Wie jeder sehen kann, schmeckt mir dieser Braten »ottimamente«, also bestens. Soll ich diesen Nachschlag ablehnen, nur weil er etwas unkonventionell serviert worden, also auf meinem Teller gelandet ist? Und dass es diese forsche Münchnerin nur gut mit mir gemeint hat, weiß ich auch. Eines muss ich allerdings schon gestehen: Mit diesem unerwarteten Braten-Satz von ihrem Teller auf meinen Teller habe ich natürlich nicht gerechnet.

Auch an den folgenden Tagen sind wir viel zusammen, frühstücken jeden Morgen gemeinsam, faulenzen ganze manche Nachmittage am Pool, und genießen allabendlich die kulinarischen Spezialitäten des Cilento. Uns stören selbst die drei Kinder einer Richter-Familie aus Bari nicht, auch wenn das Jüngste sehr viel weint. Die Münchnerin beugt sich immer wieder tröstend zu ihm hinunter, lässt ein mitfühlendes »Sempre piangere« (immer weinen) ertönen, was aber meist ohne durchschlagende Wirkung bleibt. Nach vierzehn gemeinsamen Tagen im Cilento geht es für »unsere« Münchner Freunde leider wieder nach Hause.

Wir bleiben noch eine Woche auf der Azienda, lernen neue Gäste kennen, ein Ehepaar aus Bremen, ganz anders gestrickte Personen. Mehr sag ich nicht, zumindest nicht an dieser Stelle!

Gerrit und sein Nine-Eleven

Wer ist Gerrit? Sie werden ihn höchstwahrscheinlich nicht kennen, oder? Wir haben ihn auf internationalem Terrain kennengelernt, genauer: im Süden Italiens, noch genauer: im Cilento, auf der Azienda Fasani. Zusammen mit seiner

Frau Helga, einer Berlinerin und Atze, ihrem »ätzenden« Kater, hat Gerrit das Appartement neben uns bezogen.

Gerrit ist 61, relativ groß, stark untersetzt und überschätzt sich gerne selbst. Er spricht fließend italienisch. Und zwar gut, wie er meint. In unseren Ohren klingt das eher wie das Rattern eines Maschinengewehrs, denn er feuert seine holprigen italienischen Sätze, Satzfetzen und Wortsalven gnadenlos ab, laut und stakkatomäßig. Aber vielleicht hängt das ja mit seinem beruflichen Umfeld zusammen? Gerrit ist Diplom-Ingenieur. In einer Bremer Firma entwickelt und testet er wehrtechnische Angriffs- und Abwehrsysteme für die Marine. Und aufgemerkt: Er ist U-Boot-tauglich, wie er jeden wissen lässt.

Eines Nachmittags tritt er den ultimativen Beweis dafür an. Er steigt in den Pool und bleibt an dessen tiefster Stelle stehen; nur seine ausgestreckten Arme ragen noch aus dem Wasser. Doch lange kann er sich so nicht halten, dann hievt ihn sein »Rettungsballon«, sein stattlicher Bauch wieder an die Oberfläche.

Es kommt der elfte September 2001 oder »Nine-Eleven«, wie die Amerikaner diesen Tag später nennen. Neunzehn Terroristen von al-Qaida lenken zwei Flugzeuge in die Türme des World Trade Centers in New York und eines in das Pentagon in Arlington. Das vierte Flugzeug, das wahrscheinlich ein Regierungsgebäude in Washington hätte treffen sollen, bringt der Pilot der Entführer bei Shanksville zum Absturz. Insgesamt kommen bei diesen Anschlägen etwa 3.000 Menschen zu Tode.

Gerrit hört die erste Schreckensmeldung im Radio, auf Kurzwelle. Er kommt sofort zum Pool gestürmt, wo ich gerade ein paar Runden drehe, und berichtet völlig aufgelöst von diesem Terroranschlag. Unglaublich! Er sagt natürlich »incredibile«, und in den folgenden Tagen wird das zu seinem Lieblingswort.

Beim Abendessen erstattet Gerrit seinen ersten Bericht zur Katastrophenlage in den USA, selbstverständlich in Italienisch, damit auch unsere Gastgeber informiert sind. Erst nach dem fünften »incredibile« können wir anfangen, die duftende Pasta zu essen. Doch schon nach wenigen Bissen ergreift er wieder das Wort, skizziert ein globales Strategie-Szenario für die notwendigen Reaktionen der USA und deren Verbündete. »Jetzt muss durchgegriffen werden gegen diese verbrecherischen Terroristen, weltweit und gnadenlos ... da müssen schon mal 60 Leute in einem Flugzeug geopfert werden, um solche Terroristen zu eliminieren ... die USA müssen härtest zurückschlagen ... wir können doch nicht überall und dauernd mit so einem Sicherheitsrisiko leben ... wieso hat der amerikanische Geheimdienst so kläglich versagt?« Gerrit kann sich kaum beruhigen. Er entwirft internationale Rachepläne, formuliert zwischen Spaghetti und Tomatensauce notwendige politische Weichenstellungen und Entscheidungen.

Und für sich formuliert er erste Konsequenzen: »Also ich betrachte ab jetzt jeden Araber mit Skepsis!« – Dass mir trotz dieser dummdreisten Sprüche und Phrasen das Abendessen noch schmeckt, lässt sich nur mit dessen exzellenter Qualität erklären.

Auch an den folgenden Tagen stets das gleiche Ritual: Gerrit eröffnet Frühstück und Abendessen mit seinem aktuellen Kommuniqué zur Bekämpfung des globalen Terrorismus. Er gibt den starken Mann, in seinen Äußerungen zeigt er sich als ganz harter Hund. Zurückschlagen, draufhauen, durchgreifen lauten seine Forderungen.

Gerrit war früher in einer Studentenverbindung. Er saufe, wie er lauthals kundtut, heute noch jeden trinkfesten Koreaner unter den Tisch, was er bei dienstlichen Meetings schon wiederholt bewiesen habe.

Hinter dieser harten Schale scheint sich allerdings ein weicher, ein sehr weicher Kern zu befinden. Pastagerichte, so lässt er uns beiläufig wissen, schätze er so wenig wie Risotto. Als an einem Abend gegrillte Auberginen mit Tomatensauce serviert werden, ist er schon nach wenigen Bissen satt, so satt, »dass er nicht mehr kann«, wie er sagt. Helga, seine bessere Hälfte, gibt daraufhin einige seiner speziellen Essenseigenheiten preis. Sofort reagiert er biestig. Mit scharfer Zunge fordert er sie auf, endlich aufzuhören, seine Schwächen auszumalen, worauf sie beschwichtigend kontert: »Nu fang doch nicht gleich an zu heulen!«

Eines Morgens erscheint ein anderer Gerrit am Frühstückstisch. Sein Gesicht ist blutverkrustet und Blut klebt auch an seinen Fingernägeln. Was ist geschehen im Dunkel der Nacht? Hat sich Gerrit mit einem Capo der ciletanischen Camorra duelliert? Oder hat sich Atze, der verstörte Kater an ihm gerächt, weil er hier dauernd von italienischen Hunden gejagt wird? Ich vermute ja, dass er seinen Rasierapparat noch nicht mit GPS ausgestattet hat. Aber seine blutigen Fingernägel? Helga klärt uns auf. Ihr Mann pfriemele, wenn er sich nicht im Griff habe, häufig daran herum. Beispielsweise wenn irgendein Soziologe ewig lang so etwas Unverständliches daherquassele, was ein normaler Mensch auch in 15 Minuten sagen könnte.

Auch sie erklärt, dass sie sich um die Rettung Amerikas viele Sorgen mache. Es könnte knapp werden, meint sie allen Ernstes. In vier Jahren ginge ihr Mann in Pension und bis dahin wolle dieser doch noch ein sichereres Abwehrsystem für U-Boote entwickeln.

Weniger Weitsicht lässt Gerrit beim Chauffieren seines Autos erkennen. Erst vor ein paar Tagen hat er einen Pfosten der Parkplatzüberdachung neben der Azienda gerammt. »Nur eine Beule!«, sagt er lakonisch. Aber Autofahren gehört derzeit sowieso nicht zu seinen bevorzugten Aktivitäten. Der Grund: Nachdem Helga und er mit dem Autoreisezug in Neapel angekommen und ins Auto gestiegen waren, meldete ihr GPS »Out of area«. Gerrit verlor in der neapolitanischen Altstadt für kurze Zeit die Orientierung. Um ihn herum flitzten und sausten süditalienische Auto- und Motorradhasardeure sowie Vespa-Desperados – und mittendrin Gerrit. Panik überfiel ihn, und nur mit höchster Konzentration, das Tempo stark gedrosselt, gelang es ihm, dieses Verkehrsinferno unbeschadet zu überstehen.

Übrigens: Wenn sie häufiger in Italien unterwegs sind, können sie Gerrit, dem Weltenretter, durchaus einmal begegnen. Sie erkennen ihn an seinem Auto, einem limoncello-gelben »Straßenkreuzer«, ausgestattet mit Automatik und GPS, deutsches Fabrikat, versteht sich. Und er auf der »Kommandobrücke«, also vielmehr hinter dem Steuer seines VW Lupo.

Urlaub in einem »Terra incognita«

Urlaub gilt offiziell als die Zeit, in der Arbeitnehmer, Beamte, Soldaten aber auch Selbstständige berechtigt von ihrem Arbeitsplatz fernbleiben dürfen, um sich zu erholen. Wie sie das am besten anstellen und wo sie das am liebsten machen, hängt von vielen Faktoren ab, zeitlichen, klimatischen, aber auch pekuniären oder sonstigen.

Im September 2005 verbringen wir erstmals drei komplette Urlaubswochen in einem sogenannten Terra incognita, in einem unbekannten Land. Zumindest sind bestimmte Regionen dieses Landes von uns bisher noch nicht entdeckt worden. Wir bleiben also, wie jeder wahrscheinlich schon ahnt, in heimischen Gefilden.

Das Wetter ist schön und wir unternehmen viel: Radtouren um den Ammer- und den Starnberger See sowie Bergtouren auf Blomberg und Wallberg. Wir besuchen die Bundesgartenschau in München, die Pinakothek der Moderne, das Buchheim-Museum, das Münter-Haus in Murnau, die Franz-Marc-Ausstellung, ein Konzert mit dem Allgäuer Liedermacher Werner Specht in Kempten und auch sonst unternehmen wir noch einiges.

Nicht wenige unserer Bekannten und Freunde staunen über diesen Urlaub im bayrischen Oberland, also quasi vor der eigenen Haustüre. Ob so etwas überhaupt ein richtiger Urlaub sein kann? Auch von dessen Reizen scheinen sie wenig überzeugt zu sein.

Aus diesem Grund bin ich froh, gleich am ersten Tag nach unserem Urlaub in einem Interview meine Sicht, meine Bewertung dieses Urlaubs mitteilen zu können. Wo dies stattfindet? Natürlich in der S-Bahn, auf der Fahrt nach München, und zwar um 6:13 Uhr.

Guten Morgen, Herr Schneider! Na, wieder im Lande? Sie waren wohl in Urlaub, denn auf Ihrem Sitzplatz in der S-Bahn, vierte Tür von vorne, linkes Abteil, erster Platz rechts am Gang waren Sie morgens nie zu sehen.

Ja, also meine Frau Eva und ich, wir haben heuer nicht lange rumgefackelt, und viertelstundenlang irgendwelche Kataloge durchgeblättert. Nein, wir haben einfach losgeurlaubt, quasi von der Türe weg – raus aus den Arbeitsschuhen und rein in die Urlaubslatschen.

Sie sehen so erholt aus und dann diese Sonnenbräune. Waren Sie im Süden?

In der Tat, wir waren im Süden, um ganz ehrlich zu sein, sogar im tiefsten Süden der Republik, in Upper Bavaria. Da ist in dieser Zeit nicht soviel los, weil viele Bayern in Italien dem Sommer nachjagen.

Heißt das, Sie sind gar nicht weggefahren?

Nein, durchaus gar nicht. Wir sind sogar häufig weggefahren, und zwar mit dem Radl, mit der S-Bahn, ja einmal sogar mit der Deutschen Bahn.

Ist das nicht langweilig, jeden Tag dieselben Wände, dieselben Nachbarn, Alltägliches, wohin man schaut?

Keineswegs – verstehen Sie, meine Frau und ich, wir sind ausgesprochene Eigenheimschläfer. Bei uns heißt es: Unser Bett ist unser castle, daher auch die Bezeichnung »Bettkastl!« Und wenn wir im Bett liegen und die Augen zumachen, dann sehen wir nichts, und das allein ist schon sehr erholsam.

Aber wettermäßig ist Bayern doch immer ein gewisses Risikogebiet?

Nur für jene, die es nicht abwarten können. Nach Berechnungen der Meteorologen stehen uns in Bayern jährlich ungefähr 32 Sommertage zu. Bis Ende August hatten wir aber erst knapp fünf. Also mussten wir nur auf den Rest warten. Und die Sonne, die strahlte dann noch mehr als Bundeskanzler Schröder nach seiner triumphalen Wahlniederlage.

Gab es denn keine stürmischen Turbulenzen wie zuletzt in Amerika?

Insgesamt war es sehr ruhig. Trotzdem – also, da beißt die Maus keinen Faden ab – flogen natürlich auch mal die Fetzen. Das lag allerdings nicht an den Sturmtiefs »Katharina« oder »Rita«, sondern an der stürmischen Eva, meiner besseren Hälfte.

Und was haben Sie dann diese drei Wochen gemacht, ohne Strand, Sand und Meer? Ist es Ihnen denn nicht langweilig geworden?

Also langgeweilt haben wir uns nie. Wir haben oft gut und früh gestückelt, übrigens meist morgens. Dann wurde auch mal biergegartelt oder mountain gewalkt. Nicht zuletzt haben wir da und dort kunstgenüsslich geschwelgt, sind mozärtlich gekugelt oder richtig tourgeradelt.

Ähh … und hat Ihnen dieser Urlaub wirklich gefallen?

Ja schon. Er war schön, ich erdreiste mich sogar, zu behaupten, er war sauschön.

Vielen Dank, Herr Schneider, für dieses spontane Interview am frühen Morgen.

Na, schon bemerkt oder zumindest vermutet? Richtig! Dieses Interview hat natürlich nie stattgefunden. Es hätte allerdings so ablaufen können, wenn, ja wenn mich einer gefragt hätte. Aber wer fragt schon jemanden, der seinen Urlaub zu Hause verbringt?

Scharfes zum Geburtstag

Es ist nicht ein x-beliebiger Tag heute hier in Berchtesgaden. Zum einen starten wir zur achten und vorletzten Etappe auf dem Mozartradweg und zum anderen hat Eva heute Geburtstag, nicht irgendeinen, sondern ihren fünfzigsten. Außerdem haben wir uns hier vor 29 Jahren kennengelernt. Braucht es der Anlässe mehr, um diesen Tag als besonderen zu bezeichnen?

Schon beim Frühstück im Hotel Post beginnt dieser mit einem außergewöhnlichen Event. Wir drücken zwar den Altersdurchschnitt der Hausgäste deutlich, stören aber auch die morgendliche Sitzordnung im Frühstücksraum.

Klar und überschaubar ist dagegen das Buffet: eine Platte mit Wurst, eine mit Käse, zwei Schüsseln mit Marmelade, vier Plastikflaschen mit Honig zum Selbstabfüllen, Semmeln in einem Korb, die restlichen kauern in einer Plastiktüte in der Ecke. Frühstückseier gibt's natürlich auch, sofern man sie am Vorabend bestellt hat, lausige 50 Cent das Stück. Kaffee muss an einem Automaten selber gezapft werden. Daneben ein weiterer, der Wasser, Fanta und weitere Durstlöscher ausspuckt. Über allem wacht umsichtig der morgendliche »Chef de Rang«, dem Caddie eines Profigolfers ähnelnd: älterer Herr, schwarze Hose, schwarzes T-Shirt, schwarzes Baseballkäppi.

Den Preis für das Zimmer, dieses Ambiente und diesen Service, 82 Euro, halten wir allerdings für total überzogen. Offensichtlich sind wir da nicht die Einzigen, wie das herausgerissene Antennenkabel im Zimmer vermuten lässt.

Der heutige Tag ist ein Tag wie aus dem Bilderbuch, wie für Eva bestellt. Strahlender Sonnenschein, der Himmel leuchtet blau, dazu weht ein leichter Ostwind. Um uns herum eine Traumkulisse: die Gipfel von Hohem Göll und Watzmann, der lange Rücken des Untersberges und im Tal die rauschende Berchtesgadener Ache.

Da Eva ab heute nicht mehr zu den Jüngsten zählt, wollen wir diesen Tag gemütlich angehen. Und weil sie meinen Fitnesstest an den Vortagen bestanden hat, bin ich quasi zum Äußersten entschlossen. Ich habe ihr versprochen, übrigens mein Geschenk zum gestrigen Hochzeitstag, auch weiterhin in sie zu investieren. Na, wenn das nichts ist!

Auf dem kombinierten Rad- und Fußweg entlang der Berchtesgadener Ache zum Königsee sind wir nicht allein. Zahlreiche Spaziergänger und Wanderer sind unterwegs, darunter ein Esel mit Planwagen samt Treiber. Beide sind auf Werbetour für die älteste Enzianbrennerei Deutschlands, diese »krasse« Firma. Der Treiber, schon etwas älter, blau beschürzt, grüßt freundlich und bietet uns zwei Fläschchen Hochprozentiges an, einen Enzian und einen Kräuterlikör. Während Eva zwei Euro aus ihrer Tasche kramt, verrate ich dem Alten, dass er es gut getroffen habe: »In Berchtesgaden habe ich meine Frau kennengelernt, gestern hatten wir Hochzeitstag und heute hat sie einen runden Geburtstag, ihren fünfzigsten«. Er greift nochmals in den Planwagen, gratuliert Eva und schenkt ihr ein Fläschchen Kräuterlikör. Mir rät er eindringlich, auf diese schöne Frau gut aufzupassen, was ich ihm umgehend verspreche.

Am Königsee halten wir uns nicht lange auf. Zu voll, zu viel Kitsch und zu viel Nepp, aber der See glatt und blaugrün, der Watzmann steil aufragend, einfach eine wunderschöne Naturkulisse. Auf dem Rückweg, wieder an der sprudelnden Ache entlang, begegnen wir dem »krassen« Team erneut. Der Mann erkennt uns sofort wieder, hält inne und singt Eva ein Ständchen: »Zum Geburtstag alles Gute, zum Geburtstag viel Glück«. Was für eine Überraschung! Eva freut sich, ich freue mich. Wir bedanken uns und wünschen ihm noch alles Gute.

Das Geburtstagsessen lasse ich abends servieren. Im Gasthaus Schorn in St. Leonhard verwöhnen wir unsere Gaumen mit Schweinerücken in Weinbrandsauce, dazu Steinpilz-Spaghetti und Herbströllchen mit Kürbis-Geflügelfüllung auf Blattsalat, und als Getränk ein köstliches Herbstbier. Die festliche Musik zum Mahl ertönt aus dem großen Saal nebenan. Dort wird eine traditionelle Bauernhochzeit gefeiert, mit Blasmusik und kernigen Sprüchen.

Bei uns sorgt ein Pärchen aus Franken, das sich zu uns an den Tisch gesellt, für Unterhaltung. Er mit seinem trockenen Humor, sie mit ihrem nahezu ungebremsten Plappermäulchen.

Alter Esel muss leiden

Wenn es dem Esel zu wohl ist, geht er aufs Eis tanzen. Nun von Eis kann in diesem Fall überhaupt nicht die Rede sein, aber glatt war das »Parkett« schon, auf dem sich der Esel, in diesem Fall ein bereits älterer Esel bewegt hat.

Mit meiner Schwester und deren Mann wollen wir im Herbst 2007 auf Schusters Rappen über die Höhen des Spessarts wandern, auf dem 135 Kilometer langen Eselsweg von Schlüchtern südwärts nach Großheubach. Vor mehr als 20 Jahren sind wir zum letzten Mal gemeinsam mehrere Tage unterwegs gewesen. Jetzt sind die Töchter meiner Schwester aus dem Haus und wir sind zu mehr oder weniger ergrauten, älteren »Eseln« geworden.

Damit wir uns in diesem ungewohnten Sprachraum irgendwie verständlich machen können, habe ich im Vorfeld dieser Wanderung ein kleines Wörterbuch für hatschende Hessisch-Babbler zusammengestellt. Nachstehend eine Kostprobe dieses Grundwortschatzes für Wanderer:

Hessisch	Deutsch	Erläuterung
babbele	sprechen	Was Wanderer nahezu ununterbrochen tun, um von ihren Schwächen abzulenken
Bei Hemmbels unnerm Sofa	sagenumwobener Ort, den jeder kennt, aber noch niemand tatsächlich gesehen hat	Oder wie es bei den meisten Wanderern im Rucksack aussieht
Beleidischd Lebberworscht	empfindlicher Mensch	Reaktion von Wanderern, wenn man an ihrer Leistungsfähigkeit zweifelt
Bumbesje	sich artikulierende Blähung	Lautmalereien von Wanderern, die sich unbeobachtet fühlen
dabbisch	ungeschickt	Versuche von Wanderern, ihre Füße geordnet auftreten zu lassen

Hessisch	Deutsch	Erläuterung
Dollbohrer	umständlich handelnde Personen	Häufig zu beobachten, wenn sich Wanderer anziehen
Dorschenanner	Unordnung	Beschreibung der Lage, wenn das Rucksack-Management misslingt
Ei natäärlisch	natürlich	Antwort von Wanderern, die wieder mal alles besser wissen
Erbsezähler	sparsame Person	Häufig bei Wanderern aus dem Schwabenländle anzutreffen
Guude!	Guten Tag	Sagt der Wanderer zu jedem, weil er normalerweise freundlich ist
Guude wie?	Wie geht es ihnen?	Wenn Wanderer besonders neugierig sind
hibbelich	unruhig	Das Gefühl, wenn Wanderer auf einen anderen unzumutbar lange warten müssen
huddele	oberflächlich arbeiten, meist unter Zeitdruck	Wenn's losgehen soll, aber gewisse Wanderer wieder mal nicht fertig werden
Mobbelsche	beleibter Mensch	Wanderer, die zwei Rucksäcke zu tragen haben, einen auf dem Rücken, den anderen »bäuchlings«
Moomendemal	Halt	Hilferuf, wenn Wanderern die Luft ausgeht, oder sie wieder mal Durst haben
Schlammbes	Schlamm	Das, was Wanderer besonders schätzen, wenn sie unterwegs sind
Schnuckelsche	etwas zum Naschen	Was Wanderer immer in der Tasche haben
Schnuud	Mund	Woran sich die Stimmung oder die Verfassung von Wanderern ablesen lässt
S'Lebbe geht weide	beruhigender Spruch	Wenn Wanderer auf dem Zahnfleisch daher kommen
Stinkstibbel	unerträgliche Personen oder deren Fußbekleidung	Wenn man gegen das Geschwätz oder die Geruchsschwaden von Wanderern machtlos bleibt
uffgeblase	eingebildet	Bezeichnung für Wanderer, die besonders durch ihre Ausrüstung und Sprüche auffallen
uffrabbele	aufstehen	Was anständige Wanderer um 6:00 spätestens um 7:00 Uhr machen
Zuggerschneggsche	ringelförmiges Zuckergebäck	In feineren Kreisen auch Bezeichnung für des Wanderers holde Begleiterin

Am zweiten Tag kommen wir an einem Freizeitpark vorbei und verharren dort für ein paar Augenblicke. Hinter dem Zaun stehen friedlich vereint alte und junge Esel, unsere »Wandertaufpaten«. Ich bin etwas irritiert. Denn wenn ich deren Augen betrachte und deren Gelassenheit sehe, wird mir schnell klar, auf welcher Seite des Zaunes die sogenannten dummen Esel stehen.

Einige Tage später, am letzten Wandertag krieche ich morgens aus dem Bett. Zu diesem Zeitpunkt ahne ich nicht, was heute auf mich zukommen wird. Gut, 22 Kilometer Wegstrecke, was soll's?

Doch schon nach wenigen Kilometern tut mir meine linke Ferse weh. Das hat sie zwar schon mehrmals getan in den letzten Tagen, aber diese Schmerzen sind über Nacht immer wieder abgeklungen. Jetzt, beim Abwärtsgehen, den steilen Borkberg hinab, spüre ich meine Ferse heftiger. Ich werde immer stiller, kein gutes Zeichen. Auch während der mittäglichen Rast in einer Schutzhütte lassen die Schmerzen nicht nach. Ich beiße auf die Zähne. Es geht weiter auf den Geiersberg, ganze 512 Meter hoch, die letzten zwei Kilometer allerdings auf einer Teerstraße. Nicht gut für meine Ferse und schmerzhaft für mich. Ich tappe hinter den anderen her, wortlos, beiße die Zähne zusammen und hoffe, Kloster Engelberg, unsere nächste Lab-Station möge endlich näher kommen.

Ein Hinweisschild raubt mir beinahe die letzten Kräfte. Darauf die ernüchternde Botschaft: Noch zwölf Kilometer bis dorthin. Würde jetzt jemand Gotthold Ephraim Lessing zitieren, wonach »der Langsamste, der sein Ziel nur nicht aus den Augen verliert, (…) immer noch geschwinder (geht), als der, der ohne Ziel herumirrt«, könnte es passieren, dass ich meine Wanderstöcke ins Gebüsch wärfe und keinen einzigen Schritt mehr weiterginge. Aber meine Mitwanderer spüren und sehen, wie ich leide – und kämpfe. Noch wartet aber eine besondere Herausforderung auf mich. Nach der Sohlhöhe kommt ein abschüssiges Wegstück. 150 Höhenmeter geht es abwärts, in einer ausgewaschenen Rinne, mit wackeligen Steinen und rollendem Kies. Oh, ist das hart und tut das weh!

Was meine letzten Kräfte jetzt noch mobilisiert, ist mein Streben und Lechzen nach dem köstlichen Gerstensaft in der Klosterschänke Engelberg.

Gegen 16 Uhr, seit einer Stunde regnet es auch, erreichen wir das Franziskanerkloster, hoch oben über Großheubach. Hatschend, durchnässt, müde, fertig – so trottet der alte Esel aus Holzkirchen mehr als er geht an die klösterliche Futterkrippe, vor allem zur Tränke. Hinsetzen, Ferse schonen, trinken, ausruhen – nahezu göttliche Minuten.

Nach einiger Zeit wieder etwas bei Kräften und die Schmerzen betäubt, schaffe ich dann auch noch die letzten paar Stufen, die sogenannten Engelsstaffeln hinab nach Großheubach. Es sind ja auch nur 612 Stufen! Einfach engelhaft! Als ob ich nicht schon so die Engel hören würde?

Oh Mister Swoboda

Den gleichnamigen Song hat Fred Rauch, der langjährige BR-Hörfunk-Moderator bereits 1954 zum Besten gegeben. Darin fragt er erst einen Mister Swoboda, was er denn in den USA mache, um ihn dann aufzufordern, gleich nach Europa zurückzufahren. Der Grund, in Amerika gäbe es kein Pils, keine Knödel, keine Polka und keine Mädel. Letztere sind für uns nicht ausschlaggebend dafür, dass wir uns 2009 entlang der Moldau auf den Weg nach Prag machen.

Das umstrittene Atomkraftwerk Temelin mit seinen vier dampfenden Kühltürmen ist keineswegs der strahlende Höhepunkt dieser Radtour. Wir umrunden es in einem weiten Bogen.

Einige Kilometer weiter quälen wir uns einen Anstieg hinauf. Es ist Mittagszeit und die Sonne brennt vom Himmel. Was wir jetzt bräuchten, wäre ein Plätzchen zum Ausruhen. Das erhoffte lauschige Plätzchen findet sich wenig später zwischen zwei Linden. Wir gönnen uns ein Schlummerstündchen.

Danach bewältigen wir zwei weitere Steigungen, ehe wir es laufen lassen können, kilometerweit hinab ins Tal der Otava, bis hinein ins Städtchen Pisek. Seinen Namen verdankt dieses dem goldhaltigen Sand (tschechisch: pisek), den das Flüsschen seit Urzeiten aus dem Böhmerwald hier ablagert.

An einer Kreuzung am Stadtrand. Wir schieben unsere Räder über einen Zebrastreifen, sind uns nicht schlüssig, welche Richtung wir einschlagen sollen. Ein Auto biegt um die Ecke, bleibt stehen. Der Fahrer steigt aus und ruft uns auf Deutsch zu: »Kann ich Euch helfen?« Es ist, wie wir nach einem nahezu halbstündigen Gespräch in der prallen Sonne wissen, ein leutseliger Piseker. Ich nenne ihn Mister Swoboda.

Dieser wird nicht müde, uns mit Informationen über die Sehenswürdigkeiten der Stadt sowie über seine Person und seine Aktivitäten vollzuquasseln. Schon nach wenigen Sätzen lässt er uns wissen, wie sehr er es bedaure, morgen nach Österreich, in die Nähe von Wels, fahren zu müssen. Deshalb habe er leider noch viel zu erledigen. Wir erfahren des Weiteren, dass er früher ein Hotel oben am Waldrand besessen, jahrelang als Reiseveranstalter gearbeitet und viele Busgruppen durch Pisek geführt habe. Sein Vater sei Österreicher gewesen, sein Großvater sogar noch Kutscher beim Kaiser Franz Josef.

Zwischendurch kommt eine junge Frau des Weges. Er begrüßt sie auf Deutsch und schickt ihr noch einen Gruß auf Englisch hinterher. Diese lacht, denkt wohl, da hat Mister Swoboda mal wieder zwei Opfer gefunden. Sie grüßt kurz zurück und geht schnell weiter. »Eine Lehrerin für Deutsch und Englisch an der Gewerbeschule«, klärt er uns auf. Seine Tochter habe bei ihr auch Unterricht gehabt.

Übrigens, in Kožli u Orlika, wo wir morgen hinkämen, habe sein Schwiegersohn eine Pension mit aufgebaut. Da schicke er immer Radler hin, sehr schön und sauber. Sein Enkel arbeite dort als Kellner.

Hierauf zählt er seine zahlreichen Bekannten und Freunde in Deutschland auf, unter anderem welche in Pöcking, in Königsbrunn, in Heidelberg und in Laufen. Auch einen Inder kenne er gut. Der habe so einen Bart wie ich, arbeite aber sehr bedächtig, also langsam.

Wir erfahren schließlich noch, dass in der Nähe von Pisek der Film »Die Abenteuer des braven Soldaten Schwejk« gedreht worden ist, ebenso die Heimatschnulze »Die Fischerin vom Bodensee«.

Nachdem uns Mister Swoboda den Weg zum Hotel Biograf insgesamt dreimal erklärt hat, will er uns noch sein Visitenkärtchen mitgeben. Er sucht und sucht, doch genau heute hat er keins dabei, was er sehr bedauert. Mit einem kräftigen Händedruck und besten Wünschen verabschieden wir uns voneinander.

Abends bummeln wir durch das beschauliche Städtchen. Wir besichtigen Böhmens älteste Steinbrücke, ergötzen uns an den Fassaden der Patrizierhäuser im Zentrum und stärken uns in einem Restaurant für die weiteren Etappen.

Zurück im Hotel wollen wir an der Rezeption eine Telefonnummer für die nächste Quartierreservierung erfragen. Die Dame teilt uns mit, für uns sei ein Briefkuvert abgegeben worden. Dessen einziger Inhalt ist ein Visitenkärtchen, und zwar von Mister Swoboda, von wem denn sonst.

Am nächsten Morgen radeln wir nochmals ins Zentrum, um etwas Verpflegung einzukaufen. Als ich aus einer Metzgerei zu Eva zurückkehre, ertönt ein: »Das ist ja schön, dass wir uns nochmals begegnen.« Mister Swoboda steht vor uns und strahlt wie ein Honigkuchenpferd. Er musste, wie er uns gestern schon erzählt hatte, seine Frau noch zum Arzt bringen. Gleich stellt er die alles entscheidende Frage: »Haben Sie meine Visitenkarte bekommen?« Als wir bejahen, winkt er zufrieden seine Frau heran, die an Krücken geht, und stellt sie uns vor.

Anschließend fragt er uns ab, ob wir alle von ihm erwähnten Sehenswürdigkeiten besucht und bestaunt hätten. Ehe wir uns endgültig verabschieden, bittet er uns, ihm mal eine Karte aus Holzkirchen zu schicken. »Aber bitte mit Absender!«, betont er.

Als wir erwähnen, dass wir in besagter Pension in Kožli u Orlika ein Doppelzimmer reserviert haben, bekommen wir noch Grüße an seinen Enkel mit auf den Weg. Bevor sich Mister Swoboda, der Piseker, noch zu einem Piesacker entwickelt, schwingen wir uns in die Sättel und rauschen davon.

Spätnachmittags in besagter Pension empfängt uns Mister Swobodas Enkel, inzwischen bestens informiert, mit einem freundlich fragenden »Frau Schneider?«. Als wir ihm später die Grüße vom Opa ausrichten, verdreht er nur kurz die Augen und grinst vielsagend.

Auch wir müssen grinsen, als wir abends im Restaurant die Speisekarte durchsehen. Darin sind die Gerichte auch in Deutsch aufgeführt. Aber »Hänchen unseres Oma« wollen wir nicht essen, und »Fisches von uns und weit Lände« scheinen uns ebenso suspekt wie »Hühner Schräge mit Schimmelkäse«. Wir verlassen uns auf Bekanntes und das genießen wir.

Andersen mal ganz anders

»Aber hier, wie überhaupt, kommt es anders, als man glaubt« – heißt es bei Wilhelm Busch in seiner Bildergeschichte Plisch und Plum über zwei ungezogene junge Hunde. Nun junge Hunde sind wir nicht mehr, eher alte Hasen, was unsere Erfahrungen mit Radtouren betrifft. Und ungezogen? Naja, also die Häsin weniger, dafür der Hase mehr.

Auf unserer Radtour 2010 wollen wir entlang der Ostseeküste von Flensburg bis Travemünde/Lübeck radeln, dazu noch eine Runde durch die Holsteinische Schweiz drehen. Damit wir völlig entspannt starten können, wählen wir für die Fahrt nach Flensburg den Nachtreisezug City Night Line 482 »Hans Christian Andersen«. Ein lang gehegter Wunsch, mal völlig ausgeruht zu einer großen Radtour aufzubrechen, soll endlich mal in Erfüllung gehen. Wir buchen eine Kabine im Schlafwagen, begnügen uns mit der Comfortklasse Economy, ein strategischer Fehler, wie wir im Nachhinein feststellen mussten.

Beim Einsteigen am Münchner Hauptbahnhof schon die erste Aufregung. Auf Anraten der Zugbegleiterin schließe ich unsere Räder im Fahrradabteil zusammen. Das sei sicherer, denn ein Teil des Zuges werde gegen Mitternacht in

Hannover abgetrennt und fahre weiter nach Moskau. Ich steige nochmals aus, um auch unsere zehn Fahrradtaschen ins Abteil zu holen. Wie ich ins Radabteil zurückkomme, liegen unsere Fahrräder am Boden. Daneben steht ein etwas dümmlich dreinblickender Einzelradler. Was war passiert? Dieser Schussel hatte es tatsächlich fertiggebracht, mit seinem Rad an einem unserer Räder hängenzubleiben und dadurch unsere beiden, die zusammengeschlossen waren, aus der Halterung zu reißen. Ich gestehe: Ich bin darüber not very amused. Ich werfe diesem Typen Blicke und eine Bemerkung zu, von denen er sich wohl länger nicht erholt haben dürfte.

Anschließend betreten wir unsere nächtliche »Relaxing Zone«, drei Quadratmeter groß, mit zwei Klappbetten und einem wahren »Zaubertischchen«, einerseits Esstisch, andererseits Waschbecken mit hochklappbarem Wasserhahn.

Um Viertel vor zehn klettern wir in die Betten, die die DB-«Nachtschwester«, also die Zugbegleiterin fachfrauisch heruntergeklappt hat. Was für wonnige Reisegefühle! Mit jeder Weiche dürfen wir mitfiebern und mit jeder Kurve mitschwingen. Mal rollen wir zur Innenwand, mal rutschen wir zum Fenster hin. So bleiben wir immer in Bewegung. Musik ertönt dazu keine, nur die Klimaanlage dröhnt unaufhörlich. Sie sorgt zumindest für den notwendigen Luftaustausch. Bei so viel Bewegung und Unterhaltung ist an Schlafen natürlich kaum zu denken. Wir begnügen uns deshalb mit knapp eineinhalb Stunden.

Kurz nach Mitternacht muss ich auf die Toilette. Zurück in der Kabine, kann ich nicht mehr einschlafen. Durch das stetige Geschaukel wird mir so übel, dass ich fürchte, mich übergeben zu müssen. Ich ziehe mich deshalb ins Bordrestaurant zurück, wo ich auch um diese Zeit nicht allein bin. Auf einem Platz sitzt eine Frau und liest. In einer anderen Ecke beschäftigt sich ein Mann mit seinem Laptop. Ich sitze nur ruhig da, genieße die frische Luft, die durch ein gekipptes Fenster hereinströmt.

Am frühen Morgen, nach dieser »märchenhaften« Nacht, freuen wir uns auf das Frühstück. Und was wird serviert? Das weit über DB-Kreise hinaus bekannte »Economy-Morgenbrunch«: Brötchen und Hörnchen flexibler Konsistenz, je ein Portionsbecherchen mit Becelaufstrich, Marmelade und Leberwurst sowie ein Orangensäftchen, alles hygienisch verpackt und im dezenten Papp-Dekor serviert. Das Ganze wird getoppt von einem wirklich guten, frisch gebrühten Kaffee, den uns die Zugbegleiterin serviert.

Moin Moin, Flensburg! Die Bahnhofsuhr zeigt kurz nach Sechs. Nach einer alles andere als märchenhaften Nacht, der Zug hat den Namen »Hans Christian

Andersen« wirklich nicht verdient, steigen wir frisch gestärkt und vor allem total gerädert aus dem Zug. Wir freuen uns, endlich auf die Räder steigen und frische Seeluft einsaugen zu können.

Grünes Männchen quatscht gern

Die Frage, ob intelligentes Leben auch außerhalb unserer Erde existiert, beschäftigt Geistes- und Naturwissenschaftler seit jeher. Die bereits im 19. Jahrhundert entdeckten jahreszeitlichen Veränderungen von Marslandschaften, von grauen und rötlichen Tönen in ein zartes Grün oder Blaugrün, haben zu einer interessanten Hypothese geführt. Auf Fotos vom Mars glaubte man, kleine grüne Männchen sehen zu können.

Unsere Radtour durch die Holsteinische Schweiz hat uns zwar nicht mit einem Außerirdischen zusammengeführt, dafür sind die Fischköppe dort oben wohl doch zu bodenständig, aber sie hat uns eine Begegnung mit einem außergewöhnlichen Menschen beschert.

Ursprünglich wollten wir nur an der Ostseeküste entlangradeln. Um diese Tour sportlich etwas aufzupeppen, haben wir an diesen Küstenradweg noch eine viertägige Rundtour durch Holstein drangehängt.

In Bosau am Rande des Plöner Sees nehmen wir Quartier im Hotel »Dat gröne Huus«. Dessen Speisekarte hat uns mit den ausgewiesenen Bio-Gerichten dazu verleitet. Mit der Chefin, die uns den Abstellplatz für die Fahrräder zeigt, kommen wir schnell ins Klönen über Bioprodukte und andere ökologische Themen. Offensichtlich ticken wir in vielen Punkten ähnlich.

Abends lassen wir es uns dann richtig gut gehen. Wir tun das, was den Gästen auf der Speisekarte empfohlen wird: »Smiet Anker un sett di dal, un war vergnögt in mien Lokal, dat Einheimisch-Restaurant in Schleswig-Holstein mit den natürlichen regionolet Eten«. Auf Deutsch: Lass Dich nieder und sei vergnügt in meinem Lokal, dem Einheimischen-Restaurant mit Produkten der regionalen Küche.

Noch immer glauben viele, die »grünen Männchen« existierten ausschließlich auf dem Mars. Von wegen! Sie leben, zumindest eines lebt im »Gröne Huus« von Bosau. Es ist nicht allzu groß, ein wenig bucklig, hat ein Kugelbäuchlein und plaudert und scherzt ohne Punkt und Komma mit den Gästen. Die Bedienung quittiert das Gebaren ihres Chefs mit vielsagendem Augenrollen. Das »grüne Weibchen« dagegen, die Chefin schuftet in der Küche, meist allein. Und sie kocht vorzüglich.

Auf eine »Fien Suup« verzichten wir, dafür wählen wir als Vorspeise »Gröönfutter mit wat bi« und als Hauptspeise »Galloway-Ripeysteak« und »Gebratene Moränen«. Letzteres sind Fische aus dem Plöner See. Diese werden im »Windmühlen gemahlenen Bio-Roggenschrot« gewendet und in Rapsöl gebraten. Und wat to'n drinken? – Handgebrautes unfiltriertes Zwickelbier aus der Landbrauerei Rickling, ein Dunkel-Pils-Bier, das lieblich malzig schmeckt. Für Unterhaltung sorgt stets das »grüne Männchen«.

Doch dann geschieht etwas Überraschendes. Die Tür geht auf und eine Frau in Begleitung einer alten Dame betritt das Lokal. Die Jüngere schaut Eva an und sagt: »Kennen wir uns nicht? Waren Sie nicht vor kurzem bei uns im Hotel? Sie sind doch mit dem Rad unterwegs, kommen südlich von München?« Wir sind baff. Sie hat uns wiedererkannt. Es ist die Chefin des Hotels »Waffenschmiede«, in dem wir vor drei Tagen eine Nacht verbracht haben. Die Bedienung, auch keine Außerirdische, kommentiert dieses zufällige Wiedersehen passend mit den Worten: »Die Welt ist ein Dorf«.

Wir freuen uns und plauschen länger miteinander. Währenddessen kommt das »grüne Männchen« mehrmals an den Tisch und dann gibt es immer besonders viel zu lachen. Im Laufe des Abends spendiert uns die Chefin der »Waffenschmiede« einen köstlichen Kräuterlikör, wie es ihn, dem »grünen Männchen« zufolge, nur »südlich des Kanals« gibt. Dazu muss man wissen, dass das Hotel »Waffenschmiede« zwar direkt am Nord-Ostsee-Kanal liegt, aber an dessen nördlichen Ufer.

Die folgende Nacht verläuft ruhig. Das »grüne Männchen« schläft, wir schlafen fest und gut. Morgens baut das »grüne Männchen« ein leckeres Frühstücksbuffet auf. Doch, wie überraschend, vor lauter Quatschen vergisst es, die Frühstückseier rechtzeitig aus dem Wasser zu nehmen. So kommen sie hart gekocht auf den Tisch. »Die können Sie jetzt problemlos als Proviant mitnehmen«, meint der Chef, entschuldigt sich aber für das Malheur.

Wenn wir uns nach dem Frühstück nicht auf die Räder geschwungen hätten, dann quatschte dieses »grüne Männchen« vermutlich heute noch.

Begegnung mit einem fiesen Friesen

Erstmals erwähnt wurden die Frisii, also die Friesen, vom römischen Gelehrten Plinius dem Älteren. Seinen Ausführungen zufolge, bewohnte dieses Volk hohe Erdhügel, die mit den Händen nach dem Maß der höchsten Flut errichtet worden waren. In ihren erbauten Hütten glichen sie Seefahrern, solange das Wasser das sie umgebende Land bedeckte, und Schiffbrüchigen, wenn es zurückgewichen war und ihre Hütten gestrandeten Schiffen gleich allein dort lagen.

Heute, gut 2000 Jahre später, machen wir auf der Insel Amrum unsere eigenen Erfahrungen mit dieser Volksgruppe. Wir haben uns im Oktober 2011 für vierzehn Tage eine Ferienwohnung gemietet.

»Aam – Aam – Rum« … Nein, wir sitzen nicht in einem buddhistischen Tempel und meditieren. Vielleicht wäre es besser gewesen! Dabei hat unser Urlaub auf Amrum doch so gut angefangen und bisher ist er auch bestens verlaufen: Sonniges Wetter, herrliches Watt, viel Sand, hübsche Friesenhäuser, eine sehr schöne Ferienwohnung … und noch düt und dat an Positivem.

Doch dann will ich unbedingt einen Friesen kennenlernen, einen echten Friesen, versteht sich. Wo kann man dies wohl besser als in einer heimischen Lokalität. Insofern bietet sich das Friesen-Café in Nebel, nur ein paar Schritte von unserer Wohnung entfernt, geradezu an. Wir schmunzeln über den Spruch direkt über der Eingangstür – »Lever duad üs slav«, also: »Lieber tot als ein Sklave«. Wir ahnen dabei nichts Böses.

Wir betreten das urige Café und lassen uns an einem der Tischchen nieder. Es ist Mittagszeit, aber noch sind nicht alle Plätze besetzt. Bei den meisten Gästen handelt es sich wohl um Touristen, soweit wir deren Sprache und Verhalten richtig interpretieren. Wir sind gespannt, ob wir hier überhaupt einen echten Friesen zu Gesicht bekommen.

Plötzlich taucht einer auf. Kein Zweifel, das ist einer. Das muss ein echter sein. Er kommt an unseren Tisch, allerdings nicht freiwillig. Ich winke ihn heran. Dann steht er vor mir, erhaben, stolz und hitzig. Vielmehr er baut sich vor mir auf. Jetzt geht alles ganz schnell, wie es so schön heißt: »Schlag auf Schlag!« Wirklich ein starker Typ. Aber ich ringe ihn dennoch nieder, bezwinge ihn, »putze« ihn weg, diesen fiesen Friesen!

Doch dann überkommt mich tiefe Reue. Deshalb will ich unbedingt noch bei »Clemens« vorbeizuschauen? Nein, nein, das ist weder ein Kumpel noch ein Psychiater, sondern die evangelische Kirche St. Clemens gleich um die Ecke. Habe ich diesen Friesen vielleicht zu schnell angepackt? Im Umgang mit solchen Typen bin ich einfach zu unerfahren. Nun sitze ich auf der harten Kirchenbank und gehe in mich, zweifele an mir, an meinem Verhalten, und bitte um Vergebung.

Was die anderen Café-Besucher wohl über mich denken? Soll ich ins Café zurückkehren und mich entschuldigen? Fragen über Fragen gehen mir durch den Kopf. Das ist zu viel für diesen. Jetzt fängt er auch noch an, weh zu tun. Zu alledem muss ich jetzt dringend auf die Toilette. Wir kehren in unsere Ferienwohnung zurück, wo mir der »fiese Friese« noch länger im Kopf herumspukt.

Was kann ich aus diesem Vorfall lernen? Man sollte, wenn man einen Fremden nicht kennt, grundsätzlich vorsichtig sein. 56 Prozent sind ja nicht zu unterschätzen, denn so stark war der Geist aus der Flasche, der Friesengeist, der sich in der heißen Schokolade unter einem Sahnehäubchen versteckt hatte. Im Friesen-Café wird dieses Getränk als »Fieser Friese« angeboten. Er schmeckt köstlich, echten Männern besonders zu empfehlen!

Warum man in Nordfriesland nicht unbedingt ein Bier trinken muss, wird nach folgendem Witz jedermann begreifen. Es treffen sich drei Männer, ein Bayer, ein Nordfriese und ein Kölner. Sie beschließen, zusammen etwas zu trinken. Der Bayer bestellt sich ein Weißbier, der Nordfriese ein Pils. Als der Kölner gefragt wird, was er trinken wolle, bestellt er sich eine Cola. Die beiden anderen wundern sich und fragen ihn, warum er denn kein Kölsch wolle. Da antwortet der weise Mann: »Ich dachte mir nur, wenn ihr kein Bier trinkt, dann bestelle ich mir besser auch keins.«

Politisch, aber nicht immer bierernst

Auch ich gehöre dieser berühmt-berüchtigten 68er-Generation an, über deren Bedeutung noch heute gestritten wird. Ich bin ein Alt-68er, aufgewachsen in einem christlich-konservativen Elternhaus. Meine Mutter interessierte sich für Politik überhaupt nicht, mein Vater dagegen schon. Er las regelmäßig den politischen Teil der Heimatzeitung, hörte gerne die Radio-Nachrichten und die Tagesschau war im Hause Schneider absolutes Pflichtprogramm. Letzteres führte häufiger zu fetzigen Debatten zwischen meinem Vater und mir. Unsere Meinungen lagen teilweise weit auseinander. Das dürfte nicht weiter überraschen, denn ich wurde hauptsächlich in jenen Sechzigerjahren politisch sozialisiert.

Ich besuchte damals das Allgäu-Gymnasium in Kempten. Für uns Schüler waren die APO, also die Außerparlamentarische Opposition, die Notstandsgesetzgebung, die Intervention der Amerikaner im Vietnamkrieg, die Spiegel-Affäre, die Friedensbewegung oder der Umgang mit der nationalsozialistischen Vergangenheit Themen, über die wir im Schulalltag heiß diskutierten.

Weiter angefacht wurde mein politisches Interesse durch die Studentenbewegung. Ich begann, regelmäßig den »Spiegel« und »Konkret«, die linke Zeitschrift für Politik und Kultur, zu lesen.

Einmal besuchte ich sogar eine CSU-Wahlkampfveranstaltung in Kempten. Franz Josef Strauß trat in der ehemaligen Tierzuchthalle auf. In seiner bekannten Art und Weise polterte er gegen Helmut Schmidt, seinen politischen Widersacher: »Helmut Schmidt schießt schnell ... (Pause, dann folgte kurz und bündig), aber daneben!« Die Halle tobte. Nur im hintersten Teil riefen ein paar Jugendliche: »Strauß raus!« Er reagierte prompt: »Ihr Maulhelden da hinten werdet sicherlich schneller draußen sein als ich!« – Wieder rauschender Beifall.

Als ich Anfang der 70er-Jahre, nach einem Intermezzo an der Bayerischen Staatsbibliothek, begann, Politische Wissenschaften und Neuere Geschichte an der Ludwig-Maximilians-Universität (LMU) zu studieren, »enthusiasmierte« ich mich für linke Studentengruppierungen, vor allem für den Marxistischen Studentenbund Spartakus. Mit Go-ins, Sit-ins, Teach-ins und Demonstrationen agitierten wir Studenten gegen den »Muff von tausend Jahren unter den Talaren«. Wir protestierten gegen die herrschenden Verhältnisse in der Bundesrepublik und träumten von einer freieren und gerechteren Gesellschaft. Dass mein eigentliches Studium dabei nicht selten ein wenig zu kurz kam, versteht sich fast von selbst.

Im April 1973 übernahm ich die Leitung der Jugendgruppe in Eckarts. Als zwei Monate später der Immenstädter Stadtrat vor der Entscheidung stand, am Ostufer des Großen Alpsees den Bau eines Appartement-Hotels mit etwa 800 Betten zu genehmigen, kam es zur Gründung einer Bürgerinitiative, die dies verhindern wollte. Dabei federführend war die Kreisgruppe Kempten/Oberallgäu des Bund Naturschutz (BN). Für mich war dies Anlass genug, dem BN beizutreten und gleichzeitig die Mitglieder der Jugendgruppe zu überzeugen, sich dieser Bürgerinitiative anzuschließen.

Ein Jahr später schmiss ich mein Studium an der LMU, wechselte an die Katholische Stiftungsfachhochschule München und begann, Sozialpädagogik zu studieren. Ich war jetzt überzeugt, dass eine Gesellschaft nur »von unten«, von der Basis her umgekrempelt und verändert werden konnte.

Später verlagerte sich mein politisches Interesse in Anbetracht der öffentlichen Debatten um Kernenergie und Atomkraftwerke zunehmend hin zu ökologischen Fragestellungen und Themen.

Gut zehn Jahre später, inzwischen war ich wissenschaftlicher Referent beim Deutschen Jugendinstitut und in die Gewerkschaft ötv eingetreten, zogen wir nach Holzkirchen. Dort begann ich, mich in der Ortsgruppe des Bund Naturschutz zu engagieren. Wir kämpften jahrelang gegen den Bau einer Müllverbrennungsanlage im Raum Holzkirchen, und dies mit Erfolg. Den Bau einer Umgehungstraße konnten wir leider nicht abwenden.

Ende der 80er-Jahre trat ich schließlich der SPD bei, mit der ich schon länger sympathisiert hatte. Als BN-Vorsitzender wurde mir zwar mehrmals eine Kandidatur für ein kommunales Mandat angetragen, aber ich lehnte das stets ab. Ich wollte nicht auf tausend Hochzeiten tanzen, sondern mich auf eine Aufgabe konzentrieren. Und mein wichtigstes politisches Aktionsfeld war und ist bis heute die Naturschutzarbeit.

Auch beruflich habe ich mich vielfach mit politischen Themen auseinandergesetzt, unter anderem mit den Lebensbedingungen junger Arbeitnehmer, mit jugendlichem Rechtsextremismus und im Rahmen einer repräsentativen Studie mit politischen Einstellungen und Verhaltensweisen ost- und westdeutscher Jugendlicher.

Zudem begleite ich seit Jahren das politische, vor allem das kommunalpolitische Geschehen mit Leserbriefen. Dabei beschränke ich mich nicht ausschließlich auf harte Fakten, sondern ich kommentiere politische Vorgänge schon auch mal mit beißendem Spott. Manche meinen deshalb, dass ich es dick hinter den Ohren hätte.

Ich glaube allerdings auch nicht dicker als jenes alte Bäuerchen aus dem Allgäu. Dieses war stocknarrisch, weil es ein Stück Land an die Gemeinde abtreten sollte. Deshalb schimpfte es: »Die Hälfte der Gemeinderäte sind Ochsen!« – »Das musst Du zurücknehmen«, wies der Bürgermeister das Bäuerchen zurecht, sonst werde ich gerichtlich gegen Dich vorgehen.« Darauf das Bäuerchen: »Gut, ich nehme es zurück: Die Hälfte der Gemeinderäte sind keine Ochsen!«

Autos müssen an den Strick

1974, zwei Jahre nach einem Höchststand der Unfallzahlen in Deutschland, damals sind mehr als 20.000 Personen im Straßenverkehr tödlich verunglückt, und drei Monate nach dem Höhepunkt der Ölkrise, die uns den ersten autofreien Sonntag beschert hat, startet der ADAC seine Kampagne »Freie Fahrt für freie Bürger«. Noch heute müssen Fußgänger und Radfahrer teilweise um ihr Leben fürchten, wenn sie auf bestimmten Straßen unterwegs und bei der Begegnung mit Autos nicht bei drei auf den Bäumen sind. Ganz so schlimm ist es in Holzkirchen nicht, aber ungefährlich ist es auch hier nicht.

Mitte der 80er-Jahre entsteht am nördlichen Ortsrand Holzkirchens eine neue Siedlung, die Eschenstraße. Bereits im Laufe des Sommers 1985 kommt bei den Zugezogenen der Wunsch auf, die Kommune möge diese Straße als verkehrsberuhigte Zone ausweisen. Die Gründe dafür sind einfach: Viele der Neu-Holzkirchner haben kleine Kinder, die einen Teil der Eschenstraße zum Spielen nützen. Insbesondere der letzte Abschnitt eignet sich hierzu besonders, denn da läuft die Straße als Ring um vier Reihenhäuser herum. So schön das für die Kinder und deren Eltern ist, ein Risiko gibt es, und das ist der Autoverkehr.

Weil die Eschenstraße außerdem bereits so angelegt worden ist, dass sie die baulichen Bedingungen für die Ausweisung als verkehrsberuhigter Bereich erfüllt, kein Durchgangsverkehr, niveaugleiche Geh- und Fahrstreifen sowie ausgewiesene Parkflächen, wollen die Anwohner einen entsprechenden Antrag bei der Marktgemeinde einreichen.

Ich formuliere den Antrag und versuche dann, möglichst viele Nachbarn mit ins Boot zu holen. Fast alle Eschenstraßler unterschreiben bereitwillig. Nur ein kinderloses Ehepaar hat große Vorbehalte. Das überrascht mich nicht, denn ich habe die beiden bisher nur als bedingt kinderfreundlich erlebt. Aus diesem Grund rede ich mit Engelszungen auf sie ein. Ich lasse nichts unversucht, um ihre zahlreichen Bedenken auszuräumen. Nach über einer halben Stunde gibt sich die Frau einen Ruck und unterschreibt. Unmittelbar danach herrscht sie ihren Mann an: »Du unterschreibst jetzt auch, sonst bin ich allein schuld!« – So erhalte ich auch dessen Unterschrift. Danach reiche ich den Antrag bei der Gemeindeverwaltung ein.

Bei der Debatte im Holzkirchner Marktgemeinderat sind dann die üblichen Gegenargumente zu hören, insbesondere vom CSU-Fraktionsvorsitzenden, einem ehemaligen Fahrlehrer. Diejenigen, die in der Eschenstraße mit dem Auto führen, seien doch die Anwohner selbst, Kinder lernten in so einer »Spielstraße« nie die Risiken des Autoverkehrs kennen und überhaupt käme es bald soweit, dass man die Autos am Strick durch die Straßen ziehen müsse.

Kurzer Rede dünner Sinn. Das Verständnis für unser Anliegen ist bei den Kommunalpolitikern nur bedingt oder gar nicht vorhanden. Dementsprechend entscheiden sie auch. Die Mehrheit der Gemeinderäte lehnt unseren Antrag ab. Der Frust und die Enttäuschung darüber sitzen bei uns Anwohnern der Eschenstraße tief.

Im nächsten Fasching findet in Holzkirchen nach vielen Jahren wieder einmal ein Faschingsumzug statt. Wir, Eva und ich beschließen, als Fußgruppe mitzumachen und dabei ein öffentlich strittiges Thema aufzugreifen.

Wir maskieren uns recht auffällig und ziehen zwei Bobby-Cars an langen Stricken hinter uns her. Auf einem Transparent können die zahlreichen Holzkirchner folgende Botschaft lesen:»CSU-Chef sitzt die Angst im G'nick, Autos müssen an den Strick!«

Viele Zuschauer haben ihren Spaß daran. Sie klatschen begeistert Beifall. Andere blicken finster drein, scheinen sich zu ärgern. Mit dem Humor ist es halt genauso wie mit dem Geschmack. Über beides lässt sich trefflich streiten.

Keine Schonzeit für Wild

Dass Wilderer im bayerischen Oberland noch immer geduldet oder gar geschont werden, gehört ins Buch der Legenden. Dass es in Wirklichkeit ganz anders zugeht, wissen wir spätestens seit den Vorfällen um den berüchtigten Wildschützen Jennerwein, übrigens ein geborener Holzkirchner. Von einem ähnlichen Vorgang, allerdings aus neuerer Zeit, weiß ich hier zu berichten.

Im Januar 1987 löst eine Veranstaltung im katholischen Pfarrheim in Holzkirchen bei vielen Holzkirchnern, insbesondere bei Politikern und Anhängern der staatstragenden Partei, schärfste Proteste aus. Was ist geschehen? Der Pfarrgemeinderat veranstaltet eine Diskussionsrunde zum Thema »Atomkraft – nein danke!?« Als Redner lädt er Professor Weiß von der TU München ein. Allerdings wird in der Ankündigung im Pfarrbrief nicht erwähnt, dass Professor Weiß Landtagsabgeordneter der Grünen ist.

Deshalb bricht unmittelbar nach der Veranstaltung ein wahrer Sturm der Entrüstung los. Der Chefredakteur der Heimatzeitung tituliert diesen Vorgang sogar als »Skandal«. Der Holzkirchner Pfarrsaal sei mit vollem Einverständnis von Pfarrer Wild zu einem einseitigen Forum für einen Vertreter einer durch Demagogie auffallenden politischen Partei umfunktioniert worden. Auch der Landrat sowie der Staatsminister Dr. Stoiber kritisieren den Pfarrer heftig. Es folgen mehrere Leserbriefe, die alle ins gleiche Horn stoßen. Pfarrer Wild lässt sich jedoch nicht unterkriegen. Er schießt scharf zurück und sagt: »Ich lasse mir von keinem Politiker vorschreiben, wen ich einlade«.

Weil mir diese Haltung imponiert, will ich dem Pfarrer den Rücken stärken. Ich schlüpfe in die Rolle des von Ludwig Thoma bekannten Abgeordneten »Josef Filser«, und verfasse einen Brief, in dem dieser seinen Parteifreund in Franken über die Vorgänge in Holzkirchen informiert. Folgenden Brief schicke ich als Leserbrief an die Redaktion der Heimatzeitung, mit der Bitte, ihn zu veröffentlichen.

Lieber Schbezi,

indem das du insere Zeidung nichd läsen kanzt weul du ieber der Dohnau in der brofinz Franken wonst, mus ich dier fon einem unfrählichen Ereugniese erzehlen, was bei ins in Hoizkiarchn bassirt ist und was miech mit Wud und Wähmud erfillt. Liber Freind, in inserer bfarrei gracht es gantz fierchterlich weul inser hochwiern Här Bfahrer einen brofesser fon der Unifersitaet in Minken in den bfarrsahl eungeladen had, zu einem vordrag ieber die adohmenergie. Und der brofässer, der wo ein krietischer mahn ist, hat erglärt wiso das er nichd dafier sein kan und er Angschd dafor had. Es had file Leithe geben, die im stiehlen zuegehörd hawen, hawer da wahr auch ein anhenger fon der kristliechen regiehrungsbardei und bald er es zum wiesen gekrigt had, das dieser Brofässer ein griener ist, ist er aufgeschtanden und had seine Fotzen aufgeriesen.
Und dan had er seune bardeifreinde angeruhfen und ienen ales erzehld, indem das es ein mahlör ist fier die regirungsbardei wen ein griener seine argumände gegen die adomkrafd sagen dahrf und sie angschd hawen miessen, das nichd einmal der minischderbresident ahles herumdrähen und durchsezen kan was er will. Und da ist ienen der kam angeschwohlen und sie hawen iere zehne hergezeugt wie ein dakel dem wo mahn seinen Gnochen wegnähmen wiel. Sie hawen in der zeidung fierchterlich iere fozen schtrabazirt und ihr Mäu aufgeriesen und insern hochwiern Här Bfahrer beschimbfd weul dieser ales erlaubt had. Und da had mahn nichz mer gemergt das diese groskobferden fon der krischdlichen regierungsbardei sind woh sie doch iemer bei der protzässion gleich hinter dem hochwiern Här Bfahrer geehen und ier mäu gantz spiz machen und laud heulig heulig ruhfen, hawer wen es um die machd gehd dan wolen diese drieaugerten brieder nichz fon barmhärzigkeit und nächschdenlibe wiesen.
Und das wier in einer dehmogratie leben fergässen sie auch immer gantz schnel, wo doch bei ins jäder seine meihnung sagen derf bald er eine had. Und bald dan einer seine meihnung sagd und disse isd nichd die gleiche wie fon inserem minischderbresidänten dan kann mahn gleich bemergen wie schnel ofd die mentschliche und demogratiesche Gröse ferschwiendet und dise barlamendarischen fertretter iere hohsen herunterlahsen und woh dan ein miehf herauskomt fon dem wir geglaubd hawen das er schohn lengsd ferduhfded ist. Disses isd das resuldath fon ierer gescheidheid und bald mier auch nichz gelärnt hawen wie läsen und schreim hawer das dänken hawen mier nichd fergässen und so wärden dise groskobferden schohn iere kwiddung bekohmen. Und ich bidde insern hoch-

wiern Här Bfahrer, for dehm ich grosen Reschbegd hawe weul er sahgd was er dengt, das er jetz seien Gobf nichd einziehd und sich nichd niderdeifeln läst. Bald mier Hoizkiarchner bührger auch fil ferdragen kehnen hawer jäz hawen sie die supen zu schtark geschmaltzen die scheinheuligen brieder fon der krischdlichen regiehrungsbardei. Jäz wärden mier imer besonders aufbassen was sie sahgen und wahs sie dun, weul diese Forkomniese zersterren das lezte ferdrauen.

Das musd du wiesen von deinem
liben Freind

Jozef Filser

Doch dieser Brief des vermeintlichen Landtagsabgeordneten Jozef Filser wird niemals abgedruckt.

Erstens sei er zu lang, zweitens sei er im Dialekt verfasst, begründet die zuständige Redakteurin die Ablehnung und ferner enthalte er nichts Neues. Sie habe diese Entscheidung aber nicht ohne Abstimmung mit dem Chefredakteur in Miesbach getroffen.

Das stinkt mir zwar, aber ich muss es wohl akzeptieren. Um Pfarrer Wild in diesem Konflikt den Rücken zu stärken, lasse ich ihm meinen Filserbrief zukommen. Er habe sich darüber gefreut, schreibt er mir zurück und unterstreicht dann noch seine Standfestigkeit wie folgt: »Ihren Rat, mich nicht einschüchtern zu lassen, befolge ich natürlich gerne. Nochmals vielen Dank für Ihre Solidarität im Namen der Demokratie!«

Des Wählers Fluch

»Versunken und vergessen! – Das ist des Sängers Fluch« heißt es am Schluss von Ludwig Uhlands gleichnamiger Ballade. In den sechzehn Strophen geht es um zwei Sänger, die versuchen, das Herz eines grausamen Königs zu rühren. Doch dieser erschlägt dabei einen von ihnen. Darauf belegt der Überlebende den König mit einem Fluch.

Anders als in dieser Ballade geht es in der folgenden Geschichte nicht um zwei Sänger und einen König, sondern um einen Kommunalpolitiker und dessen Wähler. Und am Ende trifft noch nicht mal denjenigen ein Fluch, der sich über dieses Verhältnis öffentlich lustig macht.

Im Landkreis Miesbach muss im April 1987 ein neuer Landrat gewählt werden. Zu dieser Wahl treten mehrere Kandidaten an, ein Vertreter der SPD, einer der Freien Wähler, aber auch ein CSU-Kandidat, der langjährige stellvertretende Landrat Dr. Maier.

Erste Überraschung. Kein Kandidat, auch nicht jener der CSU erhält im ersten Wahlgang die absolute Mehrheit. Es kommt zu einer Stichwahl zwischen dem CSUler und dem Freien Wähler. Danach ist die Sensation perfekt. Der Kandidat der Freien Wähler gewinnt die Wahl. Für den CSUler, der viele Jahre stellvertretender Landrat gewesen ist, ist das eine schallende Ohrfeige.

Ich muss gestehen, mich freut das, denn ich gehöre wirklich nicht zu den engsten Freunden der »Schwarzen« im Lande. Da es aber, wie allgemein bekannt, unser Wohlbefinden fördert, wenn wir Freud und Leid mit anderen teilen, leite ich unmittelbar danach entsprechende Schritte ein.

Ich verfasse einen Leserbrief für die Heimatzeitung. Zum einen will ich möglichst vielen meine Freude kundtun, und zum anderen möchte ich dem Verlierer noch eine Extra-Watschn verpassen.

Um den Inhalt meines Brief verstehen zu können, muss man wissen, dass der CSU-Kandidat seit vielen Jahren Trachtenforschung betreibt und auf diesem Gebiet als ausgewiesener Experte gilt. In zahlreichen Beiträgen der Heimatzeitung ist darüber berichtet worden. Für mich ist das eine willkommene Chance für meinen teils beißenden Spott. Wenige Tage später kann man in der Heimatzeitung Folgendes lesen:

»Der in Kreisen der Trachtenforschung bekannte und anerkannte Experte Dr. Gerd Maier hat auch am vergangenen Sonntag ein weiteres Mal seine fundierten Fachkenntnisse unter Beweis gestellt. Im Landkreis Miesbach, der im Bereich der Volkskultur zu den renommiertesten Bayerns zählt, ist ihm durch die Kreation einer neuen ‚Tracht' für politische Mandatsträger einer bestimmten Couleur ein sensationeller Erfolg geglückt. Beim Wettbewerb um den freien Stuhl im Landratsamt trachtete Maier wie seine Mitbewerberinnen und Mitbewerber nach dem Spitzenplatz, einträchtig unterstützt von den Männern und Frauen seiner Partei. Gibt's Letztere da eigentlich auch? Als es nun darum ging, wer letztendlich die Hosen anhaben wird im Landratsamt, verpasste ihm die Majorität der Wähler eine neue Tracht – die ‚Tracht Prügel'. Für ihn und seine Parteifreunde ein Novum in hiesigen Gefilden im Gegensatz zu den ‚Roten', bei denen dieses Kleidungsstück durch das häufige ‚Tragen' schon ganz abgewetzt ist.«

Ich habe für diesen Leserbrief natürlich keinen Beifall erwartet, schon gar nicht von den zahllosen Trachtenträgern der oberländischen Gaue, auch nicht von den »schwarzen Schafen« dieser Region. Mir wird jedoch Anerkennung in einer subtileren Form zuteil. Oder ist der darauf bezogene Leserbrief einer Miesbacherin etwa gar nicht anerkennend gemeint? Sie schreibt:

»Was sich jedoch Helmut Schneider aus Holzkirchen in seinem Leserbrief anmaßt, übersteigt die Grenze des Zumutbaren. Seine charakterliche Bloßstellung ist ihm auf jeden Fall gelungen. Sind das die Freien Wähler? Sehr schade! Oder gehört Herr Schneider einer Gruppierung an, die nicht Heimattracht, sondern die Tracht der Geschmacklosigkeit pflegt und fördert? So kann man nur noch die Worte aus der Bibel zitieren ‚Herr vergib ihnen, denn sie wissen nicht, was sie tun'.«

Es dauert nicht lange, dann wächst auch in diesem Fall Gras über die Wunden, die dieser charakterlose Holzkirchner aufgerissen hat.

Einige Jahre später kommt es zu einer Begegnung der besonderen Art. Ich werde als örtlicher Bund Naturschutz-Vorsitzender vom Landratsamt Miesbach zur Eröffnung des Radweges von Holzkirchen nach Bayrischzell eingeladen. Mit dabei sind der Landrat, sein Stellvertreter, Vertreter der Unteren Naturschutzbehörde und von Fachverbänden sowie Bürgermeister der betroffenen Gemeinden. Vom Bahnhof Holzkirchen aus radeln die Festgäste ins benachbarte Unterdarching, wo im dortigen Gasthaus ein kleiner Umtrunk stattfinden soll.

Bei dieser Gelegenheit lerne ich Dr. Gerhard Maier persönlich kennen. Er, der weiterhin das Amt des stellvertretenden Landrats bekleidet, wobei er trachtenmäßig stets ein gutes Bild abgibt, kommt neben mir zu fahren. Wir radeln einige Kilometer nebeneinander her, über Stock und Stein, durch Wiesen und Wälder. Dabei unterhalten wir uns über alles Mögliche, über verschiedene Radtouren und über noch so manch anderes. Er ist redselig, offen und freundlich. Er scheint mir meinen Spott von damals längst verziehen zu haben. Jedenfalls lässt er sich nicht das Geringste anmerken.

Sich nach einer solchen Klatsche so locker zu geben, empfinde ich als eine sehr souveräne Leistung. Da ziehe ich gerne meinen Hut.

Alphatiere im Clinch

Es gibt ein Buch über Manager, das folgenden Titel trägt: Alpha-Tiere, der schmale Grat zwischen Erfolg und Absturz. Nun stammt der Begriff Alphatiere ja aus der Verhaltensforschung. Damit bezeichnet man die Leittiere einer Herde oder eines Rudels. In der Regel sind dies die kräftigsten, erfahrensten und aktivsten der Gruppe. Insofern verwundert es nicht, dass auch in Menschengruppen solche Alphatiere anzutreffen sind. Nicht selten in politischen Gruppierungen, wo Rangkämpfe ja geradezu zum Alltag gehören.

Hans und Michael, vielmehr Michi, wie er von politischen Freunden gerufen wird, heißen die beiden, von denen nachfolgend die Rede ist. Beide führen seit längerem die politisch Roten im Landkreis Miesbach an, ein Haufen, dem auch ich angehöre. Hans erst als Vorsitzender des Holzkirchner Ortsvereins, später als Kreisvorsitzender und Michi als Bürgermeister der benachbarten Klostergemeinde und jahrelang als Stellvertreter des Landrats. Beide verstehen sich als politische Alphatiere, gehören sie doch zu den aktivsten und erfahrensten roten Kommunalpolitikern des Landkreises.

Michi wird von vielen Bürgern seiner Gemeinde geradezu verehrt. Sie gestalten eine Extra-Homepage, mit der sie ihm huldigen. Dafür, wie er für seine Gemeinde sorgt, seine Bürger beschützt und wie er sich für sie aufopfert. Hans dagegen wird von seinen politischen Freunden geschätzt, weil er für soziale Gerechtigkeit kämpft, sich gegen rechte Tendenzen wehrt, und sich nicht scheut, die Finger in jede politische Wunde zu legen. Auf viele wirkt er deshalb wie ein rotes Tuch, was ihn aber nicht stört. Es scheint vielmehr so, als würde er diese Rolle durchaus genießen.

Über mehrere Jahre hinweg haben die beiden Alphatiere mal mehr, mal weniger gut zusammengearbeitet. Doch im Laufe der letzten Jahre kommt es immer häufiger zu Konflikten. Letztendlich wird der Graben zwischen den beiden immer tiefer.

Im Zusammenhang mit der öffentlichen Debatte um die geplante Beisheim-Stiftung kommt es bei einer Kreistagssitzung zum »High Noon«. Michi lässt dort vom Landrat eine Erklärung verlesen, die einem Paukenschlag gegen Hans, dem SPD-Kreisvorsitzenden, gleichkommt. Aus Protest gegen die ideologischen Grabenkämpfe von Hans, auch im Kreistag, verlässt Michi zusammen mit sechs Getreuen die SPD-Kreistagsfraktion. Er will nun eine eigene Fraktion bilden, die »Konstruktiven Sozialdemokraten«.

Ob dieser überraschenden Attacke, die der rote Michi noch nicht einmal selbst reitet, sondern den Landrat reiten lässt, platzt mir der Kragen. Und was mache ich wohl in so einer Situation? Richtig! Ich greife zu Papier und Stift und lasse meinen politischen »Säbel« rasseln. Manchen Lesern der Heimatzeitung dürften die Adern angeschwollen sein, nachdem sie folgenden Brief zur Kenntnis genommen hatten:

»Der Name ‚Michael‘ kommt aus dem Hebräischen, wo er soviel bedeutet wie ‚Wer ist wie Gott‘. In den Darstellungen der Johannes-Offenbarung erfüllt der Erzengel gleichen Namens seine besondere Aufgabe beim Jüngsten Gericht: Seine Posaune erweckt die Toten aus den Gräbern und er tötet im endzeitlichen Kampf den Drachen zu seinen Füßen.

Beim ‚Jüngsten Gericht‘ im Landkreis Miesbach, sprich: bei der letzten Kreistagssitzung erwies sich der selbsternannte ‚Erzengel‘ Michael aus dem deutschordentlichen Klosterdörfchen wieder einmal als nicht ganz bibelfest.

Erstens handelt es sich bei den Ansichten des SPD-Kreisvorsitzenden Hans P. nicht um die Johannes-Offenbarung. Zweitens weckt dieser ‚Michi‘ mit seiner Posaune zum wiederholten Male nur mehr die roten ‚Möchtegerns‘ und ‚Adabeis‘. Und drittens hebt er nicht selbst das Schwert im Kampf gegen den ‚feurigen Drachen‘ aus Hausham, sondern er degradiert seinen Vorgesetzten zu seinem Adlatus, um die Guten von den Bösen in der SPD-Fraktion zu trennen.

Ich fürchte, wer die Bibel so missinterpretiert und gleichzeitig so feige ist, muss gut aufpassen, dass er selbst nicht in den Abgrund stürzt.«

Dass mich Michi seit Erscheinen meines Leserbriefes nicht mehr grüßt, kann ich verschmerzen. Als politisch Informierter weiß ich sehr wohl, dass solche Reaktionen zu den üblichen Kollateralschäden von Konflikten gehören, insbesondere bei politischen Auseinandersetzungen unter sogenannten Parteifreunden.

Ein Bürokrat im Austrag

Wenn Bauersleute ihren Hof an ihre Erben übergeben, um danach ins Austragshäusl zu ziehen, meist ein kleines Wohnhaus auf dem Hofgelände, kommt es dabei nicht selten zu Konflikten und Spannungen. Als einer der strittigsten Punkte erweist sich dabei oft der Zeitpunkt der Hofübergabe. Ein ganz ähnliches Bild bot sich, als es um die Thronfolge des bayerischen Landesfürsten ging.

»Wenn er jetzt geht, werden wir ihn loben und überall erzählen, dass er der größte bayerische Ministerpräsident aller Zeiten war«, zitiert die Münchner Abendzeitung im Januar 2007 aus CSU-Parteikreisen. Tage später folgt die alljährlich vielbeachtete CSU-Fraktionsklausur in Wildbad Kreuth. Hier wurde schon wiederholt und wird immer gerne Tacheles geredet.

Montags reist Stoiber nach vielstündiger Debatte ab. Er verkündet die frohe Botschaft, dass er von Seiten seiner Parteifreunde »absolute Rückendeckung« genieße. Stimmt. Die Granden der Partei stehen hinter ihm, wohlgemerkt mit »gezücktem Messer«. Bald überstürzen sich die Meldungen aus Kreuth. Huber fährt nach Sauerbraten mit Kartoffeln weg, ohne ein Wort zu sagen. Beckstein lächelt.

Stunden später kommt die erlösende Nachricht: Stoiber erklärt seinen Rückzug, Ende September, als Ministerpräsident und als Parteichef.

Viele werden ihn später vermissen, darunter auch der Kabarettist Dieter Hildebrandt. Letzterer mit der Begründung, weil »er, Stoiber, halt für die deutsche Sprache so wichtig gewesen ist.«

Ich sehe dies ähnlich und möchte dem Wolfratshauser eine literarische Würdigung zukommen lassen. In Erinnerung und Anlehnung an Ludwig Thomas »Münchner im Himmel« verfasse ich folgenden Einakter, der allerdings bis heute noch nicht uraufgeführt worden ist.

Ein Wolfratshauser im bayerischen Mausoleum

Edi Stoiber, gechasster Ministerpräsident telefonierte so innig mit seinem Handy, dass er den Dienstwagen des ihm nachfolgenden Ministerpräsidenten Günther Beckstein übersah und auf diese Weise plötzlich von seiner »Mausi« (Kosename seiner Frau Karin) getrennt wurde. Zwei Brüder vom Deutschen Orden geleiteten ihn ins Jenseits, wo er vom Chef des bayerischen Mausoleums Franz Josef Strauß empfangen wurde. Dieser teilte ihm mit, dass er von nun an auf den Namen »Hiwi Barnabas« zu hören habe, überreichte ihm ein Lateinbuch und einen Maßkrug und machte ihn mit der bajuwarischen Himmelsordnung bekannt.

»Von morgens 8 Uhr bis Mittag 12 Uhr Leviten lesen, von Mittag 12 Uhr bis 8 Uhr abends Bier trinken«.

»Äähh, äähh, wie bitte?

»Von morgens 8 Uhr bis Mittag 12 Uhr Leviten lesen und von Mittag 12 Uhr bis 8 Uhr abends Bier trinken.«

»So, mmhh - ja, und wann bekomm ich dann meine Akten?«

»Du wirst schon was zum Studieren bekommen«, brummte Franz Josef stocknarrisch, und ließ ihn stehen.

»Au weh, das wird aber langweilig.«

Und während er so vor sich hingrummelte, sah er ein Zwetschgenmännla auf sich zukommen. Und sofort erwachte in ihm die Wut auf diese Mittelfranken, und er schrie das Zwetschgenmännla an:

»Ja, bist du jetzt au scho wieder da, du fränkischer Bierzuzler, du hinterfotziger!«

Und für alle Fälle versetzte er dem Zwetschgenmännla ein paar kräftige Hiebe mit seinem dicken Lateinbuch.

Daraufhin war ihm bedeutend wohler und er setzte sich, wie ihm befohlen, an seinen Biertisch und begann, Leviten zu lesen:

»Quod licet Iovi, non lic... ääh … ääh ...ääht bovi« (Was Jupiter erlaubt ist, ist einem Ochsen noch lange nicht erlaubt.)

Eine bildhübsche Rothaarige im körperbetonten Lederdress tänzelte an ihm vorbei. »Hallo Sie, haben Sie keine Akten für mich, richtig dicke Akten?« – Sie flüsterte nur »Doofie« und huschte an ihm vorüber. »Ja, dann haben Sie halt keine Akten nicht, wenn ich … ääh … ääh sachlich frage, kann ich doch eine anständige Antwort bekommen, zusammengezupfte Pauline, zusammengezupfte!«

Und er setzte sich wieder an seinen Biertisch, und las erneut Leviten, diesmal aber bedeutend zorniger: »Quod licet Iovi, non lic … ääh … ät bovi, äähh Iovi – ääähh bovi …ääh« …

Er äääähte so laut, dass der Streibl Max nebenan von seinem himmlischen Amigo-Stammtisch hochschreckte und ganz überrascht fragte:

»Ja, was ist denn da für ein Gspaßiger am Plärren?« Er rannte sofort zu Franz Josef und sie hörten zusammen den Hiwi Barnabas Leviten lesen.

»Iovi – Sacklze… ääh … ääh …ment – bovi … Iovi …!

»Max«, sagte Franz Josef, »mit dem können wir hier im Mausoleum nichts anfangen. Nun, für den habe ich eine andere Aufgabe, der soll meine göttlichen Ratschläge der bayerischen CSU überbringen. Dann kommt er jeden Tag einmal nach München, und dann bekommte dieses Bürscherl seine Anerkennung.

Und als der Hiwi Barnabas das hörte, war er sichtlich froh. Und er bekam auch gleich seinen ersten Auftrag, einen Brief und hechtete damit los. Und als er wieder Münchner Boden unter den Füßen fühlte, da war es ihm, als sei er im Maximilianeum, und einer alten Gewohnheit gemäß, zog es ihn hin zur Staatskanzlei, und er schnappte sich einen Berg Akten und schnappte sich noch einen Berg Akten, und noch einen ... und noch einen – und so wartet die bayerische CSU bis heute vergeblich auf die Anweisungen ihres großen Franz Josef.

Jetzt soll noch jemand behaupten, dieser Einakter sei nicht brandaktuell. Obwohl der Text richtig durchgestoibert ist, wartet das Werk noch immer auf seine Vollendung. Weder ein bayerischer Schulbuchverlag hatte bisher den Mut, dieses Werk zu drucken, noch die Theatergruppe der bayerischen Gebirgsschützen traute sich, diesen Einakter in Szene zu setzen.

Vermutlich wird es noch ein paar Jährchen dauern, bis mein Einakter dem Thoma-Klassiker den Rang abgelaufen hat und zur Pflichtlektüre in bayerischen Schulen geworden ist. Oder wird es gar einer zukünftigen Senioren-Theatergruppe der Volkshochschule Wolfratshausen vorbehalten sein, diesen Einakter zum ersten Mal auf die Bühne zu bringen?

Allmächd, däa Gündda

An nichts anderem kann man einen Franken leichter erkennen als an dem Ausruf »Allmächt«, was soviel heißt wie »Gute Güte!« oder »Großer Gott!«, wörtlich: »Allmächt(iger)!« Und um einen Franken geht es auch in dieser kurzen Geschichte, und zwar um einen besonderen.

Die Landtagswahl 2008 in Bayern, ein Jahr nach der Ablösung von Ministerpräsident Dr. Edmund Stoiber durch den Franken Dr. Günther Beckstein, wird für die CSU zu einem Debakel. Sie verliert 17,3 Prozent und sackt auf 43,4 Prozent ab. Wegen dieses Ergebnisses kündigt der »Huaba«, also Parteichef Erwin Huber für Ende September seinen Rücktritt an. Am Wahlabend hat bereits Generalsekretärin Christine Haderthauer ihren Rücktritt angeboten.

Um zu retten, was noch zu retten ist, vor allem um den umgänglichen Gündda, also den Ministerpräsidenten Beckstein, von einem ähnlichen Schritt abzuhalten, setze ich mich noch am späten Wahlabend hin und entwerfe für ihn einen Brandbrief, mit dem er sich an alle Bayern wendet. Darin schreibt däa Gündda:

Liebe Mitbayerinnen und Mitbayern,
liebe Landsleutinnen und Landsleute,

der gestrige Tag, der 28. September 2008 wird in die Geschichte, in die Weltgeschichte eingehen. Was für die USA der elfte September ist für Bayern zukünftig der 28. September. Wieder einmal haben Sie, liebe Landsleutinnen und Landsleute, nachhaltig bewiesen, zu welchen außergewöhnlichen und ungeplanten Leistungen Sie imstande sind. Sie haben nicht lange gehadert, was uns allerdings theuer zu stehen gekommen ist. Durch Ihr maßvolles Verhalten haben Sie den Bayerischen Landtag, sprich das Maximilianeum, tüchtig ausgestoibert und sogar den Beckstein ins Rollen gebracht.

Zunächst möchte ich mich bei all den anständigen Bayerinnen und Bayern herzlichst dafür bedanken, dass sie ihr Kreuzchen an der vertrauten Stelle gemacht haben. Ich danke aber auch jenen von ganzem Herzen, die sich nicht vom roten Magnet... ääh ... Maget haben anziehen lassen. Nicht zuletzt danke ich den außerordentlich vielen, die sich gestern trotz zwei Maß Bier nicht ins Auto gesetzt haben und zu einem Wahllokal gefahren sind. Auch Ihnen, verehrte Nichtwählerinnen und Nichtwähler, haben wir es zu verdanken, dass die CSU in Bayern ins Guinnessbuch der Rekorde eingegangen ist. Noch nie in der Geschichte der Bundesrepublik Deutschland hat eine Partei bei einer Landtagswahl einen solchen Sprung gemacht – und zwar in die Tiefe.

Dieser »Bunte Sonntag« hat uns allen, liebe Mitbayerinnen und Mitbayern, deutlich vor Augen geführt, was passiert, wenn Anstand und gute Sitten flächendeckend verloren gehen. Im Regierungsbezirk Oberbayern beispielsweise hat die CSU nicht weniger als 20 Prozent verloren. So kann es gehen, wenn die Kirche ihrer Pflicht, für die richtige Moral, sprich: für den notwendigen Anstand zu sorgen, nicht nachkommt. Eigentlich kein Wunder, schließlich unterliegen die Oberbayerinnen und Oberbayern seit Jahren diesen marxistischen Einflüssen ihres kirchlichen Oberhirten, Kardinal Reinhard Marx.

Ich verspreche Ihnen, ich werde bei meiner nächsten Pilgerfahrt nach Rom, wenn meine Marga und ich mit Papst Benedikt XVI. persönlich plaudern, dieses Thema erörtern.

Um zu alter Stärke zurückzukehren, werde ich auch zukünftig meine fränkischen Gedankenblitze zucken lassen und meine oft unheimliche Schlagfertigkeit und meinen ungewollten Witz zum Einsatz bringen.

Liebe Landsleutinnen und Landsleute, ich möchte schon heute einige Eckpunkte meiner zukünftigen Politik anreißen:

Kein Kindergeld mehr für Eltern mit Kindern

Wir haben in unserer Bildungspolitik mit einem Millionenaufwand dafür gesorgt, dass unsere Kinder Spitzenleistungen in der Schule erbringen, ich erinnere an die bayerische Spitzenstellung bei PISA. Und statt diese CSU-Leistung dankbar anzuerkennen, stellen diese stattlich subventionierten Eltern immer neue Forderungen für ihre bildungswillige Brut. Deshalb müssen wir diese Leistungen zukünftig an wichtigeren Stellen einsetzen.

G 14 statt G 8

Es hat sich ganz offensichtlich gezeigt, dass acht Schuljahre nicht ausreichen, die jahrzehntelange Erfolgsgeschichte der CSU in den Köpfen der Schülerinnen und Schülern so zu verankern, dass diese nachhaltig auf dieses Wissen vertrauen und auch an Wahltagen darauf zurückgreifen können. Deshalb soll die Schulzeit um einige wenige Jahre verlängert werden.

Rente ab 55

Wie wir wissen, sind es vor allem die Älteren und Älterinnen, die sich uns gegenüber als sehr dankbar erweisen und die von unserer Leistungsfähigkeit weitgehend überzeugt sind. Um dieses Potenzial nicht verkümmern zu lassen, wollen wir dieses Bevölkerungssegment durch eine zukunftsweisende Sozialpolitik wesentlich stärker fördern.

Liebe Mitbayerinnen und Mitbayern, ich darf Sie alle auch recht herzlich vom bisherigen CSU-Vorsitzenden Erwin Huber grüßen. Er hat sich unmittelbar nach der Wahl nach Niederbayern begeben. Wie er mich wissen ließ, durchsucht er dort alle Scheunen und Stadl (auch die Musikantenstadl) nach Dreschflegeln. So ausgestattet will er mit seinem letzten Aufgebot nach Saarbrücken ziehen, um den Anhängerinnen und Anhängern des saarländischen Spritzbrunnenbüberls (Lafontaine) eine Lektion zu erteilen. Denn diese haben der CSU die absolute Mehrheit versaubeutelt.

In diesem Sinne bitte ich um Ihre Mithilfe und Unterstützung und grüße Sie alle herzlich und glauben Sie mir: Das Leben geht weiter.

Ihr fränkischer Dampfplauderer.. äähh ... ach ja, natürlich Marga, noch bin ich ja, also Ihr bayerischer Minisseprädent

gez. Günther Beckstein

PS: Und wenn alle Stricke reißen, dann muss es halt der Franz richten ... nein, natürlich nicht der Loser, der Maget Franz, nein, der Beckenbauer, also der Kaiser selbstverständlich.

Allmächd, däa Gündda, geed ab wi a Dsäbfla! – das sollen die Bayern denken.

Doch letztendlich kommt alles ganz anders. Noch ehe mein Briefentwurf seinen Adressaten erreicht, zieht dieser einen Tag nach der Wahl seine Konsequenz: Er kündigt seinen Rücktritt an. Und wer auf ihn folgt, wissen wir inzwischen ja zur Genüge: Horstl aus Ingolstadt, also der wankelmütige Seehofer Horst.

Spuren am stummen Zeitungsverkäufer

Alle Jahre wieder finden sie statt, allüberall in deutschen Landen und Städten, die begehrten Neujahrsempfänge. Zeitungen laden dazu ebenso ein wie Parteien, Politiker und Verbände. Für alle, die sich wichtig nehmen, lautet die Devise: Geladen und gesehen werden.

Der Neujahrsempfang in Wildbad Kreuth gehört jedes Jahr zu den wichtigen Ritualen des Miesbacher CSU-Kreisverbandes. Und wenn, wie 2010 geschehen, dann noch ein Baron, jener Karl-Theodor zu Guttenberg auftritt, dann berauschen sich sogar die Schreiberlinge der Heimatzeitung an ihren Lobeshymnen über diese »Lichtgestalt«, diesen »Hoffnungsträger«, diesen »Politiker der Zukunft«. Seine Festrede, schreiben sie, sei »Balsam für die wunden Seelen« gewesen. »Solche Talente gibt's selten«, wird ein CSUler zitiert, und dann lobhudelt die Redakteurin weiter: »Er (also der Baron) spricht viel von Grundsätzen und Werten, Wurzeln und Tradition. Ohne Manuskript, in fein geschliffener Rede, die keine Fremdwörter braucht und von erfrischender Klarheit ist.«

Für die Leser gibt es zusätzlich noch eine Sonderseite, wo weitere kommunale Mandatsträger diesen »außergewöhnlichen Politiker« beweihräuchern, um sich selbst damit politisch ein wenig aufzubrezeln.

Das ist alles ein bisschen viel für mein zartes politisches Gemüt. Zu viel, wie ich meine. Um wieder zu innerer Harmonie zu finden, greife ich in solchen Momenten am liebsten zur Feder und lasse meinen Gedanken freien Lauf.

»Zebrastreifen in der Erlkamer Straße auf der Höhe des Holzkirchner Bahnhofs: Als ich ihn heute früh überquere, rutsche ich plötzlich weg. Öha – verdammtes Glatteis, denke ich erst, gemeine Wegschnecken können es doch noch nicht sein. Dann entdecke ich auf der Straße so schleimige Spuren. Ich gehe ihnen nach. Sie führen direkt zu den stummen Zeitungsverkäufern auf der anderen Seite der Straße. Und tatsächlich aus dem Kasten der Heimatzeitung tropft es unentwegt. Das macht mich neugierig. Ich kaufe mir ein Exemplar. Und als ich es in der S-Bahn aufblättere, fasse ich direkt in so etwas ‚Schleimiges‘. Es ist der Lokalteil, aus dem es tropft, es sind jene Seiten, wo in Wort und Bild über den Neujahrsempfang der staatstragenden Partei berichtet wird. Offensichtlich ist da einiges an ‚Schleim‘ abgesondert worden. Verschleimungen lassen sich übrigens auch wie folgt lösen: Eine Zwiebel klein hacken, mit einer Tasse Milch fünf Minuten köcheln lassen. Zwiebeln aussieben. Ist die Milch etwas abgekühlt, einen Teelöffel Honig zugeben, dann trinken. Dieses Rezept stammt keineswegs von der Bundeslandwirtschaftsministerin, sondern von meiner Großmutter.«

Ich schicke diesen Leserbrief an die Redaktion der Heimatzeitung, aber auch an einige Bekannte und Freunde. Danach passiert vier Tage lang erst einmal gar nichts. Dann am fünften, bewegt sich etwas.

Ich sitze zu Hause am Schreibtisch, da klingelt das Telefon. Ich hebe ab und wer meldet sich auf der anderen Seite? Der Chefredakteur der Heimatzeitung. Er drückt sich etwas ungelenk aus, bis er mich schließlich wissen lässt, dass mein Leserbrief nicht abgedruckt werden könne. Dieser würde nicht direkt zu einem Thema Stellung beziehen.

»Oh doch«, sage ich, »und zwar zu der meines Erachtens total überzogenen Berichterstattung über den Neujahrsempfang mit dem CSU-Erlöser, dem Baron«.

Aber dann müsste man ja auch Leserbriefe abdrucken, die eine richtige oder falsche Platzierung von Fotos monieren. Also ich möge doch verstehen, und bisher wären meine Leserbriefe ja immer abgedruckt worden.

»Ja«, antworte ich, »manche so verkürzt, dass die Aussagen kaum noch erkennbar gewesen sind.« Anscheinend sei die Heimatzeitung so wenig souverän, dass sie öffentliche Kritik an ihrer Berichterstattung einfach ausblenden wolle.

Der Redakteur eiert weiter: »Auch der Stil ... also das ist ja ganz lustig, aber...« »Dann nehmen Sie ihn halt als Glosse.« Ich lasse ihn weiter zappeln. Ich biete ihm an, auch gerne auf ein Zeilenhonorar zu verzichten.

Nein, nein...! Erneut würgt der Redakteur ein paar Verständnis heischende Worte heraus. Dann frage ich weiter, ganz ernsthaft: »Und was soll ich meinen Freunden sagen, denen ich diesen Leserbrief schon zugemailt habe?« – Eisiges Schweigen am anderen Ende der Leitung. »Ich sage einfach: Dem Chefredakteur passt der Brief nicht!«

»Ja, so kann man das nicht sagen, es sind die Gründe, die ich angeführt habe«, hechelt der Redakteur. Inzwischen finde ich dieses Gespräch so lustig, dass ich manchmal laut losprusten könnte.

Dann macht mir der Redakteur ein klares Angebot: »Es gibt doch sicher wieder einen Anlass, wozu Sie einen Leserbrief schreiben können.«

»Ja, da bin ich mir ganz sicher«, sage ich, »spätestens beim nächsten CSU-Neujahrsempfang in Kreuth«. Darauf lache ich schallend. Auch der Chefredakteur quält sich ein Lachen aus der schleimigen Kehle, ehe ich ihn entlasse und mich zum Abendessen begebe. Nein, es gibt keinen Haferschleim, sondern einen gut gewürzten Gemüseauflauf.

Übrigens: Dieser Chefredakteur wurde aus öffentlich nie bekannt gewordenen Gründen noch im selben Jahr nach Rosenheim umquartiert, quasi »zwangsverladen«. Oder ist er gar auf seiner eigenen Schleimspur ausgerutscht?

Neue Ziele braucht das Land

Wenn in einem Staat oder einem Land nichts mehr so richtig vorangeht, wenn die Regierenden keine politischen Visionen mehr haben, ertönt wiederholt der Ruf: Neue Ziele braucht das Land. Neuerdings wird bei uns viel über die Energiewende gesprochen. Deshalb hört man gegenwärtig häufiger die Forderung: Neue Stromleitungen braucht das Land.

Doch darum geht es nicht bei den Plänen der Bayerischen Oberlandbahn, kurz BOB genannt, einer privaten Bahngesellschaft. Diese betreibt die Strecken von München nach Bayrischzell, Tegernsee und Lenggries. Und für ihre guten Leistungen wurde die BOB in den letzten Jahren mehrmals ausgezeichnet, unter anderem mit dem Bayerischen ÖPNV-Ehrenpreis und mit der Note »Gut« von der Stiftung Warentest. Dabei wurde immer ihr Engagement für Fahrgäste und Umwelt besonders gewürdigt.

Das war in der Vergangenheit jedoch nicht immer so. In der Anfangszeit kam die BOB wegen technischer Probleme ihrer »Integral«-Züge des Öfteren in die Schlagzeilen. Damals lachte die halbe Nation über die BOB. Mittlerweile sind diese Anfangsprobleme behoben und die BOB gilt als sehr zuverlässig.

Laut Bericht im Holzkirchner Merkur im Dezember 2010 ärgerte sich der BOB-Geschäftsführer über bestimmte Hürden in der Europäischen Union. Wie er in der beliebten Sendung »Jetzt red i – Europa« des Bayerischen Rundfunks berichtete, plane ein Warngauer Bürger, eine Pilgerfahrt nach Rom zu organisieren. Hinbringen solle die Wallfahrer die Bayerische Oberlandbahn. Doch die dürfe nur in Deutschland, Österreich und auf dem Hoheitsgebiet des Kirchenstaates fahren, nicht aber auf italienischem Boden. Grund dafür sei die fehlende Betriebserlaubnis für die BOB in Italien. Es fehle in Europa an der nötigen Cross-Acceptance, monierte der Chef der BOB.

Diese Meldung lässt mich nicht ruhen, reizt mich zu einem Kommentar. Womit wäre dieser leichter unter das Volk zu bringen, als mit einem Leserbrief, der wenige Tage später im Holzkirchner Merkur erscheint, und zwar ungekürzt:

»Arbeiten Sie effektiver, Herr Stoiber, sonst laufen Sie Gefahr, nicht mehr zur Leonhardifahrt nach Warngau eingeladen zu werden! Also schnellstens weg mit den bürokratischen Hürden für die Cross-Acceptance in Europa, konkret für die gewünschte BOB-Wallfahrt von Warngau nach Rom. Als Gegenleistung würde Herr Seeger sicher bereit sein, diese BOB-Garnitur auf den Namen »Edmund Stoiber - Transalpin« zu taufen. Das wäre zumindest ein kleiner Trost für den ‚abgestellten Transrapid'. Und der ‚Transalpin' hätte auch den Vorzug, dass er fast direkt von Warngau-City nach Vatikanstadt fahren würde. Welch ein Aufschrei, wenn die BOB in Rom einführe und die Pilger aus aller Welt auf dem Petersplatz frohlockten: ‚Dr' Zoch kütt', also ‚La BOB arriva'.
Sollte dieser Plan allerdings scheitern, dann bitte etwas langfristiger planen, Herr Seeger. Warum nicht ‚BOB goes East', warum sollten die Fußballfans von Fischbachau nicht mit der BOB direkt zur Fußball-WM nach Katar fahren? An der fehlenden Klimaanlage in der BOB würde dieses Unterfangen jedenfalls nicht mehr scheitern«.

Seither habe ich allerdings nichts mehr erfahren über den aktuellen Stand dieser geplanten Reise. Ob diese nach dem überraschenden Rücktritt von Papst Benedikt

XVI. noch weiterverfolgt wird, weiß ich auch nicht. Aber vielleicht gibt es ja noch andere attraktive Ziele, wohin die bodenständigen Oberlandler gerne aufbrechen wollen, und dies am allerliebsten direkt von der eigenen Haustüre weg?

Gutti, komm bald wieder

Wenn Freddy Quinn mit seiner sonoren Stimme den jungen Seefahrer beschwor, bald wieder nach Hause zu kommen, dann rührte er damit viele Mütter zu Tränen.

Nun begab sich im Frühling 2011 wieder ein »Junge« auf eine große Reise. Allerdings nicht ganz freiwillig, denn ihm war der Boden in seiner Heimat zu heiß geworden. Ich spreche hier vom ehemaligen Verteidigungsminister Karl-Theodor Freiherr zu Guttenberg. Dieser hat wegen seiner Plagiatsaffäre Anfang März seinen Rücktritt erklärt. Zu offensichtlich waren seine Fälschungen, sein Fehlverhalten bei der Doktorarbeit, zu groß wurde der Druck von außen. Anstehende staatsanwaltliche Ermittlungen haben seinen »Reifeprozess« vermutlich beschleunigt.

Doch kaum ist dieser dreiste Plagiator zurückgetreten »worden« und sind einige Tage vergangen, schon melden sich die ersten CSUler zu Wort. Und es werden täglich mehr. Sie alle trauern ihrem politischen Hoffnungsträger nach und erflehen seine politische Wiedergeburt.

Mich rührt dieses Flehen nicht an, vielmehr treibt dies meinen Adrenalinspiegel in die Höhe. Und bevor mir der Kragen platzt, setze ich mich lieber an den PC und schreibe einen Leserbrief. Diesen druckt der Münchner Merkur Tage später in voller Länge ab. Ich schreibe darin Folgendes:

»Schon sollen, unbestätigten Meldungen zufolge ganze Horden von CSU-Wallfahrern Richtung Tuntenhausen unterwegs sein, fortan das neue Glaubensbekenntnis murmelnd, das da lautet:

Ich glaube an »Gutti«, den reumütigen Politiker,
Schöpfer eines plumpen Plagiats, und an Mister X,
seinen Ghostwriter, den Verwender fremder Zitate,
geboren von der Bundesmutti,
gelitten unter Gabriel, Gysi und Trittin,
zurückgetreten, betrauert und vergöttert,
hinab gestiegen in das Reich der Nicht-Doktoren,

am dritten Tage wiedergekommen aus Canossa,
aufgefahren in den CSU-Himmel,
thronet er zur Rechten vom Seehofer,
von dort wird er kommen,
zu richten die Roten und die Grünen.
Ich glaube an den Geist des Vergessens,
die machthungrige CSU,
Gemeinschaft der ewig Gestrigen,
die Vergebung der Lügen,
die Auferstehung des Blenders
und das BILD-hafte Leben.
Amen.«

Reaktionen darauf bleiben natürlich nicht aus. Ich erhalte zustimmende Anrufe und mails aus München, Ingolstadt und anderen bayerischen Regionen, und selbst auf der Straße klopfen mir Menschen anerkennend auf die Schulter. Ich muss gestehen, ganz offensichtlich stimmen mir nicht alle zu.

Eine Nachbarin, Mitglied im Katholischen Frauenbund, ist stinksauer, findet meine Zeilen gar blasphemisch. Ein anonymer Kartenschreiber nennt mein Verhalten, nochmals auf eine »Leiche« einzudreschen, schäbig. Und eine russische Journalistin aus München beschwert sich ob des Abdrucks dieses »unsäglichen« Leserbriefes gar bei der Redaktion des Münchner Merkurs. »Die ‚Nachdichtung‘ des Apostolischen Glaubensbekenntnisses wäre ein Schmuckstück für alle ‚wissenschaftlich-atheistischen‘ Zeitschriften der Stalin-Ära in der ehemaligen UdSSR gewesen«, schreibt sie.

Nachdem die Leserbrief-Redaktion sie aber auf das hohe Gut der freien Meinungsäußerung hinweist, wütet sie zurück: »Jeder Christ weiß, dass die Verhöhnung des Heiligen Geistes die einzig unverzeihliche Sünde darstellt.« Und dann droht sie an, die Zeitung zu kündigen, »wenn ich die Wahl hätte. Aber die habe ich nicht, weil es sie nicht gibt.«

Woher ich das alles weiß? Diese alte Dame hat mir ihre Mail-Korrespondenz mit der Merkur-Redaktion in Kopie geschickt, versehen mit dem handschriftlichen Hinweis: »Lege keine Wert auf eine Erwiderung!«

Aber ich kann die Dame beruhigen. Eine Rückmeldung wäre mir dies auch nicht wert gewesen. Aber gefreut hat mich dies alles schon, also schon sehr.

Wolle mer den reilosse?

Es ist wirklich schön, im bayerischen Oberland zu leben, wo einige Wiesen noch grün, viele Dächer rot, die Gemeinderäte dagegen meist schwarz sind. Wo die Gewerbegebiete nur so aus dem Boden schießen und viele Menschen einen tiefgründigen Humor haben. Hier lässt sich gut leben und der Frohsinn kommt auch nicht zu kurz.

Anders als in den rheinischen Karnevalshochburgen Köln, Mainz und Düsseldorf schwingen die närrischen Redner hierzulande das Szepter nicht nur ein paar Wochen lang, also während des Karnvals zwischen dem elften November und Aschermittwoch. Nein, hier melden sich Komiker und Kabarettisten auch außerplanmäßig zu Wort. Die Lokalpresse berichtet wiederholt von solchen inoffiziellen »Kappensitzungen«. Um hier keine Missverständnisse aufkommen zu lassen, offiziell heißen diese Treffen Gemeinde- oder Stadtratssitzungen. Was die kommunalen »Büttenredner« dabei vom Stapel lassen, ist manches Mal schon aller humoristischen Ehren wert.

Ein solches Schmankerl entdecke ich in der Heimatzeitung, wenige Tage nach Beginn der Karnevalssaison 2011. Einem Bericht zufolge entpuppt sich der Bürgermeister eines Nachbarortes als kommunaler Possenreißer. Um auszuschließen, dass kommunale Gewerbeflächen zukünftig schwer oder gar nicht mehr verkauft werden können, unterbreitet er dem Gemeinderat einen außergewöhnlichen Vorschlag. Und das Tolle dabei ist, der Gemeinderat stimmt diesem tatsächlich auch noch zu.

Wenn mir ein solcher Scherz wird beschert, ist mir das schon 'nen Leserbrief wert. »Wolle mer den reilosse?« – »Rei mit ihm!«

»Was für ein Glück, dass Otterfing einige Hundert Kilometer von Aachen entfernt liegt. Dort vergibt der Aachener Karnevalsverein alljährlich seinen ‚Orden wider den tierischen Ernst‘ an Personen des öffentlichen Lebens. Und mit seinem neuesten Vorschlag wäre Otterfings Bürgermeister stark ordensverdächtig. Damit sich auf noch unverkauften Flächen des zukünftigen Otterfinger Gewerbegebietes keine geschützten Tiere und Pflanzen ansiedeln, will er, dass ein Landwirt diese Flächen als Grünland herrichten und kostenlos nutzen darf. Was will er uns damit sagen? – Dass dort, wo die konventionelle Landwirtschaft Hand anlegt, sowieso keine geschützten Pflanzen oder Tiere mehr existieren können? Na, sauber! Wenn schon dieses Ziel verfolgt wird, schlage ich vor, diese Flächen zu asphaltieren. Nein, sorry, selbst auf diesen Flächen ist nach Angaben von Loriot schon die sehr seltene Steinlaus (Petrophaga lorioti) gesichtet worden. Aber keine Sorge, dieser Vorschlag ist auf alle Fälle witziger als das Gebaren des letzten Aachener Ordensträgers, dieses Adeligen aus Oberfranken.«

Knapp eine Woche nach Erscheinen meines Leserbriefes meldet sich der Otterfinger Ordenskandidat selbst in der Heimatzeitung zu Wort. Er fühle sich durch meinen Vorschlag geehrt, antwortet der Bürgermeister, um dann aber süßsäuerlich anzumerken, mir würden ein »wenig Lockerheit und weniger tierischer Ernst« sicher auch gut tun.

Ich bin mir sicher, mit dieser Antwort hätte der Bürgermeister von Otterfing bei der großen Sitzung des Aachener Karnevalsvereins noch einen Extratusch eingefahren. Darauf ein dreifaches »Oche Alaaf«, vielmehr »Otterfing Alaaf«, was soviel heißen soll wie »Otterfing über alles«.

Nicht ganz glücklich über die Reaktion seines Bürgermeisters ist einer meiner Freunde aus dem Nachbarort. Er schreibt mir, der Leserbrief des Bürgermeisters sei ja noch peinlicher als der Gemeinderatsbeschluss selbst. Vielleicht liege es ja an den vielen Weihnachtsfeiern, an denen der Bürgermeister in letzter Zeit teilnehmen musste. Da könne dann schon mal so ein Punschgemisch rauskommen. Abschließend merkt er an: Oh hätte der Bürgermeister nur geschwiegen! Wohl wahr, aber das wäre bei weitem nicht so lustig gewesen.

So reimt sich das zusamm'

Allgäu, Radler und Advent –
wie reimt sich das zusamm'?
Im Allgäu beginnt mein Lebenslauf,
der Radler schnaubt den Berg hinauf,
im Advent geht die Besinnung drauf.
So reimt sich das zusamm',
so reimt sich das zusamm'.

So oder so ähnlich hätten das wohl die bekannten Wellbrüder formuliert und gesungen, wenn es die Biermösl Blosn noch gäbe. Leider gibt es sie nicht mehr. Auch ich habe viel Spaß am Fabulieren und an Wortspielereien. Immer wieder versuche ich, bestimmte Erlebnisse, Erfahrungen und Wahrnehmungen in Reimen und Versen festzuhalten. Dabei befasse ich mich mit sehr unterschiedlichen Themen.

Einmal mit den Orten meiner Kindheit im Allgäu, ein anderes Mal mit unseren Beobachtungen der teils recht auffälligen Verhaltensweisen der Spezies Radler. Auch das extravagante Liebesleben verschiedener Tierarten spare ich nicht aus. Und last but not least setze ich mich mit der alljährlich wiederkehrenden Advents- und Vorweihnachtszeit auseinander, letzteres mit einem zwinkernden und einem ernsten Auge.

Ich meine mich erinnern zu können, dass es ein Englischlehrer am Gymnasium war, von dem ich erstmals etwas über Limericks erfahren habe, diesen fünfzeiligen Nonsensgedichten mit regelmäßiger Reimfolge und dem ratternden Rhythmus. Auf unserer Tour quer über die Alpen haben wir fünf Bergwanderer auch einen solchen formuliert, später habe ich während meiner Kur einige Eindrücke meines Kuralltages in solchen Reimen festgehalten.

Und später, noch viel viel später, angeregt durch Dieter Höss' Büchlein mit Allgäuer Limericks, habe ich eine Reihe solcher Nonsensgedichte über wichtige Orte meiner Kindheit im Oberallgäu geschrieben. Dabei möchte ich ausdrücklich darauf hinweisen, dass alle Zusammenhänge zwischen diesen Orten und real existierenden Geschehnissen und Personen keineswegs zufällig sind, sondern auf eigenen Erlebnissen und Erfahrungen beruhen.

Im Allgäu, einer Region, wo die Landwirtschaft eine wichtige Rolle spielt, haben die Bauern über lange Zeit, solange es eben noch keine Meteorologen gegeben hat, selbst die Wetterlagen genauestens beobachtet und daraus ihre Schlüsse gezogen. Später sind daraus die bekannten, von manchen mehr oder weniger belächelten Bauernregeln entstanden.

Auch wir, meine Frau und ich, führen seit etlichen Jahren bei unseren Radtouren quer durch die Republik genaue Beobachtungen durch. Allerdings schauen wir nicht nur auf das Wetter, sondern wir behalten jene Spezies im Blick, die nach oben buckelnd und nach unten tretend in jeder noch so einsamen Region anzutreffen ist. Ich spreche von Radfahrern, alten wie jungen, sportlichen wie unsportlichen, angepassten wie auffallenden, wadlschwachen wie bärenstarken. Aus allen deren Eigenheiten entstand ein Sammelsurium von Wahrnehmung, die ich als Radlerregeln bezeichne. Neugierigen Zeitgenossen liefern diese wertvolle Hinweise, damit sie beim Zusammentreffen mit diesen Pedalrittern nicht sofort in Panik geraten und flüchten.

Jetzt aber zu einem ganz anderen Thema. Es geht dabei um erotische Naturphänomene. Inspiriert von den »Animalerotica« Robert Gernhardts, dem Alt- und Großmeister der Satire, bin ich auf die Pirsch gegangen, um mich im Tierreich etwas genauer umzusehen. Nicht irgendwann, sondern zu jenen Zeiten, in denen Tiere sich nach Partnern umsehen beziehungsweise sich mit diesen vergnügen.

Aber Vorsicht, bitte! Bevor Sie sich jetzt hinreißen lassen und mich vorschnell als alten Spanner oder gar als Voyeur beschimpfen, möchte ich in aller Bescheidenheit darauf hinweisen, dass ich diese Verhaltensstudien ausschließlich im Dienste wissenschaftlicher Grundlagenforschung durchgeführt habe. Um die gewonnenen Erkenntnisse jedermann und jederfrau verständlich nahezubringen, habe ich eine populärwissenschaftliche Form der Präsentation gewählt.

Ein zentrales Ergebnis meiner Studien will ich hier schon mal vorwegnehmen. Die »SaTIERischen Amouresken«, meine in Reimform gegossenen, zwischen Nonsens und Wortspiel balancierenden Verse liefern den eindeutigen Beleg dafür, dass es sich bei tierischen Liebesspielen nicht um langweiligen Blümchensex handelt.

Ein anderes, alljährlich wiederkehrendes Ereignis beschäftigt mich schon seit längerem. Und zwar so heftig, dass ich mich damit gerne kritisch, aber wiederum nicht ganz ernsthaft auseinandersetze. Ich meine die Advents- und Vorweihnachtszeit, jene Tage und Wochen, wo Hektik, Kommerz, Lärm und Lichter immer mehr die stillen Momente, die besinnlichen Augenblicke und die Dunkelheit verdrängen. Dabei mache ich mir sehr vielseitige Gedanken, mal tiefer gehende, dann wieder eher neckische. Herausgekommen sind dabei »glühweinende« Verserl und schräg-sinnliche »Glimmericks«.

Heimatliche Limericks

Ich habe so viele schöne Erinnerungen an meine Kinder- und Jugendjahre in meinem Heimatort Werdenstein und dessen Satelitenstationen, also die Nachbarörtchen, dass ich diesen ein poetisches Denkmal setzen möchte. Auweh, zwick – ein Limerick. Von wegen ein Limerick, elf!

In Rottach hat der Klapperstorch angedockt,
ein Zuckerstück hatte ihn dorthin gelockt.
Er brachte Schwesterchen Ida,
die war bisher noch nie da.
Damit hat er mir was Tolles eingebrockt.

Meine Großtante wohnte in Gindels, hieß Schneider,
sie war gut von Herzen und trug stets schöne Kleider.
Doch immer an Neujahr,
es ist tatsächlich wahr,
gab's für mich ein Likörchen, damals noch leider.

Auf dem Baumlager mitten in Werdenstein
spielten die Kinder fast bis zum Mondenschein.
Dort gab's viele Ecken,
gut zum Verstecken.
Um acht nach Hause war für uns Seelenpein.

Radfahren zu lernen, drauf war ich nicht versessen,
der Weg nach Gnadenberg schien dafür angemessen.
Meine Cousine wollt mich unterweisen,
ihre Mundwinkel mehrfach entgleisen,
sie hat diese Stunden bestimmt niemals vergessen.

Täglich radelte ich zum Bahnhof nach Seifen,
da glühten schon wiederholt mal die Reifen.
Denn zu früher Morgenstunde
vernahm ich häufig die Kunde:
Und zwar vom dampfenden Stahlross das Pfeifen.

Beim Bäcker in Zellers, direkt an der Tankstelle,
klingelte es, trat man eingangs über die Schwelle.
Wenn sich viele dort scharten,
musste man halt etwas warten,
dafür gab's Neues frisch von der Nachrichtenquelle.

Der frühere Wirt von Thanners, von der Rammel,
erlernte sein Handwerk in der Metzgerei Gammel.
Jetzt kommt im Gasthaus zur Tanne
meist Schweinisches in die Pfanne,
deshalb heißt er jetzt Haxenwirt, dieser Hammel.

Beim Remig, dem Dorffriseur im Weiler Lachen,
passierten schon nachmittags unschöne Sachen.
Waren die Haare erst runter,
der Friseur danach munter,
gab's beim Blick in den Spiegel ein böses Erwachen.

Beim Sonntagsstammtisch im Rössle in Eckarts
inhalieren die Brüder manch Bierchen aus Meckatz.
Hitzige Schafkopfrunden,
sie dauern oft Stunden.
Und wenn mancher heim kommt, dann scheppart's!

Sepp, ein Golfplatz-Visagist aus Dietzen
hat kernige Buben und flotte Miezen.
Doch trotz einiger Bierchen
und manchem Plaisirchen
tun sie mich leider immer noch siezen.

An den See, am Rande von Niedersonthofen
bin ich ganz sicher kein einziges Mal gelofen.
Am dortigen Strande,
was für eine Schande,
vergnügten sich Bremsen nicht nur mit Schwofen.

Nach allen Regeln der Radfahrer

Wer kennt sie nicht, die Spezies der Radfahrer? Kein noch so schmaler Pfad,
kein noch so steiler Steig, um jede noch so enge Kurve schießen sie wie die Ver-
rückten, jede rote Ampel ist ihnen ein Greuel und Fahrradwege kennen sie offensichtlich nur aus dem Theorieunterricht zur Fahrprüfung. Allüberall können
wir diesen Bikern, Freizeit-, Renn- und Tourenradlern begegnen. Nicht wenige
zwängen sich in knallig bunte Radtrikots und superenge Radhosen. Die einen
sind sportlich flott unterwegs, andere verhalten sich eher wie ein radelnder
Hans-Guck-in-die-Luft, und nur wenige radeln gemütlich dahin, halt aus Spaß
an der Freud.

Um sich in dieser schnelllebigen Zeit sekundenschnell ein Bild davon machen zu können, mit welcher Kategorie von Radlerinnen und Radlern man es gerade zu tun hat, habe ich unsere Beobachtungen und Erfahrungen mit dieser Spezies zu Radlerregeln gerinnen lassen.

Schon die Orte, wo wir Radlern begegnen, überraschen immer wieder, lassen meist auch tief in deren Inneres blicken.

Strampelt ein Radler auf der Autobahn,
leidet er ganz stark an Radlerwahn.

Sitzt ein Radler irritiert am Straßenrand,
ist er auf dem falschen Bankett gelandt'.

Wenn Radler in die Flüsse segeln,
helfen auch keine Vorfahrtsregeln.

Sammelt sich der Radler in Parterre,
übersah er wahrscheinlich eine Sperre.

Nicht weniger verblüffen die Verhaltensweisen der Radler in bestimmten Situationen, oder gar deren äußere Erscheinungsbilder. Nur wer die Hintergründe dafür kennt, gerät nicht sofort in Panik, wenn er erstmals mit solchen Auffälligkeiten konfrontiert wird.

Gähnt der Radler morgens ständig,
war die Partnerin nachts zu lebendig.

Dem Radler der Geduldsfaden reißt,
wenn's Hündchen auf den Radweg scheißt.

Stöhnen Radler, weil sie schnell ermatten,
haben sie keine Muckis oder einen Platten.

Das Radl seinen Fahrer foppt,
wenn es zu spät vor'm Baume stoppt.

Wenn Radlerfreaks plötzlich erbleichen,
tun Lüfterl aus den Schläuchen schleichen.

Strömen starke Düfte aus dem Radler-Dress,
funken zarte Näschen sofort lauthals SOS.

Hündchen jauchzen, Jogger lachen,
wenn Radler einen Handstand machen.

Wenn Radlerinnen aus ihren Dressen quellen,
haben sie bei Miss-Wahlen wenig zu bestellen.

Furzen Radler völlig hemmungsfrei,
gibt's Smog-Alarm der Stufe drei.

Sind die Reifen plötzlich eckig,
geht's dem Radler sicher dreckig.

Liegen sich Radler in den Haaren,
kennen sie sich bestimmt seit Jahren.

Haut's den Radler direkt auf die Stange,
dauert's mit dem Kindergeld noch lange.

Tobt wild der Polizist, der Radler zittert,
hat er das Dopingmittel wohl gewittert.

Schnaubt der Radler ständig, ohne Paus',
fehlt ihm Mumm – oder mit ihm geht's aus.

Wenn die Fahrradgabel zum Himmel zeigt,
hat der Radler wohl verkehrt abgezweigt.

Triffst du Radler, platt wie'n Teller,
war der Fernlaster wohl schneller.

Studiert der Radler abends Karten,
muss die Partnerin halt warten.

Wenn Radler's Po nachts keine Ruhe kriegt,
dies sicher nicht am Vollmond liegt.

Ganz besonders wichtig ist es für Radler, stets auf eine ausgewogene Ernährung
zu achten.

Radlern viel aufzutischen, hat kein' Zweck,
denn die haben Hunger, fressen alles weg.

Durst macht jeden Radler teufelswild,
erst Weißbier stimmt ihn wieder mild.

Wenn Radler ihr Glück in Maßen suchen,
hört man sie über jede Steigung fluchen.

Verschwinden Radler abrupt im Getreide,
protestieren heftigst ihre Eingeweide.

Und last but not least spielen das Wetter und dessen Eskapaden für Radler eine
nicht zu unterschätzende Rolle.

Radler denken, dass es nieselt,
wenn ein Hund ans Radl pieselt.

Tropft's Radlern in die Socken,
ist der Sommer heiß und trocken.

Radler schauen grimmig, gar nicht froh,
wenn's stundenlang regnet in ihr Cabrio.

Ziert des Radlers Kopf ein dickes Horn,
kamen die Hagelkörner wohl von vorn.

SaTIERische Amouresken

Was der Bayer als Gspusi bezeichnet, der Romantiker als Romanze, der Ehemann als Affäre, der Draufgänger als Episode, der junge Hüpfer als Abenteuer, das nenne ich hier eine Amoureske. Als alter Naturschützer kenne ich solche Situationen natürlich auch von Viechern, von eiskalten und schlüpfrigen, aber auch von fliegenden und schnatternden. Nachfolgend geht es um tierische Amouresken. Weil ich meine Verse aber nicht gerade als besonders brave bezeichnen möchte, habe ich sie vorsichtshalber als saTIERische betitelt.

Einen Hinweis muss ich den Lesern dieser tierischen Liebesgeschichten unbedingt noch geben: Diese Lektüre kann ich einsamen Herzen, sexuell Frustrierten und kirchlichen Würdenträgern nur in homöopatischer Dosierung empfehlen. Gegen mögliche Risiken während oder bei Nebenwirkungen nach der Lektüre sollten sie entweder in der Bibel lesen oder ihre Partnerin, ihren Partner beziehungsweise ihren Therapeuten oder Beichtvater fragen!

Wütend schimpft der AAL seine Gemahlin,
eine hübsche, schlanke, lebensfrohe Aalin.
Sie kam heim, vergnügt und stockbesoffen,
hatte heimlich wieder ihren Ide-Al getroffen.

Über den weißen Strand von Mikonos
stolziert ein junger, smarter ALBATROS.
Mit seinem knappen Feder-Tanga-Höschen
entzückt er die gepiercten Albaträschen.

Ermattet schnarcht Herr BISAMRATTE
in der noch warmen Hängematte,
wo er ein Meerschweinchen beschlief,
das viel zu spät um Hilfe rief.

Nymphomaninen unter den CALAMARES
sind heutzutage wirklich etwas sehr Rares.
Stürzt sich ein Männchen auf sie von hinten,
sitzt sie wenig später sicher in der Tinten.

Aus Marrakesch ein wüstes DROMEDAR
leistet inzwischen jeden Eid ganz offenbar.
Es hat sich auf der Reeperbahn bei Nacht
um Ehre, Schlaf und sehr viel Geld gebracht.

Zwei EISBÄREN im Berliner Zoo,
die grinsen und freuen sich so.
Sie haben für gewisse heiße Stunden
ein paar süße Gummibärchen gefunden.

ERDKRÖTEN-Männchen wandert schnell
ins grünschummrige Unterwasser-Hotel.
Was dieser Warzen-Don Juan nicht bedenkt,
ohne Kröten wird ihm hier nichts geschenkt.

Im dunklen Turme der Kirche von Au
gibt's eines Abends einen Riesen-Radau,
weil ein smarter FLEDERMAUS-Gatte
eine Packung Viagra heimgebracht hatte.

Entzückt von der Igelin, einer drallen,
ist ein GÄNSERICH über sie hergefallen.
Wie's ihm erging, ist jedem gut vertraut,
wer kriegte nicht schon mal 'ne Gänsehaut.

Im Wald gelingt es alten HIRSCHEN
selten, sich an junge Kühe ranzupirschen.
Außer Nebenbuhlern haben sie beim Liebesleben
auch auf heißspornige Grünröcke Acht zu geben.

Im Busch ein sehr betagtes KÄNGURUH
schaut dem Missionar beim Schnackseln zu.
Dies Missionieren scheint nicht übel,
allein in seinem Beutel fehlt die Bibel.

Die LEOPARDIN in der Disko von Angola
trägt nur eine reizende Persianer-Stola.
Bevor ihres Gatten Triebe sich entfalten,
tanzt sie davon, denn sie betrügt den Alten.

Ein NILPFERD tut trotz dicker Falten
nach Gefährtinnen Ausschau halten,
und weil am Nil herrscht der Islam,
so kann es mehrere Weiber habn.

Auf Pilgerreise mit Bus und Eisenbahn
begeben sich Herr und Frau PELIKAN.
Doch – großer Gott – vor lauter Messen
haben sie das Anti-Pelikanol vergessen.

Beim Mister PINGUIN, dem eitlen Dandy,
klingelt in kurzen Abständen das Handy.
Denn für verschmähte Robben-Weiber
spielt er den süßen Zeit-Vertreiber.

In den Flitterwochen in der Heiligen Stadt Rom
verschmäht Familie RHINOZEROS das Kondom.
Um dem Papst zu imponieren, setzt der Rhino
auf einen Vierer mit den Boys Knaus & Ogino.

Der SAISONGOCKEL vom Wienerwald
wird mit seinem Lebenswandel nicht sehr alt.
Deswegen macht er aber nicht ins Hemd,
geht vielmehr täglich mit 'ner anderen fremd.

Die biedere STOCKENTE, im Dorfteich geboren,
hat im hohen Alter noch ihre Unschuld verloren.
Bei der Suche nach dem Verhütungs-Medikament
ist sie versehentlich ins R-entenamt g'rennt.

Der Körper vom dicken WARZENSCHWEIN
ist faltig und fleckig - also nicht sehr fein.
Drum tut es sich mit des Stinktiers Neffen
Heimlich, meist nächtens in der Gosse treffen.

Ein ZICKLEIN labt sich am Starkbier-Bock,
umgarnt von einem alten, reichen Ziegenbock.
Sie schwofen die ganze Nacht, tun sich austoben,
doch man soll den Bock nicht vor dem Morgen loben.

Glühweinende Abfents-Verserl

Also bitte, zum Advent gehört ganz bestimmt mehr als Glühwein, egal ob es sich
dabei um den klassischen handelt, also einen roten oder einen weißen, oder um
einen Glühwein für Kinder oder für Autofahrer. Natürlich zählen auch alle möglichen Sorten von Punsch dazu.

Bevor nun wieder so ein Klugscheißer daherkommt und sein Besserwissen
zum Besten gibt, will ich zwei Dinge klarstellen. Zum einen weiß ich sehr wohl,
dass es richtig Advent heißt, also Advents-Verserl heißen müsste. Aber eben nur
müsste. Warum? – Weil dort, wo ich wohne, also im bayerischen Oberland, in
Holzkirchen, über 600 Meter hoch gelegen, hochbayerisch gesprochen wird.
Und die hiesigen Ureinwohner nehmen es mit ihrer Sprache nicht immer ganz
genau, halt so wie mit ihrer Moral. Deswegen heißt es nicht nur im Allgäu, sondern auch hier »Abfent«. Host mi? beziehungsweise: Hoscht mi? Auf gut
Deutsch, haben sie mich verstanden?

Außerdem hat so ein Abfent, wie wir alle wissen, viele Gesichter, schöne und
weniger schöne. Und gerade letztere finde ich manchmal zum Weinen. Genug
gequasselt, hier folgen, bevor auch dieses Büchlein bald zu seinem Ende kommt,
meine »glühweinenden« Abfents-Verserl.

Abfent, Abfent,
kein einzig Lichtlein brennt.
Nur Sterne stehen am Firmament,
hicks – rumms – aua – sapprament.

Abfent, Abfent,
ein Döchtlein brennt.
Tut seine Umgebung brennen,
112 anrufen oder davon rennen.

Abfent, Abfent,
die Mandeln sind ja angebrennt.
Die Nikoläuse haben lange Nasen,
Sehen aus wie pensionierte Osterhasen.

Abfent, Abfent,
er hat sich ausgekennt,
der Nikolaus im Haus der Bank,
der Safe war voll – vielen Dank!

Abfent, Abfent,
wie immer turbulent.
Zwischen Glühwein und Lebkuchen
könnt' man das Arbeiten verfluchen.

Abfent, Abfent,
du liegst im Trend.
Weil jeder kleine Dorfverein
lädt zum Budenzauber ein.

Abfent, Abfent,
der DAX, der klemmt.
Am liebsten würde ich ja kneifen
und auf den EURO-Zauber pfeifen.

Abfent, Abfent,
ein Englein flennt.
Es wurd' zum Erzengel auserkoren,
hat dabei seine Leichtigkeit verloren.

Abfent, Abfent,
die Kugel rennt.
Sie auf die schwarze 13 fällt.
Das war's – tschüß Weihnachtsgeld.

Abfent, Abfent,
viele Männer sind dekadent.
Statt als Weihnachtsmänner zu gefallen,
hängen sie in der Kneipe rum und lallen.

Abfent, Abfent,
der kommerzielle Top-Event
begleitet uns mit vielen Plagen,
weingeglüht kann man's ertragen.

Abfent, Abfent,
mach' nicht ins Hemd.
Lass lieber d'Hosen runter,
das macht den Winter bunter.

Abfent, Abfent,
Lichterspektakel permanent.
Niemand will beim Glanz, dem grellen,
sein Lichtchen unter'n Scheffel stellen.

Abfent, Abfent,
ich hab' mich abgewendt
von Tagedieben und Gaunerpack,
von Glitzer, Glimmer, Hochglanzlack.

Abfent, Abfent,
selbst schuld, wer sich nichts gönnt.
Weihnachten heuer preiswert auf Hawaii,
fürs selbe Geld statt einem Schnitzel zwei.

Abfent, Abfent,
wer dich nicht kennt,
weiß auch nichts von deinem Kranz.
Dennoch schmeckt die Weihnachtsgans.

Abfent, Abfent,
jeder das dicke Ende kennt.
Doch der Papst glaubt unumwunden,
eine Jungfrau hätte damals entbunden.

Schräge Advent-Glimmericks

Wer wie ich alljährlich einige dieser unzähligen Advents- und Weihnachtsmärkte
besucht, der kann vieles erleben und dessen Phantasie wird durch bestimmte,
nicht zuletzt hochgeistige Getränke auch entsprechend angeregt.

In der Vergangenheit ist es wiederholt vorgekommen, dass meine »Birne«
dabei nicht nur Stärkungen erfahren hat. In manchen Fällen konnte ich Schräg-
lagen nicht durchgehend vermeiden. Davon lege ich im Folgenden noch das eine
oder andere Zeugnis ab.

Ein Dichter, in Holzkirchen daheim,
kaufte viel Wein für den Advent ein.
Er leerte vier Kisten
und dichtete für Christen.
Nur mit Mühe fand er den Endreim.

Es setzte ein Flittchen auf dem Land
das Häuschen ihres Lovers in Brand.
Der Kranz zum Advent
ist gänzlich verbrennt.
Die Versicherung war sehr tolerant.

Es wollte ein Nikolaus aus Pottenstein
auf der Karriereleiter ganz oben sein.
Ihn erwischte aber genau
der himmlische Stellen-Abbau.
Nun war er am Ende mit seinem Latein.

Es glaubt eine Jungfrau in Wehre,
dass Sankt Niklaus bei ihr einkehre.
Aber falls der nicht kommt,
geht sie um die Ecke prompt,
auf dass sie der Nachbar beschere.

Es hüpften zwei Mädchen in Dillingen,
flott ins Bett nach dem Adventssingen.
Doch kein Dillinger sah,
was hinterher geschah,
ob sie dem Storch auf den Leim gingen.

Auf einer Weihnachtsfeier in Aalen
präsentiert ein Soziologe nur Zahlen.
Aber seine Tabellen
führen zu schnellen
und nicht enden wollenden Qualen.

Zwei Nikoläuse meinten in Dießen,
flotte Engelchen jagen zu müssen.
Später fand man begraben
die zwei bärtigen Knaben
unter Bergen von Kleidern der Süßen.

Ein Weihnachtsmann, mitten in Dresden
wünschte, als die Kneipen verweesden,
es ist wirklich kein Witz,
einen Aperol Sprizz,
den könnt' er sich grade noch leesden!